50 Jahre Speech Acts

STUDIEN ZUR PRAGMATIK

Herausgegeben von

Prof. Dr. Eva Eckkrammer (Mannheim)
Prof. Dr. Claus Ehrhardt (Urbino/Italien)
Prof. Dr. Anita Fetzer (Augsburg)
Prof. Dr. Frank Liedtke (Leipzig)
Prof. Dr. Konstanze Marx (Greifswald)
Prof. Dr. Jörg Meibauer (Mainz)

Die Bände der Reihe werden einem single-blind Peer-Review-Verfahren unterzogen.

Bd. 3

Simon Meier / Lars Bülow / Frank Liedtke /
Konstanze Marx / Robert Mroczynski (Hrsg.)

50 Jahre Speech Acts

Bilanz und Perspektiven

Bibliografische Information der Deutschen Nationalbibliothek
Die Deutsche Nationalbibliothek verzeichnet diese Publikation in der Deutschen
Nationalbibliografie; detaillierte bibliografische Daten sind im Internet über
http://dnb.dnb.de abrufbar.

Gedruckt mit freundlicher Unterstützung der Arbeitsgemeinschaft Linguistische
Pragmatik e.V.

Internet: www.narr.de
eMail: info@narr.de

CPI books GmbH, Leck

ISSN 2628-4308
ISBN 978-3-8233-8347-5 (Print)
ISBN 978-3-8233-9347-4 (ePDF)
ISBN 978-3-8233-0200-1 (ePub)

Inhalt

50 Jahre *Speech Acts* - Einleitung

Simon Meier, Lars Bülow, Frank Liedtke, Konstanze Marx & Robert Mroczynski

Abstract: Speech act theory, that has received its canonic form 50 years ago in John Searle's seminal book *Speech Acts. An Essay in the Philosophy of Language* (1969), is among the most key approaches of linguistic pragmatics. The contributions of this volume address the status of speech act theory in the field of contemporary linguistics. In our introduction, we trace the career of speech act theory as a basic theory, not least from the perspective of some critical objections speech act theory is faced with since its very beginning. Then we focus on recent developments concerning both theoretical and empirical issues. Finally, we give summaries of the contributions in this volume.

1 Sprechakttheorie als linguistische Grundlagentheorie

Die Sprechakttheorie, die vor 50 Jahren in John Searles Buch *Speech Acts. An Essay in the Philosophy of Language* (1969) ihre kanonische Form gefunden hat, gehört zweifellos zu den zentralen Theorieansätzen der linguistischen Pragmatik. Als Theorie des sprachlichen Handelns kann sie als Explizierung des Terminus „Pragmatik" (griech. *pragma* = ‚Handeln, Handlung') überhaupt gelten, und zusammen mit den Theorien der Deixis und der Implikaturen ist sie essentieller Bestandteil jeder noch so knappen Darstellung pragmatischer Forschungsgegenstände. Aber auch in ausführlicheren Einführungs- oder Überblickswerken zur Pragmatik steht die Sprechakttheorie buchstäblich an vorderster Stelle (vgl. etwa Finkbeiner 2015; Liedtke/Tuchen 2018). Die Grundannahmen und Grundbegriffe der Sprechakttheorie gehören zu jeder linguistischen Grundausbildung und haben auch andere Teildisziplinen wie die Textlinguistik oder die Soziolinguistik maßgeblich beeinflusst. Darüber hinaus spielen auch in Spezialfeldern wie der Politolinguistik (vgl. Girnth 2015) oder der Internetlinguistik (vgl. Dresner/Herring 2010; Marx/Weidacher 2014) sprechakttheoretisch inspirierte Analysen eine wichtige Rolle, und sogar neurolinguistische Studien untersuchen die neuronalen Prozesse bei der

Verarbeitung von Sprechakten (Egorova/Shtyrov/Pulvermüller 2016). Sprechakt-theoretisch fundierte Theoreme und Perspektiven sind seit vielen Jahren in der linguistischen Pragmatik omnipräsent, und sei es nur in kritischer Abhebung wie etwa in der *Conversation Analysis* (vgl. etwa Hutchby/Wooffitt 2008, S. 18). Tat-sächlich hat die Sprechakttheorie immer schon kritische Gegenstimmen auf den Plan gerufen, und doch ist wohl nicht zuletzt durch die hierdurch ausgelösten Debatten und Profilschärfungen alternativer Ansätze die linguistische Pragmatik von Grund auf sprechakttheoretisch geprägt.

Der 50. Jahrestag des Erscheinens von *Speech Acts* scheint ein guter Zeitpunkt zu sein, die Karriere der Sprechakttheorie als linguistische Grundlagentheorie zu reflektieren. Welchen Status hat sie im gegenwärtigen Feld der Pragmatik, welche Schwerpunktsetzungen und Neuakzentuierungen wurden gerade auch im Lichte der kritischen Einwände und Gegenentwürfe vorgenommen, und welche empirischen Fragestellungen werden typischerweise im sprechaktthe-oretischen Framework adressiert? Diesen Fragen widmet sich der vorliegende Band.

Im Folgenden sei zunächst die Karriere der Sprechakttheorie als pragmalin-guistische Grundlagentheorie in groben Zügen nachgezeichnet, wobei die Ge-schichte der Sprechakttheorie vor allem auch als Geschichte kritischer Ein-wände erzählt werden muss. Danach wird der Blick auf aktuelle Tendenzen sprechakttheoretischer Theoriebildung wie auch der sprechakttheoretisch fun-dierten empirischen Forschung gelenkt.

2 Zur Karriere der Sprechakttheorie in der linguistischen Pragmatik

Als eigentlicher Begründer der Sprechakttheorie kann bekanntlich John L. Austin mit seinen 1955 gehaltenen und 1962 unter dem Titel *How to do things with words* publizierten William James-Lectures gelten (vgl. Austin 1962). Zwar haben jüngere Forschungsarbeiten auf zahlreiche Vorläufertheorien etwa bei Adolf Reinach hingewiesen, die sprechakttheoretische Grundeinsichten vor-wegnehmen (vgl. Smith 1990; Meier in diesem Band), doch erst mit den luziden und durch die gewählten Beispiele ausgesprochen lebensnahen Ausführungen Austins wurde eine allgemeine und auch ausdrücklich so genannte „Theorie der ,Sprechhandlung'" (Austin 1968, S. 153) greifbar.

Austins Entfaltung der Sprechakttheorie ist ausgesprochen linguistisch per-spektiviert und reflektiert beispielsweise ausführlich mögliche grammatische und lexikalische Unterscheidungsmerkmale performativer Äußerungen (vgl. Austin 1962, S. 55). Gleichwohl ist die Sprechakttheorie erst mit ihrer Systematisierung durch Searle auch seitens der Linguistik breit rezipiert worden. Hatte Austin seine Position noch mäandernd und die eigenen Erkenntnisse immer wieder prüfend und revidierend entwickelt, baut Searle seine Fassung der Sprechakttheorie auf ganz systematische Weise auf. Seine grundlegende Annahme lautet, mit Sprechakten die „basic or minimal units of linguistic communication" (Searle 1969, S. 16) bestimmen zu können, die sich darüber hinaus als Funktion der Bedeutung von geäußerten Sätzen (vgl. Searle 1969, S. 18) beschreiben lassen. Somit erscheinen „linguistic characterizations" (Searle 1969, S. 5) als Grundelemente einer allgemeinen Kommunikationstheorie.

Dieser enge Anschluss von Linguistik und Kommunikationstheorie oder genauer: die Erhebung von Linguistik zu einer Kommunikationstheorie dürfte damals ausgesprochen attraktiv gewesen sein. Auch die weiteren theoretischen Festlegungen Searles wie etwa die Aufgliederung von Austins lokutionärem Akt in den Äußerungsakt und den propositionalen Akt (und diesen wiederum in Referenz und Prädikation) lassen sich gut an linguistische Fragenkomplexe anschließen. Vor allem aber die Engführung der Austin'schen Glückensbedingungen als „semantic rules for the use of any illocutionary force indicating device" (Searle 1969, S. 62) – neben den zentralen Kommunikationsverben nennt Searle auch andere, linguistisch klar beschreibbare Phänomene wie Wortstellung, Betonung, Intonation, Interpunktion und Verbmodus – macht Searles Fassung der Sprechakttheorie für die Linguistik interessant. Sprachoberflächenbezogene Phänomene werden durch ihre Rollenzuweisung für den Vollzug von Sprechakten semantisch gedeutet und zugleich durch die Beschreibung von Gebrauchsregeln und den Einbezug von kontextuellen bzw. situationalen Faktoren wie Intentionen und Präferenzen der Beteiligten grundlegend pragmatisch konturiert.[1] Für eine pragmatische Semantik mit deutlichen Schnittstellen zur Grammatik ist damit ein theoretisches Fundament gelegt.

So sind denn auch die frühen linguistischen Reflexe im deutschsprachigen Raum besonders auf Indikatoren der illokutionären Rolle fokussiert, die an bekannte grammatische Kategorien wie etwa die des Satztyps angeschlossen werden können (vgl. etwa Wunderlich 1976). Searles 1976 erstmals vorgelegte Klassifikation von Sprechakten (vgl. Searle 1976), die sich ebenfalls mit Satztypen in Verbindung bringen lässt, dürfte das noch weiter vorangetrieben haben (vgl. Gärtner/Steinbach in diesem Band). Hinzu kommen zahlreiche Studien

---

[1]   Dass mit diesem Modell bis in die jüngere Zeit erfolgreich gearbeitet wird, zeigt etwa das *Handbuch deutscher Kommunikationsverben* (Harras 2004), das ganz in diesem Sinne die Semantik von Kommunikationsverben auf der Grundlage von Situationstypen ihrer Verwendung einerseits und syntaktischen Realisierungsmustern (Satzbauplänen) andererseits bestimmt.

kleinerer und größerer Dimension, die ganz im Stile der Searle'schen Analysen einzelne Sprechakte wie Drohungen oder Bewertungen (vgl. etwa die Beiträge in Weber/Weydt 1976; Sprengel 1977) untersuchen oder auch die in einer Sprache verfügbaren Ausprägungen von Sprechakttypen und ihre sprachlichen Realisierungsformen inventarisieren (vgl. Hindelang 1978; Liedtke 1998). Die 1983 erstmals publizierte, spezifisch germanistisch linguistische *Einführung in die Sprechakttheorie* von Hindelang (2010) führt diese Studien synoptisch zusammen. Darüber hinaus wird schon in den frühen Einführungs- und Überblicksdarstellungen zur linguistischen Pragmatik der für diese Teildisziplin zentrale Status der Sprechakttheorie betont (vgl. etwa Schlieben-Lange 1975; Wunderlich 1975) und ganz entlang der eben beschriebenen Argumentationslinien begründet.

Schon früh ist der Sprechakttheorie dabei ein entscheidender Einwand entgegengebracht worden, der sich auf ihre Sprecherorientiertheit oder – schärfer noch – ihre Sprecherzentriertheit bezieht. Die Analysen der Gelingensbedingungen bzw. der Gebrauchsregeln für Indikatoren der illokutionären Rolle sind allein auf die Sprechenden konzentriert, und als Beispiele werden typischerweise isolierte und an der Größe des Satzes orientierte Äußerungen präsentiert. Schon bald hat man demgegenüber auf die sequentielle Einbettung von Sprechakten hingewiesen und „Sprechaktsequenzmuster als Grundlagen von Dialogmustern" (Hindelang 1994, S. 106) bestimmt. Vor allem aber in der durch die amerikanische *Conversation Analysis* inspirierten Gesprächsanalyse hat man der Sprechakttheorie vorgeworfen, mit der Konzentration auf Sprechakte den grundlegend interaktionalen Charakter sprachlicher Kommunikation zu vernachlässigen. Nicht die Sprechenden alleine könnten über ihre Äußerungen und ihren Handlungswert verfügen (vgl. hierzu Liedtke in diesem Band), vielmehr seien die Gesprächsbeiträge in Form und Funktion kollaborativ erzeugt, und „[e]rst das Gespräch als Ausgangspunkt sprachpragmatischer Forschung garantiert die unverkürzte Darstellung sprachlicher Realität" (Henne/Rehbock 2001, S. 11). Das Gespräch aber, und auch hierauf zielt der gesprächsanalytische Einwand gegenüber der Sprechakttheorie wie auch gegenüber der sprechakttheoretischen Dialoganalyse, könne prinzipiell nicht auf dem Wege der Introspektion, sondern nur anhand von ‚natürlichen' Gesprächsdaten angemessen untersucht werden.

Auch wenn sich die Gesprächsanalyse seit jeher und bis heute mit diesen Argumenten von der Sprechakttheorie distanziert, scheint das grundlegende Vorgehen, bei der Analyse von Transkripten Sprechhandlungen zu bestimmen und dies an oberflächensprachlichen Merkmalen festzumachen, auch hier – wenigstens für einen „ersten Zugriff" (Deppermann 2008, S. 55) – unverzichtbar zu sein (vgl. Staffeldt 2014, S. 111f. und in diesem Band). In ihren Details mag die Sprechakttheorie Searles zwar ihre Strahlkraft eingebüßt haben. Die Zeiten, in denen ganze Kongressbände mit immer neuen Sprechaktanalysen gefüllt wurden, liegen lange zurück, und schon 1990 kann Armin Burkhardt für die Sprechakttheorie einen allgemeinen „decline of a paradigm" (Burkhardt 1990a) konstatieren. Dass aber sprachliche Handlungen überhaupt zentrale linguistische Gegenstände sind, die sowohl theoretisch als auch empirisch erschlossen werden müssen, wurde und wird kaum je bezweifelt. Auch jenseits von ausdrücklich sprechakttheoretisch orientierten Forschungsrichtungen lassen sich deshalb deutliche Spuren der Sprechakttheorie nachweisen.

So bauen zahlreiche Anwendungsfelder der Pragmatik wie etwa die (Un-)Höflichkeitsforschung (vgl. Brown/Levinson 1987; Bousfield 2008; Bonacchi 2017) auf erkennbar sprechakttheoretisch konturierten Begriffen wie dem des *face threatening act* oder dem Konzept der indirekten Sprechakte (vgl. Searle 1975) auf. Der Searle'sche Entwurf wird dabei auch weiterentwickelt, indem etwa komplexe Illokutionen im Rahmen einer sprechakttheoretischen Multi-Akt-Semantik beschrieben werden (vgl. Tenchini/Frigerio 2016). Auch in der Textlinguistik wurden Texte nicht nur als transphrastische Strukturen, sondern auch als – typischerweise hierarchisch – verknüpfte sprachliche Handlungen (vgl. Dijk 1980, S. 90) und mithin Illokutionsstrukturen (vgl. Motsch/Viehweger 1991) beschrieben oder allgemeine Textfunktionen nach dem Vorbild der Searle'schen Sprechakttaxonomie definiert (vgl. Brinker 2010). Die Phraseologie hat sich die Sprechakttheorie mit dem Begriff der Routineformel als „konventionelle[n] Äußerungsformen für den Vollzug bestimmter Sprechakte" (Stein 2004, S. 266) zu eigen gemacht. Auf die pragmalinguistische Forschung zu Sprache und Politik, in der die Bestimmungen von Sprechhandlungen und ihrer Funktionen zentral sind, wurde bereits hingewiesen. Über die Vermittlung durch die Funktionale Pragmatik liefert der Begriff der Sprechhandlung im Sinne Austins und Searles schließlich auch für das Vorhaben einer Funktionalen Grammatik das theoretische Fundament (vgl. Zifonun/Hoffmann/Strecker 1997, S. 99–159). Die von gesprächsanalytischer Seite vorgebrachten Einwände, insbesondere die Forderung nach der Berücksichtigung sequentieller Einbettungen, werden dabei von vornherein integriert und statt isolierter Sprechhandlungen werden komplexere Handlungsmuster veranschlagt. All diese Beispiele zeigen, dass die Sprechakttheorie zum theoretischen Grundbestand, sozusagen zur Grundausrüstung jeder pragmatisch orientierten Linguistik gehört.

Eine andere Stoßrichtung der Kritik an der klassischen Sprechakttheorie zielt auf ihren universalistischen Charakter. In sprach- und kulturvergleichender Perspektive wurde auf ethnozentrische Tendenzen der Sprechakttheorie hingewiesen, welche kulturspezifische Ausprägungen von Sprechakten wie auch von Ethnotaxonomien außer Acht lasse (vgl. Gass/Neu 1996; Richland 2013). In diachroner Perspektive hat man die historische Wandelbarkeit von Sprechakten bzw. von Indikatoren der illokutionären Rolle aufgezeigt (vgl. Jucker/Taavitsainen 2008). Allerdings handelt es sich bei beiden Forschungsrichtungen mitnichten um Angriffe auf die Sprechakttheorie als solche (vgl. aber Rosaldo 1982). Im Gegenteil, ihre prinzipielle Tauglichkeit und auch die mit ihr verbundenen Heuristiken wie etwa die Inventarisierung von Indikatoren der illokutionären Rolle werden gerade nicht bestritten, sondern allenfalls empirisch ausdifferenziert und hierdurch letztlich doch bestätigt.

Die Sprechakttheorie, so könnte man diesen Abriss ihrer Karriere in der Linguistik resümieren, ist eine Normalwissenschaft im Sinne Thomas Kuhns geworden:

> [...] eine Forschung, die fest auf einer oder mehreren Leistungen der Vergangenheit beruht, Leistungen, die von einer bestimmten wissenschaftlichen Gemeinschaft [...] als Grundlagen für die weitere Arbeit anerkannt werden. Heute werden solche Leistungen in wissenschaftlichen Lehrbüchern, für Anfänger und für Fortgeschrittene, im einzelnen geschildert, wenn auch selten in ihrer ursprünglichen Form. Diese Lehrbücher interpretieren den Grundstock einer anerkannten Theorie, erläutern viele oder alle ihre erfolgreichen Anwendungen oder vergleichen diese Anwendungen mit exemplarischen Beobachtungen und Experimenten. (Kuhn 1967, S. 28)

Und so normal, wie die Sprechakttheorie geworden ist, so wenig scheint sie derzeit in der Linguistik noch Gegenstand ernsthafter theoretischer Auseinandersetzung zu sein – anders, als in der Philosophie, wo sie bis heute diskutiert wird (vgl. etwa Fogal/Harris/Moss 2018). Im 1990 erschienenen Band *Speech Acts, Meaning and Intentions* (Burkhardt 1990b), der den Stand der Sprechakttheorie 20 Jahre nach Erscheinen von Searles Buch bilanziert, sind vor allem theoretische Einwände vorgebracht worden. Nochmals 30 Jahre später, so könnte man überspitzt zumindest für die germanistische Linguistik sagen, wird die Sprechakttheorie vor allem angewendet.

3 Neuere Tendenzen

Das oben gezeichnete Bild der Sprechakttheorie als Normalwissenschaft ist natürlich ein überzeichnetes. Insbesondere im angelsächsischen Raum werden auch gegenwärtig neue und dezidierte sprechakttheoretische Modelle entwickelt (vgl. Kissine 2013). Auch neuere Theorieentwicklungen im erweiterten Bereich der pragmatischen Linguistik werfen Perspektiven auf, die – obwohl sie selbst nicht die klassischen sprechakttheoretischen Probleme adressieren – eine erneute Auseinandersetzung mit sprechakttheoretischen Grundannahmen erfordern.

In der poststrukturalen Diskurslinguistik ‚nach Foucault' mit ihrer Kritik am Subjekt- und Intentionsbegriff (vgl. Spitzmüller/Warnke 2011, S. 51, 67 f.) müssen auch der Begriff des Sprechakts als in individuellen Intentionen verankerte sprachliche Handlung sowie die ihm eingebaute intentionalistische Theorie der Bedeutung (vgl. Grice 1957) problematisiert werden. Dem Sprechakt stellt Foucault die Aussage (*énoncé*) gegenüber, die dem Vollzug von Sprechakten gewissermaßen vorgelagert ist, die stets in Diskurse und Aussagennetze eingewoben ist, welche überhaupt erst bedingen, dass in einer sozialen und kulturellen Situation einzelne Aussagen möglich werden (vgl. Foucault 1973, S. 67f.).[2] „Diskurshandlungen" (Spieß 2011) sind gegenüber Sprechakten im Sinne Searles also viel stärker durch diskursive, dem Individuum vorgängige Bedingungen der Möglichkeit des Gesagten geprägt (vgl. zusammenfassend Spitzmüller/Warnke 2011, S. 69–72).[3]

Ebenfalls dem Subjektivismus und Intentionalismus kritisch gegenüberstehend ist die Praxistheorie, die statt „interessengeleiteten und mit einer subjektiven Rationalität ausgestatteten Handlungsakten einzelner Akteure" (Reckwitz 2003, S. 287) routinisierte, materiale und leibgebundene Praktiken als kleinste Einheiten des Sozialen veranschlagt. Die zunächst in der Soziologie entwickelte Praxistheorie hat längst auch auf die (germanistische) Linguistik ausgestrahlt. In einer Linguistik der Praktiken interessiert weniger, welche Sprechakte als Mittel zur Realisierung von Akteursintentionen zur Verfügung stehen und wie sie sprachlich vollzogen werden, sondern „wie Sprache im leiblichen, respektive multimodalen Ausdruck inkarniert und intrinsisch in die Handlungsvollzüge in der materiellen und medial vermittelten Welt verwoben ist" (Deppermann/Feilke/Linke 2016, S. 14). Das für gesprächsanalytische Zwecke entwickelte Konzept der kommunikativen Praktiken (vgl. Fiehler et al. 2004, S. 99–104) scheint dagegen noch eher mit sprechakttheoretischen Grundannahmen verträglich zu sein. Doch auch kommunikative Praktiken als „präformierte Verfahrensweisen, die gesellschaftlich zur Verfügung stehen, wenn bestimmte rekurrente Ziele oder Zwecke realisiert werden sollten" (Fiehler et al. 2004, S. 99)

---

2   In seiner *Archäologie des Wissens*, im gleichen Jahr erschienen wie Searles *Speech Acts*, nimmt Foucault ausdrücklich zur Sprechakttheorie Stellung, die er als keinen adäquaten Zugriff für die ihn interessierende Analyse diskursiver Ereignisse ansieht (vgl. Foucault 1973, S. 120f; Dreyfus/Rabinow 1983, S. 44–55).

3   Zu einem anderen Strang der poststrukturalen Auseinandersetzung mit der Sprechakttheorie vgl. Weber (in diesem Band).

– als Beispiele können Auskünfte, Beschwerden oder Unterweisungen genannt werden – sind gewissermaßen auf einer Ebene oberhalb von einzelnen Sprechakten angesiedelt. Der sich hier andeutende Perspektivenwechsel von einzelnen Akten hin zu umfassenderen Routinen prägt im Übrigen auch neuere, dezidiert sprechakttheoretische Ansätze. In ihrer Einleitung zum Handbuch *Pragmatics of Speech Actions*, das den internationalen Stand der pragmalinguistischen Sprechakttheorie dokumentiert, weisen etwa Sbisà und Turner die Verhältnisbestimmung von Sprechakten einerseits und „linguistic and cultural practices and routines" (Sbisà/Turner 2013, S. 5) in ihrer interaktionalen Dynamik andererseits als wichtige Aufgabe einer zeitgemäßen Sprechakttheorie aus.

Für die an Praktiken orientierten Zugriffe ist kennzeichnend, dass Sprache bzw. Kommunikation weniger mit Blick auf die zugrundeliegenden Regeln, sondern „nur in der sozial bestimmten performativen Qualität des Vollzugs" (Deppermann/Feilke/Linke 2016, S. 12) interessiert. Mit dem hier anklingenden Konzept des Performativen ist freilich ein sprechakttheoretischer Grundbegriff angesprochen, welcher indes bei Austin eine weitaus größere Rolle spielt als bei Searle, wo nur am Rande performative Verben als mögliche Indikatoren der illokutionären Rolle erwähnt werden. Das Konzept der Performativität, mit dem ganz allgemein die soziale Konstruktivität symbolischer Handlungen auf den Begriff gebracht (vgl. Scharloth 2009, S. 234) und zugleich der Anschluss zu dem in der Anthropologie zentralen Begriff der *performance* hergestellt werden kann, ist in den Sprach- und Kulturwissenschaften zu einem Schlüsselkonzept avanciert (vgl. Fischer-Lichte 2016). Für dieses ist jedoch die Searle'sche Fassung der Sprechakttheorie kaum mehr ein theoretischer Bezugspunkt.[4] Auch in unmittelbar an der Sprechakttheorie interessierten neueren Forschungsarbeiten zum Begriff der Performativität lässt sich eine Tendenz zum Rückgang auf Austin beobachten (vgl. Robinson 2013; Rolf 2015), und so erstaunt auch nicht, dass neuere Versuche, den Begriff des Sprechaktes um den des Bildaktes zu ergänzen, sich eher an Austin anschließen (vgl. Schmitz 2007; Bredekamp 2015).

---

4   Wirth (2002, S. 10; Hervorhebung im Original) skizziert, dass sich der Performativitätsbegriff mittlerweile „von einem *terminus technicus* der Sprechakttheorie zu einem *umbrella term* der Kulturwissenschaften" entwickelt hat, „wobei die Frage nach den ‚funktionalen Gelingensbedingungen' der Sprechakte von der Frage nach ihren ‚phänomenalen Verkörperungsbedingungen' abgelöst wurde". In diesem Zusammenhang kann Performativität als dynamisches Konzept bzw. mit Velten (2012) als ‚travelling concept' verstanden werden, das in bestimmten Kontexten von seiner sprechakttheoretischen Verankerung als losgelöst betrachtet werden muss. Den verschiedenen Performativitätskonzepten ist aber immerhin „eine kritische Einstellung gegenüber der Idee der Repräsentation" gemeinsam, „genauer: gegenüber der Identifizierung von ‚Zeichen' mit ‚Repräsentation'" (Krämer 2004, S. 19).

Neben diesen drei Theorieentwicklungen, der Diskurslinguistik, der Theorie der Praktiken und der Performativitätstheorie, die auf die Sprechakttheorie rückwirken, lassen sich aber auch in der genuinen Sprechakttheorie einige Tendenzen ausmachen, die die neueren Diskussionen bestimmen. Diskutiert werden etwa Bezüge zwischen Kognitiver Linguistik und Sprechakttheorie, etwa indem so genannte Sprechaktszenarien, die bei Searle noch als Sets von Regeln erscheinen, als *Idealized Cognitive Models* beschrieben und auf ganz allgemeine kognitive Prinzipien bezogen werden (vgl. Panther/Thornburg 2005 und Gärtner/Steinbach in diesem Band). Besondere Aufmerksamkeit wird zudem – und auch hier dürfte die Kognitive Linguistik mit ihrem ausgeprägten Interesse an Emotionen (vgl. Schwarz-Friesel 2013) entscheidenden Anteil haben – den expressiven Sprechakten geschenkt. Expressivität wird als linguistische Kategorie verhandelt, die sich insbesondere auf Sprechaktebene manifestiert (vgl. d'Avis/Finkbeiner 2019 sowie Finkbeiner in diesem Band und Trotzke in diesem Band), und so sind es gerade auch empirische Arbeiten zu expressiver Kommunikation, in denen sprechakttheoretische Zugriffe zur Anwendung kommen (vgl. Marx 2018 sowie Tuchen in diesem Band).

Ebenfalls im Fahrwasser der Kognitiven Linguistik bewegen sich konstruktionsgrammatische Ansätze. Mit ihrer grundlegenden Modellierung von Konstruktionen als gebrauchsbasierten *form-meaning pairs* sind sie ohnehin recht nah an Searles Vorschlag, die Analyse von Sprechakten auf die Semantik von formseitig bestimmbaren Indikatoren der illokutionären Rolle abzustellen. So wurden etwa konventionalisierte indirekte Sprechakte bzw. die sprachlichen Formen ihres Vollzugs als Konstruktionen beschrieben (vgl. Stefanowitsch 2003). Besonders anschlussfähig sind indes jene vor allem in der interaktionalen Linguistik entfalteten Spielarten der Konstruktionsgrammatik, die auch pragmatische Restriktionen der Bedeutungsseite von Konstruktionen zurechnen. Konstruktionen, verstanden als rekurrente sprachliche Muster, werden an „Sprechhandlungstypen" (Deppermann 2006, S. 240) wie etwa Empfehlungen oder Vorschläge gekoppelt, welche typischerweise durch diese Konstruktionen realisiert werden. Das ist, so scheint es, im Kern ein sprechakttheoretisches Vorgehen, und doch wird interessanterweise jeder explizite Bezug auf die Sprechakttheorie vermieden (vgl. hierzu Staffeldt in diesem Band).

Neue methodische Impulse für sprechakttheoretische Ansätze sind seitens der Korpuslinguistik, genauer der Korpuspragmatik zu erwarten, die Sprechakte – wiederum abzulesen an der Position dieses Themas in einem einschlägigen Handbuch (vgl. Aijmer/Rühlemann 2014) – zu ihren primären Gegenständen zählt. Sind diachrone Sprechaktanalysen im Rahmen der Historischen Pragmatik immer schon auf Korpora angewiesen, werden in jüngerer Zeit auch synchrone Untersuchungen korpusbasiert angelegt (vgl. McAllister/Garcia 2014; Weisser 2018 und den Überblick in Tuchen 2018, S. 21). Noch offen ist dabei die Frage, ob und wie die Identifikation von illokutionären Akten, die sich ja gerade nicht eindeutig an sprachoberflächenbezogenen Merkmalen ablesen lassen, überhaupt computergestützt oder gar automatisiert geschehen kann (vgl. Rühlemann/Clancy 2018). Allerdings kann schon eine an großen Datenmengen vorgenommene Erhebung von Gebrauchsprofilen derjenigen sprachlicher Muster, die üblicherweise als Indikatoren illokutionärer Rollen gelten, heuristisch wertvoll sein, insbesondere dann, wenn Kontextfaktoren als Metadaten zur Verfügung stehen.

Im Übrigen dürfte die Etablierung der Korpuslinguistik im (pragma-)linguistischen Methodenkanon[5] und damit einhergehend die Entwicklung der Linguistik hin zu einer grundlegend empirischen, datenorientierten Disziplin auch ein Grund dafür sein, dass die theoretische Auseinandersetzung mit der Sprechakttheorie ein wenig in den Hintergrund geraten ist. Die reine Theoriearbeit, die allenfalls zu Veranschaulichungszwecken auf Sprachdaten zurückgreift, scheint an Attraktivität zu verlieren angesichts der Fülle der empirischen Details, die es zu entdecken gibt. Und dennoch: Auch das induktivste Vorgehen wird auf theoretische Konzepte zurückgreifen und den Umgang mit dem empirischen Material deduktiv ausbalancieren müssen, und wie bereits gezeigt, ist das Konzept des Sprechakts bzw. des Sprechakttyps hierfür ein oft gewählter Kandidat, auch wenn er mitunter terminologisch anders gefasst wird. Nach wie vor ist es aber nötig und auch lohnend, dieses Konzept theoretisch und methodologisch, aber auch in seiner für die Pragmalinguistik identitätsstiftenden Funktion zu reflektieren. Oder, um einen sprechakttheoretischen Klassiker (vgl. Austin 1968, S. 153) abzuwandeln: Es lohnt zu klären, was man – als Linguist*in – tut, wenn man *Sprechakt* sagt. Dazu leisten die Aufsätze im vorliegenden Band einen Beitrag.

4 Zu den Beiträgen

Der Band wird eröffnet von **Sven Staffeldt**, der in seinem Beitrag „SAT(T?) – Ein Verwirrspiel in drei Akten" aktuelle Forschungsbeiträge zur Pragmalinguistik daraufhin sichtet, welche Rolle der Sprechakttheorie oder zumindest sprechakttheoretisch konturierten Konzepten zukommt. Insbesondere anhand von transfer- und anwendungsorientierten Arbeiten gesprächsanalytischen Zu-

---

5   Auch die Gesprächsanalyse arbeitet eigentlich seit jeher (vgl. Henne/Rehbock 2001, S. 39–54) und in jüngerer Zeit erst recht (vgl. Deppermann/Schmidt 2014) mit Korpora.

schnitts zeigt Staffeldt, dass explizite und erst recht affirmative Bezugnahmen auf die Sprechakttheorie weithin fehlen, aber gleichwohl Analyseschritte unternommen werden, die sich an sprechakttheoretische Analysen anschließen lassen. Der Beitrag plädiert dafür, induktive und deduktive Zugänge nicht als einander ausschließende Alternativen, sondern als Stationen in einem Kreislauf sich wechselseitig bedingender Zugriffe auf Sprache und Sprachgebrauch anzusehen.

Um eine wissenschaftshistorische Einordung geht es im Beitrag „Vormoderne Sprechaktanalysen als Herausforderung für die moderne Sprechakttheorie" von **Simon Meier**. Anhand von historischen Analysen von Sprechhandlungen wie z. B. Versprechungen und Drohungen wird gezeigt, dass einige wesentliche Merkmale der modernen Sprechakttheorie – etwa die Formulierung von Gelingensbedingungen – bereits lange vor Searle in den Werken vormoderner Autoren wie Thomas von Aquin, Thomas Hobbes, Samuel Pufendorf und anderen relevant gesetzt wurden. Unterschiede liegen hingegen darin, dass sich vormoderne Analysen an objektiver Gesetzmäßigkeit orientieren, während die moderne Sprechakttheorie versucht, die Regeln und Klassifikationen von Sprechhandlungen in einzelnen psychologischen Zuständen wie Präferenzen und Interessen zu begründen. So erweisen sich einige Vorannahmen der modernen Sprechakttheorie als zeitgebundene und mentalitätsgeschichtlich deutbare Prägungen.

Die folgenden beiden Beiträge widmen sich der Frage nach der Integration interaktionslinguistischer Konzepte in die Sprechakttheorie. **Frank Liedtke** setzt sich in seinem Beitrag „Sprechhandlung und Aushandlung" mit einem zentralen Kritikpunkt an der Sprechakttheorie auseinander: Der Fokus auf die Intention eines Sprechers/einer Sprecherin blendet den interaktiven Charakter in Kommunikationssituationen ebenso aus wie die Sprecher-Hörer-Beziehung. Er unterbreitet einen Vorschlag dazu, wie eine Analyse erstellt werden kann, die das Ergebnis von Aushandlungen oder Ko-Konstruktionen berücksichtigt, ohne auf Begriffe wie *illokutionäre Wirkung* und *Sprecherabsicht* zu verzichten. Zu diesem Zweck wird der Begriff der kollektiven oder Wir-Intention für die Analyse fruchtbar gemacht; ebenso werden systematische Unterscheidungen unter anderem zwischen komplementären und kompetetiven sowie symmetrischen und asymmetrischen Gesprächssituationen vorgestellt.

Leonard Kohl veranschaulicht in seinem Beitrag „Sprechakte in der Interaktion", wie die Sprechakttheorie (SAT) so modifiziert und durch gesprächsanalytische Konzepte erweitert werden kann, dass sie zur Analyse von verbaler Interaktion eingesetzt werden kann. Dabei soll aber der sprechakttheoretische Fokus auf die in den meisten gesprächsanalytischen Ansätzen abgelehnten

Sprecherintentionen möglichst erhalten bleiben. An authentischen Whats-App-Chatdaten wird dabei unter anderem veranschaulicht, wie illokutionäre Kräfte von den Teilnehmer*innen in der Interaktion gemeinsam konstruiert oder verhandelt werden.

Grundlagentheoretische Detailstudien sind das Thema der beiden folgenden Beiträge. Expressive Sprechakte, mit denen sich **Rita Finkbeiner** in ihrem Beitrag „Expressive Sprechakte revisited" auseinandersetzt, stellen eine Herausforderung für ihre Klassifikation und Beschreibung dar, unter anderem deshalb, weil letztlich alle Sprechakte als Ausdruck einer propositionalen Einstellung gelten können. Es geht dann darum, das Spezifische dieser ausgewählten Klasse herauszuarbeiten, wobei für diese Aufgabe unterschiedliche Strategien gewählt werden können. Im Zuge einer kritischen Diskussion werden ältere und rezente Ansätze zu Expressiva behandelt, bevor eine Auseinandersetzung mit der semantisch geprägten Erklärungsstrategie, im Sinne von David Kaplans Begriff eines *use-conditional meaning*, vorgenommen wird. Aus einer sprechakttheoretischen Sicht wird demgegenüber das Spezifikum von Expressiva in der Ausformung der Einleitungsbedingung des Sprechakts gesehen. Die Voraussetzungen für seinen Vollzug im Sinne spezifischer Angemessenheitsbedingungen werden als Teil dieser konstitutiven Bedingung definiert.

Daniel Gutzmann und **Katharina Turgay** streben in ihrem Beitrag „Fiktionale Aussagen als Assertionen?" eine Explikation dessen an, was eine fiktionale Äußerung ist bzw. welche definierenden Eigenschaften sie hat. Die von Searle vorgelegte *pretense*-Theorie des fiktionalen Diskurses, die davon ausgeht, dass für Assertionen in fiktionalen Kontexten entscheidende konstitutive Regeln außer Kraft gesetzt sind, wird mit dem Argument kritisiert, dass auch auf fiktionale Äußerungen konstitutive Regeln zutreffen. Demgegenüber werden schaffende fiktionale Äußerungen als fiktionale Deklarationen aufgefasst, beschreibende fiktionale Äußerungen als fiktionale Assertionen. Fiktionale Assertionen schaffen keine neuen Sachverhalte, sondern stellen einen Vorschlag von S dar, den jeweils für S und H geltenden Common Ground um diese Assertion zu erweitern. Um den Unterschied zwischen nicht-fiktionalen und fiktionalen Assertionen abzubilden, werden unterschiedliche Common Grounds angenommen, in diesem Fall ein realer und ein fiktionaler Common Ground.

Die beiden folgenden Beiträge fokussieren den sprechakttheoretischen und später von Searle (1983) sogar zum eigenständigen Thema erhobenen Grundbegriff der Intentionalität. Am Beginn des Beitrags von **Tilo Weber** zu „Intentionalität und Äußerungsbedeutung" steht die für Searles Sprechakttheorie wie auch für die klassische linguistische Pragmatik insgesamt zentrale These, dass die sprachliche Bedeutung auf den Intentionen der einzelnen Sprecher basiert.

Jacques Derrida hat diese These grundlegend in Frage gestellt. Die daraus resultierende Diskussion (Searle-Derrida-Debatte) wird in dem Beitrag genauer beleuchtet. So erfährt man, dass auf beiden Seiten in der Diskussion auf harsche persönliche Angriffe und aggressive Formulierungen nicht verzichtet wurde. Allerdings zeigen sowohl Derridas „Dekonstruktion" des Intentionalismus als auch Searles konsequente Gegenargumentation Risse und brüchige Stellen. Obwohl man Derrida in einigen Punkten recht geben könne, sollte man Weber zufolge zumindest aus der Hörendenperspektive eine enge Korrelation zwischen Intentionen und Bedeutung annehmen.

Der intentionalistischen Auffassung sprachlicher Äußerungen, die von einer vorgängigen Intention ausgeht, stellt **Joschka Briese** in seinem Beitrag „Intentionalität ohne Intentionalismus?" ein alternatives Konzept gegenüber, das diese Vorgängigkeitsannahme vermeidet und grundsätzlich die soziale und zeichenvermittelte Natur einer prozessualen Intentionalität hervorhebt. Die Grundlage des entwickelten Konzepts einer diskursiven Intentionalität bildet einerseits die Theorie der inferenziellen Semantik von R. Brandom, andererseits wird auf die zeichentheoretische Konzeption von T. L. Short rekurriert, um die bei Brandom nicht ausbuchstabierte linguistische Komponente zu ergänzen. Das in diesem Beitrag vorgestellte Modell verbindet beide Ansätze zu einem Gesamtbild der Intentionalität sprachlicher Äußerungsvollzüge in ihrer sozialen und diskursiven Einbettung.

Schnittstellen zur kognitiven Linguistik und zur Grammatikforschung werden in den folgenden drei Beiträgen beleuchtet. **Hans-Martin Gärtner** und **Markus Steinbach** greifen in ihrem Beitrag „Zum Verhältnis von Satztyp- und Illokutionstypinventaren" die spätestens seit Searle (1976) virulente Frage nach dem Verhältnis von Satztypen und Illokutionstypen auf. Anhand neuerer Ansätze aus der kognitiven Linguistik, welche Sprechaktklassifikationen in einer Belief-Desire-Intention-Psychology fundieren, diskutieren sie mögliche Anschlüsse wie auch Diskrepanzen zu typologiebasierten Forschungsergebnissen und erarbeiten einen modifizierten Vorschlag, der sich eng an das Searle'sche Konzept der Aufrichtigkeitsbedingungen anschließt. Wie die Autoren zeigen, ist damit auch der Weg geebnet, um die Diskussion um Satz- und Illokutionstypen an neuere Erkenntnisse aus der experimentellen Pragmatik anzubinden.

Andreas Trotzke zeigt in seinem Beitrag „*How cool is that!* Ein neuer Sprechakt aus Sicht der Grammatik/Pragmatik-Schnittstelle", dass es eine Subklasse der W-Exklamativa gibt, welche als Affirmationsorientierte Pseudofragen (APQs) bezeichnet werden können. An den Beispielsätzen *How cool is that!* und der deutschen Entsprechung *Wie geil ist das denn!*, zeigt er, dass in den beiden Sprachen die APQ-Funktion der Äußerung durch unterschiedliche Indikatoren angezeigt wird: Im Englischen übernimmt dies die interrogative Syntax, im Deutschen sind es die Modalpartikeln. Die APQs zeigen eine gewisse Offenheit für die affirmative Reaktion des Hörers an, welche der übergeordneten Klasse W-Exklamativa abgeht. Aus diesem Grund plädiert Trotzke für eine Unterscheidung in der Sprechaktklasse der EXKLAMATIONEN durch die Merkmale „[+Adressaten-Orientierung]" und „[-Adressaten-Orientierung]".

Der Beitrag von **Pawel Sickinger** über „Sprechakte als prototypisch strukturierte Überkategorien sprachlicher Problemlösungen" befasst sich mit der Abgrenzungsproblematik von Sprechakten. Fokussiert werden aber nicht primär die Defizite der Sprechakttheorie, sondern Vorschläge zu deren Ergänzung bzw. Rekonzeptualisierung. Sickinger unterbreitet im Wesentlichen zwei Modifizierungsvorschläge im Sinne der angewandten linguistischen Pragmatik: Zunächst argumentiert er dafür, Sprechakte als Prototypenkategorien im Sinne der kognitiven Linguistik zu konzipieren. Darauf aufbauend ist sein zentraler Punkt für die empirische Pragmatikforschung, dass die Beschreibungen von kommunikativen Handlungen auf der Ebene der sogenannten *communicative tasks* und den entsprechenden *solutions* ansetzen sollte. Die *communicative tasks* sind allerdings kein Gegenentwurf zum Sprechaktkonzept, sondern konstituieren Sprechaktkategorien vielmehr ‚von unten'.

Den Abschluss des Bandes bildet der Beitrag von **Astrid Tuchen** „*Too little, too late* – Der Sprechakt KONDOLIEREN auf Twitter durch Donald Trump", in welchem der Sprechakt des Kondolierens in digitalen Kontexten fokussiert wird. Dabei wird der Sprechakt des Kondolierens zunächst aus einer theoretischen Perspektive beleuchtet, bevor im empirischen Teil Kondolenz-Tweets des US-Präsidenten Donald Trump hinsichtlich verschiedener Dimensionen inhaltsanalytisch untersucht werden. Gegenstand der Analysen sind einerseits der Zusammenhang von inhaltlichen Kategorien wie Ausdruck des Beileids, Sprecherrolle oder Hinterbliebene und verschiedenen Todesursachen (z.B. natürlicher Tod, Naturkatastrophe, Amoklauf) sowie Bewertungen der Twitter-User dahingehend, ob Donald Trumps Sprechakt des Kondolierens geglückt ist oder nicht. Tuchens Untersuchung zeigt, dass sich das Instrumentarium der Sprechakttheorie auch auf Sprechhandlungen im digitalen Kontext anwenden lässt.

Die Beiträge des vorliegenden Bandes gehen auf die Jahrestagung 2019 der Arbeitsgemeinschaft Linguistische Pragmatik e.V. zum Thema „50 Jahres *Speech Acts* – Bilanz und Perspektiven" zurück, die am 5. März 2019 unter der Organisation der Herausgeber*innen an der Universität Bremen stattfand.

Literatur

Aijmer, Karin/Rühlemann, Christoph (Hg.) (2014): Corpus pragmatics: A handbook. Cambridge: Cambridge University Press.

Austin, John L. (1962): How to do things with words. Oxford: Clarendon.

Austin, John L. (1968): Performative und konstatierende Äußerung. In: Bubner, Rüdiger (Hg.): Sprache und Analysis. Texte zur englischen Philosophie der Gegenwart. Göttingen: Vandenhoeck & Ruprecht. S. 140–153.

Bonacchi, Silvia (2017): Sprachliche Aggression beschreiben, verstehen und erklären. Theorie und Methodologie einer sprachbezogenen Aggressionsforschung. In: Bonacchi, Silvia (Hg.): Verbale Aggression. Multidisziplinäre Zugänge zur verletzenden Macht der Sprache. Berlin, Boston: De Gruyter. S. 3–31.

Bousfield, Derek (2008): Impoliteness in interaction. Amsterdam, Philadelphia: Benjamins.

Bredekamp, Horst (2015): Der Bildakt. Berlin: Klaus Wagenbach.

Brinker, Klaus (2010): Linguistische Textanalyse. Eine Einführung in Grundbegriffe und Methoden. 7., durchges. Aufl. Berlin: Schmidt.

Brown, Penelope/Levinson, Stephen C. (1987): Politeness: some universals in language usage. Cambridge, New York: Cambridge University Press.

Burkhardt, Armin (1990a): Speech act theory – the decline of a paradigm. In: Burkhardt, Armin (Hg.): Speech acts, meaning and intentions. Berlin, New York: De Gruyter. S. 91–128.

Burkhardt, Armin (Hg.) (1990b): Speech acts, meaning and intentions. Critical approaches to the philosophy of John R. Searle. Berlin, New York: De Gruyter.

d'Avis, Franz/Finkbeiner, Rita (2019): Was ist Expressivität? In: d'Avis, Franz/Finkbeiner, Rita (Hg.): Expressivität im Deutschen. Berlin, Boston: De Gruyter. S. 1–22.

Deppermann, Arnulf (2006): Deontische Infinitivkonstruktionen: Syntax, Semantik, Pragmatik und interaktionale Verwendung. In: Günthner, Susanne/Imo, Wolfgang (Hg.): Konstruktionen in der Interaktion. Berlin, Boston: De Gruyter. S. 239–262.

Deppermann, Arnulf (2008): Gespräche analysieren. Eine Einführung. Wiesbaden: VS.

Deppermann, Arnulf/Feilke, Helmuth/Linke, Angelika (2016): Sprachliche und kommunikative Praktiken: Eine Annäherung aus linguistischer Sicht. In: Deppermann, Arnulf/Feilke, Helmuth/Linke, Angelika (Hg.): Sprachliche und kommunikative Praktiken. Berlin, Boston: De Gruyter. S. 1–24.

Deppermann, Arnulf/Schmidt, Thomas (2014): Gesprächsdatenbanken als methodisches Instrument der Interaktionalen Linguistik – Eine exemplarische Untersuchung auf Basis des Korpus FOLK in der Datenbank für Gesprochenes Deutsch (DGD2). In: Domke, Christine/Gansel, Christa (Hg.): Korpora in der Linguistik. Perspektiven und Positionen zu Daten und Datenerhebung. Göttingen: V&R unipress. S. 4–17.

Dijk, Teun A. van (1980): Textwissenschaft: eine interdisziplinäre Einführung. Tübingen: Niemeyer.

Dresner, Eli/Herring, Susan C. (2010): Functions of the nonverbal in CMC: Emoticons and illocutionary force. In: Communication Theory 20 (3), S. 249–268.

Dreyfus, Hubert L./Rabinow, Paul (1983): Michel Foucault. Beyond structuralism and hermeneutics. Chicago: University of Chicago Press.

Egorova, Natalia/Shtyrov, Yury/Pulvermüller, Friedemann (2016): Brain basis of communicative actions in language. In: NeuroImage 125, S. 857–867.

Fiehler, Reinhard et al. (2004): Eigenschaften gesprochener Sprache. Tübingen: Narr.

Finkbeiner, Rita (2015): Einführung in die Pragmatik. Darmstadt: WBG.

Fischer-Lichte, Erika (2016): Performativität. Eine Einführung. 3., unver. Aufl. Bielefeld: transcript.

Fogal, Daniel/Harris, Daniel W./Moss, Matt (Hg.) (2018): New work on speech acts. Oxford: Oxford University Press.

Foucault, Michel (1973): Archäologie des Wissens. Frankfurt am Main: Suhrkamp.

Gass, Susan/Neu, Joyce (1996): Speech acts across cultures: Challenges to communication in a second language. Berlin, New York: Mouton de Gruyter.

Girnth, Heiko (2015): Sprache und Sprachverwendung in der Politik: eine Einführung in die linguistische Analyse öffentlich-politischer Kommunikation. 2., überarb. u. erw. Aufl. Berlin, Boston: De Gruyter.

Grice, H. P. (1957): Meaning. In: The Philosophical Review 66 (3), S. 377–388.

Harras, Gisela (Hg.) (2004): Handbuch deutscher Kommunikationsverben. Teil 1: Wörterbuch. Berlin, New York: De Gruyter.

Henne, Helmut/Rehbock, Helmut (2001): Einführung in die Gesprächsanalyse. Berlin, New York: de Gruyter.

Hindelang, Götz (1978): Auffordern: die Untertypen des Aufforderns und ihre sprachlichen Realisierungsformen. Göppingen: Kümmerle.

Hindelang, Götz (1994): Sprechakttheoretische Dialoganalyse. In: Fritz, Gerd/Hundsnurscher, Franz (Hg.): Handbuch der Dialoganalyse. Berlin, Boston: De Gruyter. S. 95–112.

Hindelang, Götz (2010): Einführung in die Sprechakttheorie: Sprechakte, Äußerungsformen, Sprechaktsequenzen. Berlin, New York: De Gruyter.

Hutchby, Ian/Wooffitt, Robin (2008): Conversation analysis. 2nd ed. Cambridge, Malden: Polity.

Jucker, Andreas H./Taavitsainen, Irma (Hg.) (2008): Speech acts in the history of English. Amsterdam: Benjamins.

Kissine, Mikhail (2013): From utterances to speech acts. Cambridge: Cambridge University Press.

Krämer, Sybille (2004): Was haben ‚Performativität' und ‚Medialität' miteinander zu tun? Plädoyer für eine in der ‚Aisthetisierung' gründende Konzeption des Performativen. In: Krämer, Sybille (Hg.): Performativität und Medialität. München: Fink. S. 13–32.

Kuhn, Thomas S. (1967): Die Struktur wissenschaftlicher Revolutionen. Frankfurt a. M.: Suhrkamp.

Liedtke, Frank (1998): Grammatik der Illokution. Über Sprechhandlungen und ihre Realisierungsformen im Deutschen. Tübingen: Narr.

Liedtke, Frank/Tuchen, Astrid (Hg.) (2018): Handbuch Pragmatik. Stuttgart: Metzler.

Marx, Konstanze (2018): „Gefällt mir" – Eine Facebookformel goes kognitiv. In: Marx, Konstanze/Meier, Simon (Hg.): Sprachliches Handeln und Kognition. Theoretische Grundlagen und empirische Analysen. Berlin, Boston: De Gruyter. S. 113–132.

Marx, Konstanze/Weidacher, Georg (2014): Internetlinguistik. Ein Lehr- und Arbeitsbuch. Tübingen: Narr.

McAllister/Garcia, Paula (2014): Speech acts: a synchronic perspective. In: Aijmer, Karin/Rühlemann, Christoph (Hg.): Corpus pragmatics. Cambridge: Cambridge University Press. S. 29–51.

Motsch, Wolfgang/Viehweger, Dieter (1991): Illokutionsstruktur als Komponente einer modularen Textanalyse. In: Brinker, Klaus (Hg.): Aspekte der Textlinguistik. Hildesheim, New York: Olms. S. 107–132.

Panther, Klaus-Uwe/Thornburg, Linda L. (2005): Motivation and convention in some speech act constructions: A cognitive linguistic approach. In: Marmaridou, Sophia/Nikiforidou, Kiki/Antonopoulou, Eleni (Hg.): Reviewing linguistic thought. Converging trends for the 21st century. Berlin, New York: de Gruyter Mouton. S. 53–76.

Reckwitz, Andreas (2003): Grundelemente einer Theorie sozialer Praktiken. Eine sozialtheoretische Perspektive. In: Zeitschrift für Soziologie 32 (4), S. 282–301.

Richland, Justin B. (2013): Speech act theory, ethnocentrism, and the multiplicity of meaning-making practices. In: Sbisà, Marina/Turner, Ken (Hg.): Pragmatics of speech actions. Berlin, Boston: de Gruyter. S. 339–360.

Robinson, Douglas (2013): Introducing performative pragmatics. London: Routledge.

Rolf, Eckard (2015): Der andere Austin. Zur Rekonstruktion/Dekonstruktion performativer Äußerungen – von Searle über Derrida zu Cavell und darüber hinaus. Bielefeld: transcript.

Rosaldo, Michelle Z. (1982): The things we do with words: Ilongot speech acts and speech act theory in philosophy. In: Language in Society 11 (2), S. 203–237.

Rühlemann, Christoph/Clancy, Brian (2018): Corpus linguistics and pragmatics. In: Ilie, Cornelia/Norrick, Neal R. (Hg.): Pragmatics and its interfaces. Amsterdam: Benjamins. S. 241–266.

Sbisà, Marina/Turner, Ken (2013): Introduction. In: Sbisà, Marina/Turner, Ken (Hg.): Pragmatics of speech actions. Berlin, Boston: De Gruyter Mouton. S. 1–22.

Scharloth, Joachim (2009): Performanz als Modus des Sprechens und Interaktionsmodalität. Linguistische Fundierung eines kulturwissenschaftlichen Konzeptes. In: Feilke, Helmuth/Linke, Angelika (Hg.): Oberfläche und Performanz. Untersuchungen zur Sprache als dynamischer Gestalt. Berlin, Boston: De Gruyter. S. 233–254.

Schlieben-Lange, Brigitte (1975): Linguistische Pragmatik. Stuttgart: Kohlhammer.

Schmitz, Ulrich (2007): Bildakte? How to do things with pictures. In: Zeitschrift für germanistische Linguistik 35 (3), S. 419–433.

Schwarz-Friesel, Monika (2013): Sprache und Emotion. 2. Aufl. Tübingen, Basel: Francke.

Searle, John R. (1969): Speech acts: an essay in the philosophy of language. Cambridge: Cambridge University Press.

Searle, John (1975): Indirect speech acts. In: Cole, Peter/Morgan, Jerry L. (Hg.): Syntax and semantics vol. 3: Speech acts. New York: Academic Press. S. 59–82.

Searle, John R. (1976): A classification of illocutionary acts. In: Language in Society 5 (1), S. 1–23.

Searle, John R. (1983): Intentionality: an essay in the philosophy of mind. Cambridge: Cambridge University Press.

Smith, Barry (1990): Towards a history of speech act theory. In: Burkhardt, Armin (Hg.): Speech acts, meaning and intentions. Critical approaches to the philosophy of John R. Searle. Berlin, New York: De Gruyter. S. 29–61.

Spieß, Constanze (2011): Diskurshandlungen: Theorie und Methode linguistischer Diskursanalyse am Beispiel der Bioethikdebatte. Berlin Boston: De Gruyter.

Spitzmüller, Jürgen/Warnke, Ingo (2011): Diskurslinguistik. Eine Einführung in Theorien und Methoden der transtextuellen Sprachanalyse. Berlin, Boston: De Gruyter.

Sprengel, Konrad (Hg.) (1977). Semantik und Pragmatik. Akte des 11. Linguistischen Kolloquiums, Aaachen 1976. Bd. 2. Tübingen: Niemeyer.

Staffeldt, Sven (2014): Sprechakttheoretisch analysieren. In: Staffeldt, Sven/Hagemann, Jörg (Hg.): Pragmatiktheorien. Analysen im Vergleich. Tübingen: Stauffenburg. S. 105–148.

Stefanowitsch, Anatol (2003): A construction-based approach to indirect speech acts. In: Panther, Klaus-Uwe/Thornburg, Linda L. (Hg.): Metonymy and pragmatic inferencing. Amsterdam: Benjamins. S. 105–126.

Stein, Stephan (2004): Formelhaftigkeit und Routinen in mündlicher Kommunikation. In: Steyer, Kathrin (Hg.): Wortverbindungen – mehr oder weniger fest. Berlin, Boston: De Gruyter. S. 262–288.

Tenchini; Paola Maria/Frigerio, Aldo (2016): A multi-act perspective on slurs. In: Finkbeiner, Rita/Meibauer, Jörg/Wiese, Heike (Hg.): Pejoration. Amsterdam: Benjamins. S. 167–186.

Tuchen, Astrid (2018): Methodologie der Pragmatik. In: Liedtke, Frank/Tuchen, Astrid (Hg.): Handbuch Pragmatik. Stuttgart: Metzler. S. 13–25.

Velten, Hans Rudolf (2012): Performativity and perfomance. In: Neumann, Birgit/
Nünning, Ansgar (Hg.): Travelling concepts for the study of culture. Berlin, Boston:
De Gruyter. S. 249–266.

Weber, Heinrich/Weydt, Harald (Hg.) (1976): Sprachtheorie und Pragmatik. Bd. 1. Tübingen: Niemeyer.

Weisser, Martin (2018): How to do corpus pragmatics on pragmatically annotated data.
Speech acts and beyond. Amsterdam, Philadelphia: Benjamins.

Wirth, Uwe (2002): Der Performanzbegriff im Spannungsfeld von Illokution, Iteration
und Indexikalität. In: Wirth, Uwe (Hg.): Performanz. Zwischen Sprachphilosophie und
Kulturwissenschaften. Frankfurt a. M.: Suhrkamp. S. 9–40.

Wunderlich, Dieter (Hg.) (1975): Linguistische Pragmatik. Wiesbaden: Athenaion.

Wunderlich, Dieter (1976): Studien zur Sprechakttheorie. Frankfurt am Main: Suhrkamp.

Zifonun, Gisela/Hoffmann, Ludger/Strecker, Bruno (1997): Grammatik der deutschen
Sprache. Berlin, New York: De Gruyter.

SAT(T?) - Ein Verwirrspiel in drei Akten

Sven Staffeldt

Abstract: In this paper I will discuss a few relevant things about the critical views on Speech Act Theory (SAT). First we will follow two main critical lines, taken as an example of the question which things are the most problematic ones from an outside perspective. It will be worked out that these things are not dangerous for SAT. In the main chapter of this article we are looking for SAT in two current issues of the journal Der Deutschunterricht. The point is if SAT can be used as a tool for analyzing data so it might be expected that this theory plays a role in these issues. But that's not the case. However, there are good reasons to implement such a tool in an analyzing practice that might be called integrated pragmatic analysis.

1 Vorhang auf: Prolog - worum es geht und worum nicht

Die Sprechakttheorie (SAT) ist in die Jahre gekommen und es ist ein wenig ruhiger um sie geworden. Ihr haftet nicht mehr der frische philosophische Wind bahnbrechender Umwälzungen an. Sie hat sich im akademischen Alltag abgesetzt, wird in Seminaren in der einen oder anderen Form oder Ausprägung gelehrt, in Forschungsarbeiten und Prüfungen zur Analyse eingesetzt und wie ehedem kritisiert. Als deduktiv verfahrende, sprecherzentrierte sowie empirieferne Disziplin wurde und wird die orthodoxe SAT häufig angegriffen, um dann Erfolgsgeschichten anderer Linguistiken (also etwa die der Gesprächslinguistik(en)/conversational analysis oder der Interaktionalen Linguistik) zu erzählen. Nun scheinen sich diese Angriffe von kritischer Auseinandersetzung hin zu einer schematischen Ablehnung zu wandeln. Und es ist – provokativ gesprochen – ja auch so: Keines der ganz grundlegenden SAT-Probleme wurde bislang zufriedenstellend gelöst. Das ist eine Situation, in der man sich fragen kann, ob man genug von der SAT hat, ob man SAT-satt ist. Dieser Frage möchte ich in diesem Aufsatz in wesentlichen Punkten nachgehen. Im Vordergrund stehen hier *nicht* Punkte der folgenden Art:

- Exegese Searle'scher Texte (auch nicht von *Speech Acts*),
- umfassendes Referat der aktuellen SAT-Theoriefortbildungen[1],
- umfassendes Referat über SAT in aktuellen Forschungen[2],
- die Beantwortung der wichtigsten SAT-Fragen,
- also: das meiste.

Sondern:

- Eine Schnipsel- oder Schnitzeljagd durch SAT-Terrain wird veranstaltet.
- Gefundene Schnipsel mit SAT-Angriffen u. ä. werden besprochen.
- Es wird nachgewiesen, dass die SAT unnötig, gefährlich, unsexy usw. ist und dass genau dies so aber auch nicht stimmt.

2 Erster Akt: Der böse Wolf

SAT ist gefährlich. Vor ihr muss gewarnt werden, damit Studierende in ihrer akademischen Ausbildung ihr nicht die Tür öffnen und sie hereinlassen. Diesen Eindruck kann man jedenfalls bekommen, wenn man textuell als z. B. *Würdigung und Kritik* getarnte, letztlich aber als eine Art Warnung verstehbare Passagen der folgenden Art in einführenden sprachwissenschaftlichen Lehrwerken liest:

> Würdigung und Kritik: Die Sprechakttheorie ist nicht empirisch fundiert, sondern gründet auf Introspektion und bleibt damit spekulativ. Sie arbeitet mit erfundenen Beispielen, deren Richtigkeit nicht durch Daten belegt wird, sondern der Intuition der Wissenschaftlerinnen und Wissenschaftler überlassen bleibt. Während die Sprechakttheorie versucht hat, Äußerungen abstrakt und kontextunabhängig zu klassifizieren, untersuchen die im Folgenden ausführlich behandelten Ansätze [das sind: Konversationsanalyse, Interaktionale Linguistik und Multimodalitätsforschung; Anmerkung des Verfassers] sprachliche Äußerungen in ihren tatsächlichen Verwendungskontexten. (Stukenbrock 2013, S. 220)

Geschichten dieser Art haben einen klaren Plot mit einem klaren Ausgang: SAT ist böse und verführerisch. Sie dockt an Intuitionen und nicht an Daten an, verführt zu dadurch als gerechtfertigt erscheinenden Spekulationen und interes-

---

1   Vgl. für einen Überblick bspw. Liedtke (2018).
2   Vgl. hierzu die kurze Auflistung zu aktuellen korpuspragmatischen sprechakttheoretischen Arbeiten in Tuchen (2018, S. 21).

siert sich dabei mehr oder nur für das, was man über Interaktionen denkt, und kaum oder nicht für das, was Interagierende tun. Selbst wenn man das der SAT zurecht vorhielte (also wenn alle SAT so, und nur so arbeiten würde – dass dies nicht der Fall ist, das zeigen bspw. Studien wie die von Staffeldt (2014) oder auch Kiesendahl (2011)), bliebe man aber noch mindestens ein Argument schuldig: Sind denn solche sprechakttheoretischen Spekulationen gänzlich nutzlos oder lassen sie sich nicht vielleicht doch für Weiterverwendungen benutzen? Wie schlimm ist eigentlich die intuitionsbasierte introspektive Methode, wenn es etwa darum geht, sich darüber zu vergewissern, was man unter der einen oder anderen Sprachhandlung versteht (was etwa ein VORWURF[3] und was im Unterschied dazu eine BESCHULDIGUNG ist, wie man davon eine BEZICHTIGUNG abgrenzen kann usw.)?

Wer sich viel um die Enttarnung von bösen Wölfen in der Linguistik verdient gemacht hat, ist Walther Kindt. Sowohl im Bereich der Semiotik als auch in den akademisch besonders relevanten, weil lehrveranstaltungsmäßig in den Einführungen gut etablierten Unterdisziplinen der Linguistik (Phonologie, Morphologie, Syntax, Semantik, Pragmatik, Textlinguistik, Gesprächsanalyse) widmet er sich „wissenschaftslogischen und grundlagentheoretischen Defiziten" (Kindt 2010, S. vii) mit dem Ziel des Aufzeigens der konkreten Probleme und deren Ursachen sowie daraus ableitbarer Lösungsvorschläge für Problembewältigungsaktivitäten. In diesem Zusammenhang behandelt Kindt auch (unter: Pragmatik) die Sprechakttheorie. Er identifiziert dabei im Bereich der Searle'schen Illokutionsklassen vier große Probleme. Als erstes habe die SAT Probleme im Bereich der Theorieformulierung. Sie habe eine nur unzureichende handlungstheoretische Grundlage, ihr fehle eine angemessene Explikation des zugrunde gelegten Handlungsbegriffs und auch die drei Kriterien von Meibauer

---

3   Obwohl die unreflektierte Verwendung von Kapitälchen als typografische Auszeichnungen sprachlicher Einheiten für die Bezeichnung von Sprechakten (womit ggf. eine unhinterfragte Reifizierung verbunden ist) ebenfalls und nicht ganz unberechtigt zum SAT-Kritik-Kanon gehört, verwende ich diese Auszeichnung dennoch jedenfalls zur Markierung, dass diese sprachliche Einheit nicht als alltagssprachliches Wort verwendet wird (oder gemeint ist), sondern als Terminus zur Bezeichnung für einen eventuellen Sprechakt. Damit soll sichergestellt werden, dass man darin verstanden wird, worüber man redet: über Wörter (Lexeme) einer Sprache (dann: kursiv) oder über als angenommene, noch zu rechtfertigende Illokutionen/illokutionäre Kräfte (dann Kapitälchen). Ich sehe hier keinen größeren Unterschied zur Auszeichnung eines Morphems mittels geschweifter Klammern. Auch durch diese Auszeichnung handelt man sich (eigentlich) die Schwierigkeit ein, nachweisen zu müssen, dass es dieses Morphem (jenseits seiner Auszeichnung) überhaupt ‚gibt' (und bspw. nicht zu einer Form gehört, die in der Interaktion vielleicht gar nicht als komplex zu analysieren verarbeitet wird) oder zu dem diese und jene Allophone gehören usw.

hierfür (Veränderung in der Welt durch das Eingreifen eines Akteurs, intentionales bzw. absichtsvolles Eingreifen und im Vorhinein feststehende Möglichkeit bzw. Fähigkeit zum Vollzug; vgl. Meibauer 2001, S. 84f.) seien nur bedingt brauchbar (vgl. Kindt 2000, S. 97f.). Darüber hinaus weise die SAT ein erhebliches Empiriedefizit auf. Insbesondere die Frage, ob die postulierten Gelingensbedingungen auch interaktionale Relevanz besäßen, sei völlig unklar. Ebenso, wie genau man welche Gelingensbedingung beschreiben soll. Eines der hieraus resultierenden Probleme sei mit der Aufrichtigkeitsbedingung verbunden. Da man nicht feststellen könne, ob in S[4] irgendwelche intentionalen Zustände vorlägen, sei auch das Postulat einer Aufrichtigkeitsbedingung, deren Vorliegen zum Gelingen nötig sei, gegenstandslos (vgl. Kindt 2000, S. 98f.). Ein drittes Problem resultiere aus der unreflektierten Reproduktion undifferenzierter Behauptungen von Searle, „deren Inkorrektheit bzw. mangelnde Präzision längst empirisch erwiesen ist" (Kindt 2010, S. 99). Als Beispiel führt Kindt hier die Symbolisierung des Sprechaktes als F(P) an, wobei doch längst schon gezeigt worden sei, dass bspw. argumentative Sprechhandlungen (was immer genau Kindt da im Auge hat) nicht über eine, sondern „über zwei Propositionen operieren" (Kindt 2000, S. 99). Als viertes schwerwiegendes Problem arbeitet Kindt taxonomische Schwierigkeiten heraus. Die Searle'sche Klassifikation genüge nicht den Hauptansprüchen an eine Klassifikation, sie sei jedenfalls nicht disjunkt und die Zuordnung zu den Klassen sei nicht sicher zu bewerkstelligen. Vielmehr seien sich einzelne sprechakttheoretisch Klassifizierende bei verschiedenen Sprechakten manchmal nicht einig, wozu der jeweilige Sprechakt gehört, zum anderen tauchten Sprechakte auch in verschiedenen oder gar mehreren Illokutionsklassen zugleich auf. Kindt macht dies an mehreren Beispielen (WARNEN, EINEN VORWURF MACHEN, ERLAUBEN) fest, von denen ich im Folgenden näher auf VORWERFEN eingehen möchte, weil gerade hier in der Tat grundlegende theoretische und methodologische Weichenstellungen erfolgen – und auch, weil dieses von Kindt als „Klassifikationschaos" (Kindt 2000, S. 100) benannte Problem Quell verschiedener Missverständnisse ist. Kindt schreibt:

> Die kommunikativ so wichtige Handlung „einen Vorwurf machen" gilt bei Wagner (2001, S. 298) als assertiv und bei Rolf (1997, S. 238) als expressiv. (Kindt 2000, S. 100)

Dem ist Folgendes entgegenzuhalten:

Erstens: Was Kindt nicht schreibt, ist: Warum sollte es problematisch sein, wenn man sich bei der klassifikatorischen Einordnung eines Phänomens nicht

---

4   Ich verwende „S" für ‚SprecherInnen/SchreiberInnen' und „H" für ‚HörerInnen/LeserInnen'.

einig ist, zu welcher Klasse es zu zählen ist? Man kann hier auch einfach die entgegengesetzte Position einnehmen: Gerade aus einer Perspektive wissenschaftlicher Diskursivität dürfte es eher der Normal- und methodisch-heuristisch auch interessantere Fall sein, wenn man nicht übereinstimmt, denn genau da warten doch Erkenntnisse auf einen. Falsifikation ist wissenschaftslogisch (derzeit) doch gerade einer der wichtigsten Motoren für wissenschaftliches Arbeiten. Und letztlich kommt es ja eher auf die Gründe für die verschiedenen Annahmen an und nicht nur auf die Tatsache, dass sie verschieden sind.

Zweitens: Um einen solchen Streit führen zu können, müsste man sich aber zunächst einmal sicher sein können, ob man über dasselbe redet. Es kann ja sein, dass man etwas gleich oder ähnlich benennt (hier also etwa als VORWERFEN oder VORWÜRFE MACHEN), damit aber dann doch Verschiedenes meint oder von verschiedenen Realisierungen (im introspektiven Hinterkopf) ausgeht. Wenn jemand beispielsweise eher von Schreiben ausgeht, in denen es etwa heißt „Ihnen wird vorgeworfen ...":

(1)   Ich erhielt folgenden Brief: Ihnen wird vorgeworfen, am 29.11.2014
        um 1:38, 29664 Walsrode, A7, Rtg. Hamburg, km 97, Landkreis
        Heidekreis als Führer des PKW XYZ XXX-ZZ 007 folgende Ver-
        kehrsordnungswidrigkeit(en) nach §. 24 StVG begangen zu haben:
        Sie überschritten die zulässige Höchstgeschwindigkeit außerhalb
        geschlossener Ortschaften um 24 km/h. Zulässige Geschwindig-
        keit: 80 km/h. Festgestellte Geschwindigkeit (nach Toleranz-
        abzug): 104 km/h. §. 41 Abs 1 IVm Anlage 2, §. 49 StVG; §. 24 StVG;
        11.3.4 BKat (www.frag-einen-anwalt.de/Anhoerung-im-Bu%C3%9
        Fgeldverfahren,-Vorname-in-Anschrift-verkehrt--f268755.html)

der/die wird vielleicht ein anderes Verständnis von VORWERFEN haben als der-/ diejenige, der/die von Vollzugsformulierungen des Typs

(2)   „Du hast schon wieder die Heizung nicht runtergedreht."
        (Hörbeleg Würzburg Mensa Hubland 20.02.2019)

ausgeht.

Drittens: Um die tatsächliche Uneinigkeit und auch die Frage auszuloten, wovon ausgegangen, worüber geredet wird, könnte und sollte man mehr als nur zwei Quellen konsultieren, wenn es mehr gibt.[5] Bei Wagner taucht VORWERFEN als assertiv auf, richtig. Und bei Rolf als expressiv, ebenfalls richtig. Letzterer

---

5   Vgl. für eine ausführlichere Auseinandersetzung mit den verschiedenen Beschreibungs-
     ansätzen etwa Günthner (2000, S. 71–74).

aber diskutiert auch, welche Gründe es geben mag, VORWERFEN für assertiv, expressiv oder übrigens auch direktiv[6] zu halten:

> Was aber hat ein Vorwurf (a) mit Assertionen und (b) mit Aufforderungen zu tun? Ad
> (a): Der Illokutions-logischen Auffassung zufolge ist, wer einen Vorwurf erhebt, auf
> die Behauptung der von ihm thematisierten Proposition illokutionär festgelegt. Ad
> (b): Wer einen Vorwurf erhebt, möchte verhindern, daß sich wiederholt, was Anlaß
> zu dem Vorwurf gegeben hat. Nach der hier vertretenen Auffassung geht das auf dem
> Wege eines Direktivs *nicht*, es könnte jedoch mittels emotionaler Destabilisierung
> gehen. (Rolf 1997, S. 239)[7]

Viertens: Sowohl bei Hundsnurscher (1993, S. 144), der ebenfalls diese drei Möglichkeiten diskutiert, als auch bei Marten-Cleef (1991, S. 309–319) gibt es ein
expressives VORWERFEN oder ist VORWERFEN expressiv. Schließlich rechnet auch
das *Handbuch deutscher Kommunikationsverben* das Verb *vorwerfen* zu den expressive Sprechakte kodierenden Verben (vgl. HDKV 2004, S. 295f.). Man wird
also eher konstatieren müssen, dass Sprechaktklassen des als VORWERFEN be-
nannten Typs zwar *auch* unter die Klasse der Assertiva oder Direktiva eingeordnet, *hauptsächlich* aber zu der Klasse der Expressiva gezählt werden. Und
wenn man sich die verschiedenen Beschreibungen ansieht, kann man schließlich auch einen Prototyp für VORWERFEN herausarbeiten, zu dem im Kern gehört:

- *vorbereitend*: es ist etwas als negativ für bzw. durch S Einzuschätzendes
  passiert und H hat etwas damit zu tun
- *propositional*: H ist für das Passierte verantwortlich, H hat Schuld daran
- *intentionaler Zustand*, auf den S festgelegt werden kann: S drückt Unmut,
  Verärgerung, Zorn o. ä. aus

Dieses Bild stimmt in etwa mit dem überein, das man erhält, wenn man in einem
großen Wörterbuch (hier das DGW: *Das große Wörterbuch der deutschen
Sprache*) den (Quer- und Rück-) Verweisungen in den Bedeutungsangaben folgt.
Man kann dann Illokutionskristalle nachzeichnen:

---

6   So bspw. auch nach wie vor in der Engel-Grammatik (vgl. Engel 2009, S. 44).

7   Welche Gründe es geben könnte, warum dies auf dem Wege eines Direktivums nicht
    gehen soll, bleibt allerdings offen. Und es wird bei einer solchen Bestimmung auch nicht
    mit der Möglichkeit gerechnet, dass es Typen von VORWERFEN gibt, die kommunikativ
    rein destruktiv sind, also als Mittel zur massiven emotionalen Destabilisierung einge-
    setzt werden (egal was H in Zukunft tun oder unterlassen könnte) – ein meines Erach-
    tens ganz gewöhnlicher, womöglich häufig auftretender und leicht pathologischer Zug
    in Paarkommunikationen.

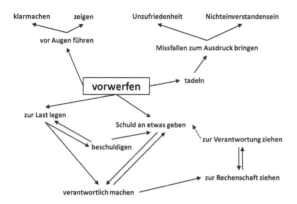

Abb. 1: Illokutionskristall zu (bzw. ausgehend von) *vorwerfen* im DGW

Oben rechts reicht es ins Expressive hinein, oben links ins neutral Assertive und unten in einen speziellen assertiven Bereich, in dem wir es mit Schuld zu tun haben. Jetzt könnte man – fünftens – auf die folgende Idee kommen: Es handelt sich hierbei nicht oder zumindest nicht nur um ein einzuordnendes Phänomen (also: wozu gehört VORWERFEN), sondern vielmehr oder auch um ein Problem der Modellierung von Sprechakten: *Wenn* ich Vorwürfe so modelliere, dass mir der Ausdruck von Missfallen u. ä. am wichtigsten ist, habe ich ein expressives Verständnis in den Vordergrund gestellt. *Wenn* ich Vorwürfe so modelliere, dass mir die Schuldzuweisung am wichtigsten ist, habe ich ein assertives Verständnis in den Vordergrund gestellt. *Und* es könnte sein, dass dem auch mind. zwei Typen von VORWÜRFEN entsprechen.

3 Zweiter Akt: Katz-und-Maus und Hase-und-Igel

Schauen wir uns die folgende Fußnote in einem Aufsatz des (Politikers und) Politolinguisten Josef Klein an:

Ohne dafür im Einzelnen eine methodologische Rechtfertigung zu geben, wird in diesem Beitrag versucht, Erkenntnisse und methodische Zugriffe aus den einschlägigen wissenschaftlichen Kontexten integrativ zu verknüpfen, insbesondere empirische linguistische Hermeneutik (vgl. Hermanns/Holly 2007), medienwissenschaftliche empirische Rezeptionsforschung, zeithistorische Politikanalyse, TV-bezogene Audiovisualitätsanalyse, Frame-Analyse, linguistische und rhetorische Argumentationsanalyse, politolinguistische Sprach- und Kommunikationskritik. (Klein 2015, S. 240)

Interessant ist: In der Auflistung gibt es keine Sprechakttheorie. Klein, der ansonsten sprechakttheoretischen Beschreibungen eigentlich zugeneigt ist und auch regen sowie schnellen, unkomplizierten Gebrauch von Kapitälchen- bzw. Majuskelauszeichnungen macht, hat offenbar genug von einer rein deduktiven SAT, aber auch von einer dogmatisch induktiven Gesprächsanalyse (GA):

> So sehr sich eine theoretisch und methodisch reflektierte Analyse vor theorievergessener Datenfixierung hüten sollte, ebenso sehr sollte man die Tendenz zur datenvergessenen Typisierung meiden, wie sie – nicht immer zu Unrecht – der Sprechakttheorie vorgeworfen wird. (Klein 2015, S. 242)[8]

Hier versteckt sich SAT, aber nur halb. Sie wird gejagt, aber nicht vertrieben. Die Vorhaltung der datenvergessenen Typisierung markiert bei diesem Versteckspiel die wichtigste Spielregel: Ich möchte nicht festgelegt sein bei meinen Analysen auf deduktiv entworfene Typologisierungen bzw. Klassifikationen, weil meine erkenntnisfördernde Beschäftigung mit Mustern sprachlichen Handelns dadurch zu stark beeinträchtigt wird und ich stattdessen lieber – und ja auch zurecht – zu relevanten (und interessanten) Beschreibungen von Phänomenen und nicht zu logisch deduzierten Entwürfen begrifflicher Systeme gelangen möchte. Kurz: Eine theoretische Orientierung soll mich nicht behindern, sie soll mich vielmehr fördern. Es steht also im Grunde die Brauchbarkeit der SAT auf dem Spiel.

Folgend möchte ich mich in den beiden aktuellsten Pragmatikheften der Zeitschrift *Der Deutschunterricht* (nämlich: Liedtke/Wassermann 2019 und Niehr/Schlobinski 2017) auf SAT-Suche begeben. Die Idee dabei ist: Wenn SAT als eine pragmatische Richtung irgendeine gefestigte Analyserelevanz besitzt (also eine Brauchbarkeit bei der Analyse authentischer Sprachdaten), darf man sie in einer Zeitschrift erwarten, die genau solche Eignung als Analyseinstrumentarium in den Mittelpunkt stellen müsste. Und falls SAT dort irgendwo vorkommt: wie und mit welcher Ausrichtung? Festzustellen ist zunächst einmal, dass SAT in den Aufsatztiteln beider Hefte nicht (oder vielleicht doch ein einziges Mal, s. u.) vorkommt, auch wenn auf dem Cover von Liedtke/Wassermann (2019) in Form einer stehenden Laufschrift zu lesen ist: „Indirekte Kommunikation | Interkul-

---

8   Obwohl Klein dann folgend einen alternativen, aber typisch gesprächsanalytischen Zugriff wählt (Auswahl der relevanten Stellen durch Selbstauszeichnung der Interagierenden selbst, die „durch ihre Reaktionen den Status einer Politikeräußerung markieren" (Klein 2015, S. 242) (also im weitesten Sinne: next turn proof procedure bzw. display), stellt er seinen Studien zu AUSWEICHEN, VERSUCHEN AUSWEICHEN ZU KASCHIEREN, AUSWEICHEN KASCHIEREN einen Typ des Musters des beharrlichen AUSWEICHENS voran, das in sechs Schritten überraschend deduktiv-datenvergessen entwickelt wird (vgl. Klein 2015, S. 243).

turelle Missverständnisse │ Sprechakte │ Implikaturen". Bei Niehr/Schlobinski (2017) hingegen: „Hermeneutik │ Gesprächsanalyse │ Sprechhandlungsanalyse │ Foucault'sche Diskursanalyse."

3.1 SAT in der GA? Zwei Mikrobeispiele rund um *tja* und *denn*

Günthner/Wegner (2017) zeigen in ihrem Aufsatz mittels Beispielanalysen von Ausschnitten aus schulischen Sprechstundengesprächen, wie die Konversationsanalyse (folgend auch als GA geführt) die Fragen angeht,

> *wie* soziale Phänomene von Interagierenden erzeugt werden, mittels welcher sprachlich-kommunikativer Verfahren sie die soziale Wirklichkeit, in der sie leben und die sie erfahren, also konkret konstruieren. (Günthner/Wegner 2017, S. 38)

Greifen wir uns eine dieser Analysen heraus. Der folgende Ausschnitt stammt aus „einem Gespräch an einer Gesamtschule" (Günthner/Wegner 2017, S. 41). Hier „informiert der Lehrer die Mutter über die negativen Resultate ihrer Tochter Jessi in den Klausuren" (Günthner/Wegner 2017, S. 40). Von Interesse ist insbesondere das in diesem Transkriptausschnitt 3 vorkommende *tja* in der Intonationsphrase 009, darauf werden wir am Schluss der Besprechung der Analyse dieses Ausschnittes wieder zurückkommen:

```
Transkriptausschnitt 3
001   L      wAt wolln_se von mir WISsen;
002          (2.0)
003   M      ob sich jessi verBESsert hat;
004          ob sie (sich) im UNterricht me:hr teilnimmt;
005          sie hat geSACHT-=
006          =sie möchte gerne was erREIchen noch;
007   L      hm_hm,
008          also die äh:m k klauSUren warn jetzt <<gepresst> m::;> h°
009   M      <<pp> tja;>
010          (1.0)
```

Abb. 2: Beispiel aus Günthner/Wegner (2017, S. 41)

In den Analysebemerkungen zu dieser Stelle (vgl. Günthner/Wegner 2017, S. 40f.) finden sich zunächst die folgenden (hier nicht bloß sinngemäß wiedergebenen) Zuschreibungen (durch Fettdruck hervorgehoben sind die dort jedenfalls so vorkommenden Formulierungen):

- L stellt eine **Frage**, worüber M informiert werden **möchte** (001)
- M **kommuniziert ihr Anliegen** (003–004)

- M **legt dar**, dass sie **Informationen** dazu haben möchte, ob sich ihre Tochter verbessert habe (003) und ob sie mehr am Unterricht teilnehme (004)
- L beginnt in 008 die **Übermittlung der Nachricht**
- L bricht vor einem syntaktischen Abschlusspunkt ab (**Aposiopese**) und formuliert dann weiter keine **Beurteilung** oder **Bewertung**

Diese ersten Analysezugriffe auf das Geschehen sind sehr interessant. Es wird hier nämlich – ganz im Gegenteil zum Modell des gegenseitigen Aushandelns von Sinn und des gemeinsamen Konstruierens von Wirklichkeit – ein einfaches Containermodell der Kommunikation bedient: L und M übermitteln oder kommunizieren sich gegenseitig Informationen bzw. Nachrichten. Man könnte nun sagen, das sei einer gewissen didaktischen Reduktion geschuldet. So verstehe man erst einmal ganz unbefangen, was hier als Geschehen rekonstruiert wird.[9] Aber dann heißt es weiter (und nun kommen wir zu *tja*):

> Auffällig ist, dass die Mutter die Äußerung dennoch als eine in pragmatischer Hinsicht vollständige behandelt und damit die Interpretation als Aposiopese (und nicht etwa als Anakoluth) bestätigt: Mittels eines sehr leise geäußerten „tja" (Z. 009) tut sie ihr Bedauern ob der Tatsache kund, dass es sich ganz offensichtlich um eine schlechte Leistung des Kindes handelt, und liefert damit eine „Verstehensdokumentation" (Deppermann/Schmitt 2009) des Gesagten. Sie verdeutlicht also, dass sie in der Lage ist, das von der Lehrkraft nicht Explizierte zu inferieren. (Günthner/Wegner 2017, S. 40)

Zweifelsohne ist die Analyse alles andere als unplausibel. Aber ebenso zweifelsohne ist sie alles andere als methodisch abgesichert. Woher will man als Analysierende wissen, dass M hier mit dem leisen *tja* Bedauern ausdrückt (i. Ü. versteckt sich auch hier die SAT: BEDAUERN AUSDRÜCKEN ist ein expressiver Sprechakt par excellence)? Wie sollen SchülerInnen oder auch Studierende zu dieser Analyse gelangen können? Das gilt nicht nur hier. Auch die Frage, ob M ein Anliegen hat, darf gerade im Hinblick auf den für Eltern sicher nicht immer präferierten Gesprächstyp Sprechstundengespräch wohl noch einmal neu gestellt werden: Hat M ein Anliegen oder muss sich M irgendetwas einfallen lassen nach der (auf mich beim Lesen, aber nicht unbedingt auch auf M in der Interaktion krude wirkenden) Frage in 001, um nicht nichts zu sagen? Dann hat sie kein Anliegen, sondern sie wurde dazu gedrängt, sich eines einfallen zu lassen,

---

9   Man könnte dann aber auch weiter sagen (oder zugeben?), dass dieses Modell eben doch nicht in Bausch und Bogen zu verwerfen sei und man nicht in jedem Analyseschritt mit der Konstruktion der gemeinsam geteilten Wirklichkeit ernst machen muss. Aber das will wohl niemand.

damit das Gespräch weitergehen kann (eine alternative Variante wäre ja, dass L einfach erst einmal alles sagt, was aus L's Sicht wichtig wäre zu wissen über Jessi und ihre schulischen Leistungen). Noch einmal: Diese Analyse ist plausibel, aber sie ist nicht methodisch transparent und genau das könnte ein Problem für SchülerInnen und Studierende sein oder werden. Das trifft auch auf die GA-Analyse als Verstehensdokumentation zu. Wie kommt man zu der Analyse, dass sie in der Lage ist, das nicht Gesagte inhaltlich zu inferieren? Woher kommt die (bei SchülerInnen und Studierenden ja nicht vorauszusetzende) Sicherheit bei diesen Funktionszuschreibungen? Man kann dies auch anders formulieren: Hier werden Funktionen auf der Basis der gut geschulten Intuition professioneller Analysierender zugeschrieben, ohne Rechenschaft darüber abzulegen, wie man das macht. Empirisch ist diese Analyse hier an der Stelle nur deshalb, weil sie sich auf erhobene Daten bezieht. Nicht aber etwa deswegen, weil sie methodisch mit diesen Daten transparent umgeht. Das ist nicht zu verteufeln, aber dann ist auch nicht zu verteufeln, wenn die SAT überlegt, was ein Vorwurf sein könnte. Und – das werde ich weiter unten vorschlagen – man kann diese beiden Zugriffe auch als aufeinander abstimmbare komplementäre Methoden kombinieren.

Ich möchte nicht dahingehend missverstanden werden, die Günthner'schen Beschreibungen ganz generell für verfehlt zu halten. Ganz im Gegenteil. Ihre Analysen zeichnen sich in der Regel durch eine wünschenswerte Klarheit aus, durch den Willen zur adäquaten und auch explizit reflektierten Beschreibung natürlichsprachlicher Daten aller Art. So schreibt sie in einer früheren Arbeit zu Vorwurfshandlungen im Rahmen der Frage, wie man Vorwurfshandlungen überhaupt findet in den Daten:

> Sich bei der Identifikation von Vorwurfspassagen auf jene Sequenzen zu konzentrieren, die von Teilnehmenden explizit als „Vorwurf" bezeichnet werden [also sog. Ethnokategorien; Anmerkung des Verfassers], erweist sich als ungenügend, da zum einen nur in wenigen Fällen Vorwürfe explizit als solche markiert werden, und zum anderen […] Interagierende sich gelegentlich bei der Zuordnung einer „Äußerung" als „Vorwurf" nicht einig sind, bzw. gelegentlich ihre Äußerungen mit „das ist jetzt kein Vorwurf, aber …" einführen, doch diese vom Gegenüber als Vorwurf interpretiert und behandelt werden. Folglich ist es unumgänglich, zunächst einmal über einen Vorbegriff von „Vorwurf" sämtliche untersuchungsrelevante Sequenzen aus dem Datenmaterial herauszufiltern. Da dieser Vorbegriff im Fortgang der Untersuchung durch empirisch begründete Bestimmungen ersetzt wird, genügt als Vorbegriff eine alltagssprachliche Bestimmung, wie „Kritik am Verhalten einer anwesenden Person". (Günthner 2000, S. 52)

Wahrscheinlich wird man sich recht schnell darauf einigen können, dass nicht jede Kritik am Verhalten einer anwesenden Person ein Vorwurf sein muss. Man wird also – wenn man mit dem Versprechen der empirisch begründeten Bestimmungen ernst macht – zu einer engeren Fassung des Vorwurfsbegriffs gelangen müssen. Der eigentliche Punkt ist: Wenn man *Vorwurf* durch ‚Kritik am Verhalten einer anwesenden Person' bestimmt, muss man – sonst kann diese als alltagssprachlich hingestellte Bestimmung nicht funktionieren – auch sicher sein können, was eine Kritik ist (und natürlich auch, was genau alles als Verhalten gilt, in welcher Form diese Person anwesend sein muss usw.). Und je mehr man sich mit diesem alltagssprachlichen Vorwurfsbegriff beschäftigt, umso differenzierter wird die dann klar sprechakttheoretische Arbeit – man wird hier also von einem sprechakttheoretischen Fundament sprechen können, das gelegt werden müsste. Das Problem nun ist, dass dafür kaum Operationalisierungen vorliegen. Schauen wir uns ergänzend einen Transkriptausschnitt mit Analysebemerkungen dazu aus Günthner (2000) an (das erste längere Analysebeispiel in dem Buch):

(i) Zur Bestimmung der *Teilnehmerkonstellation* in Vorwurfssequenzen soll zunächst ein Transkriptausschnitt, der einem Gespräch zwischen den drei Doktorand/innen Babs, Clara und Achim entstammt, betrachtet werden. Achim macht Clara den Vorwurf (Z. 23-25), ihn nicht über das Kolloquium informiert zu haben:

```
KOLLOQUIUM (BODENSEE)
17Achim:    und du? was hast du heut gemacht?
18Babs:     ich war=n ganzen Tag an der Uni.
19          und heut nachmittag hatt ich en Vortrag im
            Kolloquium.
20Achim:    AHJA?
21Babs:     mhm. um zwei.
22Achim:    ich wußte ja gar nichts davon.(.)
23          WARUM hast du mir denn nichts GET`SAGT.
24          (0.5)
25          daß Babs heut nen Vortrag hat.
26Clara:    ja weil ich=s selbst erst heute mittag erfahren hab.
27Babs:     ja. ich bin kurzfristig eingesprungen für d' Birgit.
28Clara:    ich war davon ausgegangen daß heut's Kolloquium
            ausfällt;
29          weil d' Birgit mich angerufen hat.
30          sie sei krank. (.)
31          naja.
```

Achim stellt mit seinem Vorwurf (Z. 23-25) Claras unterlassene Handlung (ihn nicht informiert zu haben) als unangemessen vor und bringt dadurch zugleich eine Verletzung bestimmter, für die Interagierenden als gültig unterstellter Normen zum Ausdruck. Claras Entschuldigung (Z. 26ff.) verdeutlicht ihre Interpretation der "warum"-Äußerung als Vorwurf.

Abb. 3: Transkriptausschnitt und Analysebemerkungen dazu (Scan-Zitat aus Günthner 2000, S. 75)

Wie kommt man zu der Analyse, dass in Z. 23–25 ein Vorwurf, also eine Kritik am Verhalten einer anwesenden Person vorliegt? Die anwesende Person ist *du*, also die angeredete Clara, ok. Das fragliche Verhalten ist *hast ... nichts gesagt*, ok. Aber wo ist die Kritik? Hier spielen zwei Analyseressourcen eine Rolle: erstens das intuitive Verständnis der Analysierenden und zweitens das Wissen (und eigentlich auch Verstehen), dass zum Vollzug von Vorwurfshandlungen *warum*-Fragen (die in der genannten Schrift dann folgend auch eine wichtige

Rolle spielen) und bestimmte Partikeln (hier *denn*[10]) anzusetzen sind – also stabile Vorstellungen über Realisierungsmöglichkeiten bestimmter Sprechakte, über illokutionäre Indikatoren. Man kann Z. 23–25 ansonsten auch sehr gut (und das heißt: an der wahrnehmbaren Oberfläche) als Begründungsfrage ansehen, auf die es im i. Ü. ja auch die – aufgrund konditionaler Relevanz erwartbare – begründende Antwort gibt: Clara nennt den fraglichen Grund, warum sie nichts gesagt hat und markiert dies auch deutlich mittels eines selbstständigen *weil*-VL-Satzes in Z. 26. Dass dies eine Entschuldigung sei, die die Interpretation der *warum*-Äußerung als Vorwurf verdeutliche, ist also ebenfalls nicht methodisch eingelöst. Auch hier gilt: Die Analyse ist nicht unplausibel (allerdings könnte es sich auch gut um ein inszeniertes Vorwurf-Entschuldigungs-Spiel Babs gegenüber handeln). Aber sie kommt eben auch nicht ohne die gezielt eingesetzte Intuition der Analysierenden aus, die hier – und zwar letztlich unabhängig von etwaigen Aufzeigehandlungen der Interagierenden – etwas als Vorwurf verstehen (können/wollen).

Schauen wir als nächstes, ob sich die SAT in der FP (= Funktionalen Pragmatik) versteckt.

3.2 SAT in der FP? Ein Mikrobeispiel rund um die Ankündigung *Die Frage ist ...*

In dem Aufsatz von Redder (2017) zur *Diskursanalyse – handlungstheoretisch* (so der Titel) werden zunächst die Tradition (Abschnitt 1) und die theoretische Basis (Abschnitt 2) behandelt. Man findet dort (hier schnipselartig zusammengestellt) ein paar Bezüge zu namhaften Größen, deren Ansätze die FP dann weiterentwickelt habe:

> [...] revolutionäre Einsicht von John L. Austin [...] der Ausdrucks- und Sprachpsychologe Karl Bühler [...] Nach Austin ist besonders Speech Acts (1969) seines US-amerikanischen Schülers John R. Searle bekannt. [...] Eine konsequente Fortführung der skizzierten handlungsanalytischen Ausführungen von Austin sowie Bühler liegt in der Funktionalen Pragmatik vor, einer durch Konrad Ehlich und Jochen Rehbein in den 1970'er Jahren begründeten Handlungstheorie von Sprache [...]. Im Unterschied zu anderen pragmatischen oder diskursanalytischen Ansätzen bleibt die Illokution als eine der wesentlichen Dimensionen sprachlichen Handelns erhalten und wird im komplexen interaktiven Handeln als sprachliche Wirklichkeit rekonstruiert. Sprache

---

10   Zu *denn* als Vorwurf markierende Abtönungspartikel in Verbindung mit echten oder rhetorischen Ergänzungsfragen vgl. bereits Helbig (1988, S. 106–108). Es heißt dort einschränkend, dass eine Interpretation als Vorwurf nur möglich sei, wenn das ausgedrückte Geschehen negativ zu bewerten ist.

hat nämlich ihre Existenzform in der konkreten sprachlichen Handlungspraxis, genuin im mündlichen Diskurs. (Redder 2017, S. 21f.)

Auch wenn sich hier nicht alle Dinge sogleich erschließen (das betrifft beispielsweise den genauen Verknüpfungssinn des Konnektors *nämlich* im letzten Satz), so ist eines in Bezug auf die Namen sicher auffällig: Aus Austin+Bühler +Searle als Tradition begründende Ahnengemeinschaft wird wenig später Austin+Bühler. Die Frage ist: Wo ist Searle geblieben? Dass dies nicht unbedingt ein bloß textstilistisches Kürzen oder eine Unachtsamkeit sein muss, wird klar, wenn man den folgenden abgrenzenden Satz zur Kenntnis nimmt:

> Verglichen mit Austins rechtspraktisch angeregten Überlegungen zur Interaktion betreibt er [d. i. Searle; d. Verf.], stimuliert durch sprechhandlungsbezeichnende Verben, eine Sprechhandlungssemantik. (Redder 2017, S. 21)

Auch wenn nicht unbedingt sofort klar sein dürfte, was genau eine Sprechhandlungssemantik sein soll (was ist die Semantik einer Sprechhandlung bspw. im Unterschied zu einer Äußerungssemantik oder einer Semantik sprechhandlungsbezeichnender Ausdrücke?), so wird hier aber klar: Searle hat mehr mit Semantik zu tun, wohingegen Austin und Bühler eher die eigentlichen Ahnherren für eine – mal ad-hoc-gebildet – Sprechhandlungspragmatik sind. Wahrscheinlich ist damit gemeint, dass sich Searle eher mit der Bedeutung von Ausdrücken als mit Interaktionen beschäftigt (was richtig ist und auch einen der wichtigsten Pfeiler sprechakttheoretischer Beschreibungsansätze darstellt), wohingegen Austin und Bühler mehr auf den Gebrauch abzielen (wenngleich sie natürlich auch nicht Sprachgebrauch i. e. S. untersuchen).

Betrachten wir auch hier ein Beispiel (es handelt sich um „einen mehrsprachigen Ausschnitt aus einer unterrichtsexternen Aufgabenstellung an eine Mathematikfördergruppe des 7. Jahrgangs im Zuge einer Interventionsstudie" (Redder 2017, S. 28)):

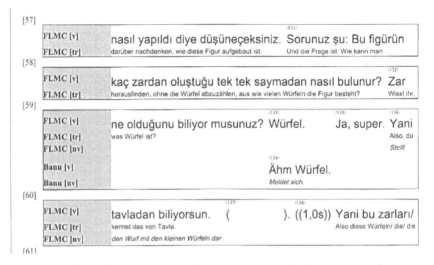

Abb. 4: Beispielausschnitt aus dem Diskursausschnitt B1 in Redder (2017, S. 29)

Redder schreibt dazu:

> Die mündlich formulierte Aufgabenstellung von FLMC erfolgt in Segment[22] #131. Bei differenzierter, propositionaler und illokutiver Betrachtung muss man die Äußerung in zwei Teilsegmente zerlegen, nämlich in die ‚Ankündigung' (Rehbein 1981)[23] („Sorunuz şu:") und die ‚Aufgabenstellung' im engeren Sinne. Insofern erfolgt ein diskursiv sorgfältig abgesicherter Einstieg in das Handlungsmuster ‚Aufgabenstellen-Aufgabenlösen'. [...] Im Diskursausschnitt (B1) wird das Muster einer ‚Erläuterung' (Bührig 1996)[24] initiiert, um ein zentrales propositionales Element der Aufgabenstellung, den Ausdruck ‚zar', im gemeinsamen Diskurswissen abzusichern (#132: [...]).

[Die Fußnoten dazu lauten:]

(22)   Hier liegt eine erste grobe, digital unterstützte Segmentierung im Sinne von Rehbein et al. (2005) vor.

(23)   Eine Ankündigung dient der Synchronisierung von Handlungsplänen und Sicherung kooperativer Handlungsbereitschaft des Interaktanten.

(24)   Mittels einer Erläuterung wird so viel Wissen für einen Hörer nachgeliefert, wie dieser für die gemeinsame, verständige Diskursfortführung benötigt. Die mentale Antizipation des unzureichenden H-Wissens durch S wird hier in Form einer Frage verbalisiert, sodass eine diskursive Bearbeitung erfolgt. (Redder 2017, S. 30)

Die spannende Frage (die auch SchülerInnen und Studierenden zugetraut werden dürfte): Wie betrachte ich das Segment #131 differenziert, propositional und illokutiv? Und was kommt dabei raus? Das Transkript selbst legt eine Interpretation dieser Stelle bereits nahe, nämlich die, dass es sich bei *Sorunuz şu:* um eine einen neuen Satz beginnende Einheit handelt, die aber – und das zeigt der Doppelpunkt an – dem restlichen Satz gegenübergestellt ist. In der deutschen Übersetzung handelt es sich dabei um einen valenziell unvollständigen Satz, bei dem nur das Prädikativ zu der Kopula realisiert ist (zusammen: *die Frage sein*) und das Subjekt fehlt (also: *Was* ist denn nun die Frage?). Dadurch wird syntaktisch eine Erwartungshaltung aufgebaut (mit Auer: eine Projektion eröffnet), die der restliche Satz dann auch einlöst (es folgt das satzförmige Subjekt), das durch die W-Fragesatzform zudem propositional direkt an *Frage* anschließt. Vielleicht ließe sich eine solche Beschreibung zumindest als differenziert betrachten. Nun charakterisiert Redder diese Stelle mit Rehbein (1981) als Ankündigung und liefert dazu in Fußnote 23 eine Definition, die auf Sprachplanungs- / Sprachproduktionsprozesse abzielt (Auer (2000): Projektion, Günthner (2008): Projektorkonstruktion). Von einer Ankündigung zu reden, ist sowohl alltagssprachlich als auch sprechakttheoretisch nicht ganz unproblematisch oder zumindest auf den ersten Blick irritierend[11], weil es sich hier ja um die Funktionszuschreibung zu einer Einheit beim Aufbau einer syntaktischen Konstruktion handelt und nicht um eine durch eine sprachliche Äußerung vollzogene eigenständige Handlung. Um Sprechhandlung sein zu können, bedürfte es schon einer potenziell selbstständigen funktionalen Einheit (vgl. Fiehler 2016, S. 1240–1243). Was Redder hier im Blick hat, ist in der Systematik Fiehlers eine projizierende funktionale Einheit. Insofern man die Ankündigung als Ankündigung der gleich folgenden Frage versteht, kann sie zwar als illokutionärer Indikator (als Handlungsverdeutlichung) angesehen werden. Der Operator zeigt dann die Illokution des Ganzen an, ist selbst aber nicht eine separat durch Ankündigung zu erfassende Sprechhandlung auf derselben Ebene. Innerhalb der FP-Methodik, sowohl die sprachlichen Oberflächen als auch die mit ihnen verbundenen Handlungsabfolgen funktional bis zu den allerkleinsten Einheiten zu zerlegen, macht es natürlich Sinn, eine solche Funktion zu definieren und durch einen Terminus wie *Ankündigung* greifbar werden zu lassen. Dieser Terminus aber – und das ist dann doch etwas problematisch – sieht so aus, als ließe er sich an sprechakttheoretische Beschreibungen andocken (die sich ja gerade darum kümmern, was Ankündigungen sind), was aber nicht der Fall ist. Und in der Tat ist die Fußnote

---

11 Ich würde bspw. unter einer angekündigten Handlung nicht etwas verstehen, was ich gleich in der auf die Ankündigung folgenden nächsten Sekunde tue.

23 ja überhaupt nicht auf Sprechaktbeschreibungen bezogen. An die oben im Zitat erwähnte Bührig'sche Erläuterung ließen sich ähnlich kritische Bemerkungen anschließen.

Auch hier gilt wieder: Die Beschreibungen sind alles andere als unplausibel. Sie beziehen sich auf die sprachliche Oberfläche und sind bemüht, alles funktional zu erfassen, wobei größere Einheiten immer weiter untergliedert werden, bis man bei den kleinsten Einheiten angelangt ist. Nur hat das mit sprechakttheoretischen Beschreibungen recht wenig zu tun. Insbesondere sind die situational verankerbaren Gelingensbedingungen als methodologischer Beschreibungskern suspendiert.[12] Eine Berufung auf die Sprechakttheorie schlägt hier also fehl. FP betreibt funktionale Gesprochene-Sprache-Forschung und hat einen eher – wenn man das so sagen darf – technischen Handlungsbegriff. Mit der Sichtweise auf verbale Kommunikation als soziale Arbeit hat die FP zudem auch ein von dem der GA verschiedenes Erkenntnisinteresse. Letztere dockt ja eher an soziologische und sozialphilosophische Strömungen an, wohingegen die FP sich gern auf musterhafte, ritualisierte Handlungsabläufe im Rahmen gesellschaftlich wiederkehrender Handlungsbedürfnisse stürzt[13] (und nicht zuletzt deshalb u. a. auch stark an Formen institutioneller Kommunikation interessiert ist). Die Stoßrichtung könnte kurz so erfasst werden: Was macht man alles (für gewöhnlich oder in diesem Fall), wenn man sprachlich handelnd das Muster X zur Abarbeitung des übergeordneten Musters Y realisiert?

3.3 SAT in Satztypen? Ein Makrobeispiel rund um Wünschen und Exklamationen

Der Titel des DU-Beitrags von d'Avis (2019) *Satztyp und Illokution* verspricht SAT-haltige Inhalte. Überhaupt ist die Integration sprechakttheoretischer Funk-

---

12   Dies sieht Günthner i. Ü. als eine Gemeinsamkeit der IL (Interaktionalen Linguistik), FP und GSF (Gesprochene-Sprache-Forschung). Sie formuliert dies pointiert so: „Der Forschungsgegenstand einer an der ‚kommunikativen Praxis' (Günthner 2000, 2003, 2007a) orientierten Perspektive auf sprachliche Strukturen und ihre Funktionen zielt folglich nicht länger auf die Re-Konstruktion eines idealisierten, universellen Regelapparates, dessen separate Module aus allen seinen prozessualen, kommunikativ-dialogischen, funktionalen, medialen und soziokulturellen Vernetzungen herausgeschnitten wurden, sondern auf die Analyse sprachlicher Strukturen in ihrer sequentiellen, kontextbezogenen und lebensweltlich verankerten Verwendung" (Günthner 2008, S. 40). Als sei die Sprechakttheorie der sprachlichen Oberfläche von Interaktionen und überhaupt der ganzen Empirie jenseits idiolektaler Spekulation feindlich gesonnen.

13   Vgl. zum Beispiel die Formulierung „Damit wendet sie sich mental zugleich dem kooperativ und kollektiv zu verantwortenden Bewerten und Erklären eines gemeinsam getragenen Lösungsversuches als nächster Handlungsposition im etablierten Aufgabe-Lösungs-Muster zu." (Redder 2017, S. 31)

tionszuschreibungen in die funktionale Beschreibung von Formen und Typen von Sätzen ein Schauplatz grammatisch wohlwollender Vereinnahmung.[14] Es geht hier einerseits um den grammatisch wohlplatzierten Einbau sprechakttheoretischer Komponenten bei der formalen Rekonstruktion von hierarchisch strukturierten Satz- und Äußerungsbedeutungen, wie etwa schon Bierwisch (1979) einzelsprechaktübergreifend eine Komponente des kommunikativen Sinns in seine satz- bzw. äußerungssemantische Formel eingebaut hatte, die in Schwarz-Friesel/Chur (2014, S. 33) folgendermaßen wiedergegeben wird (mit „ct" = ‚Kontext', „m" = ‚Bedeutung (meaning)', „ias" = Interaktionssituation und „ks" = ‚kommunikativer Sinn'):

(((äuß(phon,syn, sem))ct,m)ias,ks)

Andererseits steht aber auch die sich von alters her in den Bezeichnungen für Satztypen niederschlagende Funktionszuschreibung zu Satztypen auf dem Programm. Letzteres verfolgt d'Avis (2019). Für die Zwecke des DU-Aufsatzes geht d'Avis von Folgendem aus – eine allerdings durchaus gewagte Vermutung:

> Der intuitive Zugang zu dem, was ein Sprecher mit der Äußerung eines Satzes tut, ist sicher für Schülerinnen und Schüler etwas leichter als die Beschreibung formaler Eigenschaften der zugrundeliegenden Sätze. (d'Avis 2019, S. 30)

Hieraus gewinnt d'Avis wohl die Berechtigung, sich zunächst (und intensiver) mit Satztypen zu beschäftigen und dann (weniger intensiv) mit Sprechaktklassen. Er unterscheidet zunächst topologisch die drei verschiedenen Verbstellungstypen und reichert diese um weitere Kategorien (etwa: das Vorhandensein einer w-Phrase im Vorfeld, der Modus des Verbs, der Tonhöhenverlauf, das Vorhandensein bestimmter Subjunktionen und Partikeln usw.) an und gelangt so zu einer Differenzierung in die Satztypen: Deklarativsatz, Interrogativsatz, Imperativsatz, Optativsatz und Exklamativsatz (mit einigen wenigen weiteren Unterteilungen wie z.B. V1- vs. ob-VL- vs. w-V2- vs. w-VL-Interrogativsatz oder Imperativsatz der 2. Pers. vs. Höflichkeitsimperativsatz vs. dass-VL-Imperativsatz oder w-Eklamativsatz vs. dass-VL-Exklamativsatz). Im Bereich der Sprechakte referiert d'Avis knapp die fünf Searle'schen Illokutionsklassen und kommt dann zum Zusammenhang zwischen beidem, was nicht nur schuldidaktische, sondern auch ganz allgemein spracherwerbsrelevante Aspekte hat:

> Das Ziel des Spracherwerbs können wir in diesem Zusammenhang also so formulieren, dass Sprachlerner lernen, welche Satztypen zur Realisierung eines bestimmten

---

14 Vgl. bspw. Rosengren (1992/1993) oder auch das umfassende, als PDF zur Verfügung gestellte Lehrmaterial von Krifka (2004).

Sprechaktes geeignet sind. Eine Defaultbeziehung können wir damit auch dadurch beschreiben, dass wir uns fragen, welchen Satztyp man typischerweise wählt, um einen bestimmten Sprechakt zu vollziehen. (d'Avis 2019, S. 32)

Dabei kommt er dann zu folgenden Zusammenhängen: assertive Illokution und Deklarativsatz (und erfragend Interrogativsatz), direktive Illokution und Imperativsatz, Expressiv und Optativsatz sowie Exklamativsatz. Schauen wir uns die Beschreibungen zu den letzten beiden Typen etwas genauer an (die zu den Assertiva und Direktiva funktionieren genauso):

Für den Ausdruck des Wünschens verwenden wir typischerweise Optativsätze, s.o. Die Art von s in (24ii) ist damit ‚Optativsatz', der psychische Zustand des Sprechers der des Wünschens. Man kann die Bedingungen für den Sprechakt des Wünschens damit genauer anführen:

(25) Ein Sprechakt des Wünschens liegt vor, wenn
(i) der Sprecher S einen Optativsatz s mit der Bedeutung e äußert,
(ii) der Sprecher mit der Äußerung von s ausdrückt, dass er das Zutreffen der Bedeutung e wünscht.

Für den Ausdruck des ‚Erstauntseins' verwenden wir Exklamativsätze. Die Art von s ist dann ‚Exklamativsatz'. Die Bedingungen für den Sprechakt der Exklamation sind vereinfacht wie (26).

(26) Ein Sprechakt der Exklamation liegt vor, wenn
(i) der Sprecher S einen Exklamativsatz s mit der Bedeutung e äußert,
(ii) der Sprecher mit der Äußerung von s ausdrückt, dass er das Zutreffen von e nicht erwartet hat.

Abb. 5: Scanzitat (mit handschriftlichen Markierungen) aus d'Avis (2019, S. 33)

Als SprechakttheoretikerIn ist man zunächst erstaunt über den Sprechakt des Wünschens. Man würde eher sagen wollen, dass *wünschen* wohl ‚einen Wunsch haben (und diesen evtl. auch äußern)' o. Ä. bedeutet, wobei Wünsche also ganz klar intentionale (= auf Weltsachverhalte oder Vorgänge/Handlungen usw. gerichtete) Zustände sind, die als solche Aufrichtigkeitsbedingungen für bestimmte Illokutionen sind (etwa für direktive). Aber ein Wunsch als solcher ist erstens keine Emotion (deswegen dürfte auch der Ausdruck eines Wunsches kein expressiver Sprechakt sein) und meines Erachtens dürfte es sich hier zweitens auch nicht um einen ausgedrückten Wunsch handeln, sondern eher um

Bedauern, dass etwas nicht ist.[15] Wenn man allerdings *optativ* übersetzt, landet man bei ‚einen Wunsch ausdrückend' und man sieht: Hier ist ein sehr eng gestellter Zirkel am Werk. Wunsch äußern = Benutzen von Optativsätzen und Benutzen von Optativsätzen = Vorliegen eines Sprechaktes des Wünschens. Während man beim Wünschen als einem potenziellen expressiven Sprechakt vielleicht noch an die (traditionell-grammatisch ja bereits gut erfassten) irrealen Verwendungen denken kann, scheint mir das bei dem noch kürzer gezirkelten Pärchen Sprechakt Exklamation und Exklamativsatz noch schwieriger zu sein – ich spare mir hier weitere Ausführungen und verweise nur ganz grundlegend auf die Figur der petitio principii.

Was hier an den Formulierungen des Typs *Ein Sprechakt XY liegt vor, wenn Satztyp Z* deutlich wird, das ist der theoretisch unbefangene (und auch wenig nützliche) Einbezug von Illokutionen (oder das, was man für solche hält). Die Beschreibungen der Sprechakttypen, für die dann typischerweise Satztypen verwendet werden (können), sind paradoxerweise gar nicht an den Beschreibungen von Sprechakttypen orientiert, sondern anders herum: sie gehen von Satztypen aus. Es gibt Imperativsätze und beim Vollzug direktiver Sprechakte bedient man sich typischerweise derer, es gibt Deklarativsätze und beim Vollzug assertiver Sprechakte bedient man sich typischerweise derer usw. Die Richtung ist also: Was haben Satztypen mit Illokutionen zu tun? (so geht d'Avis vor) und nicht: Was haben Illokutionen mit Satztypen zu tun? (so beschreibt d'Avis aber etwa das oben erwähnte und theoretisch zu rekonstruierende Ziel des Spracherwerbs). Beide Richtungen haben ihre Berechtigung, aber man muss sich klar darüber sein, welche man wofür einschlägt. Hier fällt man zudem hinter die gut etablierte Erkenntnis zurück, dass Satztypen *ein* und ein *mal mehr und mal weniger guter* Indikator für den Vollzug von Sprechakttypen sind – mehr nicht. Es ist kein definierendes Merkmal eines direktiven Sprechakts, dass man einen Imperativsatz äußert, und erst recht kein definierendes Merkmal eines assertiven Sprechakts, dass man einen Deklarativsatz äußert (so aber formuliert es d'Avis), sondern der Satztyp ist zum Vollzug eines illokutionären Aktes geeignet (aber nicht notwendig) und beim Vollzug eines illokutionären Aktes kann man

---

15 Das Beispiel von d'Avis (2019, S. 29) für einen Optativsatz lautet: „a. Wenn ich (nur/doch/bloß) ein Fahrrad hätte! b. Hätte ich (nur/doch/bloß) ein Fahrrad!" In der Systematik von Marten-Cleef (1991, S. 327–331) wäre dies vielleicht am ehesten eine Form des JAMMERNS, nämlich ein Abreagieren des emotionalen Zustandes des Bedauerns, dass etwas nicht der Fall ist, was man gerne als der Fall seiend hätte, und für den dann der konditionale Hinweis auf die gegenläufigen Fakten ein möglicher Vollzugsindikator wäre (Typ: wenn xy wäre).

sich des einen bedienen (muss es aber nicht). Auch hier steckt in den diesmal aber vergeblichen SAT-Beschreibungen also wenig SAT.

3.4 SAT in der Didaktik? Ein Anriss

Die Hallenser KollegInnen Matthias Ballod und Sarah Stumpf bringen die SAT an zwei zentralen didaktischen Punkten, dort allerdings lediglich programmatisch, ins Spiel:

> Das Wissen, warum kommunikative Prozesse gelingen oder scheitern, kann aus einer sprechakttheoretischen Perspektive vermittelt werden. [...]
> Das besondere Potenzial der Pragmatik liegt darin, dass durch pragmatische Kerntheorien – wie z.B. die Sprechakttheorie – die Dichotomie zwischen Sprach- und Literaturdidaktik überwindbar wird und Deutschdidaktik eine einheitliche Zieldimension erfährt. (Ballod/Stumpf 2019, S. 84f.)

Doch bevor das gelingen kann, muss die SAT eines noch verstärkt unter Beweis stellen: ihre Nützlichkeit und Praktikabilität beim Analyseeinsatz. Darum muss es in der nächsten Zeit gehen: SAT fit machen für die adäquate Analyse natürlichsprachlicher Daten.

3.5 Alle Tiere sind schon da - ein kurzes Resümee

Vielleicht kann man zunächst zwei Dinge festhalten: Einerseits gibt es SAT-Einbezüge, ohne dass man sich klar darüber ist, hier SAT einzubeziehen (und es auch wohl ablehnen würde; so bei der GA und der IL), andererseits gibt es weit von SAT wegführende Weiterentwicklungen, bei denen die SAT im Grunde verlorengeht (so bei der FP), und SAT-Einbezüge, die keine sind (so bei den Satztypen des unter 3.3 rezipierten Ansatzes). Insbesondere hinsichtlich der unbemerkten oder/und ungewollten SAT-Einbezüge in der GA und IL[16] möchte ich an dieser Stelle mittels der erneuten Wiedergabe eines Schaubildes aus Staffeldt (2014) dafür plädieren, hier keine sich ausschließenden alternativen Zugänge

---

16   Hier gibt es aber durchaus neuerdings wieder deutlichere, wenn auch nicht SAT-explizite Einbezüge. So etwa bei Imo/Fladrich (2019), die bei der Vorstellung etwaiger Nutzungsmöglichkeiten der von ihnen aufgebauten WhatsApp-Datenbank MoCoDa2 auch typische SAT-Erkenntnisziele anführen: „Welche sprachlichen Mittel werden eingesetzt, um z.B. die Aktivität [!] einer Bitte, einer Erzählung, eines Vorwurfs, einer Einladung etc. durchzuführen? [...] Wie zeige ich jemandem an, dass ich einen Scherz gemacht habe? Dass mir etwas peinlich ist? Dass ich mich über etwas freue? Dass etwas eine Feststellung und nicht etwa ein Vorwurf ist? [...] und man kann beispielsweise fragen, wie eine gelungene Verabredung aufgebaut ist, welche Äußerungen zu Missverständnissen führen, wie man eine Bitte höflich stellt (und höflich ablehnt) etc." (Imo/ Fladrich 2019, S. 55, 56 und 58)

zur funktionalen Analyse zu sehen. Vielmehr scheint es mir vorrangig eine Frage des unterschiedlichen Startpunktes zu sein. Man kann aber beides auch als ineinandergreifend modellieren und erhält auf diese Weise eine kreislaufartige Spirale funktional orientierter Erkenntnisgewinnung (s. Abb 6). Etwas zugespitzt kann man die komplementären Zugänge auch so charakterisieren:

GA/IL (Ausgangspunkt: eher Formen)	SAT (Ausgangspunkt: eher Funktionen)
• Welche strukturell beschreibbaren Muster zeigen sich im Sprachgebrauch? • Welche Funktionen können diesen zugeordnet werden? • Grundfrage könnte sein: **Was meinst du, wozu dient dieses Muster in der Interaktion?**	• Welche sprachlichen Handlungen können angenommen werden? • Wie werden sprachliche Handlungen realisiert und in Realisierungen als diese indiziert? • Grundfrage könnte sein: **Was ist für dich alles ein xy und was nicht mehr?**

Tab. 1: Grundlegende methodische Weichenstellungen für GA/IL und SAT (vergröbert)

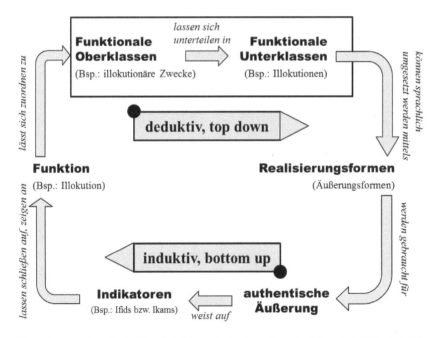

Abb. 6: Startpunkte für SAT und GA im spiralartigen Kreislauf einer letztlich vielleicht gemeinsamen Methode zur funktionalen Beschreibung von Sprachvorkommen – Scanzitat aus Staffeldt (2014, S. 112)

4 Dritter Akt: Die Schlange und der Drehwurm

Zum Abschluss sei – in aller Kürze, der Aufsatz ist bis hierher ja nun schon lang genug eigentlich – noch auf eine nicht nur wissenschaftsgeschichtliche Kuriosität eingegangen, die noch einmal, diesmal aber von ganz anderer Seite kommend deutlich macht, dass SAT-Einbezüge unbemerkte Wiedereinbezüge sein können, und auch, dass SAT-Orientierungen weder unnütz noch methodisch verstaubt oder gegenstandsunangemessen sein müssen.

Vor 44 Jahren haben Gerd Fritz und Franz Hundsnurscher einen Aufsatz veröffentlicht, in dem sie sich mit den verschiedenen Fortsetzungsmöglichkeiten nach einem VORWURF im ersten Zug in einer Interaktionssequenz befasst haben (was man in der GA wohl konditionale Relevanz genannt hat und nennen würde). Es war dies einer der ersten Schritte[17] von einer einzelsprechaktbezogenen SAT hin zu einer Dialoganalyse, die sich mit Sequenzen von aufeinander bezogenen Sprechakten beschäftigt (vgl. Fritz/Hundsnurscher 1975). Dort sind sowohl mögliche Sprechaktfortsetzungen im zweiten und dritten Zug skizziert als auch Beispiele für die Vollzüge aller Sprechakte der ersten, zweiten oder dritten Position angegeben. Diese ausgedachten Beispielformulierungen sind es, die eine GA/IL-Angriffszielscheibe abgeben. Es sind eben konstruierte, interaktional vereinzelte Beispiele, die genau danach klingen, ausgedacht zu sein. Befund: Empiriedefizit. Es sei – zur augenfälligen Verdeutlichung – nur eines der vielen Beispiele zum Vollzug von Vorwürfen herausgegriffen, nämlich das erste:

(3) Du hast mich angelogen!

Nun ist es so, dass vor einigen Jahren (in erster Auflage 2015)

> eine erste Konkretisierung der Vorschläge des Europarats zur Beschreibung der sechs Niveaustufen der Sprachbeherrschung, wie sie im „Gemeinsamen europäischen Referenzrahmen für Sprachen" vorgestellt werden" (Glaboniat et al. 2017, S. 5),

vorgelegt wurde. Hier sind verdienstvollerweise auch diverse Sprachhandlungen (Niveau A1 bis B2) enthalten, auf die man durch Nutzung der mitgelieferten Datenbank-CD zugreifen kann. In der Gruppe *Beurteilen von Zuständen, Ereignissen, Handlungen* findet man auch *Vorwürfe machen, beschuldigen.* Und hier sind – ganz dem sprechakttheoretischen Kernanliegen entsprechend, ohne dass man sich auf SAT hier bezöge – auch Vorschläge für musterhafte Formulierungen und schließlich ganz konkrete einzelne Formulierungen vorzufinden.

---

17   Zuvor hatte sich aber bspw. auch schon Austin – natürlich mehr (rechts-)philosophisch orientiert – im Rahmen der Explikation von Entschuldigungen mit Vorwurfs-/Rechtfertigungssequenzen befasst; vgl. Austin, (1986 [1961]).

Aus der Mustergruppe *Sie haben „x" kaputtgemacht* sei als Beispiel – zur augenfälligen Verdeutlichung – herausgegriffen:

(4) Sie haben nicht aufgepasst und den Kopierer kaputtgemacht.

Meiner Einschätzung nach müsste auch dieser Beleg genügend Angriffsfläche bieten. Die Beispielformulierung ist deutlich als kontextlos ausgedachte zu brandmarken (nach meinem Dafürhalten ‚noch schlimmer' als das erwähnte Hundsnurscher-Beispiel, das noch halbwegs sprachrealistisch sein dürfte). Und wieder heißt der klare Befund: Empiriedefizit.

Nur: Auf diesen letzteren Ansatz kommt Joachim Scharloth auf der IDS-Jahrestagung 2015 folgendermaßen zu sprechen. Im Rahmen der von ihm vorgestellten Entwicklung einer computergenerierten Mensch-Maschine-Trost-Kommunikation (also Computerprogramme als tröstende Interaktanten)

> wird auf eine Taxonomie von Sprachhandlungen zurückgegriffen, die für handlungstheoretisch fundierte Ansätze im Bereich Deutsch als Fremdsprache entwickelt wurde (Glaboniat et al. 2015). (Scharloth 2016, S. 325)

Es gibt hier also das Bedürfnis, sprachlernende Programme mit Daten zu füttern, damit sie auf sprachliche Ressourcen zurückgreifen können. Als solche Daten eignen sich aus funktionaler Perspektive ganz hervorragend Beispiele für den Vollzug von Sprechakten. Damit sind zumindest Bedürfnisse aus der Computerlinguistik und aus dem Sprachlehrbereich genannt, die in den SAT-Kernbereich hineinreichen. Was den computerlinguistischen Rückgriff auf Vollzugsformulierungen angeht, lässt sich abschließend sagen: Wenn es nicht im ersten Anlauf klappt, dann vielleicht 44 Jahre später im zweiten. Oder noch später. Einstweilen kann man sich als SAT'ler beruhigend zurufen: SATT bin ich noch lange nicht.

Literatur

Auer, Peter (2000): On line-Syntax – oder: Was es bedeuten könnte, die Zeitlichkeit der mündlichen Sprache ernst zu nehmen. In: Sprache und Literatur 85 (Themenheft: Die Medialität der Gesprochenen Sprache), S. 43–56.

Austin, John L. (1986 [1961]): Ein Plädoyer für Entschuldigungen. In: ders.: Gesammelte philo-sophische Aufsätze. Übers. u. hrsg. v. Joachim Schulte. Stuttgart: Reclam. S. 229–268.

Ballod, Matthias/Stumpf, Sarah (2019): Sprachhandlungskompetenz. In: Liedtke, Frank/ Wassermann, Marvin (Hg.): Sprachliches Handeln und Pragmadidaktik. (= Der Deutschunterricht; 1/LXXI). S. 75–86.

Bierwisch, Manfred (1979): Wörtliche Bedeutung – eine pragmatische Gretchenfrage. In: Grewendorf, Günther (Hg.): Sprechakttheorie und Semantik. Frankfurt: Suhrkamp. S. 119–148.

d'Avis, Franz (2019): Satztyp und Illokution. In: Liedtke, Frank/Wassermann, Marvin (Hg.): Sprachliches Handeln und Pragmadidaktik. (= Der Deutschunterricht; 1/LXXI). S. 24–35.

DGW = Dudenredaktion (Hg.) (^{4}2012): Das große Wörterbuch der deutschen Sprache. Mannheim. (Ausgabe auf CD-Rom).

Engel, Ulrich (^{2}2009): Deutsche Grammatik. Neubearbeitung. München: iudicium.

Fiehler, Reinhard (^{9}2016): Gesprochene Sprache. In: Wöllstein, Angelika/Dudenredaktion (Hg.): Die Grammatik. Unentbehrlich für richtiges Deutsch. Berlin: Dudenverlag. S. 1181–1260.

Fritz, Gerd/Hundsnurscher, Franz (1975): Sprechaktsequenzen. Überlegungen zur Vowurf/Rechtfertigung-Interaktion. In: Der Deutschunterricht 2 (27), S. 81–103.

Glaboniat, Manuela/Müller, Martin/Rusch, Paul/Schmitz, Helen/Wertenschlag, Lukas (^{2}2017): Profile deutsch. Gemeinsamer europäischer Referenzrahmen. Stuttgart: Klett. [mit CD-Rom].

Günthner, Susanne (2000): Vorwurfsaktivitäten in der Alltagsinteraktion. Grammatische, prosodische, rhetorisch-stilistische und interaktive Verfahren bei der Konstitution kommunikativer Muster und Gattungen. Tübingen: Niemeyer.

Günthner, Susanne (2008): „die Sache ist …": eine Projektor-Konstruktion im gesprochenen Deutsch. In: Zeitschrift für Sprachwissenschaft 27 (1), S. 39–71.

Günthner, Susanne/Wegner, Lars (2017): Der konversationsanalytische Ansatz. In: Niehr, Thomas/Schlobinski, Peter (Hg.): Diskursanalyse(n). (= Der Deutschunterricht; 6/LXIX). S. 35–43.

Harras, Gisela/Winkler, Edeltraud /Erb, Sabine/Proost, Kristel (2004, Teil 1) und Harras, Gisela/Proost, Kristel/Winkler, Edeltraud (2007, Teil 2): Handbuch deutscher Kommunikationsverben. Teil 1: Wörterbuch. Teil 2: Lexikalische Strukturen. Berlin/New York: de Gruyter.

HDKV = Harras et al. (2004)

Helbig, Gerhard (1988): Lexikon deutscher Partikeln. Leipzig: Enzyklopädie.

Imo, Wolfgang/Fladrich, Marcel (2019): Mobile Messengerkommunikation als Gegenstand des Deutschunterrichts. In: Liedtke, Frank/Wassermann, Marvin (Hg.): Sprachliches Handeln und Pragmadidaktik. (= Der Deutschunterricht; 1/LXXI). S. 55–64.

Hundsnurscher, Franz (1993): Streitspezifische Sprechakte: Vorwerfen, Insistieren, Beschimpfen. In: Protosoziologie 4 (1993), S. 140–150.

Kiesendahl, Jana (2011): Status und Kommunikation. Ein Vergleich von Sprechhandlungen in universitären E-Mails und Sprechstundengesprächen. Berlin: Schmidt.

Kindt, Walther (2010): Irrtümer und andere Defizite in der Linguistik. Wissenschaftslogische Probleme als Hindernis für Erkenntnisfortschritte. Frankfurt a.M.: Lang.

Klein, Josef (2015): AUSWEICHEN und AUSWEICHEN KASCHIEREN. Multimodale Performanz, Framing-Kniffe und Publikumsresonanz. In: Girnth, Heiko/Michel, Sascha (Hg.): Polit-Talkshow. Interdisziplinäre Perspektiven auf ein multimodales Format. Stuttgart: ibidem. S. 239–283.

Krifka, Manfred (2004): Sprechakte und Satztypen (Online als PDF verfügbar unter: https://amor.cms.hu-berlin.de/~h2816i3x/Sprechakte2004.pdf).

Liedtke, Frank (2018): Sprechakttheorie. In: Liedtke, Frank/Tuchen, Astrid (Hg.): Handbuch Pragmatik. Stuttgart: Metzler. S. 29–40.

Liedtke, Frank/Wassermann, Marvin (Hg.) (2019): Sprachliches Handeln und Pragmadidaktik. (= Der Deutschunterricht; 1/LXXI).

Marten-Cleef, Susanne (1991): Gefühle ausdrücken. Die expressiven Sprechakte. Göppingen: Kümmerle.

Meibauer, Jörg (²2001): Pragmatik. Tübingen: Stauffenburg.

Niehr, Thomas/Schlobinski, Peter (Hg.) (2017): Diskursanalyse(n). (= Der Deutschunterricht; 6/LXIX).

Rehbein, Jochen (1981): Announcing. On formulating plans. In: Coulmas, Florian (Hg.): Conversational routine. The Hague. S. 215–259.

Rolf, Eckard (1997): Illokutionäre Kräfte. Grundbegriffe der Illokutionslogik. Opladen: WdV.

Rosengren, Inger (Hg.) (1992/1993): Satz und Illokution. 2 Bände. Tübingen: Niemeyer.

Scharloth, Joachim (2016): Praktiken modellieren: Dialogmodellierung als Methode der Interaktionalen Linguistik. In: Deppermann, Arnulf/Feilke, Helmuth/Linke, Angelika (Hg.): Sprachliche und kommunikative Praktiken. IDS-Jahrbuch 2015. Berlin/Boston: de Gruyter. S. 311–336

Schwarz-Friesel, Monika/Chur, Jeanette (⁶2014): Semantik. Ein Arbeitsbuch. Tübingen: Narr.

Staffeldt, Sven (2014): Sprechakttheoretisch analysieren. In: Staffeldt, Sven/Hagemann, Jörg (Hg.): Pragmatiktheorien. Analysen im Vergleich. Tübingen: Stauffenburg. S. 105–148.

Stukenbrock, Anja (2013): Sprachliche Interaktion. In: Auer, Peter (Hg.): Sprachwissenschaft. Grammatik – Interaktion – Kognition. Stuttgart: Metzler. S. 217–259.

Tuchen, Astrid (2018): Methodologie der Pragmatik. In: Liedtke, Frank/Tuchen, Astrid (Hg.): Handbuch Pragmatik. Stuttgart: Metzler. S. 13–25.

Wagner, Klaus R. (2001): Pragmatik der deutschen Sprache. Frankfurt a. M.: Lang.

Vormoderne Sprechaktanalysen als Herausforderung für die moderne Sprechakttheorie

Simon Meier

Abstract: This contribution focusses on historical analyses of speech acts, that is theoretical reflections on speech speech acts like promises and threats, as they can be found in the works of premodern authors like Aquinas, Thomas Hobbes, Samuel Pufendorf and others. It is shown that some major traits of modern speech act theory, namely the formulation of felicity conditions, seems to be anticipated in the premodern analyses. However, there are differences, too: While modern speech act theory seeks to ground the rules and classification of speech acts in individual psychological states like preferences and interests, premodern analyses are oriented towards objective lawfulness. Thus, some presuppositions of modern speech act theory turn out to be historically bound and discursively shaped.

1 Einleitung

Die Sprechakttheorie ist von Beginn an mit einem dezidierten Anspruch auf Neuheit in Erscheinung getreten. Deutlich wird dies etwa in den berühmten ersten Sätzen der 1962 erstmals publizierten Harvard-Lectures von John L. Austin, in denen er in dezenter Beiläufigkeit die These formuliert, dass sich bislang noch niemand wirklich um das Phänomen des sprachlichen Handelns gekümmert habe:

> The phenomenon to be discussed is very widespread and obvious, and it cannot fail to have been already noticed, at least here and there, by others. Yet I have not found attention paid to it specifically. (Austin 1962, S. 1)

In der sieben Jahre später von Searle (1969) vorgelegten Systematisierung der nun auch so genannten Sprechakttheorie wird dieser Neuheitsanspruch subtil fortgeschrieben, etwa durch den weitgehenden Verzicht auf Literaturverweise

jenseits eines recht engen Kreises von Arbeiten der zeitgenössischen sprach-
analytischen Philosophie. Auch in der Linguistik wurde und wird dieser Anspruch auf Neuheit dankbar aufgenommen. Die Sprechakttheorie wird typischerweise als Initialzündung der so genannten pragmatischen Wende gerahmt,
nach der „Sprache [...] *nun nicht mehr ausschließlich* als abstraktes System betrachtet, sondern im Hinblick auf ihre Gebrauchsbedingungen und als Instrument des Handelns untersucht" (Stukenbrock 2013, S. 218, Hervorhebung vom
Autor) wird. Endlich, so wird gerade auch in einführenden Darstellungen wie
dieser vermittelt, verfügte man nun über eine Theorie, die es möglich macht,
solche Phänomene wie Versprechen angemessen zu erfassen und etwa durch
die Formulierung von Gelingensbedingungen adäquat zu beschreiben.

Eine Kehrseite dieser oft behaupteten, aber kaum je wirklich belegten Neuheit
der Sprechakttheorie ist eine tendenziell ahistorische Grundhaltung in verschiedener Hinsicht. Zum einen scheint wenigstens die philosophisch orientierte Sprechakttheorie von einer überzeitlichen Stabilität von Sprechakten und
ihrer Regeln auszugehen, wie es besonders deutlich etwa in Habermas' (1971)
Entwurf einer Universalpragmatik zum Ausdruck kommt. Zum anderen fällt
eine wissenschaftshistorische Kurzsichtigkeit oder zumindest Indifferenz auf,
die kaum weiter als bis zum Logischen Positivismus der 1920er und 1930er Jahre
zurückblickt und zu der sich die Sprechakttheorie und die so genannte *ordinary
language philosophy* insgesamt dann gerne als Gegenentwurf darstellen (vgl.
Levinson 1983, S. 227).

Das wurde natürlich bald gesehen und kritisiert. Gegen die Universalitäts-
annahme von Sprechakten hat man auf die historische Wandelbarkeit sprachlicher Handlungen hingewiesen und für eine „historische Analyse von Sprechakten" (Schlieben-Lange 1976) plädiert. In der bis heute lebendigen Historical
Pragmatics (vgl. Jucker/Taavitsainen 2010) wird genau das zum Programm gemacht. In verschiedenen Forschungsarbeiten wurde gezeigt, wie sich etwa für
bestimmte Sprechakte die Indikatoren der illokutionären Rolle wandeln und wie
umgekehrt stabile sprachliche Formen zu unterschiedlichen Zeiten unterschiedliche illokutionäre Kräfte haben (vgl. Jacobs/Jucker 1995, S. 13). Sprachge-
schichte wird so als Sprachgebrauchsgeschichte beschreibbar und ganz im Sinne
des Searle'schen Entwurfs analysierbar. Weitgehend unhinterfragt bleibt dabei
aber die Sprechakttheorie selbst, die als gleichsam über der Zeit stehendes theoretisches Grundgerüst auf historische Sprechhandlungen projiziert wird.

Auch die wissenschaftshistorische Kurzsichtigkeit wurde bald korrigiert. Es
wurde an wichtige Vorläufertheorien etwa bei Georg von der Gabelentz (vgl.
Staffeldt 2014), Adolf Reinach (vgl. Burkhardt 1986) oder Erwin Koschmieder
(1965) erinnert, die als Etappen einer Protopragmatik beschrieben werden

können (vgl. Nerlich/Clarke 1996; Max 2018). Die pragmatische Wende erweist sich im Spiegel dieser Arbeiten mitnichten als jener plötzliche und radikale Bruch, als der sie üblicherweise dargestellt wird (vgl. Staffeldt 2014, S. 230).

Im vorliegenden Beitrag möchte ich diese Historisierungsbemühungen aufgreifen, aber auch weiterentwickeln, indem ich historische Sprechaktanalysen in den Blick nehme. Mit „historischen Sprechaktanalysen" meine ich ausdrücklich *nicht* Analysen historischer Sprechhandlungen, wie sie typischerweise die Historical Pragmatics vornimmt, sondern theoretische Reflexionen über sprachliche Handlungen, wie ich sie in vormodernen Quellen finde und die es anders, als dies etwa Austin behauptet, eben sehr wohl gibt. Und zwar handelt es sich dabei weniger um abstrakte sprachtheoretische Entwürfe, wie sie in den Forschungen zur Protopragmatik beschrieben werden, sondern um ungleich konkretere Reflexionen über einzelne sprachliche Handlungen wie etwa das Versprechen, die Drohung, den Tadel oder das Verbieten, die sich gut mit neueren sprechakttheoretischen Analysen vergleichen lassen. Dabei werden sich einige Gemeinsamkeiten zeigen, aber natürlich auch Unterschiede. Gerade die Unterschiede werde ich zum Anlass nehmen, aus dem historischen Kontrast heraus nach zeitgebundenen, mentalitätsgeschichtlich deutbaren Prägungen der Sprechakttheorie Searle'scher Provenienz zu fragen, die durch den Universalitätsanspruch der Sprechakttheorie, sogar in ihrer Anwendung in der konventionellen Historical Pragmatics, meist verdeckt bleiben.

Dazu werde ich zunächst an zwei Fallbeispielen zeigen, wie solche historischen Sprechaktanalysen aussehen und welche Parallelen und Unterschiede zu modernen Sprechaktanalysen sich hier zeigen lassen (2). Davon ausgehend werde ich nach der Historizität der Sprechakttheorie fragen (3) und anschließend die Frage nach der Neuheit der Sprechakttheorie nochmals aufgreifen (4). In einem Ausblick werde ich schließlich diskutieren, welche Konsequenzen sich aus dem in den historischen Quellen ganz anders als heute darstellenden Verhältnis von Sprechen und Handeln für neuere Diskussionen um eine Theorie der Praktiken ergeben können (5).

2 Historische Sprechaktanalysen[1]

2.1 Das Versprechen

Am Beispiel des Versprechens, das auch Searle als Probefall für die Explizierung seiner Theorie wählt, lässt sich gut veranschaulichen, was ich hier als historische Sprechaktanalysen beschreiben möchte. Die philosophische Reflexion über das

---

1   Ein Teil der folgenden Analysen ist bereits in Meier (2016a) publiziert.

Versprechen hat eine lange Tradition (vgl. Habib 2018) und nimmt im Hoch-
mittelalter bei Thomas von Aquin erstmals systematische Form an. In dessen
Hauptwerk *Summa theologica* (ca. 1266–1273), also ziemlich genau 700 Jahre vor
Searle, findet sich ein Kapitel (eine so genannte *quaestio*) zum Gelübde (*votum*)
(vgl. Thomas von Aquin o.J.: II, 2, 88).[2] Als Versprechen gegenüber Gott ist es
für monastische Zusammenhänge höchst relevant, wird von Thomas von Aquin
aber zunächst am Modell des Versprechens anderer Menschen gegenüber veranschaulicht.

Das Gelübde wird dabei definiert als ein Akt (*actum*) der Selbstverpflichtung
durch ein Versprechen (*per modum promissionis*), das wiederum nur vermittelst
Worten geschehen kann – eine Definition, die sich leicht an die in der Sprechakttheorie als Illokution begrifflich gefasste *indem*-Relation anschließen lässt:
Indem man bestimmte Worte äußert, verpflichtet man sich. Weiterhin nimmt
Thomas von Aquin eine Art Komponentenanalyse des Versprechens vor, das
mehrere Teilhandlungen erfordert: Die Überlegung (*deliberatio*), den Vorsatz des
Willens (*propositum voluntatis*) – heute würde man wohl von der Intention
sprechen –, das Aussprechen (*pronuntiatio*) und schließlich auch das Zeugnis
der anderen (*testimonium aliorum*) (II, 2, 88, a. 1). Gerade der letzte Punkt ist
aufschlussreich, denn die in der Linguistik oft geforderte hörer_innenseitige
Ergänzung der allzu sprecher_innenzentrierten Sprechakttheorie – Henne/
Rehbock (2001, S. 11) etwa setzen als Komplement zum Sprechakt den Hörver-
stehensakt an – scheint hier schon angedeutet.

Schließlich formuliert Thomas von Aquin Bedingungen für gültige Versprechen. So muss das Versprechen das zum Gegenstand haben, was man *für* einen
anderen aus freien Stücken tue (*quod quis pro aliquo voluntarie facit*). Dagegen
ist es eine Drohung, wenn es sich *gegen* einen anderen richtet (*se contra aliquem
facturum*) und das Versprochene diesem unannehmlich ist (*quod ei non esset
acceptum*). Auch kann Thomas von Aquin zufolge nichts Gegenstand des Versprechens sein, was bereits notwendig ist, also ohnehin geschehen würde wie
etwa das eigene Sterben (II, 2, 88, a. 2). Zugleich wird Möglichkeit für das Versprochene verlangt (II, 2, 88, a. 3), und niemand kann sich zu etwas verpflichten,
was nicht in seiner eigenen Macht (*potestas*) steht. Jemandem untergeben (*sub-
iectus alicui*) zu sein, so folgert Thomas von Aquin, schränkt somit auch die
möglichen Gegenstände des Versprechens ein (II, 2, 88, a. 8). Bedeutsam ist bei
alldem die Feststellung, das Versprechen, bei denen diese Bedingungen nicht
gegeben sind, nichtig oder unnütz (*vana*) sind (II, 2, 88 a. 2) – ein Aspekt, der

---

2   Hier und im Folgenden werden Zitate aus den Quellen kursiv gesetzt.

sich gut an die spätere Unterscheidung zwischen falschen Aussagen einerseits und misslungenen Sprechakten andererseits anschließen lässt. Ganz systematisch werden also die – in neuerer Terminologie gesprochen – Gelingensbedingungen von Versprechen herausgearbeitet, und viele der von Thomas von Aquin genannten Punkte lassen sich auch in Searles Analyse wiederfinden.[3] Nahezu wortwörtlich wiederholt sich etwa die Differenzierung zwischen Versprechen und Drohungen:

> One crucial distinction between promises on the one hand and threats on the other is that a promise is a pledge to do something *for* you, not *to* you; but a threat is a pledge to do something *to* you, not *for* you. (Searle 1969, S. 58)

Der Ausschluss von Notwendigkeiten als Gegenständen des Versprechens kehrt in abgeschwächter Form wieder, wenn Searle als Einleitungsbedingung anführt, dass es nicht offensichtlich sein darf, dass das Versprochene ohnehin getan würde (vgl. Searle 1969, S. 59). Auch die – von Searle zwar nicht ausdrücklich genannte, aber parallel zu weiteren Analysen Searles zu ergänzende (vgl. Staffeldt 2009, S. 54) – Bedingung, dass man in der Lage sein muss, das Versprochene zu tun, hat in Thomas von Aquins Verweis auf die Macht, das Versprochene auch umzusetzen, eine Entsprechung.

Thomas von Aquins Analyse war äußerst einflussreich und hat ausgehend von seiner Bemerkung, dass die durch Versprechen eingegangenen Verpflichtungen unter die Gesetze des Anstands und mithin unter das Naturrecht fallen (II, 2, 88 a. 3), besonders die frühneuzeitlich-naturrechtlichen Staatstheorien geprägt. In Thomas Hobbes' *Leviathan* (1651) etwa finden sich Ausführungen zum *mutuall transferring of Right* (Hobbes 1651, S. 66), das im Wesentlichen durch wechselseitige Versprechen vollzogen wird.[4] In einer grammatischen Feinanalyse bestimmt Hobbes Versprechen als *words of the future* (Hobbes 1651, S. 66) und unterscheidet dabei klar zwischen der bloßen Kundgabe eines Willensaktes (*I will that this be thine to morrow* in volitiver Bedeutung) und dem tatsächlichen Versprechen (*I will give it thee to morrow* in kommissiver Bedeutung), das die Aussage über den zukünftigen Akt erst verbindlich werden lässt. Und auch Hobbes führt weitere Bedingungen an, welche die beteiligten Akteure (*to make*

---

3   Parallelen zwischen Searle und Thomas von Aquin sind vor allem für den Bereich der Philosophie des Geistes untersucht worden (vgl. etwa Boulter 2006); sprechakttheoretisch perspektivierte Vergleiche liegen dagegen bisher kaum vor (vgl. aber Nissing 2006).

4   Für eine am Versprechen orientierte sprechakttheoretische Rekonstruktion der Hobbes'schen Vertragstheorie vgl. auch Bung (2016).

Covenants with bruit Beasts, is impossible (Hobbes 1651, S. 68)) und die möglichen Gegenstände von Versprechen betreffen:

> The matter, or subject of a Covenant, is alwayes something that falleth under deliberation ; and is therefore alwayes understood to be something to come ; and which is judged Possible for him that Covenanteth, to performe. And therefore, to promise that which is known to be Impossible, is no covenant. (Hobbes 1651, S. 69)

Ausführlicher noch wird Samuel Pufendorf in seinem Werk *Vom Natur- und Völcker-Rechte* (lat. 1672, dt. 1711) in den Kapiteln über die Bündnisse. Auch Pufendorf trifft eine grundlegende Unterscheidung zwischen der berichtenden Kundgabe eines Entschlusses und der *Zusage* (Pufendorff 1711, S. 652) (lat. *promissio*), welche sich durch den Modus der Verbindlichkeit unterscheiden. Sind Kundgaben wahrheitsfähig und mithin allenfalls um der Wahrheit willen bindend, folgen echte Zusagen vielmehr ethischen Prinzipien. So sei ein

> unvollkommenes Versprechen geschehen / wenn jemand sich folgender massen vernehmen lassen : Ich habe mir ernstlich vorgenommen dir dis und das zuthun oder zu erweisen / bitte also du wollest es mir glauben und zutrauen. Bey so gestalten Sachen ist der Versprecher / mehr der Wahrheit als der Gerechtigkeit halben / sein Wort zu halten verbunden (Pufendorff 1711, S. 659)

Die später prominent von Austin getroffene Unterscheidung zwischen wahrheitsfähigen Konstativa einerseits und Performativa andererseits deutet sich hier bereits an. Auch zu Holdcrofts (1998) Versuch, den deontischen Gehalt von Sprechakten von bloßen Willensbekundungen zu unterscheiden, lassen sich Parallelen ziehen. Und wie schon Thomas von Aquin vor ihm, wenn auch ungleich ausführlicher, fächert Pufendorf die Bedingungen gültiger Versprechen noch weiter auf. Sie seien hier durch eine Auswahl von Kapitelüberschriften wiedergegeben:

> Furcht macht Zusagen und Bündnisse ungültig. [...] Wir können nur zu möglichen Dingen verpflichtet werden. Die Zusage unmöglicher Sachen ist eitel. Ob jemand verpflichtet werden könne etwas auszustehen / das menschliche Beständigkeit und Tapferkeit übertrifft. In unerlaubten und unzugelassenen Dingen gilt keine Verbindlichkeit. Schändliche Pacten verpflichten nicht [...]. Die Zusage frembder Dinge ist umsonst und vergebens. (Pufendorff 1711, S. 668, 703)

Auf knapp 50 Druckseiten werden alle möglichen Konstellationen und Fehlerquellen erwogen, die ein Versprechen missglücken lassen, wie man in Anlehnung an Austins Verfahren der Demonstration von möglichen „infelicities" (Austin 1962, S. 16f.) formulieren könnte, und so wird *ex negativo* ein überaus differenziertes Bild des gelungenen Vollzugs von Versprechen gezeichnet – ein

Bild, in dem im übrigen auch den Rezipierenden eine tragende Rolle zugewiesen wird, da ausdrücklich *Beyfall oder Einwilligung* (Pufendorff 1711, S. 668) (lat. *consensus*) beider Seiten gefordert wird.

Die von Pufendorf und seinen Vorgängern angestellten Überlegungen werden schließlich im 47. Band von Zedlers *Universal-Lexicon* (1746) gebündelt zusammengetragen (zu dieser Quelle vgl. Schneider 2013). Der Eintrag beginnt wie folgt:

> **Versprechen, Versprechung, Verheissung** oder **Zusage** [...] ist nichts anders, als eine solche Rede, wodurch man sich, einem oder mehr andern, mit seinem oder ihrem Wissen und Bewilligung, etwas gewisses zu erweisen, verbindlich machet. [...] Es mag [...] das Versprechen, ein, zwey, oder mehr seitig seyn, wo es anders verbindlich seyn soll, von allen denen, so daran Theil haben, eine gemeinschaftliche Bewilligung (consensus) nothwendig erfordert: welche auf Seiten des Versprechenden den Namen Versprechung; auf der andern Seite aber eine Annehmung, oder Genehmhaltung, (acceptatio) genennet wird. (Zedler 1746, Bd. 47, Sp. 1933 f.)

Die Formulierung *eine Rede, wodurch* lässt sich wiederum an die sprechakttheoretisch so wichtige indem-Relation anschließen, und auch hier werden die rezipient_innenseitigen Handlungen von Beginn an mit einbezogen. Sehr ausführlich und systematisch werden dann *Bedingungen eines gültigen Versprechens* (Zedler 1746, Bd. 47, Sp. 1935) geäußert, welche die *Personen* sowie die *Materie des Versprechens* betreffen. Zu ersteren zählen etwa die *hinlängliche Erkenntniß der Sache selbst, die versprochen oder bedungen wird*, weshalb etwa Betrunkene zu Versprechen *untüchtig* sind. Auch setzen gültige Versprechen *Freyheit* voraus, was *1) den unrechtmäßigen Gezwang sowohl, als 2) die demselben sehr nahekommende Furcht, als Hindernisse eines verbindlichen Versprechens, ausschliesset.* Die so genannten materialen Bedingungen betreffen zum einen die *Billigkeit*, so dass nur versprochen werden kann, *was nur keinem Gesetz, es mag dieses Göttlich oder Menschlich seyn, zuwieder läuft*, aber auch nicht *einem andern zum Nachtheil, seinem Rechte und Freyheit entgegen* steht. Zum anderen betreffen die materialen Bedingungen die *Möglichkeit*, weil sonst *das Versprechen vergeblich seyn und zu keiner Würckung kommen würde.* Der Artikel schließt mit einer Bemerkung zur äußeren Form des Versprechens: *Wenn es aber allzu dunckel und zweydeutig ist, wird es entweder vor nicht geschehen, oder doch nicht vor so verbindlich geachtet.*

Man sieht sich hier in vielem an die stil- und traditionsbildende Analyse von Searle erinnert – schon die ausdrückliche Rede von *Bedingungen* erscheint wie ein Vorgriff, zumal sie tatsächlich das meiste von dem abdecken, was auch Searle als Gelingensbedingungen des Versprechens formuliert. Die materiale Bedingung der *Möglichkeit* des Versprochenen, auf die schon Hobbes und Pufendorf

hingewiesen haben, kann als Einleitungsbedingung der Form „S ist in der Lage,
A zu tun" formuliert werden. Die von Pufendorf und im Zedler für gültige Versprechen geforderte Abwesenheit von Furcht und Zwang wie auch eine hinreichende Klarheit über das eigene Tun fasst Searle wenigstens in der 1965 erstmals
publizierten Vorfassung seiner Analyse des Versprechens ganz explizit als
„Normal input and output conditions" (Searle 1971, S. 48):

> Together they include such things as that the speaker and hearer both know how to
> speak the language; both are conscious of what they are doing; the speaker is not
> acting under duress or threats [...]. (Searle 1971, S. 48)

Somit wird im *Zedler* zumindest indirekt auch die von Searle veranschlagte
Aufrichtigkeitsbedingung angeführt, der zufolge S tatsächlich die Absicht haben
muss, sich zu verpflichten. Denn ein unter Zwang ausgesprochenes Versprechen
entbehrt ja gerade solcher Aufrichtigkeit. Im Eintrag zur *Zusage* (Zedler 1750,
Bd. 60, Sp. 496–498), der sich wie eine kondensierte Zusammenfassung des Eintrags zum Versprechen liest, wird sogar ausdrücklich gefordert, dass *bey Erthei-*
lung der Zusagen und Verträge alle Aufrichtigkeit beobachtet werden muss.
Schließlich kann die im *Zedler* angesprochene Unzweideutigkeit der Worte mit
den „normal input and output conditions" in Verbindung gebracht werden.

All diese Gemeinsamkeiten dürfen aber nicht darüber hinwegtäuschen, dass es
natürlich auch deutliche Unterschiede gibt. Besonders auffällig ist der schon von
Thomas von Aquin angedeutete ausdrückliche Einbezug der *Genehmhaltung* auf
Seiten der Rezipierenden. Erst durch eine *gemeinschaftliche Bewilligung*, und nicht
schon durch die bloße Äußerung wird ein Versprechen verbindlich und auch einklagbar. Die einzelnen Bestimmungen gültiger Versprechen wie etwa der Ausschluss von Zwang werden ausdrücklich auch auf deren Annahme ausgeweitet. Der
Vorwurf der Sprecherzentriertheit, welcher der Searle'schen Sprechakttheorie
gerne entgegengebracht wird, trifft die historischen Analysen also weit weniger.[5]

---

5   Interessant ist in diesem Zusammenhang auch der Eintrag im *Zedler* zur sogenannten *Sti-*
     pulation, einem aus dem römischen Recht herstammenden Verfahren des mündlichen Ver-
     tragsabschlusses, auf das auch im Artikel zum Versprechen schon hingewiesen wird. Die
     Stipulation wird definiert als „Contract und Handel, da durch gewisses Fragen und darauf
     erfolgte Antwort einer dem andern etwas zu geben oder zu thun verspricht und verhafftet
     wird. Und geschiehet solche Zusage und Verheißung durch klare und ausdrückliche Worte"
     (Zedler 1744, Bd. 40, Sp. 157). Sprechakttheoretische Analysen der zweiten Generation, die
     insgesamt stärker dialoganalytisch orientiert sind, haben in einem ganz ähnlichen Sinne auf
     die Sequenzgebundenheit kommissiver Sprechakte hingewiesen. So formulieren etwa Zi-
     fonun/Hoffmann/Strecker (1997, S. 146): „Mittlerweile ist klar, daß es sich nicht um ein iso-
     lierbares Muster handelt, sondern um eine reaktive Teilhandlung, der eine entsprechende
     (insistierende) Aufforderung oder eine sonstige Offenlegung einer Präferenz des Partners
     voranzugehen pflegt."

Zum anderen fällt auf, wie viel Raum in den historischen Analysen der Aspekt der Rechtmäßigkeit (*Billigkeit* im *Zedler*) und der Schicklichkeit des Versprochenen einnimmt. In Searles Analyse hat dieser Aspekt keine Entsprechung und tritt ganz hinter der subjektivistischen und als Präferenz beschreibbaren Bedingung zurück, dass H die Ausführung der versprochenen Handlung ihrer Unterlassung vorzieht. Zwar wird im *Zedler* die Bedingung formuliert, dass *nichts einem andern zum Nachtheil, seinem Rechte und seiner Freyheit entgegen* versprochen werden kann. Doch gerade der zweite Teil der Formulierung zeigt, dass dieser Nachteil gerade keine Angelegenheit rein subjektiver Präferenzen ist, sondern sich aus dem geltenden Recht vielmehr objektiv ergibt. Ich werde auf diesen Punkt später zurückkommen.

2.2 Die Drohung

Als zweites Fallbeispiel wähle ich den Sprechakt der Drohung, der bei Searle selbst zwar nicht eigens behandelt wird, dafür aber gerade in der linguistischen Rezeption ein beliebter Analysegegenstand gewesen ist (vgl. den Überblick in Muschalik 2016). Im 7. Band des *Zedler* findet sich ein Artikel zur *Drohung*, der hier mit nur wenigen Kürzungen in voller Länge wiedergegeben werden soll.

Drohung, ist diejenige Handlung, da man einen in Ansehung einer bevorstehenden Verrichtung unter der Vorstellung eines gewiß zu erwartenden Uebels, in wie ferne derselbe dem Verlangen sich nicht unterwerfen wird, entweder anzutreiben oder abzuhalten suchet. Die Drohungen können entweder vernünfftig oder unvernünfftig seyn. Vernünfftig sind dieselben 1) in Ansehung derer, die sie thun. Entweder es hat einer, der dem anderen drohet, eine rechtmäßige Gewalt über den andern, daher er ihn denn durch die Furcht einer zu erwartenden Straffe, welche allmahl ein Gesetz voraus setzet, zum guten antreiben, und von dem bösen abschrecken kan. [...] oder die Personen sind einander gleich, da denn einer dem andern in Ansehung des, beyde verbindenden Gesetzes, mit einer aus dem Gesetz flüssenden Straffe, wenn einer seiner Pflicht nicht nachzukommen gedencket, drohet [...]. Aus diesen flüsset, daß die Drohungen nur als Mittel etwas zu würcken bey unvernünfftigen und ihren eitlen Begierden ergebenen Menschen Statt haben. [...] 2) Sind die Drohungen vernünfftig in Ansehung der Art und Weise, wie sie geschehen. Einmahl muß das gedrohte Uebel würcklich durch uns erfolgen können, denn wenn es von uns heißt: vana est sine viribus ira, so erlangen wir durch dieselben gerade das Gegenteil, indem wir uns lächerlich und verächtlich machen. Hernachmahls müssen wir es offtermahls nicht nur bey der Drohung bewenden, sondern unsre Kräffte durch Erfolgung des Uebels fühlen lassen. 3) Sind die Drohungen vernünfftig in Ansehung derer Sachen, weswegen man drohet, wenn nemlich dieselben wieder die Gesetze streitende Handlungen sind. Aus diesem kann man hingegentheil, was unvernünfftige Handlungen sind, leichte erkennen. (Zedler 1734, Bd. 7, Sp. 1469)

Der Artikel – im Wesentlichen eine stilistisch gestraffte Fassung des gleichnamigen Eintrags in Johann Georg Walchs *Philosophischem Lexicon* von 1726 – liefert eine erstaunlich subtile Analyse der ausdrücklich als *Handlung* aufgefassten Drohung, die sich unter Verwendung bewusst modern gehaltener Termini wie folgt systematisieren lässt:

- Situationsmerkmale: *in Ansehung einer bevorstehenden Verrichtung*
- Sprecher_innenintentionen: *da man einen [...] entweder anzutreiben oder abzuhalten suchet / zum guten antreiben, und von dem bösen abschrecken*
- Mittel zum Zweck: *unter der Vorstellung eines gewiss zu erwartenden Uebels / durch die Furcht einer zu erwartenden Straffe*
- Institutioneller Rahmen: *rechtmäßige Gewalt / Gesetz*

Auf dem so abgesteckten Feld werden dann die – wie man in Anlehnung an den Begriff der Gelingensbedingung formulieren könnte – ‚Vernünftigkeitsbedingungen' von Drohungen bestimmt:

- Akteure (*Ansehen derer, die sie tun*) und ihr asymmetrisches bzw. symmetrisches Verhältnis: *rechtmäßige Gewalt* bzw. ein *beyde verbindene[s] Gesetz*
- Gegenstand der Drohung und seine Durchführbarkeit (*Art und Weise, wie sie geschehen*): *muß das gedrohte Uebel würklich durch uns erfolgen können* und *unsre Kräffte durch Erfolgung des Uebels fühlen lassen*
- Anlass der Drohung und seine Illegitimität (*Sachen, weswegen man drohet*): *wieder die Gesetze streitende Handlungen*

Moderne Analysen kommen zu ähnlichen Ergebnissen. Typischerweise werden Drohungen dabei als „[h]ybride Sprachakte" (Klein 1981) gefasst, die kommissive und direkte Aspekte in sich vereinen. Eine Reihe solcher Analysen, die sich ganz im Searle'schen Theorierahmen bewegen und untereinander nur in Nuancen unterscheiden, habe ich geprüft. Die Parallelen zur Analyse im *Zedler* gebe ich hier tabellarisch mit ausgewählten Passagen aus den modernen Analysen wieder (teilweise im Wortlaut vereinfacht):

Sprechakttheorie nach Searle	Zedler 1734
Es gibt eine Situation und einen antizipierbaren durch H herbeigeführten Verlauf (Apeltauer 1977) H ist dabei, eine Handlung zu begehen, die gegen die Interessen von S gerichtet ist (Henriksson 2004)	*in Ansehung einer bevorstehenden Verrichtung*
S will durch die Drohung eine Situation bewahren, verändern, hervorbringen, unterdrücken (Apeltauer 1977) S äußert die Drohung in der Absicht, dass H die Handlung unterlässt (Henriksson 2004)	*da man einen entweder anzutreiben oder abzuhalten suchet*
S' intention to commit an act which will result in an unfavourable state of the world for H (Fraser 1998) S will bewirken, dass H erkennt, dass S P tun will, wenn H nicht bestimmte Bedingungen C erfüllt; P ist nicht im Interesse von H. (Harras/Proost/Winkler 2007) S sagt zukünftigen Akt von S oder durch S veranlasstes Ereignis voraus und verpflichtet sich zur Ausführung bzw. Herbeiführung des Angedrohten (Henriksson 2004)	*durch Vorstellung eines gewiss zu erwartenden Uebels, in wie ferne derselbe dem Verlangen sich nicht unterwerfen wird*
the speaker must have real power to bring about the stated consequences (Harris 1984) S hat die Möglichkeit/die Macht, die angedrohte Handlung auszuführen (Henriksson 2004)	*muß das gedrohte Uebel würklich durch uns erfolgen können*

Tab. 1: Analysen der Drohung im Vergleich: Parallelen

Doch auch hier zeigen sich deutliche Unterschiede. Auffällig ist abermals, dass die in den modernen Analysen genannten Bedingungen, welche die Präferenzen der Beteiligten betreffen, in der Analyse im *Zedler* keine direkte Entsprechung haben. Zwar wird hier wiederholt von dem *Uebel* gesprochen, welches durch die Drohung in Aussicht gestellt wird, doch leitet sich dieses Übel vornehmlich aus objektiv geltenden, durch Gesetze abgesicherten und mithin auch vernünftig einsehbaren Wertmaßstäben her. Letztlich besteht das Übel in einer aus dem Gesetz abgeleiteten Strafe für unbotmäßiges Verhalten, wie es allein *unvernünftige Menschen* an den Tag legen. Erst *wieder die Gesetze streitende Handlungen* und nicht schon bloße Dispräferenzen geben für Drohungen Anlass, und so ist die Analyse im *Zedler* ganz vom geltenden, objektiven Rechtssystem her per-spektiviert. Demgegenüber wird in den modernen Analysen ganz auf subjektive Präferenzen umgestellt. Um nur ein Beispiel zu nennen: Apeltauer (1977) zufolge bewertet S den zu erwartenden Situationsverlauf negativ und präferiert einen anderen; H wiederum bewertet das angedrohte negativ, so dass er seine ursprünglichen Präferenzen zurückstellt und in seinem eigenen Interesse die des Sprechers übernimmt.

Sprechakttheorie nach Searle	Zedler 1734
Subjektive Bewertungen und Präferenzen	objektive, d. h. vernünftig einsehbare Rechtmäßigkeit

Tab. 2: Analysen der Drohung im Vergleich: Unterschiede

Der prototypische Situationsverlauf der Drohung wird in den modernen Analysen also ganz aus der Perspektive des Individuums und seiner Präferenzstrukturen erfasst.

3 Historizität der Sprechakttheorie

Gerade diese Unterschiede möchte ich nun zum Anlass nehmen, gegen den üblichen Universalitätsanspruch des sprechakttheoretischen Frameworks nach seiner zeitgebundenen Prägung zu fragen. *Dass* die systematisierende Reflexion über Gelingens- und Misslingensbedingungen von Handlungen wie dem Versprechen oder der Drohung mitnichten ein völlig neuer theoretischer Analysezugang ist, haben die beiden voranstehenden Fallstudien gezeigt (ähnliches kann auch für Handlungen wie Entschuldigungen oder Ratschläge gezeigt werden, denen im *Zedler* lange und ähnlich systematische Einträge gewidmet sind). Und selbst sprachliche Details des Vollzugs dieser Handlungen werden, wie beim Versprechen gesehen, wenigstens andeutungshaft einbezogen. *Wie* aber die Gelingensbedingungen identifiziert und formuliert werden und *was* hierbei Berücksichtigung findet und was nicht, hängt von einer Reihe von historisch-kulturell geprägten Vorannahmen ab.

So erscheinen bei Thomas von Aquin das bessere Gut (*melius bonum*) und mithin Tugendwerke (*opera virtutis*) als bevorzugte Gegenstände von Versprechen (II, 2, 88 a. 2), womit Gottgefälligkeit als entscheidendes Richtmaß für die theoretische Reflexion dieser Handlung ausgewiesen ist und auch die Formulierung der Bedingungen gültiger Versprechen prägt. In den frühneuzeitlichen Analysen spiegelt sich dagegen das naturrechtlich geprägte Weltbild wider, in dem geltendes Recht in der ständegesellschaftlichen Grundordnung als vernunftmäßig erkennbares Recht gefasst und legitimiert wird (vgl. Döring 2001, S. 35f.), so dass auch in der theoretischen Reflexion über Handlungen auf eben dieses Recht Bezug genommen werden muss. Vor diesem Hintergrund erscheinen nun die modernen Sprechaktanalysen, die bei der Analyse und Klassifikation von Sprechhandlungen ganz auf individuelle Glaubenszustände und subjektive Präferenzen abstellen, als individualistisch und, so meine These, auch ökonomisch-liberal geprägt. Ähnlich wie in utilitaristischen Ethiken mit ihrem Konzept der Nutzenkalküle (Kutschera 1999; Riley 2008) ist zentraler Bezugspunkt das letztlich ökonomisch räsonierende Individuum. So prägen Ausdrücke wie *benefit, to prefer* und *interest* die modernen Analysen, und ganz ausdrücklich schreibt Searle zu dem Teil seiner Analyse des Versprechens, der sich den Präferenzen der Sprecher_innen widmet und diese noch genauer als „needs, desires" (Searle 1969, S. 58) fasst:

> I think a more elegant and exact formulation would require the introduction of technical terminology of the welfare economics sort. (Searle 1969, S. 59)[6]

Gerade dieser beiläufige Rekurs auf die Wohlfahrtsökonomie, die wie der eng verwandte Utilitarismus im Liberalismus des 19. Jahrhunderts wurzelt (vgl. Kleinewefers 2008, S. 35–37), macht deutlich, wie sehr der Searle'sche Entwurf durch historisch gebundene Vorannahmen geprägt ist – und mit ihm auch neuere Ansätze, die allen Modifikationen zum Trotz doch zumindest die Zentralität präferenz- und interessensbezogener Begriffe übernehmen.

Diese historische Prägung der modernen Sprechakttheorie mag dadurch kaschiert werden, dass sie sich in naturalistischer Weise auf vermeintlich überzeitliche „expressed psychological states" (Searle 1969, S. 70) beruft.[7] Der Kontrast mit den vormodernen Analysen, die im Prinzip ähnlich, aber doch ganz anders vorgehen, zeigt jedoch, wie viel an historisch-kulturell geprägten Vorannahmen dieser Engführung auf individuell verfügbare psychische Zustände schon vorausgeht. Dass in den vormodernen Analysen die subjektiven Präferenzen kaum ausschlaggebend sind, ist für *diese* Zeit so bezeichnend wie für die *heutige* die Tatsache, dass gesellschaftliche Rangordnungen und erst recht solche Aspekte wie Schicklichkeit tendenziell für irrelevant gehalten werden oder zumindest das eigentliche Regelset für den Vollzug von Sprechakten nicht unmittelbar betreffen.

---

6   Zu dieser weithin überlesenen Passage äußert sich kritisch auch Derrida (1988, S. 76). Zur Searle-Derrida-Kontroverse vgl. auch Weber in diesem Band.

7   Ähnliches gilt für Versuche, Sprechaktklassifikationen im Rahmen einer *desire-intention-belief-psychology* zu begründen (vgl. hierzu Gärtner/Steinbach in diesem Band).

In ganz ähnlicher Weise hat die Anthropologin Rosaldo (1982) die Searle'sche Theorie aus ethnologisch-kulturvergleichender Perspektive einer grundlegenden Kritik unterzogen (vgl. auch Richland 2013). In nur unzureichend reflektierter Weise sei die Sprechakttheorie an ganz grundlegende, aber kulturspezifische Vorannahmen über „human agency and personhood" (Rosaldo 1982, S. 203) gebunden, und gerade in seiner Analyse des Versprechens „Searle [...] himself falls victim to folk views that locate social meaning first in private persons" (Rosaldo 1982, S. 212). Die vermeintlich universellen Termini seien deshalb Ergebnis einer nicht als solche erkannten Generalisierung von „culturally particular views of human acts, intentions, and beliefs" (Rosaldo 1982, S. 212). Grundlage für Rosaldos Kritik sind ethnographische Beobachtungen der Ilongot auf den Philippinen, und ihr Argument lautet wohlgemerkt weniger, dass dort Sprechhandlungen selbst anders vollzogen würden als in ihrer eigenen Gesellschaft in den USA. Vielmehr erweist sich der sprechakttheoretische Zugriff mit seinen individualistischen Grundannahmen als inadäquat für die ethnographische Beschreibung. Umgekehrt wird dadurch die Sprechakttheorie selbst als Ethnographie der eigenen Gesellschaft lesbar:

> Searle uses English performative verbs as guides to something like a universal law. I think his efforts might better be understood as an ethnography – however partial – of contemporary views of human personhood and action as these are linked to culturally particular modes of speaking. (Rosaldo 1982, S. 228)

Dieser metatheoretischen Wendung folgend und ganz im Sinne von Foucaults Verständnis von Geschichte als Ethnologie der eigenen Kultur (vgl. Foucault 2001, S. 766f.) können die hier diskutierten vormodernen Sprechaktanalysen Anlass sein, die moderne Sprechakttheorie als mentalitätsgeschichtliche Etappe zu lesen (vgl. Meier 2016b), in der subjektiven Präferenzen der Vorrang gegenüber gesellschaftlichen und rechtlichen Rahmenbedingungen und erst recht gegenüber einer göttlichen Macht eingeräumt wird. Diesen Vorrang aber nicht in naivem Fortschrittsoptimismus als größere Entsprechung mit den Tatsachen, sondern eben als Produkt historisch gebundener Diskurse zu sehen, scheint mir die eigentliche Herausforderung der vormodernen Sprechaktanalysen zu sein.

4 750 Jahre Sprechakttheorie?

Wenn sich nun schon bei Thomas von Aquin ganz systematische und mit modernen Ansätzen vergleichbare Analysen von dem finden, was sich in neuerer Terminologie als Sprechakt bezeichnen lässt – müssen wir dann statt des 50-jährigen nicht vielmehr das 750-jährige Jubiläum der Sprechakttheorie feiern?

Nein, natürlich nicht. Schon die Textsorten sind völlig andere. Thomas von Aquins Analysen und deutlicher noch die im Zedler sind explizit normative Handreichungen für gute Christen bzw. für gute Bürger.[8] Gerade die hier gewählten Beispiele des Versprechens und der Drohung sind schließlich auch juristisch relevante Handlungen,[9] für die die Analysen im *Zedler* eben auch praxisrelevantes Wissen bereitstellen.[10] Das für die moderne Sprechakttheorie charakteristische sprach*theoretische* Interesse, das am Beispiel konkreter Sprechhandlungen die weitreichendere These ausarbeitet, dass Sprechen überhaupt Handeln ist, und auch die Pointe, selbst in den Konstativa noch performative Aspekte aufzuspüren (vgl. Austin 1968) – all das hat in den vormodernen Analysen keine Entsprechung (vgl. Wichter 1996). Für die Linguistik besonders interessant sind schließlich die semantischen Engführungen der Sprechakttheorie bei Searle, welche die Semantik etwa von sprechhandlungsbezeichnenden Verben als Gebrauchsregeln für oberflächensprachliche Indikatoren der illokutionären Rolle beschreibbar macht (vgl. Harras/Proost/Winkler 2007). Auch das hat keine Entsprechung in den vormodernen Analysen.

Mit anderen Worten: Die Eigenständigkeit der Sprechakttheorie und auch ihre zentrale Rolle für die Gegenstandskonstitution der linguistischen Pragmatik sollen hier nicht in Abrede gestellt werden. Erst recht nicht sollen der linguistischen Pragmatik die Analysen von Thomas von Aquin und anderen als Vorbilder anempfohlen werden. Und so wird hier auch nicht gefordert, dass die moderne Sprechakttheorie ihre Prägung durch individualistischen und ökonomisch-liberalen Vorannahmen überwinden müsse. Es geht nur (und das ist nicht einmal wenig) darum, dass diese Prägung bewusst gemacht wird, um vorschnellen theoretischen Generalisierungen, auch in den eigentlich partikularisierenden Anwendungen wie der Historical Pragmatics, vorzubeugen.

---

8   Die ausschließlich männliche Form darf hier wohl als den Adressierungen in den Quellen selbst entsprechend gelten.

9   Zur Drohung aus rechtslinguistischer Perspektive vgl. Storey (2013).

10   Die Rechtssprache hat auch für die moderne Sprechakttheorie besondere Relevanz, da die gerichtliche oder zumindest rechtlich relevante Feststellung und mithin Schaffung von Tatsachen wie etwa bei einem Schuldspruch als klarer Fall einer performativen, wirklichkeitsstiftenden Sprechhandlung gelten kann (für eine aktuelle Diskussion vgl. die Beiträge in Bülow et al. 2016). Austin hat mit der Klasse der verdiktiven Äußerungen eine eigene Sprechaktklasse angesetzt und diese ganz explizit an „judicial acts" (Austin 1962, S. 152) gebunden, und auch Searle erläutert seine Klasse der Deklarative anhand des Beispiels eines Richters (vgl. Searle 1976, S. 15). Doch während gerade Searle bei der allgemeinen und eher allegorischen Figur des richterlichen Urteils verbleibt, sind die vormodernen Analysen ungleich präziser und an lebensweltliche Bedürfnisse der, im Falle des Versprechens, Verträge schließenden Bürger angeschlossen.

5 Ausblick: Grenzziehungen zwischen Sprechen und Handeln

Noch etwas fällt auf, wenn man vormoderne Sprechaktanalysen mit modernen
vergleicht: Die Grenzen zwischen Sprechen und Handeln wurden offenbar zu
verschiedenen Zeiten ganz unterschiedlich gezogen. Insgesamt findet man in
den vormodernen Analysen ein ausgesprochen intrikates Verhältnis von Sprechen und Handeln (für Thomas von Aquin vgl. Nissing 2006). Dazu sei hier noch
ein Eintrag aus dem *Zedler* zum *Verbieten* herangezogen, in dem es heißt:

> **Verbieten** [...] heißt eigentlich so viel, als einem etwas untersagen, oder nicht ver-
> statten wollen, welches ihm sonst gar wohl frey gestanden, und er auch ausserdem
> ohne Bedencken tun mögen. Und zwar geschieht solches auf zweyerley Art, mit
> Worten, oder mit der That. Jenes heisset insgemein ein Verbot, dieses aber eine Gewalt,
> welche entweder mit der blossen Hand, oder auch wohl mit Gewehr und Waffen,
> u. s. w. geschiehet. Eigentlich ist ein Verbieten ein Wehren von demjenigen, welcher
> das Recht hat, einen andern, darzu zu verbinden, etwas zu thun oder nicht zu thun.
> Wehren aber heisset, einem andern seinen Willen, daß er etwas nicht thun solle, der-
> gestalt zu erkennen zu geben, daß man seiner Willkühr nicht gesetzt seyn lässet, ob
> er dasselbige unterlassen wolle oder nicht. (Zedler 1746, Bd. 47, Sp. 161 f.)

Verbieten wird hier als Handlung eingeführt, die sich sprachlich wie nicht-
sprachlich vollziehen kann. In beiden Fällen jedoch ist es kommunikatives, be-
deutungsvolles Handeln in dem Sinne, dass es einen *Willen zu erkennen* gibt.[11]
Ähnliches lässt sich für Beleidigungen zeigen, womit in den frühneuzeitlichen
Quellen nicht nur die sprachliche Beleidigung – die sogenannte Verbal-Injurie
–, sondern jede Tat bezeichnet ist, *durch welche man einem vermittelst der Unterlassung einer ihm schuldigen Pflicht, sein gebührendes Recht versaget* (Zedler
1733, Bd. 3, Sp. 1013; vgl. hierzu auch Meier 2015). Und Konversation umfasste
weit über das Gespräch hinaus überhaupt alle Formen geselligen Umgangs (vgl.
Linke 1996, S. 133). Dass Sprechen überhaupt Handeln ist, wie es geradezu ein
Axiom der gegenwärtigen, pragmatisch orientierten Linguistik ist, ist wohl
kaum standardmäßiges frühneuzeitliches Gelehrtenwissen gewesen. Aber umgekehrt sind zahlreiche Typen von Handlungen Reflexionsgegenstand gewesen,
die sich sprachlich ausprägen können, aber nicht müssen, und deren Einbettung
in gesellschaftliche Machtzusammenhänge im Übrigen immer mitgedacht wird.

Demgegenüber sind die moderne Sprechakttheorie und auch die durch sie
inspirierten diskurstheoretischen Ansätze etwa bei Habermas (1971) von einer

---

11   Man denke etwa an Grice' (1957) Bestimmung von nichtnatürlicher Bedeutung, in der
     das Zuerkennengeben von Intentionen eine zentrale Rolle spielt.

konsequenten Versprachlichung des Sozialen gekennzeichnet (vgl. Depper-
mann/Feilke/Linke 2016, S. 13f.). Soziales Handeln wird konsequent von der
Sprache her gedacht, und selbst Institutionen und die von ihnen ausgehende
Macht bzw. Machteinschränkung werden im sprechakttheoretischen Framework als sprachlich konstituiert vorgestellt (vgl. Leezenberg 2013, S. 295). In
neueren Diskussionen um die Theorie der Praktiken, die sich üblicherweise von
der als zu intentionalistisch kritisierten Sprechakttheorie distanziert, wird dies
längst moniert. Statt „bewussten, zweckrationalen Akteursintentionen" gilt die
„Einsozialisierung in kontextgebundene Gepflogenheiten" (Deppermann/
Feilke/Linke 2016, S. 8) als Grundlage für gelungene Realisierungen von Praktiken. Gegen ein allzu abstraktes Verständnis von sprachlichem Handeln (vgl.
Deppermann 2015, S. 328) und gewissermaßen für eine Re-Sozialisierung von
Sprache wird darauf hingearbeitet, Sprache wieder zu erden, ihren leiblichen
Vollzug, aber auch ihre Prägung durch außersprachliche und dispositive (vgl.
Spieß 2012) Faktoren grundlegend zu berücksichtigen. Es wäre auch hier ganz
sicher übertrieben zu sagen, dass die untersuchten historischen Quellen hierfür
ein Vorbild sein können. Denn aller Detailliertheit zum Trotz sind sie als theoretische Reflexionen zu weit entfernt von Zeugnissen konkreter kommunikativer Praxis, die Gegenstand empirischer Analysen werden könnte. Dennoch
können sie in ihrer Andersartigkeit vor Augen führen, welche historisch situ-
ierten Wissensbestände die heutige, tendenziell versprachlichte Sicht auf das
Soziale grundieren. Und das dürfte dann auch zur Dekonstruktion dieser Sicht
einen Beitrag leisten.

Literatur

a) Quellen

Hobbes, Thomas (1651): Leviathan or the matter, forme, & power of a common-wealth
    ecclesiasticall and civill. London: Crooke.
Pufendorff, Samuel von (1711): Acht Bücher vom Natur- und Völcker-Rechte. Franckfurt:
    Knochen. Original: Samuelis Pufendorfii De iure naturae et gentium libri octo. Lon-
    doni Scanorum: Junghans 1672.
Walch, Johann Georg (1726): Philosophisches Lexicon [...]. Leipzig: Gleditsch.
Thomas von Aquin (o. J.): Summe der Theologie. In: Emmenegger, Gregor (Hg.): Biblio-
    thek der Kirchenväter. Online unter: www.unifr.ch/bkv/summa/
Zedler, Johann Heinrich (Hg.) (1732–54): Grosses Universal Lexicon aller Wissen-
    schafften und Künste [...]. Halle, Leipzig: Zedler.

b) Forschungsliteratur

Apeltauer, Ernst (1977): Drohen. In: Sprengel, Konrad/Bald, Wolf-Dietrich/Viethen, Heinz Werner (Hg.): Semantik und Pragmatik. Bd. 2. Tübingen: Niemeyer. S. 187–198.

Austin, John L. (1962): How to do things with words. Oxford: Clarendon.

Austin, John L. (1968): Performative und konstatierende Äußerung. In: Bubner, Rüdiger (Hg.): Sprache und Analysis. Texte zur englischen Philosophie der Gegenwart. Göttingen: Vandenhoeck & Ruprecht. S. 140–153.

Boulter, Stephen J. (2006): Aquinas and Searle on singular thoughts. In: Paterson, Craig/Pugh, Matthew S. (Hg.): Analytical Thomism: Traditions in dialogue. London, New York: Ashgate. S. 59–78.

Bülow, Lars/Bung, Jochen/Harnisch, Rüdiger/Wernsmann, Rainer (Hg.) (2016): Performativität in Sprache und Recht. Berlin, Boston: De Gruyter.

Bung, Jochen (2016): Sprachperformanz als Grundlage des Gesellschaftsvertrags. In: Bülow, Lars/Bung, Jochen/Harnisch, Rüdiger/Wernsmann, (Hg.): Performativität in Sprache und Recht. Berlin, Boston: De Gruyter.

Burkhardt, Armin (1986): Soziale Akte, Sprechakte und Textillokutionen: A. Reinachs Rechtsphilosophie und die moderne Linguistik. Tübingen: Niemeyer.

Deppermann, Arnulf (2015): Pragmatik revisited. In: Eichinger, Ludwig (Hg.): Sprachwissenschaft im Fokus. Berlin, München, Boston: De Gruyter. S. 323–352.

Deppermann, Arnulf/Feilke, Helmuth/Linke, Angelika (2016): Sprachliche und kommunikative Praktiken: Eine Annäherung aus linguistischer Sicht. In: Deppermann, Arnulf/Feilke, Helmuth/Linke, Angelika (Hg.): Sprachliche und kommunikative Praktiken. Berlin, Boston: De Gruyter. S. 1–24.

Derrida, Jacques (1988): Limited Inc. Evanston, IL: Northwestern University Press.

Döring, Detlef (2001): Samuel Pufendorf (1632–1694). In: Klassiker des politischen Denkens 2. Von Locke bis Max Weber. München: Beck. S. 31–40.

Foucault, Michel (2001): Schriften in vier Bänden. Dits et Ecrits. Band I. 1954–1969. Hg. v. Daniel Defert und François Ewald. Frankfurt a.M.: Suhrkamp.

Fraser, Bruce (1998): Threatening revisited. In: Forensic Linguistics 5 (2), S. 159–173.

Grice, H. P. (1957): Meaning. In: The Philosophical Review 66 (3), S. 377–388.

Habermas, Jürgen (1971): Vorbereitende Bemerkungen zu einer Theorie der kommunikativen Kompetenz. In: Habermas, Jürgen/Luhmann, Niklas (Hg.): Theorie der Gesellschaft oder Sozialtechnologie: Was leistet die Systemforschung? Frankfurt a.M.: Suhrkamp. S. 101–141.

Habib, Allen (2014): Promises. In: Zalta, Edward N. (Hg.): Stanford Encyclopedia of Philosophy. Online unter: https://plato.stanford.edu/archives/spr2018/entries/promises/.

Harras, Gisela/Proost, Kristel/Winkler, Edeltraut (2007): Handbuch deutscher Kommunikationsverben. Teil 2: Lexikalische Strukturen. Berlin, New York: de Gruyter.

Harris, Sandra (1984): The form and function of threats in court. In: Language & Communication 4 (4), S. 247–271.

Henne, Helmut/Rehbock, Helmut (2001): Einführung in die Gesprächsanalyse. Berlin: de Gruyter.

Henriksson, Carola (2004): Konfliktäre Sprechhandlungen: Eine Untersuchung der Sprechakte „Vorwurf", „Drohung" und „konfliktäre Warnung". Stockholm: Almqvist & Wiksell International.

Holdcroft, David (1998): Words and deeds. In: Kasher, Asa (Hg.): Pragmatics. Critical concepts. Vol. II: Speech act theory and particular speech acts. London, New York: Routledge. S. 366–394.

Jacobs, Andreas/Jucker, Andreas H. (1995): The historical Perspective in Pragmatics. In: Jucker, Andreas H. (Hg.): Historical Pragmatics: Pragmatic developments in the history of English. Amsterdam: Benjamins. S. 3–33.

Jucker, Andreas H./Taavitsainen, Irma (Hg.) (2010): Historical pragmatics. Berlin: de Gruyter Mouton.

Klein, Norbert (1981): Hybride Sprechakte. Warnen, Drohen, Erpressen. In: Hindelang, Götz/Zillig, Werner (Hg.): Sprache: Verstehen und Handeln. Tübingen: Niemeyer. S. 227–236.

Kleinewefers, Henner (2008): Einführung in die Wohlfahrtsökonomie: Theorie – Anwendung – Kritik. Stuttgart: Kohlhammer.

Koschmieder, Erwin (1965): Beiträge zur allgemeinen Syntax. Carl Winter.

Kutschera, Franz von (1999): Grundlagen der Ethik. 2. Aufl. Berlin, New York: De Gruyter.

Leezenberg, Michiel (2013): Power in speech actions. In: Sbisà, Marina/Turner, Ken (Hg.): Pragmatics of Speech Actions. Berlin, Boston: de Gruyter.

Levinson, Stephen C. (1983): Pragmatics. Cambridge: Cambridge University Press.

Linke, Angelika (1996): Sprachkultur und Bürgertum. Zur Mentalitätsgeschichte des 19. Jahrhunderts. Stuttgart: Metzler.

Max, Ingolf (2018): Pragmatische Forschung unter wissenschaftsgeschichtlichem Aspekt. In: Liedtke, Frank/Tuchen, Astrid (Hg.): Handbuch Pragmatik. Stuttgart: J.B. Metzler. S. 3–12.

Meier, Simon (2015): Honour or face – which theoretical concepts should we use for the (historical) study of insults? In: Tuomarla, Ulla et al. (Hg.): Miscommunication and verbal violence. Helsinki: Société Néophilologique. S. 141–152.

Meier, Simon (2016a): Historizität der Sprechakttheorie. Zur diskursiven Einbettung von Sprechhandlungskonzepten. In: Kämper, Heidrun/Warnke, Ingo H./Schmidt-Brücken, Daniel (Hg.): Textuelle Historizität. Interdisziplinäre Perspektiven auf das historische Apriori. Berlin, Boston: De Gruyter. S. 47–68.

Meier, Simon (2016b): Lebensvorgang oder interaktives Verfahren. Zur mentalitätsge-
schichtlichen Selbstverortung der Gesprächslinguistik. In: Kreuz, Christian/Mroc-
zynski, Robert (Hg.): Sprache, Mentalität, Kultur. Berlin: Lit. S. 13–41.

Muschalik, Julia (2016): „Performance" ohne Performative Über Kraft und Wirkung kri-
mineller Drohungen. In: Bülow, Lars et al. (Hg.): Performativität in Sprache und Recht.
Berlin, Boston: De Gruyter. S. 101–128.

Nerlich, Brigitte/Clarke, David D. (1996): Language, action, and context: The early history
of pragmatics in Europe and America, 1780–1930. Amsterdam: Benjamins.

Nissing, Hanns-Gregor (2006): Sprache als Akt bei Thomas von Aquin. Leiden, Boston:
Brill.

Richland, Justin B. (2013): Speech Act Theory, ethnocentrism, and the multiplicity of
meaning-making practices. In: Sbisà, Marina/Turner, Ken (Hg.): Pragmatics of speech
actions. Berlin, Boston: de Gruyter.

Riley, Jonathan (2008): Utilitarianism and economic Theory. In: Durlauf, Steven/Blume,
Lawrence E. (Hg.): The new palgrave dictionary of economics. London: Palgrave Macmillan. S. 567–577.

Rosaldo, Michelle Z. (1982): The things we do with words: Ilongot speech acts and speech
act theory in philosophy. In: Language in Society 11 (2), S. 203–237.

Schlieben-Lange, Brigitte (1976): Für eine historische Analyse von Sprechakten. In:
Weber, Heinrich/Weydt, Harald (Hg.): Sprachtheorie und Pragmatik. Bd. 1. Tübingen:
Niemeyer. S. 113–119.

Schneider, Ulrich Johannes (2013): Zedlers Universal-Lexicon und die Gelehrtenkultur
des 18. Jahrhunderts. In: Döring, Detlef/Marti, Hanspeter (Hg.): Die Universität
Leipzig und ihr gelehrtes Umfeld 1680–1780. Basel: Schwabe. S. 195–213.

Searle, John R. (1969): Speech acts: an essay in the philosophy of language. Cambridge:
Cambridge University Press.

Searle, John R. (1971): What is a speech act? In: Searle, John R.: The philosophy of language. Oxford: Oxford University Press. S. 39–53.

Searle, John R. (1976): A classification of illocutionary acts. In: Language in Society 5 (1),
S. 1–23.

Spieß, Constanze (2012): Das Dispositiv als Erweiterungspostulat linguistischer Diskurs-
analyse – ein Vorschlag zur Analyse öffentlich-politischer Mediendiskurse. In:
Dreesen, Philipp/Kumięga, Łukasz/Spieß, Constanze (Hg.): Mediendiskursanalyse.
Wiesbaden: VS Verlag für Sozialwissenschaften. S. 77–111.

Staffeldt, Sven (2009): Einführung in die Sprechakttheorie: ein Leitfaden für den akademischen Unterricht. 2. Aufl. Tübingen: Stauffenburg.

Staffeldt, Sven (2014): Die Sprechakttheorie und Georg von der Gabelentz. In: Kennosuke,
Ezawa/Hundsnurscher, Franz/von Vogel, Annemete (Hg.): Beiträge zur Gabe-
lentz-Forschung. Tübingen: Narr. S. 229–238.

Storey, Kate (2013): The language of threats. In: International Journal of Speech Language and the Law 2 (1), S. 74–80.

Stukenbrock, Anja (2013): Sprachliche Interaktion. In: Auer, Peter (Hg.): Sprachwissenschaft. Grammatik – Interaktion – Kognition. Stuttgart: Metzler. S. 217–259.

Wichter, Sigurd (1996): ‚Sprache, Rede, Loquelia' in Zedlers Universal-Lexicon. In: Höfinghoff, Hans (Hg.): Alles was Recht war. Rechtsliteratur und literarisches Recht. Festschrift für Ruth Schmidt-Wiegand zum 70. Geburtstag. Essen: Item. S. 235–246.

Zifonun, Gisela/Hoffmann, Ludger/Strecker, Bruno (1997): Grammatik der deutschen Sprache. Berlin, New York: De Gruyter.

Sprechhandlung und Aushandlung

Frank Liedtke

Abstract: The analysis of speech acts as presented by John R. Searle is criticised for its ignorance towards the speaker-hearer-relation and its consequences for the investigation of speech behaviour in conversation. The fact that illocutionary effects often are the result of bargaining or co-construction between S and H has to be investigated within a complete theory of linguistic communication. A proposal is made as to how such an analysis can be elaborated without foregoing such notions as illocutionary effect and speaker-intention. This is undertaken by means of the notions of we-intentions and collective actions, which are applied to conversational encounters.

1 Einleitung

Ein Sprechakt ist gelungen, wenn die kommunikative Intention erkannt ist, mit der er vollzogen wurde. Diese Grundannahme steht im Zentrum der Sprechakttradition seit Erscheinen von J.R. Searles *Speech Acts.* In der Definition des ‚illocutionary effect' kondensiert sich diese Auffassung in deutlicher Form:

> S utters sentence T and means it = S utters T and
> (a) intends (i-1) the utterance U of T to produce in H the knowledge (recognition, awareness) that the states of affairs specified by (certain of) the rules of T obtain. (Call this effect the illocutionary effect, IE) [...] (Searle 1969, S. 49f.)

Eine weitere Bedingung (b) bezieht sich auf den reflexiven Charakter der Sprecherintention, wonach der illokutionäre Effekt aufgrund der Erkenntnis von i-1 eintritt, und die dritte Bedingung (c) fordert, dass dies auf der Basis der Regelkenntnis für den produzierten Satz geschieht (vgl. Searle 1969, S. 49f.).

Diese Grundannahme ist in vielfältiger Weise kritisiert worden, vor allem mit dem Argument, sie sei zu eng und würde viele Fälle des Sprechaktvollzugs ignorieren. Eine verbreitete Kritikfigur benennt vor allem das Defizit, dass der

interaktive Charakter außer Acht gelassen werde.[1] Die Rolle von A (bei Searle
H) besteht lediglich darin, den Sachverhalt zu erkennen, dass der illokutionäre
Effekt realisiert ist. Die zitierte Definition baut somit auf der solitären Sprecherintention auf ohne Rücksicht darauf, dass ihre Realisierung grundsätzlich das
Resultat eines kooperativen Prozesses ist, der zwischen A und S stattfindet. Die
letztlich gültige Illokution ist eine Frage der Aushandlung der A- und der S-Per-
spektive, der illokutionäre Effekt das Resultat einer Ko-Konstruktion des illokutionären Effekts von S und A. Die Äußerungsbedeutung des vollzogenen
Sprechakts ist somit emergent, sie entsteht erst im Gespräch, und dieser Prozess
kann nicht von S restlos vorherbestimmt werden. Programmatisch liest sich
diese Auffassung wie folgt:

> Die interaktiv gültige Bedeutung von Äußerungen ist nicht durch Interpretations-
> konventionen verbürgt und wird auch nicht durch Sprecherintentionen abschließend
> festgelegt. Interaktive Bedeutung wird in wechselseitigen Interpretationsprozessen
> *ausgehandelt* und elaboriert. [...] Adressaten können nicht nur signalisieren, daß sie
> Äußerungen hören und verstehen, sondern auch, ob bzw. inwieweit sie sie akzep-
> tieren. (Deppermann 2005, S. 19; Hervorhebung vom Verf.)

Genau genommen findet sich in dieser Passage jedoch keine Aussage zu Äußerungsbedeutungen schlechthin, sondern lediglich zu einem Untertyp, nämlich
den interaktiven Bedeutungen. Andere Bedeutungstypen, etwa denotative, expressive oder evaluative Bedeutungen, aber auch Illokutionen wie ‚unilaterale‘
Direktiva und Deklarationen werden nicht berücksichtigt. Da diese bei Sprech-
aktvollzügen aber durchaus eine Rolle spielen, führt die alleinige Sicht auf interaktive Bedeutungen dazu, dass nur ein Teilaspekt der gesamten Äußerungsbedeutung erfasst wird.

Hinzu kommt ein definitorisches Problem: Bezieht man sich allein auf den
interaktiven Bedeutungstyp, dann ist die Feststellung, dass diese Bedeutung
wechselseitig ausgehandelt und elaboriert wird, ein Truismus; es handelt sich
um ein Definitionsmerkmal interaktiver Bedeutung, nicht um eine Feststellung
über diese. Der Anspruch der zitierten Bestimmung sowie des ganzen Buches,
aus dem sie zitiert ist, geht freilich weit über eine Definition eines bestimmten
Bedeutungstyps hinaus, denn der Rolle von Konventionen und Intentionen wird
grundsätzlich nur ein geringer Stellenwert zugebilligt.

---

1   An dieser Einschätzung ist J. R. Searle nicht ganz unbeteiligt, spricht er doch in seinem
     Aufsatz „Conversation" den von der Konversationsanalyse aufgestellten Regularitäten
     den Charakter von (konstitutiven) Regeln und generell dem gesamten Phänomenbe-
     reich die Erforschbarkeit ab (vgl. Searle 1992).

Auch wenn die zitierte Kritikposition an der Sprecherzentriertheit der Sprechakttheorie auf schwachen Füßen steht, so ist die dahinterstehende Intuition, dass S nicht solitär die Verfügungsgewalt über den illokutionären Effekt seiner Sprechakte hat, durchaus zutreffend. Weiterhin muss man feststellen, dass dies in der Searle'schen Definition des IE zwar nicht explizit ausgeschlossen ist, aber weder theoretisch expliziert noch deskriptiv berücksichtigt wird.

Ist man also gezwungen, die Sprechakttheorie aufzugeben, da sie die falschen Vorhersagen macht? Ich möchte in einem ersten Zugriff dafür argumentieren, dass diese Konsequenz überzogen ist und letztlich zu einem sehr einseitigen Bild sprachlicher Interaktion führt. An zweiter Stelle soll der grundsätzlich berechtigten Kritik an der Sprecherzentriertheit dadurch begegnet werden, dass der illokutionäre Effekt eines Sprechakts in manchen Fällen als Ergebnis der Kooperation zwischen S und A aufgefasst wird, ohne auf den erklärungsstarken Begriff der Sprecherintention zu verzichten. Hier kommen die Begriffe der *Wir-Intention* und der *kollektiven Intention* resp. *kollektiven Handlung* ins Spiel, wie sie von Winfried Sellars (1974), Raimo Tuomela und Kaarlo Miller (1985, 1988; Tuomela 2005, 2013), John R. Searle (1990) sowie Susan Miller (2001) eingeführt worden sind. In den letzten Jahren erfährt dieses Thema wieder vermehrte Aufmerksamkeit, wie sich an verschiedenen Handbüchern, Sammelbänden und Monografien zeigt (vgl. Schmid 2005, 2008; Chant/Hindriks/Preyer 2014; Janković/Ludwig 2018; Ludwig/Janković 2019).

Im Ergebnis soll gezeigt werden, dass diese Ansätze in der Tat einen guten Weg aufzeigen, illokutionäre Effekte als potenziell gemeinsam von S und A hergestellte Lesarten von Gesagtem zu konzipieren, wobei allerdings gewisse Einschränkungen an dem Konzept der Wir-Intention vorgenommen werden müssen, wenn man es auf Sprechaktperformanzen anwenden möchte. Zuvor jedoch soll eine ausführlichere Auseinandersetzung mit der interaktionstheoretischen Sprechaktkritik unternommen werden.

2 Ko-Konstruktion von Sprechakten

Eine über die sprechakttheoretische Konzeption hinausgehende Auffassung lässt sich mit dem Stichwort der Ko-Konstruktion des illokutionären Effekts kennzeichnen. Was ist damit genauer gemeint? Wir hatten im vorigen Abschnitt unter Einklammerung der explanativen Schwäche die interaktional geprägte Idee akzeptiert, dass Sprecher_innen nicht die alleinige Autorität besitzen, welches der illokutionäre Effekt des vollzogenen Sprechakts ist, sondern dass sie sich gegebenenfalls einem Prozess der expliziten oder impliziten Aushandlung unterziehen müssen, an dessen Ende etwas Anderes stehen kann, als sie eingangs intendiert hatten. So kann sich herausstellen, dass das Gesagte vor dem Hintergrund spezieller Kontextinformationen, die ihnen nicht zugänglich waren, eine bestimmte nicht vorhergesehene Lesart annimmt. Im Extremfall kann dies dazu führen, dass ein vom intendierten vollkommen abweichender illokutionärer Zweck realisiert wird, zu dem sich S dann auch bekennen muss, will er/sie nicht als weltfremd oder irrational gelten. Der Begriff der Ko-Konstruktion bezieht sich somit nicht (nur) auf das gemeinsame Herstellen des Äußerungsaktes mit seiner syntaktischen Struktur durch S und A, etwa wenn beide jeweils ein Satzfragment produzieren, was zusammengenommen einen vollständigen Satz ergibt. Er wird vielmehr weiter gefasst, sodass er auch die Ebene der Illokution betrifft und diese als gemeinsam konstruierte versteht.[2]

Der Fall der sprecherseitigen Revision des illokutionären Zwecks führt zur *schwachen These der Ko-Konstruktion*: Es ist möglich, dass S sich in der Annahme, einen bestimmten illokutionären Indikator gewählt oder einen bestimmten Sprechakt vollzogen zu haben, geirrt hat und sich der besseren Interpretation von A beugt. Diese schwache These stellt für eine sprecherzentrierte Auffassung von illokutionären Effekten keine Schwierigkeit dar, denn eine nachträgliche Selbstkorrektur durch S ist durchaus möglich, ohne dass die S-Autorität bezüglich des vollzogenen Sprechakts infrage gestellt würde. Es gibt allerdings eine stärkere These, die darauf hinausläuft, dass grundsätzlich die Festlegung des illokutionären Effekts erst dann gelingt, wenn S und A sich auf diesen ,geeinigt' haben, entweder explizit im Zuge eines Aushandlungsprozesses oder implizit durch die Zuweisung des interaktionalen Stellenwerts, den der Sprechakt in der Folgekommunikation hat.

Die *starke These der Ko-Konstruktion* ist durchaus geeignet, das traditionelle Sprechaktmodell ins Wanken zu bringen, denn es wurde schon gesagt, dass in der zitierten Searle'schen Definition der Sprecherbedeutung dieser Fall nicht vorgesehen ist. Hier geht es lediglich um die Intention von S und ihre Erkenntnis durch A. Wenn wir uns mit der Adäquatheit dieser Definition beschäftigen wollen, dann müssen wir uns folglich mit der starken These auseinandersetzen. Eine frühe Fassung hat Herbert Clark vorgelegt, indem er einer sprachlichen Äußerung lediglich den Status der *presentation phase* zuweist, auf die dann die *acceptance phase* durch den jeweiligen Adressaten folgt. Hier wird kollaborativ die Bedeutung dieser Äußerung akzeptiert oder auch modifiziert, woraufhin sie dann als Bestandteil des *common ground*, des gemeinsamen Hintergrunds, verbucht wird, auf den sich die Gesprächsteilnehmer_innen beziehen (vgl. Clark

---

2 Zu den methodologischen Grundlagen der Konversationsanalyse im Blick auf sprechakttheoretische Begrifflichkeiten s. den Beitrag von Sven Staffeldt in diesem Band, 27-54.

1992; vgl. hierzu Deppermann 2002, S. 20). In einem Beitrag der Herausgeber_innen zum einschlägigen Sammelband „Ko-Konstruktionen in der Interaktion" (Dausendschön-Gay/Gülich/Krafft, 2015b) wird ein entsprechend weites Verständnis von Ko-Konstruktion vertreten,

> das alle Formen der interaktiven Herstellung einer Handlung bis zu dem Zustand umfasst, bei dem alle Beteiligte [sic!] davon ausgehen, dass die aktuell zu erledigende gemeinsame Handlung abgeschlossen ist und man sich folglich einer neuen Interaktionsaufgabe zuwenden kann. (Dausendschön-Gay/Gülich/Krafft 2015a, S. 28f.)

Noch weiter geht Jörg Bergmann in seinem Beitrag, wenn er diesem Begriff Analytizität zuschreibt: „Ko-Konstruktion [ist] die Bezeichnung für ein Merkmal von sprachlich-sozialen Handlungen, das gar nicht negierbar oder vermeidbar ist." (Bergmann 2015, S. 40)

Im Folgenden soll die starke These der Ko-Konstruktion näher diskutiert werden. Zu diesem Zweck sollen zunächst zwei Klassen von Sprechakten unterschieden werden. Eine in diesem Kontext relevante Unterscheidung wird – eher beiläufig – schon im Rahmen der Searle'schen Taxonomie eingeführt, und sie beruht auf dem Kriterium des Sprecher- bzw. Adressateninteresses, wonach man Gratulieren (S-Interesse) von Kondolieren (nicht S-Interesse) abgrenzen kann (vgl. Searle 1982, S. 23; vgl. den Beitrag von Astrid Tuchen in diesem Band, S. 293-317). Anders als bei Searle soll hier die Beziehung zwischen S und A im Vordergrund stehen: Es geht einerseits um asymmetrische Sprechakte – wie ich sie nennen möchte –, deren illokutionärer Effekt im Interesse von S, aber nicht im Interesse von A liegt, und andererseits um symmetrische Sprechakte, bei denen die Interessenlage von S und A übereinstimmt. Ein asymmetrischer Sprechakt ist beispielsweise jmd. KÜNDIGEN, ein symmetrischer PROGNOSTIZIEREN. Haben sich S und A einmal darauf geeinigt, dass es sich im letzten Fall tatsächlich um diesen Sprechakt handelt, dann besteht grundsätzlich kein Dissens darüber, dass eine solche Prognose aufgestellt wurde, und A kann sich mit dem illokutionären Effekt identifizieren – wenn auch nicht unbedingt mit dem Zutreffen des propositionalen Gehalts. A kann sagen: „Gut, nehmen wir an du hast Recht: Was würde daraus folgen?" A hat sich damit, wenn auch nur vorübergehend, die Illokution zu eigen gemacht und spielt diese nun durch. Beide, S und A, sind in dieser Phase gemeinsame Konstrukteure des Sprechakts und baden die Konsequenzen gemeinsam aus. Am Ende kann sich A natürlich wieder aus dieser Gemeinschaft verabschieden und die Prognose insgesamt bestreiten.

Dies sieht bei jmd. KÜNDIGEN durchaus anders aus. Wenn die Arbeitgeberin S dem Angestellten A kündigt, dann fällt es schwer, sich ein Szenario wie beim PROGNOSTIZIEREN vorzustellen. Abgesehen von dem seltenen Fall, dass A schon lange gehen wollte und sich nur nicht getraut hat, von sich aus zu kündigen, handelt es sich hier um einen extrem asymmetrischen Sprechakt, der sich einer einseitig verteilten Macht verdankt. Auch wenn A unbedingt dabeibleiben möchte, hat S die Macht, seine Mitgliedschaft einseitig zu beenden – vorausgesetzt, es unterläuft kein Rechtsfehler, der die Kündigung unwirksam macht. Würde man auch hier sagen wollen, dass der Sprechakt der Kündigung von S und A ko-konstruiert wurde? Ich halte dies für eine Fehleinschätzung, die neben ihrer sachlichen Falschheit auch dazu führt, dass es kein Analyseinstrument mehr gibt, mittels dessen asymmetrische Sprechakte und diesen unterliegende Machtkonstellationen identifiziert werden können. A hätte den entsprechenden illokutionären Zweck mit hergestellt und somit keine Möglichkeit, gegen diesen zu opponieren, denn dann würde er gegen sich selbst opponieren.

In der eingeführten Terminologie kann man beim jetzigen Stand Folgendes festhalten: Die starke These der Ko-Konstruktion des illokutionären Effekts durch S und A ist für symmetrische Sprechakte möglichweise zutreffend. Im Fall von asymmetrischen Sprechakten scheitert sie jedoch, unter anderem deswegen, weil sie A, dem machtlosen Part, im Falle einer Ko-Konstruktion irrationales Verhalten unterstellen müsste, das ihn letztlich als den eigenen Unterdrücker zu kennzeichnen hätte. Eine solche Unterstellung ist mit einer adäquaten Theorie sprachlichen Handelns nicht vereinbar.

Auch wenn es schwerfallen mag: Lässt sich die starke These gegen diesen Einwand verteidigen? Für Anhänger der Ko-Konstruktionsthese gibt es die Möglichkeit, auf eine begriffliche Ungenauigkeit der Argumentation abzuheben. Bei der Frage der gemeinsamen Konstruktion geht es nicht um die Frage, ob sowohl S als auch A sich möglicherweise mit dem illokutionären Akt der Kündigung identifizieren, so als hätten sie ihn beide ausgeführt; es geht vielmehr darum, dass beide zu der Einsicht gelangen, die Kündigung hätte als Sprechakt stattgefunden, sie sei nun ein soziales Faktum, an dem man nicht mehr vorbeikommt, unabhängig davon, ob man sie gut findet oder nicht. Auf einer allgemeinen Ebene muss man also den illokutionären Effekt im Sinne einer sozialen Tatsache von der illokutionären Sprecherintention des Inhalts, diesen illokutionären Effekt herzustellen, unterscheiden. Wenn man dies tut, lässt sich die Idee der Ko-Konstruktion eines gemeinsam als Faktum akzeptierten illokutionären Effekts auch bei asymmetrischen Sprechakten vermeintlich aufrechterhalten. A muss sich in diesem Fall nicht selbst kündigen und bleibt ein rationaler Sprecher bzw. Adressat.

Es ist natürlich wichtig, zwischen der Sprecherintention und dem intendierten illokutionären Effekt, den man anerkennen kann, ohne sich mit der Sprecherintention zu identifizieren oder etwa sie selbst zu haben, konsequent zu unterscheiden. Wenn man dies tut, lässt sich die starke These der Ko-Konstruktion *prima facie* aufrechterhalten. Ich möchte allerdings dafür argumentieren, dass sie damit weitgehend ihre theoriekritische Wirkung einbüßt, denn das von Searle aufgestellte Sprechaktschema wird dadurch in keiner Weise berührt. Wenn man es auf den Fall des KÜNDIGENS anwendet, sieht man vielmehr, dass das Searle'sche Schema nur spezifiziert, nicht aber modifiziert werden muss. Es lautet dann:

> S äußert den Satz T „Ihnen wird hiermit gekündigt" und meint ihn = S äußert T und intendiert, dass die Äußerung U von T bei A das Wissen (das Anerkennen, das Bewusstsein) hervorruft, dass der Sachverhalt der Kündigung, der durch die T betreffenden Regeln angezeigt ist, besteht (illokutionärer Effekt).

Der illokutionäre Effekt besteht also in dem wechselseitigen Wissen von S und A, dass die Kündigung ausgesprochen ist und damit gilt. Eine wechselseitige oder geteilte Intention ist dafür weder erforderlich noch erwünscht, zumindest seitens A.

Trifft diese Diagnose zu, dann befindet sich der Ko-Konstruktivist in einem theoretischen Dilemma: Wenn die interaktionale Auffassung auf alle Arten von Sprechakten anwendbar sein soll, dann unterscheidet sie sich nicht wesentlich von der Sprechaktanalyse, wie sie seit 50 Jahren im Sinne Searles durchgeführt wird. Wird dies bestritten und soll die Ko-Konstruktionsthese doch einen Gegenentwurf zur Sprechaktanalyse der letzten 50 Jahre bilden – etwa weil die Unterscheidung von Sprecherintention und illokutionärem Zweck für irrelevant gehalten wird – dann trifft sie nicht auf alle Arten von Sprechakten zu, sondern bestenfalls auf eine Teilklasse, nämlich die symmetrischen. Die asymmetrischen Sprechakte werden von ihr nicht erfasst. Dies hat zur Folge, dass die ko-konstruktivistische Annahme zu einer deskriptiv unzureichenden Auffassung führt, die nur einen Teil des gesamten Phänomenbereichs zu erfassen in der Lage ist. Zu der theoretisch unzureichenden Charakterisierung von Äußerungsbedeutung, die ebenfalls nur einen Teilbereich von Bedeutungstypen in den Blick nimmt, kommt also eine deskriptive Verkürzung hinzu.

Welche Konsequenz ist aus diesem Befund zu ziehen? Wenn man an dem genannten Vorsatz festhalten möchte, Sprecherintentionen als grundsätzlich sozial aufzufassen, und zwar so, dass sie sich in der Interaktion bewähren müssen und keine Ereignisse innerhalb einer kommunizierenden Monade sind, dann bietet es sich an, einen Begriff der Intention zu suchen, der genau dies berücksichtigt. Es wurden einige Ansätze innerhalb der handlungstheoretischen Literatur erwähnt, die dies leisten können. Es soll im Folgenden geprüft werden, ob die Konzepte der kollektiven oder der Wir-Intention in der Lage sind, diese soziale, interaktive Seite von Sprecherintentionen zu berücksichtigen, ohne in das beschriebene deskriptive Dilemma und/oder die theoretische Unzulänglichkeit zu geraten. Nicht unwichtig ist hier der Begriff der Kooperation, der in einem engen Zusammenhang mit dem Gedanken des interaktiven Charakters des Sprechhandelns steht.

3 Kooperation und das Wir

Die Searle'sche Definition des illokutionären Effekts ist in Auseinandersetzung mit H. P. Grices Theorie der Sprecherbedeutung entstanden, was sich an dem zentralen Stellenwert der Sprecherintention für jeden Meinensakt zeigt. Ein weiterer Anknüpfungspunkt ist der ebenfalls von H. P. Grice eingebrachte Begriff der Kooperation zwischen S und A. Wenn mit Grice ein Gespräch als kooperatives Unterfangen aufzufassen ist, dann sollte es möglich sein, die Sprecherzentriertheit der frühen Sprechakttheorie mithilfe dieses Begriffs aufzubrechen und eine S und A einbeziehende Auffassung des illokutionären Zwecks sowie der relevanten Intentionen zu erreichen. Ein Rückblick auf den klassischen Aufsatz „Logic and Conversation" macht Grices Position noch einmal deutlich:

> Our talk exchanges do not normally consist of a succession of disconnected remarks, and would not be rational if they did. They are characteristically, to some degree at least, cooperative efforts; and each participant recognizes in them, to some extent, a common purpose or set of purposes, or at least a mutually accepted direction. (Grice 1989, S. 26)

Die wechselseitig akzeptierte Richtung eines Gesprächs sollte sich nicht nur darin wiederfinden, dass es eine woraus auch immer resultierende Dynamik gibt, sondern sie sollte sich auch im Bewusstsein von S und A zeigen, denn nach Grice erkennen die Teilnehmenden ja den gemeinsamen Zweck oder die Richtung des Gesprächs, und sie unternehmen eine entsprechende kooperative Anstrengung. An diesem Punkt kommt wiederum der Begriff der Sprecherintention ins Spiel, und es stellt sich die Frage, inwiefern Gesprächsziele oder -richtungen jeweils Inhalt einer Sprecherintention sein können. Zu diesem Zweck muss grundsätzlich geklärt werden, inwiefern von mehreren Personen verfolgte, kooperative Ziele im engeren Sinne intendiert werden können, denn der Intentionsbegriff ist in seiner traditionellen Definition individualistisch geprägt.

Um diese Frage beantworten zu können, soll eine kurze Darstellung und Diskussion des Begriffs der Wir-Intention unternommen werden, denn dieser erweist sich als höchst relevant für das Problem der Ko-Konstruktion. Winfried Sellars ist einer der ersten, die sich mit diesem Konzept näher auseinandergesetzt haben, und zwar aus einer moralphilosophischen Perspektive. Der Begriff der Wir-Intention (*we-in-tention*), die nicht auf eine Ich-Intention (*I-Intention*) zurückführbar ist, wird deshalb notwendig, weil beide Intentionsarten erkennbar im Konflikt miteinander stehen können (vgl. Sellars 1974). Raimo Tuomela schließt in seinen – auch mit Kaarlo Miller verfassten – Schriften an das Sellars'sche Konzept der Wir-Intention an, nicht ohne es wesentlich zu erweitern. Seine und Millers Fassung dieses Begriffs sei hier kurz erläutert, und dies anhand des Aufsatzes „We-Intentions", in dem sich ihre Auffassungen konzise bündeln und der für die gesamte Diskussion einen *locus classicus* darstellt (vgl. Tuomela/Miller 1988).

Im Fokus ihres Ansatzes stehen gemeinsam ausgeführte Handlungen wie diejenigen, ein Klavier die Treppe hochzutragen, Tennis zu spielen, einen Toast für einen Freund auszusprechen oder ein Gespräch zu führen (vgl. Tuomela/ Miller 1988, S. 369). Der einzelne Handelnde trägt in diesem Fall seinen Anteil dazu bei, dass die kollektive Handlung gelingt. Des Weiteren bildet er eine Reihe von Intentionen und Annahmen aus (*intentions/beliefs*). Ausgangspunkt ist eine paradigmatische Situation, in der die Handelnden gemeinsam und intentional agieren, indem sie ein gemeinsames Ziel verfolgen, das üblicherweise die gesamte Handlung umfasst. Sieht man die gemeinsam Handelnden als ein Kollektiv, dann lässt sich mit Tuomela/Miller festhalten: „[...] that every participant in the collective must believe that every other participant will do his part and, paradigmatically, shares the relevant, action-prompting we-intention to do X and has the beliefs relevant to carrying out the intention." (1988, S. 371) Unter einem Kollektiv können dabei unterschiedlich komplexe Personenkonstellationen verstanden werden, also soziale Gruppen, Organisationen, Institutionen bis hin zu sozialen Gemeinschaften.

Intentionen dieser Art sollen im Folgenden *Tuomela-Wir-Intentionen*, kurz *TWI*, genannt werden. So verstandene Wir-Intentionen erfüllen eine Standardbedingung von Ich-Intentionen nicht, die darin besteht, dass die intendierte Handlung auch individuell ausgeführt werden kann. Das kollektiv intendierte Ergebnis besteht darin, dass es von einer einzigen Person gerade nicht alleine ausgeführt werden kann.[3] Andererseits sind TWIs anspruchsvoller, denn wenn

---

3   Ich folge hier der Darstellung im zitierten Aufsatz. Kritisch soll angemerkt sein, dass damit eine Einschränkung seitens der Autoren vorliegt, die nicht explizit begründet wird – es wird nicht erklärt, warum es nicht Wir-Intentionen geben kann, die grundsätzlich auch alleine ausgebildet werden können. So kann ich etwas tun, wobei die Hilfe eines Zweiten willkommen ist, aber keine unabdingbare Voraussetzung für den Erfolg. Ich würde diesen Fall ebenfalls als wir-intentional einordnen wollen. Kollektivität des Ziels wird demgegenüber in Tuoamela/Millers Ansatz als notwendige, nicht als kontingente Eigenschaft kollektiven Handelns eingeführt – eine Eingrenzung des Phänomenbereichs, die möglicherweise auf sehr viele, aber nicht auf alle Fälle zutrifft.

ich meinen Anteil an der kollektiven Handlung erbringe, dann muss ich den gesamten Prozess aufmerksam verfolgen und meinen spezifischen Beitrag mit dem gemeinsam angestrebten Ziel laufend abgleichen. Außerdem kommt ein Minimum an Vertrauen in die andere Person hinzu, der ich zutrauen muss, dass sie ihren Anteil an der kollektiven Handlung ebenfalls erbringen kann (vgl. Tuomela/Miller 1988, S. 373).

Die Analyse in Tuomela/Millers Ansatz umfasst folgende Wir-Intention: „A member A$_i$ of a collective G *we-intends* to do X if and only if ..." (1988, S. 375), woraufhin die im obigen Zitat informell eingeführten *intention*- und *belief*-Bedingungen folgen. Man kann dies für überzogen halten, weil hier von der gesamten kollektiven Handlung X die Rede ist und nicht nur von dem eigenen Anteil an ihrer Realisierung. Kann ein Individuum so etwas überhaupt intentional in den Blick nehmen? Die Autoren stellen beispielsweise die Frage, ob von einem Orchestermitglied sinnvoll gesagt werden kann, dass es die-und-die Mozart-Symphonie zu spielen intendiert? Sie bejahen dies und vertreten damit eine holistische Sicht auf Wir-Intentionen. Dies entspricht offenbar der Art und Weise, wie über Wir-Intentionen gesprochen wird; ein Mitglied des – sagen wir – Leipziger Gewandhaus-Orchesters wird berechtigterweise sagen können, dass es im vergangenen Jahr die-und-die Mozart-Symphonie gespielt hat, auch wenn jeder weiß, dass es dies nicht alleine getan haben kann. Das Gesamtergebnis muss in der individuellen Intention repräsentiert sein, denn wenn es nicht so wäre, könnte die Aufführung wohl kaum gelingen (vgl. Tuomela/Miller 1988, S. 375f.).

Im Analysans der TWI sind eine *intention*- und zwei *belief*-Bedingungen enthalten, die nun genauer betrachtet werden sollen. Sie lauten auszugsweise:

(i)   A$_i$ intends to do his part of X;

(ii)   A$_i$ has a belief to the effect that the joint action opportunities for X will obtain, especially that at least a sufficient number of the full-fledged and adequately informed members of G ... will ... do their parts of X;

(iii)   A$_i$ believes that there is ... a mutual belief ... to the effect that the joint action opportunities for X will obtain. (Tuomela/Miller 1988, S. 375)

Die *belief*-Bedingung (ii) enthält den Begriff der hinreichenden Anzahl von Gruppen-Mitgliedern, die an der Handlung mitwirken. Die *belief*-Bedingung (iii) enthält den wechselseitigen Glauben, dass die *belief*-Bedingung (ii) erfüllt ist. Wenn diese Bedingung einen solch zentralen Stellenwert hat, dann sollte geklärt sein, was unter einer „hinreichenden Anzahl" zu verstehen ist. Zum Teil legt sich dies aus physikalischen Gründen nahe – zum Klaviertragen benötigt man einen bis drei zusätzliche Beteiligte. Allerdings spielen auch soziale Gründe für eine Mindestanzahl eine Rolle oder auch explizite Vereinbarungen bezüglich geteilter Lasten. Die Frage der Untergrenze kann also physisch oder sozial festlegbar sein; was ist aber mit einer Obergrenze? Bei sehr großen Gruppen wie einer Massenhandlung (*mass action*) ist es nicht nötig, eine präzise Anzahl von *G*-Mitgliedern anzusetzen, so dass eine ungefähre Angabe genügt. Allerdings stellt sich die Frage der maximalen Komplexität von *G*, denn sie ist Teil des propositionalen Gehalts des Glaubens von A_i als Bestandteil der Wir-Intention. Sie unterliegt also kognitiven Restriktionen.

Ein herausforderndes Beispiel sind Sprechchöre, wie sie bei Demonstrationen oder Sportveranstaltungen auftreten. Der eigene Anteil am Ruf der Menge, die mehrere tausend Mitglieder betragen kann, ist hier so gering, dass die individuelle Sprechhandlung stark hinter dem Kollektiven zurücktritt. Der Unterschied zwischen einem Cellisten im Gewandhaus-Orchester und dem einzelnen Rufer in einem Sprechchor besteht in dem Beitrag der individuellen Handlung zum Gesamtziel. Damit man von einer holistischen Wir-Intention sprechen kann, die die Ich-Intention beinhaltet, muss letztere einen wesentlichen und erkennbaren Beitrag zur kollektiven Handlung leisten. Ich nenne dies die *Wesentlichkeits-Bedingung*. Wenn man nicht oder nur schlecht davon sprechen kann, dass der einzelne Fußballfan intendiert, einen Sprechchor zum Anfeuern der eigenen Mannschaft auszuführen, dann ist dies auf die Verletzung der Wesentlichkeits-Bedingung zurückzuführen.[4]

Hiermit soll die Darstellung des ausführlichen Ansatzes von Tuomela/Miller vorerst abgeschlossen werden. Der behandelte Aufsatz ist nur eine von einer ganzen Reihe von Publikationen, die in dem Buch „A Theory of Social Action"

---

4   Die Frage nach der Obergrenze hat noch eine weitere Dimension. Nimmt man im Grenzfall ganze Gemeinschaften als Träger einer TWI hinzu, dann wird die Grenze zwischen zwei Erklärungsstrategien aufgeweicht. Tuomela/Millers Vorgehen kann man einer „nominalistischen Strategie" zuordnen, die die Annahme von selbständig existierenden Wesenheiten vermeidet. Im vorliegenden Fall heißt dies, dass kollektive Intentionen systematisch auf individuelle zurückgeführt werden und nicht als Gegenstände *sui generis* gesehen werden. Dem gegenüber steht die Annahme einer Bevölkerung als intendierendes Wesen, die als Ganze Ziele verfolgt. Lässt man Bevölkerungen als Träger einer kollektiven Intention zu, dann bewegt man sich über die methodologische Grenze und steht im Feld der Wesenheiten. Dies ist nicht sehr plausibel. So kann man fragen: Intendiert beispielsweise das katalanische Volk, einen selbständigen Staat unabhängig von Spanien zu errichten? Selbst wenn die Mehrheitsverhältnisse in diesen Punkt eindeutiger wären, könnte man diese Aussage aus methodologischen Gründen so nicht aufstellen, denn es würde ein wesenhafter, eigenständiger Bevölkerungswille unterstellt. In dem Ansatz von Tuomela/Miller muss also eine solche Obergrenze angemahnt werden, die ein Kippen in Wesensannahmen der genannten Art verhindert.

(1984) von Raimo Tuomela gebündelt sind. Im Folgenden soll gefragt werden, ob dieser Ansatz eine tragfähige Grundlage für eine nicht-sprecherzentrierte Theorie der Sprechakte bieten kann – und somit kehren wir wieder zur Grundfrage dieses Beitrags zurück.

4 Ein kritischer Einwand gegen TWIs

Führt man sich den ersten Teil der Analyse einer TWI noch einmal vor Augen, so fällt auf, dass die Wendung „to do his part" in dieser vorkommt. Offenkundig ist also der Inhalt der Intention so gestaltet, dass der Beitrag oder Teilaspekt der Handlung von A_i an der Gesamthandlung in diesem enthalten ist. Hieraus kann man den Schluss ziehen, dass das zu Erklärende, die kollektive Intention, begrifflich schon im propositionalen Gehalt der Intention selbst vorkommt. Die gesamte Analyse erscheint zirkulär.

Diesen Vorwurf erhebt J. R. Searle gegenüber der Analyse von TWIs, und er zieht daraus folgende Konsequenz: „We-intentions cannot be analyzed into sets of I-intentions, even I-intentions supplemented with beliefs, including mutual beliefs, about the intentions of other members of a group" (Searle 1990, S. 404).

Eine Analyse von kollektiven Intentionen, die diesen Schritt vermeidet, muss also die Möglichkeit bestreiten, dass das kollektive Ziel in der individuellen Intention inkorporiert ist. Dies ist Searles Argumentation. Am Beispiel eines Footballspiels spricht er sich dagegen aus, dass der einzelne Spieler einen kollektiv ausführbaren Spielzug individuell intendieren kann: „Each member of the team will share in the collective intention, but will have an individual assignment which is derived from the collective but which has a different content from the collective" (Searle 1990, S. 403). Hier liegt ein substanzieller Gegensatz zwischen beiden Ansätzen vor. Es wurde in der Diskussion von Tuomela/Miller schon deutlich, dass bis zu einer gewissen Grenze einer hinreichenden Anzahl unter gleichzeitiger Beachtung der Wesentlichkeits-Bedingung eine individuelle Repräsentation kollektiver Ziele durchaus plausibel und erlaubt ist. Wenn dies so ist, dann steht die Kritik von Searle an der Analyse von Tuomela/Miller allerdings auf schwachen Füßen, denn Ich-Intentionen können unter dieser Voraussetzung als Bausteine von Wir-Intentionen aufgefasst werden.

In seinem Gegenentwurf stellt Searle ein alternatives Analyseschema auf, das auf der Annahme beruht, kollektive Intentionen seien nicht auf individuelle reduzierbar. Der erklärungstechnische Schritt besteht darin, die kollektive Handlung in der Handlungsintention des Individuums selbst zu repräsentieren. Am Beispiel demonstriert: Führt ein Football-Spieler einen nur kollektiv zu bewerkstelligenden Spielzug aus, so lässt sich seine Handlungsintention so beschreiben,

dass er seine individuelle Handlung vollzieht, die gleichzeitig als Teil einer größeren kollektiven Handlung aufzufassen ist. Entsprechend ist auch die Beziehung der individuellen Handlung des Football-Spielers (B) zum kollektiven
Spielzug (A) zu beschreiben, das heißt als Typ einer Mittel-Zweck-Relation. Die
für eine kollektive Handlung relevante Intention ist von folgender Art: „[...] it
is an achieve-collective-B-by-means-of-singular-A type of i.a. [intention in action $_{FL}$]" (Searle 1990, S. 412).

Ist diese Analyse zufriedenstellend bzw. zufriedenstellender als diejenige von
Tuomela/Miller? Spontan ergibt sich der Einwand, dass sich eine individuelle
Teilhandlungskette von einer kollektiven wesentlich unterscheidet. Der/die
Handelnde hat im ersten Fall die Kontrolle über die gesamte Kette von Teilhandlungen, denn sie gehen gleichsam auf seine Rechnung. Im kollektiven Fall
ist dies nicht oder nur bedingt der Fall, da der Beitrag (mindestens) einer zweiten
Person Teil der gesamten Kette von Teilhandlungen ist. Dieser Beitrag ist nicht
in gleicher Weise kontrollierbar wie im individuellen Fall, woraus folgt, dass in
einem solchen handlungstheoretischen Modell eine Ebene eingeführt werden
muss, auf der die hypothetischen Annahmen eines/r Handelnden auf der Basis
von Typisierungen bezüglich der Gewohnheiten oder Präferenzen einer zweiten
handelnden Person repräsentiert werden. Hieraus folgt, dass kollektive Teil-
handlungsketten so komplexe und substanzielle Zusatzannahmen erforderlich
machen, dass es nicht möglich ist, beide Fälle gleichermaßen mit einem einzigen
Begriffspaar, dem der Zweck-Mittel-Relation, zu erfassen. Searles alternative
Konzeption ist in ihrer Architektur möglicherweise einfacher gehalten als diejenige Tuomelas, aber sie beruht auf kontraintuitiven Annahmen. Das Problem
des Übergangs vom Individuellen zum Kollektiven wird auf diese Weise nicht
gelöst, sondern nur verlagert auf das Problem einer hinreichenden Beschreibung
und Klärung der Relation zwischen den einzelnen Gliedern kollektiver Teil-
handlungsketten.

In einer Replik auf den Zirkularitätsvorwurf, der auch von Susan Miller (2001)
erhoben wird, klärt Tuomela den Status der vorgelegten Analyse (vgl. Tuomela
2005) dahingehend, dass es um eine Rekonstruktion der Inferenzschritte der
kooperierenden Handelnden und nicht um eine Definition des Theoretikers im
strengen Sinne geht. Wir-Intentionen werden nicht im reduktionistischen Sinne
auf I-Intentionen zurückgeführt, sondern der irreduzible Begriff der Wir-Intention wird explizit gemacht, und zwar „ [...] in a functionally informative way,
and this is what the analysantia ... help to do without strictly relying on the
concept of we-intention" (Tuomela 2005, S. 358). Er kommt zu dem Ergebnis:
„There is no direct conceptual circularity here. Furthermore, I claim that from
the point of view of the participants in joint intention there is no „psychological"

and functional circularity [...]" (Tuomela 2005, S. 358). John Searles und Susan Millers Zirkularitätsvorwurf wird durch diese methodologische Klärung entscheidend relativiert.

Nachdem die handlungstheoretische Debatte um Wir-Intentionen nachgezeichnet wurde, soll nun gefragt werden, inwiefern der Gedanke einer kooperativen Aktivität auf dieser Grundlage auch für sprachliche Kommunikation, insbesondere für illokutionäre Akte und ihre Interpretation, relevant ist. Die Frage lautet dann, inwiefern der Bezug auf TWIs geeignet ist, illokutionäre Effekte als Resultat einer Ko-Konstruktion von S und A aufzufassen und in der Folge die Äußerungsbedeutung eines Sprechakts als emergente Größe im Gespräch zu behandeln. Im zweiten Teilkapitel dieses Beitrags gab es ja den ernüchternden Befund, dass die bisherige Auffassung der Ko-Konstruktion, die auf den Begriff der kollektiven Intention verzichtet, entweder nur auf einen Teilbereich der im engen Sinne symmetrischen Sprechakte zutrifft oder aber, wenn man die asymmetrischen Sprechakte in die Betrachtung hineinnimmt, innerhalb der Searle'schen Explikation behandelt werden kann. Ist der Begriff der TWI in der Lage, aus diesem theoretischen Dilemma herauszuführen?

Ich bin der Meinung, dass ein solcher Lösungsweg aussichtsreich ist, wenn man einige notwendige Differenzierungen vornimmt. Die schon erwähnte Unterscheidung in symmetrische und asymmetrische Sprechakte ist eine wichtige Voraussetzung für eine zufriedenstellende Explikation des Phänomens. Des Weiteren ist die Unterscheidung zwischen normativen und deskriptiven Aussagen, sprechaktklassifikatorisch gesprochen zwischen Direktiva und Assertiva zu beachten. Schließlich ist der Fall, dass der illokutionäre Effekt auf komplementäre Weise zustande kommt, zu unterscheiden von dem alternativen Fall, in dem ein schon realisierter illokutionärer Zweck in kompetitiver Weise hinsichtlich seiner Geltung zur Debatte steht.

5 Zwei Prüffälle zur Anwendung von TWIs

Bevor auf der Grundlage der vorgenommenen begrifflichen Unterscheidungen die Beziehung zwischen illokutionären Effekten und TWIs untersucht wird, sollen zwei Gesprächstranskripte betrachtet werden, die jeweils stellvertretend für den komplementären und den kompetitiven Fall stehen. Zunächst seien Ausschnitte zweier Gespräche präsentiert, in denen jeweils zwei Betrachter__innen ein Bild aus dem Bestand des Museums der Bildenden Künste in Leipzig kommentieren und unterschiedliche Deutungsversuche unternehmen.

Gesprächsausschnitt 1
aufgenommen im Leipziger Museum der Bildenden Künste; Aufnahmeleiterin
und Transkription: Jana Kadel; Gesprächsteilnehmer_innen: ein Student und
eine Studentin der Germanistik der Uni Leipzig.

```
(0 min 11 sek Vorlauf; Anmoderation und Aufforderung zur
Beschreibung durch S3)


001   S1:   also: (.) s (.h) hat gesagt als wir vor dem bild
            standen das erste mal=

002         =dass sie (.h) sich da an einen FI:lm von wim
            wenders erinnert fühlt,

003         [do

004   S2:   [an das filmplaKAT, =

005   S1:   =an das filmplaKAT-

006         don't come knOcking-

007         ich (.h) ähm kenn den film NICH,

008         weiß aber dass es (-) um die usA: geht und (.h)

009         irgendwie im weiteren sinne, (.h)

010         u::nd (.) äh (.) als ich dann da drAUf geschaut
            hab auf das bIld,

011         da kam (.) mIr auch irgendwie die is=assozia-
            tion,

012         dass es sich bei diesem bild irgendwie: (.h),

013         beziehungsweise um das DARgestellte (.hh) ir-
            gendwie um ei (.) um eine: (-)

014         STADT in den usA handelt (.) so auf den ersten
            blick;

015         also das sieht man (.) irgendwie an de:n (.h)
            STROMmasten=

016         =dann diese (-) die markIsen=

017         =diese relativ niedrigen HÄUser (--)

018         irgendwie SO etwas ja - (--)
```

019   dA hat mich allerdings irri!TIERT!, als ich dann
         (.) genauer hingeschaut habe=

020   =dass dann (.h) ä:h an der LINken seite, (-)

021   auf der linken seite (.) plaKAte hängen (.h) mit
         deutschen schrIftzügen drauf. (-)

022   tja. (2.0)

023 S2: so=so genau hat ich jetzt das noch gAr nicht
         verfOlgt, =

024   =als ich irgendwie diese assoziatiOn hatte=

025   =das war vielmehr (.h) irgendwie von der geSTALT
         wie das (.) BILD aufgezogen ist=

026   =in dem sinne dass es diesen (.) mAST gibt an
         dem jemand lehnt und dann, (.hh)

027   irgendwie, (.)

028   dieser BLAUton im himmel;

029   de:r (.) halt mir sehr präsEnt ist; (.)

030   irgendwie wenn ich an dieses plakAt denke; (-)

031   und gleichzeitig dann halt eben dieser stra-
         ßenzug; (.)

032   aber (.h)

033   an und für sich von von von der gestAlt der
         strAße::, (.)

034   und (.h) weiß ich nich ob man jetzt sagen kann
         architekTUR, (.)

035   =aber wie das grad wirkt das ist SCHON irgendwie
         so ne: (.)

036   so ne amerikanische [kleinstadt so wie ichs mir
         vorstellen wÜrde- (.h)

037 S1:   [ja

038 S2: irgendwie wenn man das jetzt nochn paar hundert
         jahre zurückversetzt=

039   =dann könnte man dann da: auch so die du:ELLS
         sehen oder so ((lacht))

040 S1: die was?

```
041   S2:   ja so: ähm (-) ja so diese wEsternszenen
            ((lacht))

042   S1:   achso ja genau; (.) genau; (.h)

043         also das passt auch so in MEIN assoziationsbIld,
            (.)

044         die LEEre die auf diesem bild (-)

045         äh die dUrch dieses bild irgendwie (.) sugge-
            rIert wird; =

046         =also (.) z=zwEI dieser drei mÄnner, (-)

047         aber trOtzdem diese leere; =

048         =und das PASST dann so; =

049         =der wInd f=FEGT dann so durch die strA:ße, =

050         =und der wa=der sAnd staubt so ein bisschen auf
            im hintergrUnd, (.)

051         könnte man ja auch denken dass das so ein biss-
            chen (.) AUFgestaubt ist (.) dann;

052   S2:   ja so nach dem mOtto: alte goldsucherstadt
            ((lacht)) [die jetzt leersteht

053   S1:   [was? ALte? achso (.) ja;

054   S2:   [oder so, (..)

055   S1:   [ja;

056   S2:   [nEin keine ahnung

057   S1:   [ja; ja;
```

In dieser Sequenz versuchen S1 und S2 eine Deutung des Bildes, indem sie es mit einer Erinnerung an ein Filmplakat abgleichen, auf dem eine Westernstadt abgebildet ist. Zu Beginn gibt S1 einen spontanen Eindruck von S2 wieder, die die Assoziation eines Filmplakats hatte, und im Verlauf tasten sich beide langsam an die Deutung heran, dass es sich um den Typ einer Stadt handelt, der in dem entsprechenden Film eine Rolle spielt. Die Beiträge sind dabei komplementär, S1 und S2 tragen jeweils Einzeleindrücke zusammen, die das Gesamtbild einer solchen Stadt ergeben; überdies verhalten sich S1 und S2 kooperativ, indem sie an diesem gemeinsamen Ziel arbeiten. Intuitiv gesprochen tragen sie mit ihren Gesprächsbeiträgen zu einem übergeordneten Gesamtsprechakt bei, der ungefähr so lautet:

„Das Bild stellt eine Kleinstadt in den USA dar, in der gut typische Westernszenen wie beispielsweise ein Duell stattfinden könnten, und die an eine verlassene Goldsucherstadt erinnert."

Will man diesen illokutionären Effekt der Behauptung, dass das Bild eine Kleinstadt ... darstelle, als Ergebnis einer TWI modellieren, dann ergibt sich folgendes Analyseschema, das aus der Sicht von S1 formuliert ist:

(i)   S1 intendiert, seinen Anteil an der Behauptung, *das Bild stellt eine Kleinstadt ... dar*, zu leisten;

(ii)   S1 glaubt, dass die Voraussetzungen für eine gemeinsame Behauptung bestehen, insbesondere dass der andere voll und zutreffend informierte Betrachter in der Zweiergruppe seinen Anteil an der Behauptung übernimmt;

(iii)   S1 glaubt, dass das Bestehen dieser Voraussetzungen wechselseitig S1 und S2 bekannt ist.

Man könnte dafür argumentieren, dass S1 auch alleine die betreffende Behauptung hätte übernehmen können und nicht der Kooperation von S2 bedurft hätte. Die Form der Gesprächsbeiträge ist aber so zugeschnitten, dass sie die Wechselseitigkeit der Deutung voraussetzen; ihre Vorläufigkeit und eher schwache illokutionäre Kraft sprechen dafür. Es werden häufig Heckenausdrücke (*irgendwie, keine Ahnung*) eingesetzt, und Lachen hat in diesem Zusammenhang auch eine relativierende Funktion. Die Reaktion von S1 in den Zeilen 42 und 43 sowie in den folgenden zeigt den komplementären Charakter des Austauschs sehr deutlich. Weder S1 noch S2 hätten mit ihren Beiträgen alleine einen abgeschlossenen Deutungsversuch unternehmen können. Es kann also festgehalten werden, dass der angeführte Gesprächsausschnitt ein gutes Beispiel für einen komplementär hergestellten Sprechakt auf der Basis einer TWI darstellt. Der Sprechakt selbst ist als Resümee des Gesprächs formuliert, und man könnte einwenden, dass damit die Dynamik des Gesprächs selbst ausgeblendet wird. Aus der Perspektive von S1 und S2 stellt sich die endgültige Interpretation des Bildes erst her, sie ist am Anfang nur in Grundzügen vorhanden.

Dies ist zweifellos richtig, aber zum einen ist dies nicht unbedingt ein ausschließliches Merkmal dialogischen Sprachgebrauchs. Es ist auch bei monologischen, zumal komplexeren Sprechakten nicht ungewöhnlich, dass die finale Illokution nicht von Beginn an dem Einzelsprecher vor Augen steht, sondern sich die Gedanken erst ‚im Sprechen verfertigen'. Zum anderen ist im betrachteten Gespräch der propositionale Gehalt im Kern durchaus von Beginn an vorhanden. Es geht in dem gezeigten Ausschnitt darum, die assoziative Vorstellung von S 2 auf komplementäre Weise auszubuchstabieren, sodass zwar nicht die

Einzelheiten von vorneherein bekannt sind – was ein Gespräch überflüssig machen würde – aber andererseits doch klar ist, in welchem Spektrum möglicher Ausschmückungen sich die entwickelte Deutung bewegt.

Es wird an diesem Beispiel klar, wo der Unterschied zwischen einer kollektiven Handlung wie dem Klaviertragen einerseits und einem Gespräch über einen beliebigen Gegenstand andererseits festzumachen ist. Das Ziel ist im ersten Fall konkret beschreibbar – das Klavier soll an der-und-der Stelle stehen, und eine Offenheit in diesem Punkt ist unfreundlich gegenüber den Beteiligten. Die Offenheit des Endpunktes eines Gesprächs jedoch ist für dieses konstitutiv, was sich nicht zuletzt in der Formulierung des Grice'schen Kooperationsprinzips spiegelt. Unter diesem Gesichtspunkt ist der als TWI formulierte illokutionäre Effekt als Rekonstruktion des Handelns von S1 und S2 unter Annahme wechselseitiger Kooperation aufzufassen, als Zustimmung zu einer Deutung, die beide teilen.

Schauen wir uns ein weiteres Beispiel an, in dem es um eine divergierende Sichtweise beider Gesprächsteilnehmer_innen geht. Es handelt sich um das gleiche Szenario wie beim ersten Bild, aber mit anderen Sprecher_innen:

Gesprächsausschnitt 2
aufgenommen im Leipziger Museum der Bildenden Künste; Aufnahmeleiterin und Transkription: Jana Kadel; Gesprächsteilnehmer_innen: zwei weibliche Studierende der Germanistik der Uni Leipzig.

```
(0 min 4 sek Vorlauf; Anmoderation und Aufforderung zur Be-
schreibung durch S3)


001   S1:   N... ich finde der mAnn der da an der säule steht,

002          ALso an diesem (.) fAhnenmast,

003          der sieht AUS als wär er betrunken;

004   S2:   hm; (.) das könnte AUch sein=

005          =aber ich finde eher es sieht irgendwie so aus
             (.h)

006          als wär der in der mitte so in die ENGE ge-
             trieben; (-)

007          als würden die den irgendwie:

008   S1:   achsO::
```

```
009   S2:   schIckanIEren wollen vielleicht oder so: (-)
            also ich weiß nich; (-)

010         und (.) irgendwie: ich find (.) die perSONen,

011         im gegensatz zu den farben der stAdt irgendwie
            sehr TRIST und sehr (--) AUSdruckslos;

012   S1:   naja aber die (-) die stAdt is ja jetzt bis auf
            (-)

013         die RÄNder teilweise jetzt auch nich unbedingt
            sehr (.) ausdrucksvoll;

014   S2:   aber es is SCHON (.) bunt und (-) weiß ich nich

015         (.h) also die HÄUser und so erkEnnt man halt di-
            rekt aber (-)

016         bei den (-) perSONen erkennt man zum beispiel
            die gesIchter nich so (.) direkt;

017         es wirkt [so sehr anoNYM so;
```

Hier stehen zwei Deutungsversuche einander gegenüber: Derjenige von S1, die
eine eher harmlose Situation in dem Bild sieht, in der ein betrunkener Mann
eine Rolle spielt; und derjenige von S2, die eine bedrohliche Situation sieht, in
der der fragliche Mann in die Enge getrieben und schikaniert wird. Beide Sichtweisen werden im Sinne eines *stancetaking* im weiteren Gespräch durchge-
halten und in dem gezeigten Ausschnitt jeweils durch andere Bildeigenschaften
und -elemente begründet. So führt S2 die triste Darstellung der Personen als
Begründung für ihre Sichtweise an; S1 entgegnet dem, dass dies eine allgemeine
Eigenschaft des Bildes sei, nicht nur der Personen – worauf S2 auf die Anonymität dieser abhebt. Will man das Sprachverhalten der beiden Betrachterinnen
in einem illokutionären Format wiedergeben, so ist dies nicht innerhalb einer
einzigen, komplementär hergestellten Gesamtillokution möglich. Man muss
vielmehr zwei divergierende Illokutionen ansetzen, die etwa so umrissen
werden können: *(I) Der Mann an der Säule ist betrunken; (II) Der Mann an der
Säule wird in die Enge getrieben und schikaniert.* Beide Aussagen schließen sich
nicht unbedingt aus, im Gespräch werden sie aber als kontrovers behandelt. Hier
wird man nicht davon sprechen können, dass es einen gemeinsam intendierten
illokutionären Effekt gibt, und entsprechend ist das Schema für eine TWI nicht
ohne Weiteres anwendbar. Im weitesten Sinne gibt es sicherlich das gemeinsame
Interesse, eine konsistente Interpretation des Bildes aufzustellen, aber dieses
Ziel ist nicht geeignet als illokutionärer Zweck einer oder gar beiden Spre-

cher_innen zugeschrieben zu werden. Möglicherweise kann man den Disput als einen solchen um die Gültigkeit der jeweils intendierten Illokution auffassen, keinesfalls aber als das Herstellen einer komplementären Illokution.[5]

Nach dem eingangs vorgestellten Analyseschema würde das Sprachverhalten von S1 resp. S2 folgendermaßen ausbuchstabiert werden können, wobei T_1 den von ihr geäußerten Satz, SV_1 den in der Proposition dargestellten Sachverhalt, und IE_1 den intendierten illokutionären Zweck bezeichnet:

S1

T_1 ... *der Mann ... sieht aus, als wär er betrunken* ...

SV_1 dass der Mann aussieht, als wäre er betrunken

IE_1 A erkennt S1-Intention, dass sie die Sichtweise einnehmen soll, dass SV_1 besteht oder zumindest erkennen soll, dass S1 diese Sichtweise einnimmt.

Entsprechend ist die Struktur des Sprechakts von S2 so wiederzugeben:

S2

T_2 ... *es sieht ... so aus, als wär der ... in die enge getrieben* ...

SV_2 dass es so aussieht, als wäre der Mann in die Enge getrieben

IE_2 A erkennt S2-Intention, dass sie die Sichtweise einnehmen soll, dass SV_2 besteht oder zumindest erkennen soll, dass S2 diese Sichtweise einnimmt.

Es ist in diesem Fall nicht ersichtlich, welcher Sprechakt als guter Kandidat für eine ko-konstruierte Illokution in Frage käme, hinter der sich beide Spre-cher_innen versammeln könnten. S1 würde sich wehren gegen eine entspre-chende Einvernahme als ‚Teilhaber_in' des IE von S2 – und vice versa. Beide Sprechakt-Rekonstruktionen stehen sich gegenüber, es gibt auch im weiteren Verlauf keinen ‚Kompromiss' in diesem Punkt – der vorliegende Fall soll somit als kompetitiver Fall eingeordnet werden. Wie wir sahen, ist es auf der anderen Seite nur um den Preis der Aufgabe jeglicher Plausibilität möglich, ein gemein-sames illokutionäres Ziel für S1 und S2 anzusetzen. ‚Über Deutungsmöglich-keiten eines Bildes zu diskutieren' ist kein solches Ziel.

6 Vervollständigung der Analyse

An den transkribierten Ausschnitten wurde die Gegenüberstellung von kom-plementären Gesprächssituationen im Gegensatz zu kompetitiven verdeutlicht. Sie hat zur Konsequenz, dass der Fall eines gemeinsamen, kooperativ herge-

---

5   Eine ausführliche Analyse dieses Gesprächs unter dem Gesichtspunkt der grundle-genden Beschreibungskategorien erfolgt in Liedtke (2016).

stellten und damit ko-konstruierten Sprechakts als zutreffende Beschreibung des betrachteten Geschehens für den komplementären Fall gelten kann; sie hat andererseits zur Konsequenz, dass der Fall konkurrierender Interpretationen eines Bildes nicht als Beispiel für Ko-Konstruktion taugt, sondern als Vorkommnis zweier individueller Sprechakte für den kompetitiven Fall aufzufassen ist. Die Anwendung des Erklärungsschemas einer TWI ist hier nicht möglich, vielmehr greift an dieser Stelle das Grice'sche Kooperationsprinzip, das lediglich die Einhaltung einer gemeinsamen Richtung des Gesprächs verlangt.

Die soweit vorgelegte Analyse ist noch nicht vollständig. Neben der Unterscheidung in den komplementären vs. kompetitiven Fall steht eine weitere Dichotomie zur Disposition: diejenige zwischen einem normativen vs. deskriptiven Fall. Es ist offenkundig, dass sich Kommunizierende nicht nur dahingehend auseinandersetzen, was der Fall ist oder wie man es interpretieren sollte, sondern auch darüber, was (noch) nicht der Fall ist und was man tun sollte, um es zu realisieren. Es geht also nicht nur um deskriptive Fragen, sondern auch um normative. Auch hier lässt sich – entgegen der ersten Vermutung – ein komplementärer Fall ausmachen. Er besteht darin, dass beide Gesprächspartner_innen überlegen, welche Handlungsoption in einer bestimmten Situation die angemessene ist. ‚Beratschlagen' ist möglicherweise eine angemessene Bezeichnung für diesen Gesprächstyp, für den sich ein überspannender illokutionärer Effekt des Inhalts: ‚Dies sollte getan werden' als Rekonstruktion ergibt. Dieser IE kann ohne weiteres als ko-konstruiert und als Resultat einer TWI aufgefasst werden. Der kompetitive Fall stellt im normativen Diskurs möglicherweise den *default*-Fall dar: A fordert B auf, etwas zu tun, und B führt Gründe an, warum er es nicht tun muss oder warum die gewünschte Handlung zu negativen Konsequenzen führt etc. Weder die Wunschäußerung von A noch die Erwiderung von B lassen sich auf den gemeinsamen Nenner eines ko-konstruierten Sprechakts bringen.

Betrachtet man beide Dichotomien zusammen, so lässt sich eine Kreuzklassifikation erstellen. Es ergeben sich vier Fälle: (i) komplementär deskriptiv; (ii) komplementär normativ; (iii) kompetitiv deskriptiv; (iv) kompetitiv normativ. Entsprechend kann man mit alltagssprachlichen Kategorien Fall (i) als Austausch darüber, was der Fall ist, kennzeichnen; Fall (ii) als Beratschlagung, was zu tun ist; (iii) als Disput darüber, was der Fall ist; (iv) als Disput darüber, was zu tun ist. Schließlich stellt ein Sprechakt, der im Rahmen von (i) oder (ii) vollzogen wird, ein illokutionäres *Angebot* von S1 an S2 dar, einen gemeinsamen IE herzustellen. Ein Sprechakt im Rahmen von (iii) und (iv) stellt einen illokutionären *Anspruch* von S1 an S2 dar, ohne dass davon ausgegangen wird, dass es einen gemeinsamen IE geben kann.

Die Dichotomie symmetrisch vs. asymmetrisch, die eingangs besprochen wurde, ist nicht mit einer der genannten Unterscheidungen identisch. Das Gespräch 2 (Fall iii) beispielsweise war kompetitiv *und* symmetrisch. Gleichermaßen ist der Fall (iv) kompetitiv *und* symmetrisch; das heißt, dass weder Normativität noch Kompetitivität eine Asymmetrie zur Folge haben oder sie voraussetzen. Asymmetrie entsteht durch oder konstituiert ein Machtgefälle zwischen S1 und S2, sodass sich zwar eine (gewisse) Unverträglichkeit von Komplementarität und Asymmetrie ergibt, nicht aber von Kompetitivität und Symmetrie. Will man diese dritte Dichotomie in die vier genannten Fälle integrieren, so ergibt sich folgendes Schema: (i) komplementär deskriptiv symmetrisch; (ii) komplementär normativ symmetrisch; (iii) kompetitiv deskriptiv symmetrisch/asymmetrisch; (iv) kompetitiv normativ symmetrisch/asymmetrisch. Schaut man sich dieses Schema an, dann kann man auch sagen: Kompetitivität ermöglicht Asymmetrie, verhindert aber nicht Symmetrie; Komplementarität ermöglicht Symmetrie, verhindert aber Asymmetrie. Aus Letzterem ergibt sich die wichtige Konsequenz, dass der Vollzug eines gemeinsamen, kooperativ hergestellten und damit ko-konstruierten Sprechakts per Definitionem ein Machtgefälle zwischen S und A ausschließt – andernfalls läge keine Komplementarität vor.

Dies sind die Vorschläge für eine adäquate Herangehensweise an verschiedene Formen des Gesprächsaustausches, von denen sich nur ein Teil im Sinne einer TWI-Analyse beschreiben lässt. Es ist wichtig zu sehen, dass eine solche Analyse gegenüber der Annahme einer interaktionalen Bedeutung für sämtliche vollzogene Sprechakte den entscheidenden Vorteil bietet, Anwendungsfälle des *Wir* von solchen Fällen zu unterscheiden, die kein *Wir* enthalten, und die darüber hinaus Erstere einer expliziten Beschreibung in Form von Teilintentionen innerhalb einer rahmenden Tuomela-Wir-Intention zugänglich macht. Dies wird als ein entscheidendes Plus der TWI-Analyse gewertet, das den Blick öffnet für die unterschiedlichen Arten von Kollektivität, die aus einer Wir-Intention entstehen können. Zugleich wird deutlich, dass Analysen wie diejenige von Clark (1992) mit einer Unterscheidung einer *presentation phase* und einer *acceptance phase* durchaus gute Beschreibungen des diskursiven Geschehens sind, ihren Gegenstand aber unterdeterminieren, weil sie notwendige Differenzierungen des Charakters eines Gesprächs nicht leisten. Der vorliegende Beitrag sollte einige Hinweise darauf geben, wie man sich diese vorstellen kann.

Literatur

Bergmann, Jörg (2015): Einige Überlegungen zur Herkunft und zum Anspruch des Konzepts der Ko-Konstruktion. In: Dausendschön-Gay, Ulrich/Gülich, Elisabeth/Krafft, Ulrich (Hg.): Ko-Konstruktionen in der Interaktion. Die gemeinsame Arbeit an Äußerungen und anderen sozialen Ereignissen. Bielefeld: Transcript. S. 37–41.

Chant, Rachel/Hindriks, Frank/Preyer, Gerhard (Hg.) (2014): From individual to collective intentionality. Oxford: Oxford UP.

Clark, Herbert (1992): Arenas of language use. Chicago: The University of Chicago Press.

Dausendschön-Gay, Ulrich/Gülich, Elisabeth/Krafft, Ulrich (2015a): Ko-Konstruktionen in der Interaktion. Die gemeinsame Arbeit an Äußerungen und anderen sozialen Ereignissen. Bielefeld: Transcript.

Dausendschön-Gay, Ulrich/Gülich, Elisabeth/Krafft, Ulrich (2015b): Zu einem Konzept von Ko-Konstruktion. In: Dausendschön-Gay, Ulrich/Gülich, Elisabeth/Krafft, Ulrich (Hg.): Ko-Konstruktionen in der Interaktion. Die gemeinsame Arbeit an Äußerungen und anderen sozialen Ereignissen. Bielefeld: Transcript. S. 21–36.

Deppermann, Arnulf (2002): Von der Kognition zur verbalen Interaktion: Bedeutungskonstitution im Kontext aus Sicht der Kognitionswissenschaften und der Gesprächsforschung. In: Deppermann, Arnulf/Spranz-Fogasy, Thomas (Hg.): be-deuten: Wie Bedeutung im Gespräch entsteht. Tübingen: Stauffenburg. S. 11–33.

Deppermann, Arnulf (2005): Glaubwürdigkeit im Konflikt. Rhetorische Techniken in Streitgesprächen. Prozessanalysen von Schlichtungsgesprächen. Radolfzell: Verlag für Gesprächsforschung.

Grice, Herbert Paul (1989): Logic and conversation. In: Ders.: Studies in the way of words. Cambridge/Mass.: Harvard University Press. S. 22–40.

Jankovič, Marija/Ludwig, Kirk (Hg.) (2018): The Routledge handbook of collective intentionality. London: Routledge.

Liedtke, Frank (2016): Moderne Pragmatik. Grundbegriffe und Methoden. Tübingen: Narr.

Ludwig, Kirk/Jankovič, Marija (2019): Introduction to collective intentionality: in action, thought, and society. London: Routledge.

Miller, Susan (2001): Social action: A teleological account. Cambridge, New York: Cambridge University Press.

Schmid, Hans Bernhard (2005): Wir-Intentionalität. Kritik des ontologischen Individualismus und Rekonstruktion der Gemeinschaft. Freiburg i. Br.: Alber.

Schmid, Hans Bernhard (2008): Concepts of sharedness: Essays of collective intentionality. Frankfurt a. M.: Ontos.

Searle, John R. (1969): Speech Acts. An essay in the philosophy of language. Cambridge: Cambridge University Press.

Searle, John R. (1982): Eine Taxonomie illokutionärer Akte. In: Ders.: Ausdruck und Bedeutung. Frankfurt a. M.: Suhrkamp. S. 17–50.

Searle, John R. (1990): Collective intentions and actions. In: Cohen, Philip R./Morgan, Jerry/Pollack, Martha E. (Hg.): Intentions in communication. Cambridge: MIT Press. S. 401–415.

Searle, John R. (1992): Conversation. In: Parrett, Herman/Verschueren, Jeff (Hg.): (On) Searle on conversation. Amsterdam: Benjamins. S. 7–30.

Sellars, Wilfred (1974): Essays in philosophy and its history. Reidel: Dordrecht.

Staffeldt, Sven (2019): SAT(T?) – ein Verwirrspiel in drei Akten. In diesem Band, 27-54.

Tuchen, Astrid (2019): Is that the best you can do??? – Über die Kondolenz-Tweets Donald Trumps. In diesem Band, 293-317.

Tuomela, Raimo (1984): A theory of social action. Reidel: Dordrecht.

Tuomela, Raimo (2005): We-Intentions revisited. In: Philosophical Studies 125, S. 327–369.

Tuomela, Raimo (2013): Social ontology: Collective intentionality and group agents. Oxford: Oxford UP.

Tuomela, Raimo/Miller, Kaarlo (1985): We-Intentions and Social Action. In: Analyse und Kritik 7, S. 26–43.

Tuomela, Raimo/Miller, Kaarlo (1988): We-Intentions. In: Philosophical Studies 53, S. 367–389.

Sprechakte in der Interaktion - auf dem Weg zu einer interaktionalen und empirischen Sprechakttheorie

Leonard Kohl

Abstract: This paper deals with the interactive and emergent properties of linguistic action from a speech act theoretical view that incorporates insights from disciplines like conversation analysis and interactional linguistics. Its aim is to show that speech act theory (SAT) – while often criticized for its inadequacies in regards to dealing with authentic conversational speech data – can be modified in ways that allows it to properly grasp properties of verbal interaction that have previously been outside the purview of orthodox SAT. First, we will take on different objections to the SAT way of analyzing verbal interaction in an attempt to 'immunize' SAT by incorporating stimuli from the aforementioned pragmatic and linguistic fields. We will proceed to ask how the classical SAT view on speaker intentions can be built upon to include emergent, co-constructed intentions as well as collective intentions, and how we might be able to allow for illocutionary forces to be negotiated by the participants in and through interaction. This paper will conclude by presenting analyses of German WhatsApp chat exchanges to show that the approach outlined here can be useful in dealing with the social, interactive and dynamic features of talk-in-interaction within the framework of SAT.

1 Sprechakttheorie - interaktional und empirisch?

Die Sprechakttheorie (SAT) interaktional und empirisch zu denken, wie es in diesem Beitrag angeregt werden soll, stellt *eine* Möglichkeit dar, auf einige der – auch im einleitenden Beitrag dieses Bandes und dem Kapitel von Sven Staffeldt dargestellten – Einwände gegen die theoretische Aussagekraft und das methodische Vorgehen der SAT zu reagieren, die besonders aus dem gesprächsanalytischen Lager formuliert wurden. So ist es das Anliegen dieses Beitrags, ein Plädoyer dafür zu halten, dass die Sprechakttheorie weiterhin eine wichtige Rolle spielen sollte, wenn es darum geht, verbale Interaktion aus einer handlungs-theoretischen Perspektive zu beschreiben und exemplarisch zu zeigen, dass ein interaktional sprechakttheoretischer Zugang erfolgversprechend dazu genutzt werden kann, authentische Gesprächssequenzen zu analysieren.

Diesem Versuch liegt die Überzeugung zu Grunde, dass es weder sinnvoll ist, die Errungenschaften der klassischen Sprechakttheorie ‚klein zu reden', noch angemessen wäre, ihr jegliche explanatorische Kraft abzusprechen oder sie eventuell sogar gänzlich zugunsten gesprächs- oder konversationsanalytischer Forschungsprogramme aufzugeben. Gleichermaßen unfruchtbar wäre es je-doch, die SAT aus Respekt vor ihrer kanonischen Stellung gegenüber einer kri-tischen theoretischen und methodischen Reflexion zu verschließen.

Will man den Schwächen der SAT bei der Analyse authentischer Gesprächs-sequenzen proaktiv begegnen und in diesem Zuge eine interaktionale und em-pirische Neuausrichtung der SAT anstoßen, sollte man damit beginnen, zu fragen, inwiefern die zahlreichen Erkenntnisse aus der Forschungslinie *Kon-versationsanalyse-Gesprächsanalyse-Interaktionale Linguistik* (für einen Über-blick dazu vgl. Bücker 2018) dazu geeignet sind, die SAT zu bereichern und sie dafür ‚fit zu machen', auch die interaktive und soziale Dimension sprachlichen Handelns in einem sprechakttheoretischen Rahmen zu erfassen. So wird hier dafür plädiert, die SAT für Anregungen und Konzepte zu öffnen, welche a) die sequenzielle Organisation von sprachlichem Handeln berücksichtigen, b) sprachliches Handeln als einen kollaborativen Prozess konzeptualisieren und c) die Einbettung einzelner Sprechakte in größere sprachliche Handlungsse-quenzen und -muster reflektieren.

Der titelgebenden Frage, wie der Weg zu einer interaktional und empirisch ausgerichteten Sprechakttheorie aussehen könnte, wird anhand der folgenden Punkte nachgegangen: Zunächst werden im *zweiten Abschnitt* einige typische Einwände gegen die klassische Sprechakttheorie nachvollzogen, indem exem-plarisch gezeigt wird, dass sich authentische Gesprächsäußerungen einer si-cheren Bestimmung im klassischen sprechakttheoretischen Sinne häufig ent-ziehen, um im *dritten Abschnitt* den Versuch zu unternehmen, die Sprechakttheorie gegen die vorgebrachten Einwände zu ‚wappnen'. Die im *vierten Abschnitt* folgende Auseinandersetzung mit Rolle und Konzeptualisie-rung des sprechakttheoretisch zentralen Intentionsbegriffs hat zum Ziel, eine undogmatische und nuancierte Sicht auf Intentionalität in der Interaktion an-zuregen, die sowohl dynamische als auch kollektive Eigenschaften von Inten-tionen berücksichtigt. Im Zentrum des *fünften Abschnitts* steht mit Witeks *in-teractional account of illocutionary practice* (2015) eines der wenigen explizit interaktionalen, sprechakttheoretischen Modelle, um dann im *sechsten Abschnitt* exemplarisch zu zeigen, wie ein analytischer Zugang zu Sprechakten in der Interaktion aussehen kann. In diesem Zusammenhang wird zu zeigen sein, dass sequenzielle Analysen authentischer Konversation, wie sie eigentlich im klassischen Zuständigkeitsbereich gesprächsanalytischer Forschung liegen, auf einem sprechakttheoretischen Fundament nicht nur möglich sind, sondern sogar in der Lage sind, bestimmte Aspekte des sprachlichen Verhaltens präziser zu erfassen. Ein zusammenfassender *siebenter Abschnitt* wird den Beitrag beschließen.

2 Sprechakttheorie in Aktion?

Obwohl die sprachphilosophisch orientierte Sprechakttheorie in Searlescher Manier (Searle 1969; 1979) wohl nie dazu gedacht war, als analytisches Werkzeug bei einer exhaustiven Bestimmung sprachlicher Handlungsarten in authentischen Konversationen zum Einsatz zu kommen, zielt Kritik an der SAT häufig genau darauf ab. So wurden die Unzulänglichkeiten, die ein sprechakttheoretisch geleitetes Vorgehen bei der Analyse authentischer konversationeller Sprachdaten aufweist, z. B. von Levinson (1983) oder Schegloff (1988), früh benannt. Während also eine derart ausgerichtete Kritik an der SAT auf den ersten Blick am Ziel vorbei zu argumentieren scheint, muss sie tatsächlich in zweierlei Hinsicht angenommen werden: Zum einen hat die Rezeption der Searleschen SAT durchaus Sprechaktanalysen unterschiedlicher Couleur angeregt, auf die diese Kritik zutrifft. In diesen Analysen wird davon ausgegangen, dass es möglich sei, einzelnen Äußerungen im Gesprächsverlauf Sprechaktwerte zuzuweisen, indem man die illokutionsindizierende Funktion bestimmter sprachlicher Oberflächenphänomene bestimmt (vgl. zu den Illokutionsindikatoren z. B. Liedtke 1998) zu Rate zieht und die Konsistenz der zu bestimmenden Äußerung mit einem oftmals selbst formulierten Bedingungskatalog des Vollzugs unterschiedlicher Sprechakttypen überprüft.[1] Zum anderen hat die SAT aufgrund ihrer sprachphilosophischen Wurzeln einige theoretische und methodische Probleme geerbt, die den Blick auf den interaktiven Charakter sprachlichen Handelns verschleiern und eine sequenziell informierte Bestimmung von Sprechakten erschwert.

Die folgende Darstellung, wie Sprechakttheorie in Aktion aussehen kann, muss – um den Rahmen dieses Beitrags nicht zu sprengen – so skizzenhaft

---

[1] Zum Vorgehen sowie den Möglichkeiten und Herausforderungen sprechakttheoretischer Analysen: Staffeldt (2014); für ein Beispiel einer sprechakttheoretischen Dialoganalyse: z. B. Yang (2003) für korpuspragmatische Sprechaktanalysen: z. B. Garcia-McAllister (2015), Koester (2002) oder Kohnen (1999).

bleiben, dass sie der Komplexität der angesprochenen Sprechaktanalysen nicht gerecht werden kann. Um typische Kritikmuster an dem sprechakttheoretischen Gerüst bzw. dem sprechaktanalytischen Vorgehen nachzuvollziehen, wird die Skizze aber ausreichend sein. Die Sprachbeispiele entstammen einem Korpus deutscher WhatsApp-Chats, das im Rahmen des Projekts *What's up, Deutschland?* unter der Leitung von Beat Siebenhaar erstellt wurde:

Schaut ihr morgen Fußball?? ;)
22:20:00 · 546 · 494343

Abb. 1: Beispiel (1.1) *Fußball*

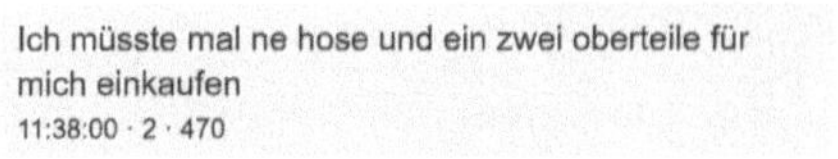

Ich müsste mal ne hose und ein zwei oberteile für mich einkaufen
11:38:00 · 2 · 470

Abb. 2: Beispiel (1.2) *Einkaufen*

Die Sprechakte, die mittels dieser beiden Äußerungen vollzogen werden, wirken recht transparent und würden in der Searleschen Taxonomie (1979) wohl der Klasse der *Direktiva* und der Subklasse der FRAGEN zugeordnet (1.1) bzw. als ANKÜNDIGUNG (1.2) interpretiert werden.

Die Äußerung (1.1) stellt offenbar den Versuch der Schreiberin dar, die Rezipientin dazu zu bekommen, der Proposition einen Wahrheitswert zuzuweisen und ein Informationsdefizit der Schreiberin zu beheben. Als primärer Illokutionsindikator kann hier der Satzmodus betrachtet werden, der aufgrund von Verbstellung und der gewählten Interpunktionszeichen als Verb-Erst-Entscheidungsfragesatz zu identifizieren ist (vgl. Altmann 1993, S. 1020–1021). Eine handlungstheoretische Interpretation als FRAGE wäre auch mit den Kriterien und Bedingungen vereinbar, die Searle für die Klasse der Direktiva im Allgemeinen (1979, S. 13–14) und der Fragen im Speziellen (Searle 1969, S. 66) angibt. Der illokutionäre Zweck, die Rezipientin zu einer Handlung zu veranlassen, die im Rahmen ihrer Möglichkeiten liegt (hier: Antworten), wurde bereits angesprochen und auch die anderen Kriterien des Vollzugs eines direktiven Sprechakts scheinen erfüllt. So ließe sich der ausgedrückte psychische Zustand als *Wunsch* und die Ausrichtung als Welt-auf-Wort bestimmen. Auch kann angenommen werden, dass die Schreiberin die Antwort nicht kennt (Einleitungsbedingung), aber gerne hätte (Aufrichtigkeitsbedingung) und die Äußerung als Versuch gewertet werden kann, die Antwort zu elizitieren (Essentielle Bedingung).

Bei der Äußerung (1.2) haben wir es formal mit einem Verb-Zweit-Aussage-satz zu tun, der von der Schreiberin offensichtlich dazu genutzt wird, die Not-wendigkeit und ihre (mehr oder weniger) konkrete Absicht zu verkünden, die in der Proposition benannte Tätigkeit zu vollziehen. Im Searleschen Sinne müsste diese Äußerung aufgrund der satzeinleitenden idiomatischen Konstruk-tion („Ich müsste mal...") in Kombination mit der Nennung einer Tätigkeit, die in der Sprecherpräferenz liegt und von der SprecherIn eigenständig ausgeführt werden könnte, wohl als eine selbstverpflichtende *kommissive* Sprachhandlung wie eine (absichtserklärende) ANKÜNDIGUNG analysiert werden. Demnach würde es sich hierbei um einen idiomatisch indirekten Sprechakt (Searle 1979, S. 49–48) handeln, der trotz des deklarativen Satztyps problemlos der Klasse der *Kommissiva* zugeordnet werden könnte. Ob jedoch bei der SchreiberIn in diesem konkreten Fall tatsächlich die Intention vorlag, sich (verbindlich) darauf fest-zulegen, die genannte Tätigkeit (zeitnah) durchzuführen, oder ob nicht auch assertiv-informierende oder sogar gänzlich andere Sprachhandlungsaspekte eine Rolle gespielt haben könnten, lässt sich so nicht abschließend bestimmen. Hier zeigt sich, dass sprechakttheoretische Interpretationen auf Basis von Illo-kutionsindikatoren und Spekulationen über mentale Prozesse der Sprecher-Innen bzw. SchreiberInnen entweder recht belanglos (1.1) oder inkonklusiv (1.2) sein können.

3 Sprechakttheorie und die Analyse verbaler Interaktion

Wenn es darum geht, verbale Interaktion aus einer sprechakttheoretischen Per-spektive zu untersuchen, werden neben der empiriefernen introspektiv-sprach-philosophischen Natur der SAT und den analysepraktischen Schwierigkeiten, von vorhandenen Illokutionsindikatoren auf vollzogene Sprechakte zu schließen, häufig die folgenden Punkte kritisiert:

K1) Sprechakte in Isolation

Dem Vorbild der Searleschen SAT entsprechend beschäftigen sich klassische Sprechaktanalysen oft mit isolierten Einzeläußerungen, deren handlungstheo-retische Funktionen es in Form von Sprechaktwerten zu bestimmen gilt. Ein solches Vorgehen ist folgerichtig, wenn man den einzelnen Sprechakt als Grund-einheit der Analyse annimmt und untersuchen will, welchen Handlungswert einzelne Äußerungen haben können. Aspekte des sprachlichen Handelns, die in der Sequenzialität von Sprechaktfolgen angelegt sind, können durch Analysen isolierter und (mehr oder weniger) dekontextualisierter Äußerungen jedoch nicht erfasst werden.

K2) Sprecherzentriertheit

Der analytische Fokus in klassischen Sprechaktanalysen liegt auf den Sprecher-Innen, während HörerInnen nur als virtuelle Größe im Kopf der SprecherInnen zu existieren scheinen (vgl. Goodwin 2000, S. 1491). Die monologische Ausrichtung vieler Sprechaktanalysen hat dazu geführt, dass die genuin interaktiven Eigenschaften sprachlichen Handelns keine angemessene Beachtung finden und dass nur schwer erfasst werden kann, wie Sprechakte in der Interaktion Form annehmen und welchen kommunikativen Beitrag sie in einer konkreten Interaktionsdyade leisten.

K3) Mentalismus/Intentionalismus

Dass Annahmen über zugrundeliegende mentale Prozesse, wie psychische Zustände und Sprecherintentionen in der SAT und folglich auch in vielen klassischen Sprechaktanalysen von zentraler Bedeutung sind, birgt das Problem, dass die Rekonstruktion mentaler Prozesse auf Basis des sprachlichen Materials auf der Intuition der Analysierenden beruhen und folglich nur bedingt abgesichert sind. So ist z.B. die Rolle von (Sprecher-)Intentionen als theoretisches Konzept und als Analyseressource der Pragmatik intensiv diskutiert worden (vgl. Arundale 2008; Haugh 2008; Deppermann 2012; Arundale/Good 2002).

Beispiele für Kritik an Pragmatik und SAT entlang dieser Linien und Plädoyers für eine dialogisch-interaktionale Perspektive auf Kommunikation und sprachliches Handeln sind vielerorts zu finden. Besonders emphatisch ist sich jedoch Kasper (2006) anzuschließen, wenn sie über den möglichen Weg zu einer *diskursiven Pragmatik* – wie sie es nennt – schreibt:

> Once the monologic bias inherent in monadic, intention-based views of meaning has been retired and replaced by the analysis of pragmatic meaning as participants' contingent, emergent, joint accomplishment, discursive pragmatics will be well on its way. (Kasper 2006, S. 307)

Eine mögliche Quelle für eine solche Neuausrichtung und die ‚Immunisierung' der SAT gegen die oben dargestellten Einwände stellen Arbeiten dar, die forschungsgeschichtlich aus der Rezeption der ethnomethodologischen Konversationsanalyse hervorgegangen sind. Bisherige Versuche, Sprechakttheorie auf Gespräche anzuwenden, wie die sprechakttheoretische Dialoganalyse (vgl. z.B. Franke 1990) oder die Gesprächsanalyse von Henne/Rehbock (2001), die die SAT auch terminologisch präsent halten, eignen sich zwar dazu, den regelhaften Ablauf von Sprechaktsequenzen darzustellen, sind jedoch nicht in dem Sinne dialogisch ausgerichtet, dass sie dazu herangezogen werden könnten, zu erklären, wie sprachliche Handlungsbedeutung (inter-)aktiv von den GesprächsteilnehmerInnen hergestellt wird. An dieser Stelle könnte man einwenden, dass gesprächsanalytische Ansätze, wie die von Henne/Rehbock (2001) oder auch von Deppermann (2008) bereits leisten, was hier als Desiderat dargestellt wird. Sie analysieren sequenziell organisierte verbale Interaktion und nehmen (mehr oder weniger) explizit Bezug auf Sprachhandlungen bzw. Äußerungsfunktionen, um zu beschreiben, wie InteraktantInnen das Gespräch organisieren und was sie im Gespräch tun. Diesbezüglich kann erwidert werden, dass Henne/Rehbock zwar den handlungstheoretischen Aspekt von Gesprächsbeiträgen sowohl als Konzept als auch als Bezeichnung (Sprechakt) wahren, jedoch nicht auf die interaktiv-kollaborative Dimension sprachlichen Handelns eingehen. Anders verhält es sich bei Deppermann (2008): Während dort explizit und eindrücklich auf interaktive Prozesse der Sinnherstellung verwiesen wird, werden Äußerungsfunktionen bei der Analyse zwar auch zu Rate gezogen, eine Bezugnahme auf Sprechakte oder Sprecherintentionen wird jedoch strikt vermieden und abgelehnt (vgl. Deppermann 2008, S. 73 und 83–84).

Hier deutet sich an, was im Laufe dieses Beitrags und auch in der Analyse weiter herausgearbeitet werden soll: Um sprachliches Handeln in der sequenziell organisierten Interaktion angemessen zu beschreiben, sollte eine Perspektive eingenommen werden, die Kommunikation als interaktiven Prozess und gemeinsame Leistung aller Beteiligten versteht und die es gleichzeitig ‚erlaubt‘, theoretisch und analytisch auf die Ebene zugrundeliegender Intentionen zurückzugreifen. Generell scheint es unangebracht, eine Bezugnahme auf Intentionen und Intentionalität aus empirischer ‚Reinheit‘ um jeden Preis zu vermeiden, wenn man akzeptiert, dass eine Form von intentionaler Zielgerichtetheit zentral für menschliches Verhalten und folglich auch für Kommunikation ist. Außerdem tut man sich wohl keinen Gefallen, wenn man die durchaus notwendige Debatte über die Rolle der Intentionalität in i.w.S. pragmatischen Arbeiten umgeht, indem man stattdessen von Äußerungsfunktionen oder -zwecken spricht.

Als Startpunkt der Auseinandersetzung mit Sprechakten in der Interaktion ziehen wir zunächst die Grundannahmen der Forschung zu *Sprache-in-Interaktion* heran, die Imo (2013) in Anlehnung an Linells Epistemologie des *Dialogismus* (Linell 1998) aufführt. Imo (2013, S. 60–71) formuliert – unter dem übergeordneten Prinzip der *Reflexivität* – drei fundamental dialogische Prinzipien, die sich (für uns) dazu eignen, auf einige Einwände gegen die Sprechakttheorie zu reagieren.

Das erste dialogische Prinzip der *Sequenzialität* ist dazu geeignet, der in K1 formulierten Kritik an der SAT zu begegnen. Es besagt schlicht, dass jede Äußerung oder sprachliche Handlung einen wichtigen Teil ihrer Bedeutung aus ihrer sequentiellen Position bezieht, und dass die GesprächsteilnehmerInnen „Interaktion als emergierende Struktur von entstehenden und verketteten Aktivitäten" (Imo 2013, S. 64–65) wahrnehmen. Auch wenn es sich hierbei um eine – aus gesprächs- bzw. konversationsanalytischer Sicht (vgl. z.B. Deppermann 2008; Schegloff 2007) – (fast) banale Erkenntnis handelt, kann eine SAT, die nicht nur Sprechaktpaare oder -abfolgen betrachtet, sondern Sprechaktanalysen einzelner Äußerungen auch unter Berücksichtigung der handlungs- und interpretationsleitenden Aspekte ihrer sequentiellen Einbettung durchführt, nur profitieren.

Das zweite dialogische Prinzip nennen wir nach Deppermann *Konstitutivität* (2008, S. 8). Imo spricht in diesem Zusammenhang vom „gemeinsame[n] Hervorbringen von Bedeutung und Struktur" (Imo 2013, S. 67). Dieses Prinzip ist dazu geeignet, auf den Kritikpunkt K2 zu reagieren und die Antwort auf die Frage, ob es auch auf die Entstehung sprachlicher Handlungsbedeutung bezogen werden kann, ist für eine interaktionale Ausrichtung der SAT zentral. Dieses Prinzip betont, dass sprachliche Interaktion nicht auf die Absichten und Aktivitäten Einzelner reduziert werden kann, sondern als gemeinsame Leistung aller InteraktantInnen betrachtet werden sollte (vgl. Imo 2013, S. 67–68; Linell 1998, S. 74–77 und S. 86–87). Bezogen auf Sprechakte und Sprechaktanalysen würde das bedeuten, dass die Kontrolle darüber, welche sprachliche Handlung in einer konkreten Kommunikationssituation tatsächlich vollzogen wurde, nicht alleine bei der ProduzentIn der Äußerung liegt, sondern in das Reich der interaktiven und intersubjektiven Aushandlung innerhalb einer S-H-Dyade verlagert werden sollte. Ein zusätzlicher Aspekt, der im Prinzip der *Konstitutivität* angelegt und mitgedacht ist, ist etwas, das wir hier als das Unterprinzip der *Tentativität* einführen wollen. Von der Tentativität gemeinsam hergestellter pragmatischer Bedeutung zu sprechen, bedeutet, zu reflektieren, dass der Weg zu einer geteilten (Sprachhandlungs-)Interpretation einen Prozess der Behandlung *vorläufiger* Interpretationsversuche durch die InteraktantInnen beinhaltet, an dessen Ende eine geteilte operative Interpretation steht, an deren Gültigkeit sich im weiteren Verlauf der Interaktion orientiert wird (vgl. Arundale 1999, S. 133; Jacoby/Ochs 1995; S. 179, Clark 1996, S. 215–216, Kallmeyer 1981, S. 93).

Das dritte dialogische Prinzip ist bei Imo mit „Sprache ist in Kontext eingebettet" überschrieben (vgl. Imo 2013, S. 69), aber wir wollen es *Kontextualität* nennen. Es beinhaltet das, was Linell (1998, S. 87–88) *act-activity-interdependence* nennt und es besagt, dass einzelne sprachliche Handlungen stets als Teil

übergeordneter gemeinsam konstituierter Handlungstypen oder -muster wahrgenommen werden, und oft erst in Bezug auf diese verständlich werden. Dieses
dritte dialogische Prinzip kann ebenfalls als Antwort auf die Kritik in K2 angeführt werden. Während jedoch im Zentrum von *Konstitutivität* und *Tentativität*
die kollaborative Herstellung einzelner sprachlicher Ereignisse steht, betont das
Prinzip der *Kontextualität*, dass einzelne sprachliche Handlungen nie in einem
Handlungsvakuum vollzogen werden, sondern stets als Teil größerer *kommunikativer Projekte* (vgl. Linell 1998, S. 207f.) geplant und verstanden werden.

Zusammengenommen zeichnen die dialogischen Prinzipien ein Bild des
Kommunikationsprozesses, in dem die inkrementelle interaktive Ko-Konstitu-
ierung von Gesprächsereignissen und (pragmatischer) Bedeutung in sequenziell
organisierter verbaler Interaktion in den Vordergrund rückt. Während jedoch
Kommunikation und sprachliche Interaktion in gesprächsanalytischen Einführungen, wie z. B. denen von Brinker/Sager (2006) oder Deppermann (2008), völlig
unkontrovers als gemeinsame Leistung und fortwährender Prozess des Her-
stellens und Sicherns von Intersubjektivität betrachtet wird, ist eine solche Perspektive in der sprechakttheoretischen Theoriebildung (noch) nicht salonfähig.
Zwar werden in Thomas' pragmatischer Einführung (1995, S. 195f.) einige
Punkte zur kollaborativen Natur von Sprechakten und der Aushandelbarkeit
illokutionärer Kräfte angesprochen, aber eine intensivere Auseinandersetzung
mit dem interaktiven Prozess der Bedeutungsaushandlung findet hauptsächlich
in einem gesprächsanalytischen Rahmen statt. Während also in gesprächsanalytischen Arbeiten gemeinhin von gemeinsam hergestellten Gesprächsereignissen und der Dynamik und Verhandelbarkeit von Sinn und Bedeutung ausgegangen wird, muss sich eine interaktionale Orientierung der Sprechakttheorie
zunächst noch damit auseinandersetzen, inwiefern sich eine solche Aushandlungsannahme auch auf sprechakttheoretische Kerngrößen wie Sprecherintentionen oder illokutionäre Kräfte beziehen lässt.

4 Intention und Intentionalität in einer *interaktionalen* SAT?

Auf die in K3 reproduzierte Kritik an der theoretischen und analytischen Zentralität kognitiver Prozesse wie Sprecherintentionen in der SAT wollen wir reagieren, indem wir einige Präzisierungen am Intentionsbegriff vornehmen, die
dabei helfen, den Blick auf das Phänomen der Intentionalität in der Interaktion
zu schärfen. So soll gezeigt werden, dass gesprächsemergente und interaktive
Aspekte sprachlicher Handlungsbedeutung auch im Rekurs auf intentionale
Zustände der SprecherInnen und in einem sprechakttheoretischen Rahmen beschrieben werden können.

Eine undogmatische Auseinandersetzung mit der Rolle und der Konzeptualisierung des Intentionsbegriffs in Pragmatik und SAT scheint unbedingt notwendig, will man nicht auf das theoretische Konzept oder die analytische Ressource *Sprecherintention* verzichten. Die Positionen zum Stellenwert von Sprecherintentionen in der pragmatischen Theoriebildung liegen zum Teil weit auseinander und sind häufig durch theoretisch-methodische Grundsatzentscheidungen informiert, die den unterschiedlichen Perspektiven der angloamerikanischen kognitiv-philosophischen bzw. der kontinentaleuropäischen eher gesprächsanalytisch ausgerichteten Pragmatikströmungen entsprechen (vgl. Haugh 2008, S. 100f.). Während das gesprächsanalytisch-empirische Lager dafür plädiert, den Fokus komplett auf die beobachtbare sprachliche Oberfläche zu richten, ohne Spekulationen über Intentionen oder mentale Prozesse anzustellen (vgl. z.B. Imo 2013, S. 53–54; Deppermann 2008, S. 83), könnte aus dem sprechakttheoretisch-philosophischen Lager entgegnet werden, dass die Viabilität der Sprechakttheorie mit der zentralen Rolle von Intention und Intentionalität steht oder fällt.

In diesem Beitrag soll eine Perspektive auf Intention in der Interaktion angeregt werden, die mit den dialogischen Grundprinzipien nach Imo (2013) und Linell (1998) (vgl. Abschnitt 3) konsistent ist. Demnach sind Intentionen nicht nur in der mentalen Welt der SprecherInnen zu verorten, sondern sollten auch im Sinne einer interaktiven (post facto) Teilnehmerressource verstanden werden. Eine solche Perspektive ermöglicht es uns, sowohl *dynamische*, d.h. ko-konstruierte und gesprächsemergente, als auch *kollektive* Aspekte von Intentionalität zu erfassen.

4.1 Ko-Konstruierte gesprächsemergente Intentionen

Die erste Unterscheidung zur Schärfung des Intentionsbegriffs, die hier vorgenommen werden soll, ist die, dass wir nach Kecskés (2010) zwischen *a priori Intentionen* und *emergenten ko-konstruierten Intentionen* unterscheiden. Dieser Distinktion folgend sind Intentionen nicht nur als Vorläufer bzw. Voraussetzung des sprachlichen Handelns im Kopf der SprecherInnen anzusiedeln, sondern sollten auch als dynamische im Gespräch modifizierbare, handlungs- und interpretationsleitende Größe konzeptualisiert werden:

> [...] intention is considered a dynamically changing phenomenon that is the main organizing force in the communicative process. Intention is not only private, individual, pre-planned and a precursor to action; it is also emerging and social. (Kecskés 2010, S. 60)

Kecskés verbindet hier eine kognitiv-philosophische Perspektive auf den Intentionsbegriff mit einem sozio-kognitiven Zugang, der es erlaubt, die dynamische und nicht-summative Seite von Intention zu erfassen. So gelangt er zu einem Verständnis, das diesem komplexen vielgestaltigen Phänomen gerecht wird, indem es die klassisch pragmatische Sicht auf Intentionen (vgl. Grice 1957; Searle 1969; Bach/Harnish 1979) nicht komplett in Frage stellt, sondern erweitert, und Intentionen auch als analytische Ressource im Sinne einer Teilnehmerkategorie nutzbar macht.

Diese konzeptuelle Erweiterung des Intentionsbegriffs darf dabei selbstverständlich nicht bedeuten, dass Intentionalität komplett in den diskursiven Raum verlagert wird. Vielmehr handelt es sich bei *a priori Intention* und *emergenter ko-konstruierter Intention* um zwei Facetten (vgl. Kecskés 2010, S. 60) des Intentionsbegriffs, die in einer Art von Input-Output-Verhältnis zueinanderstehen und die in einer Analyse integriert werden sollten. Denn während SprecherInnen zu Beginn des Gesprächs oder vor der Äußerung eines bestimmten Gesprächsbeitrags eine (mehr oder weniger) klare und benennbare a priori Intention haben können, ist es möglich, dass diese ursprüngliche Intention im Interaktionsverlauf modifiziert und zwischen den InteraktantInnen neu ausgehandelt wird, sodass die Intention, an der sich im weiteren Gesprächsverlauf orientiert wird, eine andere ist, als die, die die SprecherIn ursprünglich *im Kopf* hatte. Das bedeutet nicht, dass sich die a priori Intention oder der eigentlich intendierte Sprechakt rückwirkend ändern würden, sondern vielmehr dass der interaktive Effekt und in diesem Zusammenhang auch die gültige illokutionäre Kraft einer Äußerung zwischen den PartizipientInnen ausgehandelt wird. Die Frage, wie ein solcher Aushandlungsprozess der interaktiv gültigen illokutionären Kraft einer Äußerung gedacht und beschrieben werden kann, wird im fünften Abschnitt wiederaufgegriffen.

Während sich Kecskés' begrifflich prägnante Unterscheidung der zwei unterschiedlichen Facetten des Intentionsbegriffs für unser Vorhaben als Impuls der Auseinandersetzung mit den interaktiv dynamischen Eigenschaften von Intentionalität eignet, sollte dazu auch unbedingt auf Brinker/Sager (2006) verwiesen werden. In dem Kapitel ihrer gesprächsanalytischen Einführung, das sie mit *Interaktive Verfahren* überschrieben haben, plädieren sie in Abkehr vom Transfermodell der Kommunikation für eine Perspektive, die fokussiert, dass kommunikative Einheiten nicht einfach zwischen zwei Systemen transferiert, sondern „in einem gemeinsamen kommunikativen Raum (in der Mitte) aufgebaut" (Brinker/Sager 2006, S. 133) werden. Kommunikative Aktivitäten stellen bei ihnen demnach Versuche der InteraktantInnen dar, individuell-kognitive Sinnkomplexe im interaktiven Raum verfügbar zu machen und dort mit dem

Gegenüber zu verhandeln (Brinker/Sager 2006, S. 133–134). In diesem Prozess der interaktiven Sinnherstellung und -sicherung werden zwischen den InteraktantInnen verschiedene Dimensionen von Gesprächssinn ausgehandelt. Die Intentionalität, die einem Gesprächsbeitrag zugrunde liegt, stellt dabei eine Form des von den InteraktantInnen lokal hervorgebrachten und gesicherten Gesprächssinns dar. Auch bei Brinker/Sager können Sprecherintentionen also Gegenstand interaktiver Aushandlungsprozesse sein, welche sich durch das wechselseitige Ratifizieren pragmatischer Sinnangebote auszeichnen und die darin münden können, dass eine geteilte Sicht auf die einer Äußerung zugrunde liegende Intentionalität in den dialogischen *Common Ground* aufgenommen wird (vgl. Brinker/Sager 2006, S. 142 146; zum Common Ground vgl. z. B. Stalnaker 2002 oder Clark 1996).

Die analysepraktische Erkenntnis, die sich aus den hier dargestellten Überlegungen ergibt, ist die, dass sich die a priori Sprecherintention, mit der eine einzelne Äußerung vollzogen wurde, einer abschließenden Bestimmung häufig entzieht und folglich nicht alleine ausreichen kann, um Aussagen darüber zu treffen, welche Art von sprachlicher Handlung vollzogen wurde. Inwieweit ko-konstruierte gesprächsemergente Intentionen in der Analyse verbaler Interaktion eine Rolle spielen können, wird im sechsten Abschnitt zu zeigen sein.

4.2 Kollektive Intentionen und kommunikative Projekte

Kommen wir aber zunächst zu einer zweiten Distinktion, die uns weiter dabei hilft, den Intentionsbegriff zu schärfen. Das betrifft die Unterscheidung zwischen *individuellen Sprecherintentionen* und *kollektiven Gruppenintentionen*. Sprachliche Einzelhandlungen werden nie in einem Handlungsvakuum vollzogen, sondern sind (fast) immer Teil eines größeren kommunikativen Vorhabens, das über eine Sequenz hinweg zwischen mehreren GesprächsteilnehmerInnen hergestellt wird. Einem solchen gemeinsamen kommunikativen Vorhaben liegt eine Form von kollektiver Intentionalität zugrunde, die Searle (1990) in einer Erweiterung seines Intentionsbegriffs als *we-intentions* (W-Intentionen) eingeführt hat. Dem Konzept der *we-intentions* liegt die Einsicht zugrunde, dass sprachliches Handeln und pragmatische Bedeutung nicht auf die Analyse individueller Sprecherintentionen reduziert werden kann, sondern auch mit Blick auf Makro-Intentionen (vgl. Fetzer 2002, S. 63f.) bzw. Intentionen höherer Ordnung (vgl. Haugh/Jaszczolt 2012, S. 98f.) erfolgen muss. Demnach orientieren sich SprecherInnen in der verbalen Interaktion auch an einer Form von Makro-Intentionalität, die sie als leitend für ganze Gesprächssequenzen oder kommunikative Aktivitäten betrachten und die sie sowohl als Interpretationsrahmen für die Gesprächsbeiträge des Gegenübers als auch im Sinne einer größeren kommunikativen Absicht, auf deren Realisierung hin sie ihre eigenen kommunikativen Beiträge konzipieren und platzieren, fungieren.

Neben Searles ursprünglicher Einführung des Konzepts kollektiver Intentionen in die sprachhandlungstheoretische Betrachtung von Sprache sind zu den *we-intentions* besonders Tuomela/Miller (1988) und in einer überarbeiteten Fassung Tuomela (2005) anzuführen. Searle konzeptioniert *we-intentions* als eine nicht-summative primitive Form von Intentionalität, die sich auch dann nicht auf die Summe der individuellen Intentionen der am Vollzug der kollektiv-intentionalen Makro-Handlung beteiligten Personen reduzieren lässt, wenn man sie mit gemeinsamem Glauben (*mutual belief*) aller InteraktantInnen anreichert. Stattdessen ist es nach Searle so, dass sich die individuellen Intentionen von der kollektiv geteilten Intention ableiten lassen. Zur Illustration schreibt er über die gemeinsame Durchführung eines Spielzugs im American Football:

> Each member of the team will share in the collective intention, but will have an individual assignment that is derived from the collective but has a different content from the collective. (Searle 1990, S. 403)

Im Gegensatz dazu geht Tuomela davon aus, dass sich die einzelnen *we-intentions* der Beteiligten im Sinne einer *joint intention* zusammensetzen lassen, sofern *mutual belief* vorliegt:

> A we-intention is a participants 'slice' of their joint intention [...] or the other way round, it can technically be said that a joint intention consists of the participants' we-intentions about the existence of which the participants have mutual belief. (Tuomela 2005, S. 330)

Demnach sind Tuomelas *we-intentions* nicht mit denen Searles gleichzusetzen: Tuomelas *we-intentions* sind – nomenklatorisch etwas kontraintuitiv – individuelle Intentionen, die in ihrer Summe und unter der Voraussetzung, dass über ihre ,Inhalte' ein geteiltes Verständnis herrscht, kollektive Intentionen (*joint intentions*) konstituieren können. Für das Vorhaben dieses Beitrags genügt es an dieser Stelle, festzuhalten, dass die verbale Interaktion nicht nur von individuellen Sprecherintentionen, sondern auch von einer Form kollektiver Intentionalität organisiert wird, die wir im Sinne von Searles *we-intentions* und Tuomelas *joint intentions* als *(kollektive) W-Intentionen* bezeichnen wollen.

Dass auch kollektive W-Intentionen erst im Gespräch konstituiert oder bestätigt werden müssen, und somit ebenfalls als gesprächsemergent betrachtet werden sollten, ist bereits angeklungen (vgl. dazu auch Haugh/Jaszczolt 2012, S. 101f.). Diesbezüglich sind für unser Vorhaben zwei Aspekte von besonderem Interesse: Erstens interessiert, wie gemeinsame kommunikative Vorhaben im

Gespräch initiiert und enaktiert werden, und zweitens wird zu klären sein, welche Rolle kollektive Intentionalität für das Verstehen (emisch) und die Analyse einzelner Sprechakte (etisch) spielt.

Zur Klärung der ersten Frage können wir auf einen Prozess referieren, den Tuomela (2005, S. 333f.) als den *bulletin board view* der Formulierung von kollektiven Intentionen bezeichnet und der im Kern davon ausgeht, dass kollektive Intentionen auf einem (virtuellen) Schwarzen Brett initiiert und koordiniert werden. Aus dieser Sicht werden kollektive Intentionen im Gespräch formiert, indem sich die GesprächsteilnehmerInnen (meist) implizit über das gemeinsame Makrohandlungsziel verständigen und sich darauf festlegen, ihre individuellen Handlungen auf dieses gemeinsame Ziel abzustimmen.

Zur Beantwortung der zweiten Frage können wir uns auf das zweite dialogische Prinzip der Kontextualität zurückbesinnen, welches im Sinne von Linells *act-activity-interdependence* betont, dass einzelne sprachliche Handlungen stets in Relation zu dem kommunikativen Projekt interpretiert werden, in das sie eingebettet sind. *Kommunikative Projekte* können nach Linell (1998, S. 207–234) als eine Art handlungs- und interpretationsleitende Gesprächsgröße der Mesoebene verstanden werden, die weniger sedimentiert und routinisiert sind als kommunikative Gattungen (vgl. Günthner/Knoblauch 1994; Günthner/König 2016) oder Praktiken (vgl. Deppermann/Feilke/Linke 2016) und weniger mit den situativen Gegebenheiten einhergehen als Aktivitätstypen (vgl. Levinson 1979). Stattdessen lässt der Begriff des kommunikativen Projekts mehr Raum für strategische Entfaltung in der konkreten Situation, auch wenn die Routinisierung der kommunikativen Strategien, die überindividuell und wiederholt zur Durchführung eines bestimmten kommunikativen Projekts genutzt werden, durchaus zu einer Annäherung an Konzepte wie Praktiken oder Gattungen führen kann (vgl. Linell 1998, S. 232f.)

5 Die Aushandlung oder Ko-Konstruktion illokutionärer Kräfte

Nachdem gezeigt werden konnte, dass es möglich ist, den Intentionsbegriff so zu erweitern, dass auch emergente und kollektive Aspekte von Intentionalität erfasst werden können, ohne den sprechakttheoretischen Rahmen zu sprengen, soll es nun darum gehen, wie die Aushandlungsannahme auch auf *illokutionäre Kräfte* bezogen werden kann.

Auch wenn mit Sbisà (2002) ein weiterer vielversprechender Ansatz zur Aushandelbarkeit von Illokutionen vorliegt, beziehen wir uns hier hauptsächlich auf Witeks (2015) *interactional account of illocutionary practice*, der eine neo-Austinsche Perspektive auf sprachliches Handeln als kontextverändernde soziale Aktivität mit Millikans (2005) biologisch-teleologischer Sicht auf Konventionalität verbindet, um eine Modellskizze zu zeichnen, die viel Raum für die interaktive Konstruktion von sprachlicher Handlungsbedeutung lässt und folglich gut dazu geeignet ist, die bisherigen Ausführungen zur interaktiv-kollaborativen Natur sprachlichen Handelns und der Dynamik und Aushandelbarkeit von Sprecher- und Gruppenintentionen zu integrieren.

Witek knüpft dazu an Austins Ausführungen zu den illokutionären Effekten (1962, S. 115–116) an, die er so zu lesen scheint, dass die Reaktion oder Antwort, die ein illokutionärer Akt hervorruft, sofern er ‚richtig' aufgenommen wurde und seine Wirkung entfalten konnte, einen Anteil daran hat, welche illokutionäre Kraft eine Äußerung in der Interaktion tatsächlich hat. Da Sprechakte nach Witek inhärent interaktiv sind, betrachtet er die illokutionäre Kraft einer Äußerung folgerichtig als verwoben mit ihrem *interaktiven Effekt*, der in der Hörerreaktion manifest wird, die nach einem konventionellen Interaktionsmuster mit dem initialen Sprechakt verbunden ist (vgl. Witek 2015, S. 45).

Die Zuschreibung illokutionärer Kräfte ist hier nicht vom Erkennen reflexiver Sprecherintentionen abhängig, sondern ist Gegenstand konventionalisierter linguistischer Muster, die nach Millikan als reproduzierte Verhaltens- bzw. Aktivitätsmuster verstanden werden können (vgl. Millikan 2005, S. 146f.). Die Antwort, die ein Sprechakt konventionell elizitiert bzw. elizitieren soll, entspricht dann dem zweiten Schritt in einem reproduzierten S-H-Muster, das durch die initiale Äußerung initiiert und im *uptake* der RezipientIn angenommen werden muss (vgl. Witek 2015, S. 47). Die Aushandlung der illokutionären Kraft einer Äußerung und die Beteiligung der Ko-PartizipientInnen an der Definition, als was ein Sprechakt interaktiv gilt, wird hier in die lokale Kooperativität verlegt. Solange das initiierte lokale S-H-Muster in der Reaktion aufgenommen wird, kann von einem kooperativ durchgeführten Interaktionsmuster gesprochen werden, auch wenn es sich um eine dispräferierte Antwort handelt (vgl. Witek 2015, S. 49–50). Dass die S-H-Muster als aktivitäts- und situationsspezifisch konzipiert sind, hat zur Folge, dass die Entstehung und die Analyse illokutionärer Kräfte auch Gegenstand des Sprachspiels (vgl. Wittgenstein 1953, z. B. §. 7, §. 21, §. 33) sind, in die die Äußerung eingebettet ist. Der initiale Sprechakt stellt dann das Angebot dar, ein bestimmtes S-H-Muster zu enaktieren bzw. ein bestimmtes Sprachspiel zu spielen und eine kooperative Reaktion zeigt, dass dieses Angebot akzeptiert wurde. Den Prozess der gemeinsamen Herstellung illokutionärer Kräfte im Rahmen der Sicherung des intersubjektiven Verständnisses davon, welche Art von Sprachspiel gerade gemeinsam enaktiert wird, bezeichnet Witek explizit als Ver- bzw. Aushandlungsprozess:

The mechanism whereby the actual force of an utterance is constructed involves a discursive process that can be called [...] *tacit or interactional negotiation*. In other words, constructed forces are one-off products that exist in virtue of being collectively agreed upon by the participants in a language game. (Witek 2015, S. 53)

Im Kern wird Sprechaktvollzug hier als das Initiieren, Erkennen und Ko-Enaktieren konventioneller S-H-Muster erfasst, die Teil größerer kommunikativer Projekte sein können bzw. diese einleiten. Was das Integrationspotential des hier dargestellten Modells in Bezug auf bereits angesprochene Aspekte der interaktionalen Perspektive auf sprachliches Handeln betrifft, kann Folgendes festgehalten werden: Die Annahme, dass S-H-Muster und Sprachspiele interaktiv ko-konstituiert werden, bietet Anschlusspunkte dafür, was weiter oben in Bezug auf die Formierung kollektiver Intentionen in gemeinsamen kommunikativen Projekten ausgeführt wurde und die Position, dass Sprechaktinterpretationen – sowohl aus der TeilnehmerInnen- als auch aus der Analysierendenperspektive – immer auch davon informiert sind bzw. sein sollten, in welche Art von Sprachspiel ein einzelner Sprechakt eingebettet ist, sollte im Sinne der Linellschen *act-activity-interdependence* bereits bekannt sein. Außerdem kann ein Ansatz, der illokutionäre Kräfte als pragmatische Sinnangebote und als modifizierbare dynamische Interaktionsphänomene konzipiert, daran anknüpfen, was weiter oben zur Möglichkeit ko-konstruierter gesprächsemergenter Intentionen ausgeführt wurde – und dabei helfen, die interaktiv-soziale Dimension des sprachlichen Handelns zu verstehen und sprachliche Handlungsbedeutung (ein Stück weit) aus den Köpfen der InteraktantInnen in den Interaktionsraum zu verlegen.

6 Sprechakte in der Interaktion: Verabredungen in WhatsApp

Wie ein analytischer Zugang zu Sprechakten in der Interaktion aussehen kann, der von den hier dargestellten Annahmen informiert ist, soll im Folgenden exemplarisch an zwei WhatsApp-Chat-Sequenzen [2] gezeigt werden, die auch die Beispiele 1.1 und 1.2 enthalten, sodass gezeigt werden kann, wie unterschiedlich die Ergebnisse interaktionaler und klassischer Sprechaktanalysen sein können.

Die Chatverläufe werden hier in dem visuellen Kommunikationsinterface wiedergegeben, in dem sie produziert und rezipiert wurden. Bis auf den Aspekt der Zeitlichkeit der Kommunikationsbeiträge, kann Konversation also annähernd so erlebt werden, wie sie von den PartizipientInnen erlebt wurde. Unter den Gesprächsbeiträgen sind von links nach rechts drei Angaben zu finden: die

---

2   Zu WhatsApp als Kommunikationsplattform und als linguistischer Untersuchungsgegenstand vgl. z. B. Arens 2014; Dürscheid/Frick 2014.

Zeitmarkierung (z. B. 22:20:00 (Uhr)), die ID der Schreiberin[3] (z. B. 545 und 546 in Beispiel (2) bzw. 1 und 2 in Beispiel (3)) und die fortlaufende Beitragsnummerierung (494343 in Beispiel (2) bzw. 464 in Beispiel (3)).

Die hier fokussierte Sprachhandlung 494343 von Schreiberin 546 haben wir im zweiten Abschnitt in sprechaktanalytischer Isolation bereits als FRAGE bestimmt. Ein Blick auf die sequenzielle Entfaltung zeichnet jedoch ein anderes Bild: Als Antwort auf diese initiale Äußerung zeigt Schreiberin 545 ihre vorläufige Interpretation als FRAGE, indem sie sie beantwortet („*Ne*") und nach dem Grund für die Frage fragt bzw. Unverständnis bezüglich ihrer Relevanz zeigt („*Wiso?*"). Die Schreiberin des initialen Beitrags 546 ratifiziert diese vorläufige Interpretation als FRAGE nicht und initiiert eine Reparatur (vgl. dazu z. B. Schegloff 2007, S. 100–106): Sie echoet die Nachfrage zwinkernd („*Wieso? ;)*") und re-formuliert anschließend, wie ihre initiale Äußerung eigentlich intendiert war.

Abb. 3: Beispiel (2) *Fußball* in der Sequenz

---

3   Bei den in den Beispielsequenzen chattenden Personen handelt es sich ausschließlich um Frauen.

Die intentionsklarifizierende Reformulierung in 494347 wird von einer Kombination aus Diskursmarker und kausaler Subjunktion („*Na, weil...*") eingeleitet, die einerseits eine Anknüpfung an etwas bereits Gesagtes und andererseits eine metasprachliche Begründung der Frage anzeigt. In der Reparatur macht die Schreiberin 546 die ihrer initialen Äußerungen zugrunde liegende Intention soweit explizit, dass klar wird, was sie eigentlich vorhatte: das gemeinsame Durchführen der in der (scheinbaren) Frage thematisierten Tätigkeit *vorzuschlagen.* Demnach würde es sich bei der fokussierten Äußerung 494343 entgegen ihrer formalen Eigenschaften, die sowohl die Rezipientin als auch die analysierende SprechakttheoretikerIn zu einer Interpretation als FRAGE geführt haben bzw. hätten, um einen VORSCHLAG[4] handeln. Der weitere Verlauf der Sequenz, der hier aus Gründen der Übersichtlichkeit nicht mit abgebildet wurde, bestätigt die Interpretation als VORSCHLAG, denn die beiden Schreiberinnen fahren fort, mögliche Hindernisse und Details der gemeinsamen Durchführung der vorgeschlagenen Aktivität zu besprechen.

Die illokutionskonkretisierende Re-Formulierung der fokussierten initialen Äußerung kann hier als ‚Reparaturschleife' in einem (minimal) dreischrittigen Aushandlungsprozess betrachtet werden. Wenn die initiale Äußerung das Angebot darstellt, ein bestimmtes Sprachspiel zu spielen bzw. ein bestimmtes S-H-Muster zu enaktieren, ist die Verständigung auf das gerade aktive Sequenzmuster ‚Vorschlag – Akzeptanz/Gegenvorschlag (– Details klären)' gleichzusetzen mit der Herstellung einer geteilten Definition. Die illokutionäre Kraft von 494343 wird also im Verlauf der Sequenz vorläufig definiert, repariert, gemeinsam hergestellt und durch die Fortführung des initiierten Sequenzmusters ‚Verabreden' als dialogischer Fakt bestätigt.

Hier zeigt sich eines deutlich: Nur wenn wir dynamische gesprächsemergente Intentionen und die nachträgliche Modifikation und Re-Interpretation von Sprecherintentionen zulassen, ist es möglich, den tatsächlichen kommunikativen Beitrag einer Einzeläußerung auch aus einer handlungstheoretischen Perspektive vollständig zu beschreiben. Die retrospektive Um-Interpretation der zugrundeliegenden a priori Sprecherintention im Sinne einer gesprächsemergenten Intention und die gemeinsame Herstellung der kommunikativ gültigen illokutionären Kraft einer fokussierten Äußerung muss als Möglichkeit in Betracht gezogen werden, die der kommunikativen Praxis der PartizipientInnen

---

4   Vorschläge können in einem sprechakttheoretischen Rahmen nach Hindelang (2010, S. 58–65) als nicht-bindende Aufforderungen mit beidseitiger Präferenz bestimmt werden, wobei ein Vorschlag, wie er hier vorliegt, noch weiter als Vorschlag des Typs der ANREGUNG klassifiziert werden kann.

entspricht und dementsprechend auch im theoretischen und analytischen Zugang der Gesprächsforschenden reflektiert sein sollte.

Auch die nächste Beispielsequenz (4) kennen wir bereits teilweise. Die hier fokussierte Äußerung 470 wurde nach sprechakttheoretischer Inspektion als ANKÜNDIGUNG bestimmt. Auch wenn hier erneut Aspekte emergenter ko-konstruierter Intention eine Rolle spielen, kann an diesem Beispiel besonders eindrücklich gezeigt werden, wie im Gespräch formierte kollektive Intentionen und die dadurch organisierten kommunikativen Projekte als Interpretationsrahmen für einzelne sprachliche Handlungen fungieren und dementsprechend auch aus der Analysierendenperspektive relevant sind.

Betrachtet man die fokussierte Äußerung in ihrer sequentiellen Einbettung und als Teil eines größeren kommunikativen Projekts, gelangt man zu einer Interpretation, die in isolierter Betrachtung wohl kaum nahegelegen hätte. Will man den interpretations- und handlungsleitenden Beitrag eines kommunikativen Projekts für das Verstehen und die Analyse einzelner sprachlicher Handlungen beschreiben, muss man zunächst den Blick darauf richten, wie und wo ein kommunikatives Projekt beginnt und welcher Art es ist. Hier ist es so, dass das von der Schreiberin 1 im gesprächseröffnenden Beitrag initiierte kommunikative Projekt zunächst noch relativ offen und unbestimmt bleibt und erst im Laufe der Sequenz von den Interaktantinnen ko-konstruiert wird. Nachdem Schreiberin 2 erst dem Muster einer (echten) Frage-Antwort-Sequenz entsprechend reagiert, wird die Definition des kommunikativen Projekts im Beitrag 467 dann in Richtung gemeinsamer Handlungskoordination gelenkt, indem in einer Form nach den Plänen der Schreiberin 1 gefragt wird, die weniger im Sinne einer reziproken Informationsfrage gelesen werden sollte, und stattdessen als erster Gesprächsschritt interpretiert werden kann, der dem Handlungsmuster der Planung einer gemeinsamen Aktivität zuzuordnen ist. Diese Interpretation wird auch durch den folgenden Beitrag 468 gestützt. Dadurch dass Schreiberin 1 signalisiert, keine festen Pläne und *„jetzt doch"* freie Zeit zu haben, schafft sie die Voraussetzung und den Anschlusspunkt für den VORSCHLAG einer gemeinsamen Tätigkeit, was von der Schreiberin 2 auch so wahrgenommen wird. Das zeigt sich daran, dass die beiden folgenden Gesprächsbeiträge 469 und 470 der Schreiberin 2 als (Teil-)Vorschläge interpretiert werden können.

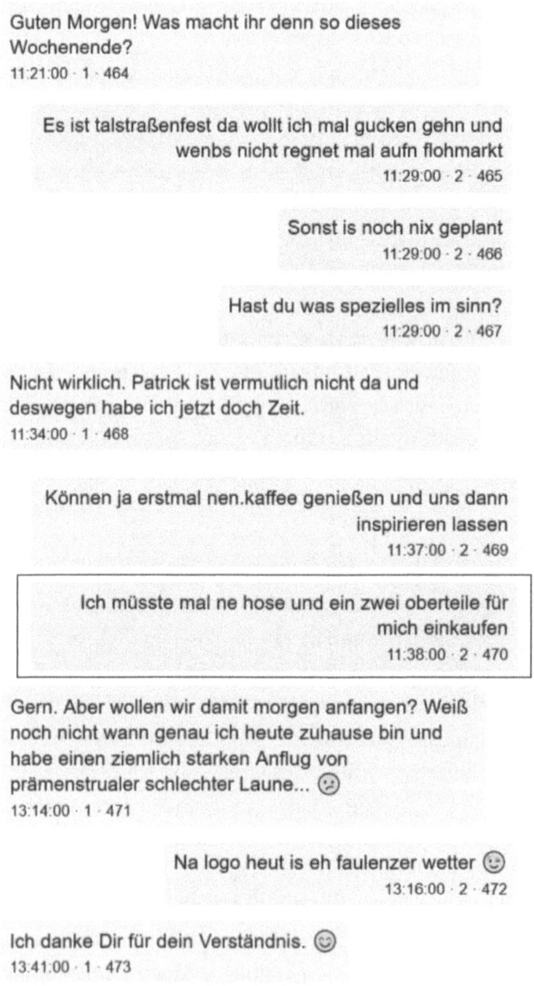

Guten Morgen! Was macht ihr denn so dieses
Wochenende?
11:21:00 · 1 · 464

Es ist talstraßenfest da wollt ich mal gucken gehn und
wenbs nicht regnet mal aufn flohmarkt
11:29:00 · 2 · 465

Sonst is noch nix geplant
11:29:00 · 2 · 466

Hast du was spezielles im sinn?
11:29:00 · 2 · 467

Nicht wirklich. Patrick ist vermutlich nicht da und
deswegen habe ich jetzt doch Zeit.
11:34:00 · 1 · 468

Können ja erstmal nen.kaffee genießen und uns dann
inspirieren lassen
11:37:00 · 2 · 469

Ich müsste mal ne hose und ein zwei oberteile für
mich einkaufen
11:38:00 · 2 · 470

Gern. Aber wollen wir damit morgen anfangen? Weiß
noch nicht wann genau ich heute zuhause bin und
habe einen ziemlich starken Anflug von
prämenstrualer schlechter Laune... 😕
13:14:00 · 1 · 471

Na logo heut is eh faulenzer wetter 🙂
13:16:00 · 2 · 472

Ich danke Dir für dein Verständnis. 😊
13:41:00 · 1 · 473

Abb. 4: Beispiel (4) *Einkaufen* in der Sequenz

Während die Äußerung 469 durch die (elliptische) Realisierung eines
Verb-Erst-Aussagesatzes in der ersten Person Plural und die konsensbetonende
Abtönungspartikel „*ja*" auch formal als Vorschlag erkennbar ist, kann die fokussierte Äußerung 470 als eine Art Nachtrag oder Ergänzung gesehen werden,
die einen wichtigen Teil ihrer illokutionären Kraft daraus bezieht, dass sie auf
einen recht transparenten VORSCHLAG folgt. Vor dem Hintergrund des in der

Sequenz gemeinsam hergestellten S-H-Musters ‚Verabreden' kann die illokutionäre Kraft der fokussierten Äußerung ohne pragmatische Ambiguität als die eines VORSCHLAGS bestimmt werden. Die Reaktion der Sprecherin 1 in Beitrag 471 zeugt davon, dass diese Interpretation auch der der Rezipientin entspricht. Das lässt sich einerseits durch die Verwendung des – aus der Reduktion eines durch das Adverb *gern* modalisierten Satzes abgeleiteten – Akzeptanzmarkers „*Gern*" belegen, der auch bei Hindelang als positiver Bescheid im zweiten Zug angeführt wird (2010, S. 124). Anderseits kann dazu darauf verwiesen werden, dass die anschließende Bitte um Vertagung („*Aber wollen wir morgen damit anfangen?*") so formuliert ist, als ob sie den verabredeten gemeinsamen Plan bereits als (mehr oder weniger) sozial bindend akzeptiert. Die Durchführung des lokalen Paarsequenzmusters Vorschlag-Akzeptanz in 469 bis 471 zeugt also von der erfolgreichen intersubjektiven Verständigung auf das gerade aktive kommunikative Projekt ‚Verabreden'. Gleichzeitig stellt das kommunikative Projekt den Erwartungs- und Interpretationsrahmen der einzelnen sprachlichen Handlungen dar. Ein solche reflexive Relation einzelner sprachlicher Handlungen und kommunikativer Projekte kann im Sinne der *act-activity-interdependence* nach Linell als typisch angenommen werden. Die illokutionäre Interpretation der fokussierten Äußerung als VORSCHLAG kann also mit Blick auf die sequenzielle Umgebung und die Handlungseinbettung in ein größeres kollektiv-intentionales kommunikatives Projekt in seiner interaktiv-kommunikativen Gültigkeit als abgesichert betrachtet werden.

Nach diesen exemplarischen Analysen könnte nun der Einwand aufkommen, dass in klassischen gesprächsanalytischen Untersuchungen wie z.B. nach Deppermann (2008) ebenfalls auf eine Ebene Bezug genommen wird, die Sprachhandlungsaspekte einzelner Äußerungen betrifft. Demnach würden sich solche Gesprächsanalysen (äußerlich) von dem hier befürworteten Vorgehen einer interaktional ausgerichteten sequenziellen Sprechaktanalyse nur darin unterscheidet, dass eben nicht explizit über Intentionen und Sprechakte gesprochen wird (oder werden kann), da Intentionsanalysen und sprechakttheoretische Analysen als nicht-empirisch und intentionalistisch abgelehnt werden (vgl. Deppermann 2008, S. 83). Dem ist zu entgegnen, dass es nur in einem analytischen Rahmen, der sprechakttheoretisch fundiert und terminologisch dementsprechend ausgestattet ist, möglich ist, die intentionale Zielgerichtetheit einzelner Äußerungen zu bestimmen, ohne auf Ersatzformulierungen wie *pragmatische Aufgaben* oder *kommunikative Zwecke* zurückgreifen zu müssen. Außerdem können die kommunikativen Funktionen einzelner Äußerungen in einem sprechakttheoretisch fundierten Zugang terminologisch präziser bestimmt werden, wobei auf gut definierte und beschriebene Klassen zurückgegriffen werden kann. Denn obwohl auch dafür argumentiert werden kann, die Beschreibungskategorien wie in der gesprächsanalytischen Praxis erst während der Analyse aufzustellen, erscheint es nicht unangebracht, von einigen (proto- typischen) Funktions- bzw. Handlungsklassen auszugehen, die sich für die Be- arbeitung wiederkehrender kommunikativer Probleme herausgebildet haben und die dementsprechend als Kern eines in der Analyse anzupassenden Be- schreibungsinventariums angenommen werden können.

　　Nachdem die analytischen blinden Stellen klassisch sprechakttheoretischer Analysen bereits in den Abschnitten 2 und 3 herausgearbeitet wurden und nun tentativ gezeigt werden konnte, dass auch ein strikt gesprächsanalytisches Vor- gehen nicht ohne Weiteres dafür ausgestattet ist, sequenzielles sprachliches Handeln vollständig abzubilden und zu beschreiben, kann an dieser Stelle Fol- gendes festgehalten werden: Es scheint, weder puristisch-empirische Ge- sprächsanalysen noch intentionalistische Sprechaktanalysen können für sich genommen dem gerecht werden, was SprecherInnen bzw. SchreiberInnen in Interaktionssequenzen sprachlich tun. Der klassischen gesprächsanalytischen Perspektive fehlen das konkrete Beschreibungsinventar für Äußerungsfunkti- onen im Sinne sprachlicher Handlungen sowie die Möglichkeit, die intentionale Zielgerichtetheit sprachlicher Äußerungen auch begrifflich vollständig zu er- fassen und der orthodoxen SAT-Perspektive bleibt die Interaktivität kommuni- kativer Prozesse als gemeinsame Leistung aller Beteiligten verschlossen. Folge- richtig wäre es, dass nur ein Zugang entlang der Linien der hier skizzierten interaktional und empirisch ausgerichteten SAT, der offen und undogmatisch zu integrieren versucht, was z.T. als diametral gegenläufig und sich gegenseitig ausschließend begriffen wird, beschreiben kann, was in der Interaktion mit sprachlichen Äußerungen und kommunikativen Projekten getan wird, oder wie sprachliche Funktionen im Sinne pragmatischer Handlungsbedeutung von den InteraktantInnen im Sequenzverlauf behandelt, modifiziert und als ko-supposi- tionell bestätigt werden.

7 Jede Reise beginnt mit dem ersten Schritt

Als Wegweiser und Reiseführer (oder Reisewarnung?) auf dem Weg zu einer interaktionalen und empirischen Ausrichtung der SAT war es das Ziel dieses Beitrags, auszuloten, wie Einwände gegen die klassische SAT entkräftet werden könnten, wie einige theoretische Unwägbarkeiten auf diesem Weg navigiert werden könnten und wie ein interaktionaler sprechakttheoretischer Zugang bei der Analyse authentischer konversationeller Sprachdaten aussehen könnte. Während in diesem Artikel einiges getan wurde, wurde auch Vieles (noch) nicht

getan. Wie der hier begonnene Weg fortgesetzt werden kann, hängt auch davon
ab, wie man zentralen theoretischen und methodischen Herausforderungen begegnen wird. So wird es unbedingt notwendig sein, das Analysevorgehen dahingehend zu befragen, ob nur im Vorhinein festgelegte und definierte sprachliche Handlungen und kommunikative Projekte untersucht werden können bzw.
wie vermieden werden kann, dass diese Festlegungen ausschließlich auf einem
vortheoretisch-intuitiven Alltagsverständnis beruhen. Um die Realisierung unterschiedlicher Sequenzmuster und kommunikativer Projekte und der konsti-
tuierenden sprachlichen Einzelhandlungen systematisch in den analytischen
Blick zu nehmen, bräuchte man eine Taxonomie kommunikativer Projekte, die
wohl nur schrittweise im Rahmen vieler Teilanalysen erstellt werden kann. Hier
kommt natürlich erschwerend hinzu, dass die dazu nötige manuelle Analyse-
arbeit sehr kleinteilig ist und so zunächst nur bei der Analyse kürzerer Gesprächssequenzen sinnvoll angewendet werden kann. Theoretisch näher zu beleuchten wäre neben allgemeinen Fragen zur Herstellung von Intersubjektivität
im Gespräch und der Konzeptualisierung des dialogischen Common Ground
konkret z. B., wie die Relation kommunikativer Projekte und anderer Diskurs-
oder Aktivitätskategorien (Gattungen, Praktiken, Aktivitäten) konzeptualisiert
werden kann, wobei zu thematisieren sein wird, wie überindividuelle Routinisierung und individuell-strategische Entfaltung gegeneinander abgewogen
werden können. Abschließend bleibt nur zu hoffen, dass in diesem Beitrag gezeigt werden konnte, dass ein Dialog zwischen der gesprächsanalytischen und
der sprechakttheoretischen Perspektive durchaus möglich und fruchtbar sein
kann und dass die interaktiven Eigenschaften des sprachlichen Handelns auch
in einem sprechakttheoretischen Rahmen greifbar sind, sofern man die Sprechakttheorie als lebendiges und modifizierbares Gerüst versteht, statt sie als ka-
nonisches Korsett zu betrachten.

Literatur

Altmann, Hans (1993): Satzmodus. In: Jacobs, Joachim/von Stechow, Arnim/Sternefeld,
    Wolfgang/Vennemann, Theo (Hg.): Syntax. Ein internationales Handbuch zeitgenös-
    sischer Forschung. Berlin/Boston: de Gruyter. S. 1006–1029.
Arens, Katja (2014): WhatsApp: Kommunikation 2.0. Eine qualitative Betrachtung der
    multimedialen Möglichkeiten. In: König, Katharina/Nils Bahlo (Hg.): SMS, WhatsApp
    & Co. Gattungsanalytische, kontrastive und variationslinguistische Perspektiven zur
    Analyse mobiler Kommunikation. Münster: MV Wissenschaft. S. 81–106.
Arundale, Robert B. (1999): An alternative model and ideology of communication for an
    alternative to politeness theory. In: Pragmatics 9(1), S. 119–153.

Arundale, Robert B. (2008): Against (Gricean) intentions at the heart of human interaction. In: Intercultural Pragmatics 5(1), S. 229–258.

Arundale, Robert B./Good, David (2002): Boundaries and sequences in studying conversation. In: Fetzer, Anita/Meierkord, Christiane (Hg.): Rethinking sequentiality: linguistics meets conversational interaction. Amsterdam/Philadelphia: John Benjamins. S. 121–150.

Austin, John Langshaw (1962): How to do things with words. Oxford: Clarendon.

Bach, Kent/Harnish, Robert M. (1979): Linguistic Communication and Speech Acts. Cambridge: MIT Press.

Brinker, Klaus/Sager, Sven F. (2006): Linguistische Gesprächsanalyse. Eine Einführung. Berlin: Erich Schmidt.

Bücker, Jörg (2018): Gesprächsforschung und Interaktionale Linguistik. In: Liedtke, Frank/Tuchen, Astrid: Handbuch Pragmatik. Stuttgart: J. B. Metzler Verlag. S. 41–52.

Clark, Herbert H. (1996): Using language. Cambridge: Cambridge University Press.

Deppermann, Arnulf (2008): Gespräche analysieren. Eine Einführung. Wiesbaden: VS.

Deppermann, Arnulf (2012): How does 'cognition' matter to the analysis of talk-in-interaction? In: Language Sciences 34, S. 746–767.

Deppermann, Arnulf/Feilke, Helmuth/Linke, Angelika (2016): Sprachliche und kommunikative Praktiken: Eine Annäherung aus linguistischer Sicht. In: Deppermann, Arnulf/ Feilke, Helmuth/Linke, Angelika (Hg.) (2016): Sprachliche und kommunikative Praktiken. Berlin/Boston: de Gruyter. S. 1–24.

Dürscheid, Christa/Karina Frick (2014): Keyboard-to-Screen-Kommunikation gestern und heute: SMS und WhatsApp im Vergleich. In: Alexa, Mathias/Runkehl, Jens/Siever, Torsten (Hg.): Sprachen? Vielfalt! Sprache und Kommunikation in der Gesellschaft und den Medien. Eine Online-Festschrift zum Jubiläum von Peter Schlobinski. <http:// www.mediensprache.net/networx/networx-64.pdf>. S. 149–181.

Fetzer, Anita (2002): Communicative intentions in context. In: Fetzer, Anita/Meierkord, Christiane (Hg.): Rethinking sequentiality: linguistics meets conversational interaction. Amsterdam/Philadelphia: John Benjamins. S. 37–69.

Franke, Wilhelm (1990): Elementare Dialogstrukturen. Darstellung, Analyse, Diskussion. Tübingen: Niemeyer.

Garcia-McAllister, Paula (2015): Speech acts: a synchronic perspective." In: Ajimer, Karin/ Rühlemann, Christoph (Hg.): Corpus Pragmatics: A Handbook. Cambridge: Cambridge University Press. S. 29–51.

Goodwin, Charles (2000): Action and embodiment within situated human interaction. In: Journal of Pragmatics 32, S. 1489–1522.

Grice, Herbert P. (1957): Meaning. In: The Philosophical Review 66/3, S. 377–388.

Günthner, Susanne/Knoblauch, Hubert (1994): 'Forms are the food of faith'. Gattungen als Muster kommunikativen Handelns. In: Kölner Zeitschrift für Soziologie und Sozialpsychologie 4, S. 693–723.

Günthner, Susanne/König, Katharina (2016): Kommunikative Gattungen in der Interakti on: Kulturelle und grammatische Praktiken im Gebrauch. In: Deppermann, Arnulf/ Feilke, Helmuth/Linke, Angelika (Hg.): Sprachliche und kommunikative Praktiken. Berlin/Boston: de Gruyter. S. 177–204.

Haugh, Michael (2008): Intention in pragmatics. In: Intercultural Pragmatics 5(2), S. 99–110.

Haugh, Michael/Jaszczolt, Kasia M. (2012): Speaker intentions and Intentionality. In: Allan, Keith/Jaszczolt, Kasia M. (Hg.): The Cambridge handbook of pragmatics. Cambridge: Cambridge University Press. S. 87–112.

Henne, Helmut/Rehbock, Helmut (2001): Einführung in die Gesprächsanalyse. Berlin: de Gruyter.

Hindelang, Götz (2010): Einführung in die Sprechakttheorie. Sprechakte, Äußerungsformen, Sprechaktsequenzen. Berlin/New York: de Gruyter.

Jacoby, Sally/Ochs, Elinor (1995): Co-Construction: An introduction. In: Research on Language and Social Interaction. 28(3), S. 171–183.

Imo, Wolfgang (2013): Sprache-in-Interaktion – Analysemethoden und Untersuchungsfelder. Berlin/Boston: de Gruyter.

Kallmeyer, Werner (1981): Aushandlung und Bedeutungskonstitution. In: Schröder, Peter (Hg.): Dialogforschung. Düsseldorf: Schwann, S. 89–127.

Kasper, Gabriele (2006): Speech acts in interaction: Towards discursive pragmatics. In: Bardovi-Harlig, Kathleen/Félix-Brasderfer, Cesar, J./Omar, Alwiya S. (Hg.): Pragmatics and language learning, Vol. 11. Honolulu: National Foreign Language Resource Center, S. 281–314.

Kecskés, István (2010): The paradox of communication. Socio-cognitive approach to pragmatics. In: Pragmatics and society 1(1), S. 50–73.

Koester, Almut Josepha (2002): The performance of speech acts in workplace conversations and the teaching of communicative functions. In: System 30, S. 167–184.

Kohnen, Thomas (1999): Corpora and speech acts: The study of performatives. In: Mair, Christian/Hundt, Marianne (Hg.): Corpus Linguistics and Linguistic Theory. Papers from the Twentieth International Conference on English Language Research on Computerized Corpora. Amsterdam: Rodopi, S. 177–186.

Levinson, Stephen C. (1979): Activity types and language. In: Linguistics 17(5–6), S. 66–100.

Levinson, Stephen C. (1983): Pragmatics. Cambridge University Press.

Liedtke, Frank (1998): Grammatik der Illokution: über Sprachhandlungen und ihre Realisierungsformen im Deutschen. Tübingen: Narr.

Linell, Per (1998): Approaching dialogue: Talk, interaction and contexts in dialogical perspectives. Amsterdam: Benjamins.

Millikan, Ruth Garrett (2005): Language: A Biological Model. Oxford: Clarendon.

Sacks, Harvey/Schegloff, Emanuel A./Jefferson, Gail (1974): A simplest systematics for the organization of turn-taking for conversation. In: Language 50, S. 696–737.

Sbisà, Marina (2002): Cognition and narrativity in speech act sequences. In: Fetzer, Anita/Meierkord, Christiane (Hg.): Rethinking sequentiality: linguistics meets conversational interaction. Amsterdam/Philadelphia: John Benjamins, S. 71–97.

Schegloff, Emanuel A. (1988): Presequences and indirection. Applying speech act theory to ordinary conversation. In: Journal of Pragmatics 12, S. 55–62.

Schegloff, Emanuel A. (2007): Sequence Organization in Interaction. A Primer in Conversation Analysis I. Cambridge: Cambridge University Press.

Searle, John (1969): Speech Acts. An Essay in the philosophy of language. Cambridge: Cambridge University Press.

Searle, John R. (1979): Expression and meaning. Studies in the theory of speech acts. Cambridge: Cambridge University Press

Searle, John R. (1990): Collective intentions and actions. In: Cohen, Philip R./Morgan, Jerry/Pollack, Martha E. (Hg.): Intentions in Communication. Cambridge/London: MIT Press, S. 401–415.

Staffeldt, Sven (2014): Sprechakttheoretisch analysieren. In: Staffeldt, Sven/Jörg Hagemann (Hg.): Pragmatiktheorien. Analysen im Vergleich. Tübingen: Stauffenburg, S. 105–148.

Stalnaker, Robert (2002): Common ground. In: Linguistics and Philosophy 25, S. 701–721.

Thomas, Jenny (1995): Meaning in interaction. An introduction to pragmatics. London/New York: Longman.

Tuomela, Raimo (2005): We-intentions revisited. In: Philosophical Studies 125, S. 327–369.

Tuomela, Raimo/Miller, Kaarlo (1988): We-intentions. In: Philosophical Studies 53 (3), S. 367–390.

Witek, Maciej (2015): An interactional account of illocutionary practice. In: Language Sciences (47), S. 43–55.

Wittgenstein, Ludwig (1953): Philosophische Untersuchungen. Frankfurt am Main: Suhrkamp.

Yang, Young-Sook (2003): Aspekte des Fragens: Frageäußerungen, Fragesequenzen, Frageverben. Tübingen: Niemeyer.

Expressive Sprechakte *revisited*

Rita Finkbeiner

Abstract: In this contribution, I take a fresh look at the class of expressive speech acts. In the first part of the paper, I review and compare selected definitions of expressive speech acts. Focusing on Searle's (1982 [1975]) account, I then discuss a number of problems that arise from the criteria of illocutionary point, sincerity condition and direction of fit. In the last part of the paper, I relate the speech act theoretic account of expressive speech acts to a formal-semantic account of expressive meaning in the tradition of Kaplan (2004). Taking the example *goodbye*, I point to a generalization regarding the question how use conditions are modeled in the different accounts.

1 Einleitung

Expressive Sprechakte sind, ganz allgemein gesagt, sprachliche Handlungen, mit denen Sprecherinnen und Sprecher Gefühle oder Einstellungen zum Ausdruck bringen. Die Klasse der expressiven Sprechakte ist als Teilklasse der einflussreichen Sprechaktklassifikation von Searle (1982 [1975]) seit langem in der Sprechakttheorie etabliert, sie ist aber auch immer wieder kritisiert worden (z. B. Bach/Harnish 1979; Rolf 1997; Kissine 2013a). Das hat viele Gründe. Einer davon ist sicherlich, dass der sprachliche Ausdruck von Gefühlen in gewisser Weise schwieriger zu fassen ist als etwa der sprachliche Ausdruck von intentionalen oder volitionalen Einstellungen. Im Rahmen dieses Beitrags kann ich weder einen vollständigen Überblick über die verschiedenen Beschreibungsansätze zu expressiven Sprechakten geben noch im Einzelnen die immer wieder geübte Kritik an der Searle'schen Klasse nachzeichnen. Mein Ziel ist, einige ausgewählte Probleme der Klasse zu besprechen – sowohl solche, die schon länger bekannt sind, als auch solche, die erst im Licht der neueren Forschung auftreten. Ich beginne mit einem knappen vergleichenden Überblick über Charakterisierungen der Klasse in verschiedenen Klassifikationsansätzen (Abschnitt 2) und diskutiere dann im Einzelnen drei Problembereiche, die im Zusammenhang mit Searles drei Klassifikationskriterien stehen (Abschnitt 3). Im letzten Teil des Beitrags (Abschnitt 4) setze ich am Beispiel des Sprechakts Sich verabschieden einen sprechakttheoretischen Ansatz in Beziehung mit einem logisch-semantischen Ansatz zu expressiver Bedeutung. In Abschnitt 5 fasse ich die Überlegungen knapp zusammen.

2 Die Klasse der expressiven Sprechakte

Die Klasse, um die es hier geht, wird in verschiedenen Taxonomien unterschiedlich benannt und auch unterschiedlich definiert. Austin (1972 [1962]), der als einer der ersten auf diese Klasse aufmerksam gemacht hat, nennt sie „Behabitives"– in der deutschen Übersetzung „Konduktive" – und charakterisiert sie folgendermaßen:

> Bei konduktiven Äußerungen geht es um die Reaktion auf das Verhalten und das Schicksal anderer Leute und um Einstellungen sowie den Ausdruck von Einstellungen gegenüber dem vergangenen oder unmittelbar bevorstehenden Verhalten eines anderen. (Austin 1972, S. 175)

Das ist natürlich eine recht unpräzise Formulierung, nicht nur, weil Austin anscheinend nicht zwischen Einstellungen und dem Ausdruck von Einstellungen unterscheidet (vgl. zu dieser grundlegenden Unterscheidung z. B. Lang 1983), sondern vor allem, weil er nicht sagt, wie die betreffenden Sprechakte genau definiert sind. Dass es „um etwas geht", nämlich u. a. um den Ausdruck von Einstellungen, kann nicht genügen, um die expressiven Sprechakte etwa von Assertionen wie *Ich hasse dich* abzugrenzen, die auch etwas mit dem Ausdruck von Einstellungen zu tun haben.

Auch Searle (1982, S. 28) hält Austins Klasse der Konduktive für „alles andere denn wohldefiniert" und strebt daher für die Klasse der expressiven Sprechakte eine Präzisierung an. In seiner Taxonomie geht er von den drei bekannten Kriterien der Anpassungsrichtung, des psychischen Zustands und des illokutionären Witzes aus (vgl. auch Searle/Vanderveken 1985). Den illokutionären Witz von expressiven Sprechakten sieht er darin,

> den in der Aufrichtigkeitsbedingung angegebenen psychischen Zustand zum Ausdruck zu bringen, der auf eine im propositionalen Gehalt aufgeführte Sachlage gerichtet ist. (Searle 1982, S. 34)

Der zum Ausdruck gebrachte psychische Zustand ist dabei nicht festgelegt, sondern variiert mit den verschiedenen expressiven Sprechakten. Eine Anpassungsrichtung, oder „direction of fit" zwischen propositionalem Gehalt und Welt haben sie nicht. Dies begründet Searle damit, dass Expressive nicht darauf abzielen, die Welt zu repräsentieren oder sie zu verändern, sondern voraussetzen, dass die zum Ausdruck gebrachte Proposition wahr ist (vgl. Searle 1982, S. 34). Auf Searles Ansatz komme ich im Weiteren noch ausführlich zurück (vgl. Abschnitt 3).

Bach/Harnish (1979) nennen die Klasse „Acknowledgments" und verstehen darunter Sprechakte, mit denen Sprecher_innen Gefühle in Bezug auf den Hörer zum Ausdruck bringen, die zu bestimmten Anlässen angemessen sind.

> They express, perfunctorily if not genuinely, certain feelings towards the hearer. These feelings and their expression are appropriate to particular sorts of occasions. (Bach/Harnish 1979, S. 51)

Dass die Acknowledgments auf bestimmte „sorts of occasions" bezogen sind, ist ein wichtiger Aspekt in dieser Definition. Auch bei Searle (1982) wird diesem Aspekt Rechnung getragen, indem er annimmt, dass beim Vollzug expressiver Sprechakte eine bestimmte „Sachlage" als existent vorausgesetzt wird. Schon Austin spricht ja von „Reaktionen" auf vorgängige Verhaltensweisen. Ein zweiter wichtiger Aspekt bei Bach/Harnish (1979) kommt in der Parenthese „perfunctorily if not genuinely" zum Ausdruck: Da expressive Sprechakte Reaktionen auf bestimmte Typen von sozialen Situationen sind, entsteht eine Tendenz zur Routinisierung, so dass der Vollzug dieser Sprechakte in diesen Situationen hochgradig erwartbar wird. Dies wiederum führt dazu, dass expressive Sprechakte in den entsprechenden Situationen auch ausschließlich „perfunctorily" – oberflächlich, gewissermaßen „nur um zu funktionieren" – vollzogen werden können, also ohne dass die Sprecherin das fragliche Gefühl hat.

Auch Norrick (1978) hebt als Kriterium das Vorliegen einer bestimmten Situation hervor, die Anlass zum Vollzug eines Expressivs gibt. In der Formulierung generalisierter Parameter dieser Situation sieht er einen geeigneten Weg zur Differenzierung unterschiedlicher expressiver Sprechakte. Norrick schlägt dafür folgende allgemeine Charakterisierung vor:

> A state of affairs X perceived as factual and judged to have positive or negative value for some person, the patient, brought about by a person, the agent (who may be identical with the patient), and, just in case either the agent or patient role is not filled or both are filled by the same individual, an additional person, the observer. (Norrick 1978, S. 283)

Je nach expressivem Akt sind die Rollen sowie die Bewertung von X unterschiedlich festzulegen. So ist bei einer Entschuldigung *agent* = S, *value* = negativ und *patient* = H, bei der Dankesbekundung *agent* = H, *value* = positiv und *patient* = S.

An dieser Charakterisierung expressiver Sprechakte kritisiert Marten-Cleef (1991, S. 43), dass sie versucht, ohne eine Berücksichtigung der ausgedrückten Gefühle auszukommen. Diese Kritik richtet sich auch auf die Klassifikation von Searle/Vanderveken (1985). Nach Marten-Cleef lassen sich aber expressive Sprechakte ohne eine differenzierte Betrachtung ihrer psychischen Basis nicht zufriedenstellend beschreiben.

> Die Etablierung einer Klasse Expressiva verdient nur dann ernsthaft Berechtigung, wenn der zentrale Begriff des „psychological state" genau bestimmt wird. (Marten-Cleef 1991, S. 22)

Sie schlägt daher eine Taxonomie sprachlicher Gefühlsäußerungen vor, die auf eine psychologische Klassifikation von Gefühlen bezogen ist. Darin werden Untermuster expressiver Sprechakte anhand der mit ihnen zum Ausdruck gebrachten Grundemotionen (z.B. Zuneigung, Mitgefühl) und dem Kommunikationsziel des Sprechers (empathisch/nicht-empathisch) unterschieden.

Alston (2000) betont den Aspekt des Ausdrückens einer Einstellung bei den expressiven Sprechakten. Als Antwort auf die Frage, was es heißt, eine Einstellung linguistisch auszudrücken, schlägt er vor:

> EXP: U expressed a P (some psychological state) in uttering S iff in uttering S, U R'd that U has a P. (Alston 2000, S. 109)

„U R'd that U has a P" ist dabei zu lesen als „U took responsibility for its being the case that U has a P" (Alston 2000, S. 55). Was damit gemeint ist, erläutert Alston am Beispiel einer Institutsleiterin, die Verantwortung für die Arbeit ihrer Mitarbeiter übernimmt, aber nicht in dem Sinne, dass sie selbst diese Arbeit getan hat, sondern in dem Sinne, dass sie berechtigterweise dafür zur Verantwortung gezogen werden kann, wenn die Arbeit nicht ordnungsgemäß ausgeführt wurde. Eine Sprecherin übernimmt also nach Alston mit einem expressiven Sprechakt die Verantwortung für das So-Sein dessen, dass sie diese Einstellung hat (ohne dass sie diese Einstellung notwendigerweise auch haben muss). Damit sind sowohl aufrichtige als auch unaufrichtige Fälle abgedeckt. Dies steht im Einklang mit Alstons übergreifendem Ziel, einen Ansatz zu illokutionären Akten zu entwickeln, der sämtliche klaren Fälle eines Sprechaktvollzugs einschließt – „sincere or insincere, well-advised or misguided, explicit or elliptical" (Alston 2000, S. 56).

Kissine (2013a) schließlich weist in seiner neueren kritischen Besprechung von Sprechaktklassifikationen auf eine ganze Reihe von Schwierigkeiten hin, die die Klasse der Expressiva aufwirft. Die von ihm genannten Probleme – einige davon diskutiere ich in Abschnitt 3 – bringen ihn dazu, von einer relativ weiten Definition auszugehen:

> [L]et us assume that the class of expressive speech acts encompasses the speech acts that express any mental state whatsoever (and that have an empty direction of fit). (Kissine 2013a, S. 184)

In dieser Definition ist weder verlangt, dass Sprecher_innen mit expressiven Sprechakten auf bestimmte als existent vorausgesetzte Situationen reagieren, noch, dass es um psychische Zustände bestimmter Art geht. Als Unterscheidungskriterium zu den übrigen Sprechakten gilt hier das Kriterium der fehlenden Anpassungsrichtung. Ohne dies näher zu begründen, aber möglicherweise wegen der genannten Schwierigkeiten mit der Klasse lässt Kissine (2013b) in seiner Monographie „From utterances to speech acts" die Klasse der expressiven Sprechakte dann aber ganz außen vor und schließt nur Konstative, Direktive und Kommissive ein.

Schaut man sich an, welche Beispiele in der Literatur als expressive Sprechakte gelten, zeichnet sich nur ein sehr kleiner Grundbestand an Sprechaktverben ab, der von allen hier berücksichtigten Autor_innen geteilt wird: *sich entschuldigen* (bzw. *um Entschuldigung bitten*), *danken, gratulieren* (bzw. *beglückwünschen, Kompliment machen*) und *kondolieren* (bzw. *Mitgefühl/Beileid ausdrücken*) (vgl. Austin 1972; Searle 1971 [1969], 1982; Norrick 1978; Bach/Harnish 1979; Searle/Vanderveken 1985; Marten-Cleef 1991). Nicht von allen Autor_innen dazugezählt werden dagegen beispielsweise *willkommen heißen* (nicht: Bach/Harnish 1979), *grüßen* (nicht: Norrick 1978; Searle 1982; Marten-Cleef 1991) und *sich beklagen/sich beschweren* (nicht: Searle 1982; Bach/Harnish 1979; Marten-Cleef 1991). Bei Austin (1972) finden sich einerseits viele Verben, die gar keine Sprechaktverben sind (z. B. *bedauern, verübeln, bereuen, ignorieren*), andererseits einige, die man wohl eher anderen Klassen zuordnen würde (z. B. *empfehlen, herausfordern (zum Duell)*). *Vergeben*, das gewissermaßen den komplementären Akt zum Entschuldigen bezeichnet, gilt nur bei Norrick (1978) als expressiver Sprechakt, Bach/Harnish (1979) dagegen ordnen *forgiving* zusammen mit *pardoning* und *excusing* als Kommissiva (Erlaubnisse, *permissives*) ein.

Bestimmte Sprechakte, die man eigentlich als Beispiele für die Klasse erwarten würde, fehlen wiederum in diesen Aufstellungen, zum Beispiel die Beleidigung. Eine Erklärung dafür ist, dass Beleidigungen nicht an das Vorliegen bestimmter situativer Voraussetzungen gebunden zu sein scheinen, so wie das von vielen

Autoren gefordert wird. Vielmehr können Beleidigungen nach Meibauer (2016, S. 157) anscheinend auch ohne besonderen Grund vollzogen werden.

Ein grundsätzliches Problem, auf das immer wieder hingewiesen worden ist (z. B. Lang 1983; Alston 2000), besteht darin, dass die meisten Autor_innen nur einfache sprechaktbezeichnende Verben betrachten.[1] Diese lassen sich nach Lang (1983) als Verben auffassen, in denen eine Komponente EXPRESS lexikalisch inkorporiert ist (z. B. *danken* = ‚Dank ausdrücken'). Was dagegen oft nicht beachtet wird, sind periphrastische Konstruktionen, in denen explizit eine Form des Verbs ausdrücken (*express*) vorkommt, z. B. *Ich möchte hiermit meine Genugtuung/meinen Stolz/meine Freude/meine Verärgerung darüber ausdrücken, dass p*. Solche Konstruktionen sind im Prinzip zu jeder Sprechereinstellung möglich und sollten genauso expressive Sprechakte sein wie Äußerungen des Typs *Ich möchte dir (dafür) danken/mich bei dir (dafür) entschuldigen, dass p*.

Die Diskussion expressiver Sprechakte beschränkt sich damit insgesamt auf ein recht kleines Inventar von Beispielen, das das breite Spektrum möglicher sprachlich ausdrückbarer Gefühle wohl höchstens ansatzweise abbildet. Dies hat damit zu tun, dass die meisten Autor_innen vor allem solche expressiven Sprechakte im Blick haben, mit denen bestimmte sozial einklagbare Einstellungen angesichts bestimmter als existent vorausgesetzter Situationen zum Ausdruck gebracht werden, an denen Sprecherin und/oder Hörer beteiligt sind, und für die es einfache Verben gibt, die den Sprechakt bezeichnen.

Definiert man die Klasse der expressiven Sprechakte in dieser Weise, dann führt dies u. a. dazu, dass bestimmte Äußerungen von Deklarativsätzen nicht als expressive Sprechakte erfasst werden können, obwohl man argumentieren kann, dass mit ihnen ebenfalls Einstellungen zum Ausdruck gebracht werden. In der Literatur werden zu diesem Problemkreis u. a. Beispiele wie (1) und (2) diskutiert.

(1)   Ich finde das widerlich. (Kissine 2013a, S. 185, Übers. R.F.)

(2)   Ich bin dir dankbar, dass du mir geholfen hast. (Brandt et al. 1992, S. 58)

---

1   Marten-Cleef (1991, S. 99–122) ist eine der wenigen, die bemüht ist, die ganze Bandbreite möglicher sprachlicher Ausdrucksmittel für expressive Sprechakte zu berücksichtigen, neben Äußerungen mit performativem Verb wie *Ich gratuliere zur Beförderung* auch Äußerungen von Empfindungsausdrücken (*Mein Gott!*), Äußerungen, mit denen man sagt, wie man sich fühlt (*Ich bin sehr enttäuscht über dein Verhalten*) oder Äußerungen, die Hinweise auf eine zugrundeliegende Evaluation geben (*Ich Trottel!*).

Bei (1) und (2) stellt sich die Frage, ob hier Assertionen oder Expressiva vorliegen, ob man einen indirekten Sprechakt annehmen soll oder möglicherweise einen eigenen illokutionären Typ. Bei (1) hat man zudem das Problem, dass die zum Ausdruck gebrachte Einstellung nicht auf eine Proposition, sondern auf eine im Diskurs wahrnehmbare Entität (das Essen) gerichtet ist. Schauen wir uns zuerst (1) an.

Mit (1) – geäußert mit verzerrtem Gesicht nach dem Probieren des Essens – bringt die Sprecherin Ekel zum Ausdruck. Das kann man daran sehen, dass der Sprechakt missglückt, wenn man die Äußerung mit einer Leugnung dieser Einstellung verknüpft, vgl. (3).

(3)   #Ich finde das widerlich, aber ich bin davon nicht angeekelt.

Es sollte sich also bei (1) um einen expressiven Sprechakt handeln. Wenn man expressive Sprechakte aber auf Sprechakte beschränkt, bei denen sich die ausgedrückte Einstellung auf eine Proposition bezieht, die die Situation bezeichnet, die Anlass zu dem Sprechakt gibt, kann man (1) nicht erfassen (vgl. Kissine 2013a). Etwas globaler betrachtet würde das bedeuten, dass man von vornherein viele Äußerungen ausschließt, bei denen Gefühle wie z. B. Ekel, Eifersucht, Neid, Liebe oder Hass ausgedrückt werden. Diese Gefühle beziehen sich typischerweise auf Personen oder Dinge, und nicht (wie z. B. Bedauern) auf Propositionen. Nicht erfasst werden könnten darüber hinaus auch Sprechakte, die Gefühle ausdrücken, die gar nicht zielgerichtet sind, z. B. Melancholie, diffuse Angst, ein mulmiges Gefühl.

Ein grundsätzlicheres Problem, das (1) und (2) aufwerfen, ist die Frage nach dem Sprechakttyp solcher Beispiele. Wie Kissine (2013a, S. 185f.) ausführt, müsste man nach Searle für (1) einen indirekten Sprechakt annehmen. Der wörtlich (direkt) ausgedrückte illokutionäre Akt wäre dabei der einer Assertion – es wird die Glaubenseinstellung BELIEF(*s finds this disgusting*) ausgedrückt –, der indirekt ausgedrückte illokutionäre Akt ein Expressiv, der Ausdruck eines Ekelgefühls. Eine solche Analyse vertritt auch Lang (1983) für Äußerungen vom Typ *Ich bedaure, daß p.*

> Die Bedauernseinstellung [...] ist die Einstellung, *über* die der Sprecher [...] etwas sagt, und zwar *mit* einer Urteilseinstellung: die Bedauernseinstellung wird vom Sprecher als beim Sprecher vorhanden seiend behauptet. (Lang 1983, S. 330, Hervorheb. i. Orig.)

Nach Kissine sollte es aber eher umgekehrt sein:

Yet, my own intuition is hat things actually go the other way around. By [(1)] I directly express my disgust; the fact that I believe that I am disgusted by the food is side information, indirectly conveyed. (Kissine 2013a, S. 186)

Brandt et al. (1992) schlagen dagegen für Äußerungen wie (2) eine Analyse als eigener illokutiver Typ „Einstellungsbekundung" vor. Einstellungsbekundungen fassen sie als illokutiven Typ auf, der sich sowohl von Assertionen („Darstellungshandlungen") als auch von expressiven Sprechakten („Ausdruckshandlungen") unterscheidet. Von einer Assertion unterscheidet sich (2) nach Brandt et al. dadurch, dass mit (2) kein Wahrheitsanspruch erhoben wird. Die illokutionäre Funktion der Äußerung „ist also nicht, einen Einstellungssachverhalt darzustellen, sondern ihn zum Ausdruck zu bringen" (Brandt et al. 1992, S. 56). Von einem expressiven Sprechakt unterscheidet sich (2) nach Brandt et al. u. a. dadurch, dass die mit der Äußerung zum Ausdruck gebrachte Einstellung nicht an einen performativen Ausdruck wie *danken* gebunden ist, dass sie durch den Ausdruck *dankbar sein* explizit gemacht wird, und dass sie nicht direkt an einen Adressaten gerichtet bzw. der Adressat nicht direkt in die Einstellungsbekundung involviert ist. Von Handlungserklärungen insgesamt (dazu gehören sowohl Assertiva als auch Expressiva) unterscheiden sich Einstellungsbekundungen nach Brandt et al. dadurch, dass sie nicht einklagbar sind, d. h. dass die Adressatin zu der Handlung selbst nicht Stellung nehmen, sie zurückweisen oder akzeptieren kann.

Für die Annahme eines eigenen illokutiven Typs Einstellungsbekundung spricht nach Brandt et al. außerdem, dass auch Satzadverbien wie *leider* oder *erfreulicherweise* als Träger von eigenen Illokutionen (nämlich solchen Einstellungsbekundungen) anzusehen sind, die mit der Äußerung des Adverbs direkt ausgedrückt werden.[2]

Offensichtlich sind solche Adverbien gegenüber dem (assertierten) Rest der Äußerung als Träger einer eigenen Illokution anzusehen. Es kann sich dabei jedoch nicht um eine zweite Assertion handeln, denn man spricht nicht über seine Einstellung, sondern man drückt sie aus. [...] Wenn man nun den Typ ohnehin braucht, gibt es keinen

---

2   Schon Austin (1972, S. 100) hat übrigens einen Unterschied gesehen zwischen Äußerungen wie „Ich bitte um Entschuldigung", die er explizit performativ nennt, Äußerungen wie „Ich bereue es", die er „halb deskriptiv" nennt, und Äußerungen wie „Es tut mir leid", die er deskriptiv nennt. Man müsste genauer prüfen, inwieweit diese Unterscheidungen parallel sind zur Unterscheidung Expressiva, Einstellungsbekundungen, Assertiva bei Brandt et al. (1992). Insbesondere der Unterschied zwischen „halb deskriptiven" und „deskriptiven" Äußerungen bei Austin scheint mir nicht ganz trennscharf zu sein.

Grund, davon auszugehen, daß er nicht auch durch andere sprachliche Ausdrücke, z. B. Deklarativsätze realisiert werden kann. (Brandt et al. 1992, S. 57)

Neben Satzadverbien wird in der neueren Literatur zur Semantik/ Pragmatik-Schnittstelle eine ganze Reihe weiterer sprachlicher Ausdrücke diskutiert, die einen expressiven Aspekt in die Äußerungsbedeutung einbringen (vgl. für einen Überblick Gutzmann 2013), z. B. Ausdrücke wie *Idiot* in (4).

(4)　a.　[Helga zu Marion:] Heinz, dieser Idiot, hat schon wieder die Kaffeemaschine angelassen.

　　　b.　[Helga zu Heinz:] Du blöder Idiot hast schon wieder die Kaffeemaschine angelassen!

Die Grundfrage ist, wie die expressive Bedeutung mit der deskriptiven Bedeutung interagiert. Wenn man davon ausgeht, dass der expressive Ausdruck Träger einer eigenen Illokution ist, muss man zeigen, wie die beiden Illokutionen (hier: assertiv und expressiv) zusammenwirken, also etwa ob – und wenn ja, warum – eine der beiden Illokutionen dominant ist. Dazu wäre aber zunächst der genaue Status expressiver Ausdrücke zu klären: Handelt es sich um illokutionäre Indikatoren? Wenn ja, wie verhalten diese sich zu anderen illokutionären Indikatoren wie etwa dem Satztyp? Unter welchen Bedingungen kann der eine Indikator den anderen dominieren? Eine Schwierigkeit dabei ist, dass sich nicht alle expressiven Ausdrücke gleich verhalten. Während man für (4a) wohl annehmen würde, dass hier primär eine Behauptung bzw. Anschuldigung vollzogen wird, wobei die Sprecherin zusätzlich Verachtung gegenüber Heinz zum Ausdruck bringt, gelangt man für (4b) eher zur Einschätzung, dass das primäre Ziel des Sprechakts ist, Verachtung gegenüber Heinz auszudrücken.

　　Im folgenden Abschnitt möchte ich die (bisher nur angedeuteten) Schwierigkeiten mit der Klasse der expressiven Sprechakte ein wenig systematischer explizieren, indem ich Searles drei Kriterien der Reihe nach durchgehe und Probleme aufzeige, die sich im Zusammenhang mit diesen Kriterien ergeben.

3 Probleme der Klasse der expressiven Sprechakte

Wie wir bereits gesehen haben, verwendet Searle (1982) für seine Taxonomie illokutionärer Akte die Kriterien der Anpassungsrichtung, des psychischen Zustands und des illokutionären Witzes. Die Anpassungsrichtung zielt auf die Funktion des propositionalen Gehalts: Soll er erfüllt werden oder soll er abgebildet werden? Der psychische Zustand entspricht der Aufrichtigkeitsregel. In der Aufrichtigkeitsregel ist festgelegt, welche Einstellung der Sprecher zur Proposition hat, z.B., dass er ihre Erfüllung wünscht. Der illokutionäre Witz schließlich leitet sich aus der wesentlichen Regel ab, zielt also auf den Zweck bzw. die soziale Geltung des Sprechakts. Die von Searle vorgeschlagene Ausprägung dieser drei Kriterien in Bezug auf die expressiven Sprechakte führt nun zu bestimmten Problemen, die ich der Reihe nach diskutieren möchte. Ich beginne mit dem Kriterium des illokutionären Witzes.

3.1 Illokutionärer Witz (wesentliche Regel)

Der Zweck von Expressiva besteht nach Searle (1982) und Searle/Vanderveken (1985) darin, den in der Aufrichtigkeitsbedingung angegebenen psychischen Zustand auszudrücken. Der Zweck einer Entschuldigung wäre es beispielsweise, Reue über das Geschehene zum Ausdruck zu bringen.

Ein erstes Problem dieser Zweckbestimmung ist, dass sie zu schwach ist, um expressive Sprechakte von anderen Sprechakten abzugrenzen (vgl. z.B. Rolf 1997, S. 218; Kissine 2013a, S. 184; Liedtke 2016, S. 63). Denn nach Searle (1982) und Searle/Vanderveken (1985) wird mit Sprechakten *aller* Klassen – mit Ausnahme der Deklarationen – durch ihren Vollzug *eo ipso* ein bestimmter psychischer Zustand ausgedrückt. So zeigen (5)–(7) – sogenannte Moore'sche Paradoxa –, dass mit Assertiva eine Glaubenseinstellung, mit Direktiva eine volitionale Einstellung und mit Kommissiva eine intentionale Einstellung zum Ausdruck gebracht wird.

(5)   #Die Erde ist eine Scheibe, aber ich glaube nicht, dass die Erde eine Scheibe ist.

(6)   #Mach das Fenster zu, aber ich will nicht, dass du das Fenster zumachst.

(7)   #Ich schenke dir einen Roller zum Geburtstag, aber ich habe nicht die Absicht, dir einen Roller zu schenken.

Der Vollzug eines assertiven, direktiven bzw. kommissiven Akts impliziert also immer den Vollzug eines expressiven Akts. Man kann damit so umgehen, dass man versucht, ein distinktives Kriterium zu finden, das eine Abgrenzung expressiver von anderen Sprechaktklassen erlaubt. Man kann daraus aber auch die Konsequenz ziehen, die Berechtigung einer eigenen Klasse der expressiven Sprechakte grundlegend in Frage zu stellen (vgl. zu einer Diskussion Kissine 2013a, S. 182–186). Ob eine so radikale Lösung angemessen ist, erscheint aber fraglich, denn die besondere Relevanz dieser Klasse tritt nicht zuletzt im Licht der neueren Forschung zu expressiver Bedeutung deutlich zutage (vgl. Abschnitt 4).

Von diesem ersten Problem ausgehend stellt sich zweitens die Frage, wie der Zweck expressiver Sprechakte (anders) bestimmt werden kann. Wenn es gelingt, den illokutionären Witz expressiver Sprechakte in angemessener Weise neu zu bestimmen, dann hätte man zugleich auch ein tragfähiges Unterscheidungskriterium zu den anderen Sprechaktklassen und damit das erste Problem gelöst. Nach Rolf (1997) besteht eine mögliche Antwort auf diese Frage

> in der (hier vertretenen) Auffassung, daß das Zum-Ausdruck-Bringen einer emotionalen Einstellung als der charakteristischen Aufrichtigkeitsbedingung eines Expressivs den Versuch einer Beeinflussung der emotionalen (Gesamt-)Lage des Adressaten darstellt. (Rolf 1997, S. 223)

Es ginge dann bei den Expressiva nicht nur darum, auszudrücken, „that U has a P" (Alston 2000, S. 109), sondern darum, durch den Ausdruck dieses Zustands auf den emotionalen Zustand des Adressaten einzuwirken. Eine solche Zweckbestimmung ist dadurch gerechtfertigt, dass die zu den Expressiva gezählten Sprechakte typischerweise die Beziehungsebene zwischen Sprecherin und Adressat betreffen. Mit einer Entschuldigung will die Sprecherin die kooperative Beziehung zum Adressaten wiederherstellen, mit einer Dankesbekundung will sie diese Beziehung aufrechterhalten oder stärken.

3.2 Psychischer Zustand (Aufrichtigkeitsregel)

Nach Searle (1982) und Searle/Vanderveken (1985) wird mit einem expressiven Sprechakt ein – je nach expressivem Sprechakt variierender – psychischer Zustand zum Ausdruck gebracht, der auf eine im propositionalen Gehalt aufgeführte Sachlage gerichtet ist.

Hier hat man das Problem, dass man nicht immer weiß, welcher psychische Zustand das genau ist. Normalerweise wird ja die betreffende Einstellung bei expressiven Sprechakten gerade nicht explizit, etwa durch ein entsprechendes Verb, ausgedrückt, sondern höchstens im performativen Vollzug des Aktes implikatiert (vgl. dazu auch Brandt et al. 1992). So bleibt die zum Ausdruck gebrachte Einstellung bei der Gratulationsäußerung (8) implizit, während sie in (9) – einem Beispiel, das die meisten o. g. Ansätze nicht zu den expressiven Sprechakten zählen würden – explizit gemacht wird.

(8)   Ich gratuliere dir zu dieser Leistung.

(9)   Ich anerkenne/bewundere/schätze/achte diese Leistung.

Während bei manchen expressiven Sprechakten der psychische Zustand intuitiv klar zu sein scheint (z. B. Danken – Dankbarkeit, Sich entschuldigen – Schuldgefühl), ist er bei anderen höchst unklar. Wird beim Gratulieren Anerkennung, Bewunderung, Achtung, Respekt, Freude oder ein anderes Gefühl zum Ausdruck gebracht? Noch schwieriger ist der Fall beim Grüßen. In vielen Fällen ist die Bestimmung des Gefühls wohl nur unter Rückgriff auf Parameter der Äußerungssituation möglich, wobei man es häufig auch mit unterschiedlichen Graden ausgedrückter Gefühle zu tun haben dürfte.

Kissine (2013a, S. 184) weist anhand des Beispiels eines direktiven Sprechakts darauf hin, dass der Test mit einem Moore'schen Paradox nicht immer zuverlässig die relevante Einstellung liefert. Auch für expressive Sprechakte kann man sich leicht Beispiele wie (10) überlegen, in denen ein pragmatischer Widerspruch entsteht.

(10)   #Entschuldige bitte, dass ich dir Kaffee übers Hemd geschüttet habe, und ich glaube nicht, dass du unter der Tat gelitten hast.

Das würde aber darauf hindeuten, dass der mit einer Entschuldigung ausgedrückte psychische Zustand eine Glaubenseinstellung ist und nicht, wie gemeinhin angenommen, eine emotive Einstellung. Marten-Cleef (1991, S. 72) geht entsprechend davon aus, dass alle Expressiva (auch) durch „einen gegenwärtigen Glauben des Sprechers, dass ein bestimmter Sachverhalt S besteht, charakterisiert sind".

Ein zweites Problem, das sich im Zusammenhang mit dem Kriterium des psychischen Zustands stellt, ist, inwieweit man bei Sprechakten wie dem Grüßen, Gratulieren oder Kondolieren überhaupt davon ausgehen sollte, dass sie eine Aufrichtigkeitsbedingung haben. Hier scheint es, dass der Ausdruck eines Gefühls – der ja nach Searle (1982) den primären Zweck des expressiven Sprechakts ausmacht – hinter die routinisierte Erfüllung einer sozialen Konvention zurücktritt. Schon Austin (1972) hat auf diesen Aspekt der Routinisierung hingewiesen.

> Es gibt im menschlichen Leben eine große Zahl von Situationen [...], angesichts deren es allgemein als richtig gilt, wenn man ein bestimmtes „Gefühl" [...] hat, [...]; und zwar sind das Situationen, auf die man natürlicherweise so wie erwartet reagiert (oder wir das jedenfalls gern glauben). [...] Verständlich, daß es [...] unerläßlich wird, diese Gefühle „auszudrücken", wenn wir sie haben, und sie schließlich, wenn sie am Platz sind, sogar immer auszudrücken, gleich ob wir überhaupt etwas fühlen, worüber wir berichten könnten. (Austin 1972, S. 96)

Es scheint unangemessen, für alle diese Fälle annehmen zu wollen, dass sie unaufrichtig vollzogen wurden, wenn es im Grunde unerheblich ist, ob die Sprecherin beim Vollzug des entsprechenden Aktes das Gefühl überhaupt hat. Soll man also davon abrücken, dass expressive Sprechakte eine Aufrichtigkeitsregel haben? Und wenn ja, inwieweit können dann solche Sprechakte überhaupt noch in einem relevanten Sinn als „expressiv" begriffen werden?

Bach/Harnish (1979, S. 51f.) tragen dem Aspekt der Routinisierung Rechnung, indem sie eine Disjunktion in die einzelnen Definitionen expressiver Sprechakte aufnehmen. So ist der Sprechakt des Sich-Entschuldigens nach Bach und Harnish erfüllt, wenn *entweder* Bedauern über die Tat zum Ausdruck gebracht wird *oder* aber die Intention, die soziale Erwartung zu erfüllen, dass Bedauern über die Tat ausgedrückt wird. Alston (2000, S. 112f.) argumentiert dagegen folgendermaßen: Wenn es der Fall wäre, dass das soziale Ritual tatsächlich vom Ausdruck eines Gefühls vollkommen unabhängig wäre, dann würde man erwarten, dass Äußerungen wie (11) und (12) nicht widersprüchlich sein sollten. Solche Äußerungen sind aber widersprüchlich.

(11)   #Ich empfinde keinerlei Wertschätzung für das Geschenk, aber
         vielen Dank dafür.

(12)   #Entschuldigung. Selbstverständlich fühle ich keinerlei Reue angesichts dessen, was ich getan habe.

Man kann also nicht offen zugeben, dass man die fragliche Einstellung nicht hat, und gleichzeitig den Sprechakt vollziehen. Nach dieser Argumentation müsste man also an der Aufrichtigkeitsregel für expressive Sprechakte festhalten, da mit dem Vollzug eines expressiven Aktes immer die fragliche Einstellung zum Ausdruck gebracht wird – ungeachtet dessen, ob die Sprecherin diese Einstellung hegt oder nicht. Dafür spricht auch, dass man jemandem vorwerfen kann, seine Beileidsbekundung oder Entschuldigung sei unaufrichtig, also nur geheuchelt gewesen.

(13)   Du hast herzliches Beileid/Entschuldigung gesagt, aber du hast es
         gar nicht so gemeint!

Heucheln mit expressiven Sprechakten wäre aber nicht möglich, wenn sie keine Aufrichtigkeitsbedingung hätten.[3]

---

3   Grüße sowie Verabschiedungen scheinen sich dagegen etwas anders zu verhalten, vgl.
     #Du hast Hallo/Tschüs gesagt, aber du hast es gar nicht so gemeint (vgl. dazu Finkbeiner
     2019). Auf das Grüßen und Sich-Verabschieden komme ich weiter unten zurück.

3.3 Anpassungsrichtung (Regel des propositionalen Gehalts)

Nach Searle (1982) und Searle/Vanderveken (1985) gibt die Regel des propositionalen Gehalts für expressive Sprechakte die Situation an, auf die sich die zum Ausdruck gebrachte Einstellung bezieht („the state of affairs that P", Searle/ Vanderveken 1985, S. 58). Zugleich geht Searle (1982) davon aus, dass Expressiva keine Anpassungsrichtung haben, da der Sprecher weder versuche, die Welt zu den Wörtern passen zu lassen, noch die Wörter zur Welt passen zu lassen. Es werde vielmehr „vorausgesetzt, daß die zum Ausdruck gebrachte Proposition wahr ist" (Searle 1982, S. 34).

Das erste Problem, das sich hier stellt, und das auch Searle selbst erkennt, ist, dass es expressive Sprechakte gibt, die keinen propositionalen Gehalt haben. Das Paradebeispiel ist das Grüßen, z. b. *Hallo!*, aber auch Äußerungen wie *Verdammt!* gehören dazu. Für die Sprechakttheorie in der Tradition von Austin und Searle ist dies ein ernstzunehmendes Problem, weil es der Grundannahme zuwiderläuft, dass jeder Sprechakt in die Komponenten illokutionäre Rolle (F) und propositionaler Gehalt (P) zerlegt werden kann. Die zentrale Aufgabe der Sprechakttheorie wird gerade darin gesehen, die verschiedenen Arten von illokutionären Rollen, in die ein propositionaler Gehalt eingehen kann, zu beschreiben (vgl. Searle 1982, S. 17). Daher ist es verwunderlich, dass Searle/ Vanderveken (1985) das Problem einigermaßen nonchalant behandeln und einfach davon ausgehen, dass es sich beim Grüßen um einen randständigen Fall handelt, ohne weitere Konsequenzen für die Theorie zu ziehen: „Greet is only marginally an illocutionary act since it has no propositional content" (Searle/ Vanderveken 1985, S. 215).

Man kann nun aber mit Hanks (2018) argumentieren, dass es sich bei diesem Problem nur um ein Scheinproblem handelt. Dass das Grüßen keinen propositionalen Gehalt hat, passt vielmehr sehr gut zu der Annahme, dass expressive Sprechakte keine Anpassungsrichtung haben und deshalb auch keine Erfüllungsbedingungen. Die Anpassungsrichtung sagt etwas über die Beziehung von propositionalem Gehalt und Welt aus. Eine Assertion soll abbilden, wie die Welt ist; wenn sie das tut, ist sie erfüllt. Ein Direktiv soll jemanden dazu bringen, den propositionalen Gehalt wahr zu machen; wenn das geschieht, ist der Direktiv erfüllt. Ein Kommissiv legt die Sprecherin auf eine zukünftige Handlung fest; vollzieht sie dann diese Handlung, ist der Kommissiv erfüllt. Ein expressiver Sprechakt, z. B. eine Entschuldigung, ist aber bereits dadurch erfüllt, dass er geäußert wird. Wenn man nun annimmt, dass expressive Sprechakte keinen propositionalen Gehalt haben, folgt daraus direkt, dass sie auch keine Anpassungsrichtung haben. Anzunehmen, wie Searle es tut, dass expressive Sprechakte einen propositionalen Gehalt haben, aber keine Anpassungsrichtung, ist dagegen kontraintuitiv.

Das eigentliche Problem liegt also darin, dass Searle expressiven Sprechakten (mit Ausnahme des Grüßens) einen propositionalen Gehalt zuschreibt, den sie im relevanten Sinn gar nicht haben. Obwohl dieses Problem durchaus früh erkannt worden ist, etwa bei Brandt et al. (1992) (s. auch Marten-Cleef 1991, S. 73), hat es in der Rezeptionsgeschichte der Sprechakttheorie bisher kaum Beachtung gefunden (vgl. aber Hanks 2018). Vergleichen wir die expressiven Sprechakte (14), (15a.) und (16a.).

(14)   Hallo!

(15)   a.   Ich heiße Sie willkommen.

        b.   Ich taufe dich auf den Namen Heinz.

(16)   a.   Ich danke dir, dass du mir geholfen hast.

        b.   Ich behaupte, dass die Erde eine Scheibe ist.

Die Äußerung (14) hat von vornherein keine Proposition; mit ihr wird kein Sachverhalt bezeichnet. Die Äußerung (15a.) verhält sich wie eine Deklaration vom Typ (15b.), indem ihre Proposition den vollzogenen Sprechakt (mit)bezeichnet. Im Gegensatz zu (14) und (15a.) enthält (16a.) einen Nebensatz, der unter ein sprechaktbezeichnendes Matrixverb eingebettet ist. (16a.) gleicht darin syntaktisch dem Sprechakt in (16b.) Die Proposition des eingebetteten Satzes in (16a.) und (16b.) gilt bei Searle (1982) und Searle/Vanderveken (1985) jeweils als der relevante propositionale Gehalt des durch das Matrixverb bezeichneten Sprechakts.

Es gibt aber einen wichtigen Unterschied zwischen (16a.) und (16b.). Bei (16b.) ist der propositionale Gehalt des eingebetteten Satzes der Inhalt der Behauptung. Bei (16a.) ist der propositionale Gehalt des eingebetteten Satzes *nicht* der Inhalt der Dankesbekundung, er bezeichnet also nicht das, worum es dem Sprecher mit dem Sprechakt geht (vgl. Brandt et al. 1992, S. 55). Der eingebettete Satz in (16a.) bezeichnet vielmehr den Anlass oder Grund für den Ausdruck des Dankes. Somit hat (16a.) keinen *illokutionär relevanten* propositionalen Gehalt.

Ganz ähnlich argumentiert Hanks (2018, S. 140). Ebenso wenig wie das Gerundiv in (17) den Inhalt des Akts des Umarmens angibt, gibt das Gerundiv in (18) den Inhalt des Akts des Dankens an.

(17)   He hugged/punished/payed her for opening the door.

(18)   He thanked her for opening the door.

No one thinks that acts of hugging, punishing or paying have propositional contents. […] It is a mistake, then, to think that the embedded clauses in reports of expressive speech acts give the propositional contents of those speech acts. (Hanks 2018, S. 140)

Man kann also argumentieren, dass expressive Sprechakte keinen propositionalen Gehalt im relevanten Sinn haben. Es herrscht aber weitgehend Einigkeit darüber, dass ihr Vollzug die Existenz einer bestimmten Situation voraussetzt, z. B., dass die Hörerin dem Sprecher die Tür geöffnet hat oder dass die Sprecherin dem Hörer auf den Fuß getreten ist. Wo sollte man nun diese Situation in der Definition eines expressiven Sprechakts unterbringen, wenn sie nicht in die Regel des propositionalen Gehalts gehört?

Der einzig angemessene Ort dafür ist, soweit ich sehe, die Einleitungsregel. Einleitungsregeln determinieren nach Searle/Vanderveken (1985, S. 17) „a class of presuppositions peculiar to illocutionary force", also Voraussetzungen für den illokutionären Vollzug eines Sprechakts. Diese Voraussetzungen müssen vorliegen, sie müssen aber nicht im propositionalen Gehalt der Äußerung thematisiert werden. Für die Einleitungsregel als Ort für die Situation, die Anlass zum Vollzug eines expressiven Sprechakts gibt, spricht schon Searles eigene Definition für das Grüßen (vgl. Tab. 1).

Grüßen	
Regel des propositionalen Gehalts	keine
Einleitungsregel	S ist H gerade begegnet (oder vorgestellt worden usw.)
Regel der Aufrichtigkeit	keine
Wesentliche Regel	Gilt als S' höfliches Wiedererkennen des H

Tab. 1: Grüßen nach Searle (1971, S. 106)

In dieser Definition bleibt die Regel des propositionalen Gehalts leer, da Searle annimmt, dass Grüßen (als Sonderfall) keine solche Regel hat. Die Situation, die Anlass zum Grüßen gibt, formuliert er als Einleitungsbedingung. Dass Searle keine Aufrichtigkeitsregel für das Grüßen annimmt, kann ich hier nicht weiter diskutieren. Es scheint mir gute Gründe zu geben, auch für das Grüßen eine

Aufrichtigkeitsbedingung anzunehmen (vgl. dazu auch Rolf 1997), wobei noch zu klären wäre, wie die betreffende Einstellung genau zu definieren ist.[4]
Der springende Punkt ist folgender: Genau wie es für das Grüßen eine Einleitungsbedingung ist, dass Sprecherin und Hörer sich gerade begegnet sind, so ist es für das Sich-Entschuldigen eine Einleitungsbedingung, dass die Sprecherin etwas getan hat, worunter der Hörer gelitten hat. Ich schlage deshalb vor, dass man für alle expressiven Sprechakte so verfährt wie Searle für das Grüßen, was die Regel des propositionalen Gehalts und die Einleitungsregel angeht. Die Regel des propositionalen Gehalts ist leer[5], und die relevante Situation ist in der Einleitungsregel festgelegt.

Ein möglicher Einwand gegen eine Gleichbehandlung des Grüßens mit dem Sich-Entschuldigen oder dem Danken wäre, dass man beim Grüßen normalerweise den Anlass des Sprechakts nicht verbalisiert, während man dies beim Sich-Entschuldigen und Danken oft tut. Ob verbalisiert oder nicht, ist aber diese Situation die Voraussetzung für den Akt, nicht dessen Inhalt. Der Vergleich der Äußerungen (19a.–b.) zeigt, dass man die Voraussetzung im Prinzip auch beim Grüßen explizit machen könnte; der Vergleich der Äußerungen (20a.–b.) zeigt umgekehrt, dass die Voraussetzung auch beim Sich-Entschuldigen implizit bleiben kann.

(19)   a.   Ich begrüße Sie anlässlich dessen, dass/aus dem Grund, weil wir uns gerade begegnet sind.

        b.   Ich entschuldige mich anlässlich dessen, dass/aus dem Grund, weil ich Ihnen auf den Fuß getreten bin.

---

4   Searle (1982, S. 22) gibt „Vergnügen" als Einstellung für Willkommensgrüße an, Bach/Harnish (1979) sprechen von „Freude" (*pleasure*), Harras et al. (2004) von „Wahrnehmen und Anerkennen von H" (vgl. dazu auch die wesentliche Regel in Searles Definition für das Grüßen in Abb. 1 und Rolf 1997). Inwieweit Wahrnehmen und (An-)Erkennen Gefühlszustände – und keine kognitiven Einstellungen – sind, wäre zu diskutieren; zumindest insoweit man Wahrnehmung im Sinne von Wertschätzung auffasst, scheint es sich um eine Gefühlseinstellung zu handeln.

5   Es ist eine gewisse Vereinfachung, zu sagen, die Regel des propositionalen Gehalts sei leer. Für viele expressive Sprechakte gibt es nur ein relativ begrenztes Inventar an sprachlichen Ausdrücken, mit denen sie vollzogen werden können, z.B. beim Grüßen Ausdrücke wie *hallo, hi, servus, moin moin, guten Tag*. Es ist also nicht beliebig, was Sprecher_innen sagen, wenn sie jemanden begrüßen. Man könnte das so modellieren, dass man sagt, für einen expressiven Sprechakt X ist in der Regel des propositionalen Gehalts festgelegt, dass X mit allen Ausdrücken vollzogen werden kann, die für den Vollzug von X funktional sind (vgl. Meibauer 2016 für Beleidigungen). Dazu können neben Ausdrücken mit einer deskriptiven (wörtlichen) Bedeutung (z.B. *entschuldigen Sie bitte*) auch Ausdrücke gehören, deren wörtliche Bedeutung „qua Routine suspendiert" (Coulmas 1981, S. 77) ist, wie z.B. *guten Tag*, sowie Ausdrücke, die nur eine expressive Bedeutung haben, z.B. *hallo*.

(20)   a. Hallo.

        b. Entschuldigung.

4 Verhältnis expressive Sprechakte - expressive Bedeutung am Beispiel *Sich verabschieden*

Zum Schluss meiner Betrachtungen möchte ich noch kurz auf die Beziehung zwischen expressiven Sprechakten und expressiver Bedeutung zu sprechen kommen. In neueren formal-semantischen Ansätzen, die von Kaplan (2004) beeinflusst sind, wird expressive Bedeutung als ein bestimmter Informationsgehalt sprachlicher Ausdrücke gefasst, der unabhängig vom deskriptiven Gehalt des Ausdrucks zu beschreiben ist. Wie Phänomene expressiver Bedeutung angemessen modelliert werden können, ist in der Forschung zur Semantik/ Pragmatik-Schnittstelle ein hochaktuelles und kontrovers diskutiertes Thema (vgl. z. B. Potts 2007; Gutzmann/Gärtner 2013; Gutzmann 2013, 2015; Finkbeiner/ Meibauer/Wiese 2016; d'Avis/Finkbeiner 2019).

Interessanterweise kommt die Diskussion aber bisher weitgehend ohne Rückgriff auf den Begriff des expressiven Sprechakts und dessen theoretische Dimensionen aus. Wenn man davon ausgeht, dass es expressive Sprechakte gibt, dann sollten expressive Ausdrücke, z. B. Interjektionen wie *autsch!*, pejorative Lexeme wie *Köter* oder strukturelle Expressivitätsmarker wie der Exklamativsatzmodus aber etwas damit zu tun haben. Dieser Zusammenhang könnte z. B. so hergestellt werden, dass man expressive Ausdrücke als illokutionäre Indikatoren auffasst, die anzeigen, dass eine Äußerung als expressiver Sprechakt aufzufassen ist, wie Meibauer (2016) es für bestimmte Verwendungen von *ethnic slurs* vorschlägt.

Mir geht es im Folgenden nicht darum, diese Art von Zusammenhang zu vertiefen, sondern vielmehr darum, auf eine Beobachtung aufmerksam zu machen, die sich auf die Art und Weise bezieht, wie in den verschiedenen theoretischen Ansätzen die *Gebrauchssituation* modelliert wird. Der Begriff der Gebrauchssituation spielt für die Theorie der expressiven Sprechakte ebenso wie für eine formal-semantische Theorie expressiver Ausdrücke eine wesentliche Rolle.

Die Grundidee formal-semantischer Ansätze in der Tradition von Kaplan (2004) ist, dass die deskriptive Information eines sprachlichen Ausdrucks wahr oder falsch sein kann, während expressive Information allenfalls angemessen oder unangemessen sein kann. So kann man nicht sinnvoll fragen, ob eine Äußerung von *goodbye* wahr oder falsch ist, aber man kann fragen, ob der Ausdruck *goodbye* angemessen gebraucht ist. Der expressive Gehalt des Ausdrucks ist damit ein nicht-wahrheitsfunktionaler Gehalt, der aber konventionell (d. h. semantisch) ist in dem Sinn, dass man die Gebrauchsbedingungen des Ausdrucks überindividuell angeben kann. Für *goodbye* führt Kaplan aus:

> I don't ask what the expression means, for example, I don't ask, 'What does *goodbye* mean?' Instead I ask, what are the conditions under which the expression would be correctly or accurately used? […] To the degree that such conditions reflect linguistic convention, the information that such a condition obtains is carried in the semantics of the expression. (Kaplan 2004, [14:33])

Der Ausdruck *goodbye* trägt also als semantischen Gehalt die Information, dass bestimmte Gebrauchsbedingungen gelten. Diese gibt Kaplan (2004, [1:16:54]) in (21) an:

(21)   You and I are now parting from one another for a significant period of time.

Da *goodbye* nur dann korrekt gebraucht ist, wenn es der Fall ist, dass die Sprecherin und der Adressat jetzt für eine gewisse Zeit auseinandergehen, ist der Ausdruck *goodbye* nach Kaplan *informationsäquivalent* mit (21).

Versucht man nun eine sprechakttheoretische Beschreibung des Sprechakts Sich verabschieden, dann zeigt sich, dass das, was Kaplan als semantischen Informationsgehalt von *goodbye* „propositionalisiert", in einem sprechakttheoretischen Ansatz als *Einleitungsbedingung*, d. h. als Voraussetzung für das Glücken der Illokution erscheint. Man kann das so generalisieren, dass man sagt, dass semantische Ansätze diejenigen Bedeutungsaspekte als expressiv-semantischen Gehalt von expressiven Ausdrücken propositionalisieren, die die Sprechakttheorie als Einleitungsbedingungen entsprechender expressiver Sprechakte auffasst.

Ein Vorschlag für eine sprechakttheoretische Definition des Sich-Verabschiedens könnte folgendermaßen aussehen, vgl. Tab. 2 (nach Finkbeiner 2019).

Sich verabschieden	
Regel des propositionalen Gehalts	keine (bzw. jeder propositionale oder expressive Ausdruck, der für das Sich-Verabschieden funktional ist[6])
Einleitungsregel	S und H trennen sich nach einer gewissen Zeit gemeinsamer Aktivität
Aufrichtigkeitsregel	S nimmt H wahr und erkennt H an
Wesentliche Regel	Gilt als höflicher Versuch von S, die emotionale Gesamtlage von H zu beeinflussen

Tab. 2: Sich verabschieden nach Finkbeiner (2019, S. 353)

Der entscheidende Unterschied zu Kaplans Ansatz ist also, dass die Gebrauchssituation hier nicht als semantischer Gehalt eines Verabschiedungsausdrucks wie *goodbye* modelliert wird, sondern als Gelingensvoraussetzung für einen Sprechakt.

Es ist klar, dass die verschiedenen Sichtweisen vor dem Hintergrund ihrer je unterschiedlichen theoretischen Zielsetzungen zu betrachten und differenziert zu bewerten sind. Eine solche differenzierte Bewertung kann ich im Rahmen dieses Beitrags nicht leisten. Ich möchte hier lediglich auf ein Problem hinweisen, zu dem der semantische Ansatz aus meiner Sicht führt. Dieses Problem betrifft Kaplans Idee, dass jede Form von Sprache, die einen (irgendwie gearteten) semantischen Gehalt hat, auch unaufrichtig verwendet werden kann. Eine unaufrichtige Verwendung von *goodbye* liegt nach Kaplan dann vor, wenn der Sprecher den semantischen Gehalt des Ausdrucks nicht für wahr hält, wie in dem Szenario (22) (vgl. Kaplan 2004, [1:15:59]).

(22)   I drop you off at the door of your surprise party, and I say *goodbye!* insincerely, planning to park and quickly run around, and join the party.

Hier hält es der Sprecher nach Kaplan nicht für wahr, dass er und die Adressatin für eine signifikante Zeitspanne auseinandergehen. Diese Analyse baut auf eine Konzeption von Unaufrichtigkeit, die an Assertionen orientiert ist, d. h. an der Verpflichtung des Sprechers auf die Wahrheit des Gesagten. Indem der Sprecher in (22) nicht glaubt, dass die Gebrauchsbedingung seiner Äußerung wahr ist, ist

---

6   Vgl. Fußnote 5 sowie Meibauer (2016) für Beleidigungen.

er nach Kaplan unaufrichtig. Die Frage ist aber, ob Wahrheit in Bezug auf Sprechakte wie das Sich-Verabschieden eine relevante Analysekategorie ist.

Eine sprechakttheoretische Beschreibung würde das Beispiel (22) so analysieren, dass hier gegen eine Einleitungsbedingung für das Sich-Verabschieden verstoßen wurde. Unaufrichtigkeit würde dagegen aus sprechakttheoretischer Sicht nur vorliegen, wenn gegen die Aufrichtigkeitsbedingung des Sprechakts verstoßen worden wäre. Und diese Aufrichtigkeitsbedingung – wenn man denn eine solche für das Sich-Verabschieden annehmen will – ist auf jeden Fall nicht, dass der Sprecher glaubt, dass p. Dies wäre schon damit nicht verträglich, dass oben gezeigt wurde, dass expressive Sprechakte gar keinen propositionalen Gehalt im relevanten Sinn haben. Unaufrichtig wäre eine Verabschiedung im sprechakttheoretischen Sinn also nur dann, wenn S *goodbye* (oder *auf Wiedersehen*) äußert, dabei aber H nicht anerkennt bzw. wertschätzt (oder wie auch immer man die Aufrichtigkeitsbedingung formulieren möchte).

5 Schluss

Die Diskussion hat gezeigt, dass die Klasse der expressiven Sprechakte seit ihrer Beschreibung durch Searle (1971, 1982) in verschiedener Hinsicht revidiert und weiterentwickelt worden ist, etwa was ihre Zweckbestimmung, die Rolle der Aufrichtigkeitsregel, die Parameter des auslösenden Sachverhalts oder die Systematik der Klassifikation anbelangt. Neuere Ansätze haben klargestellt, dass Searles Konzeption des propositionalen Gehalts (nicht nur) für die expressiven Sprechakte revidiert werden muss (vgl. Hanks 2018). Klärungsbedarf besteht in Bezug auf die Frage, wie die traditionell eher enge Definition expressiver Sprechakte geöffnet werden kann, um auch Äußerungen angemessen erfassen zu können, mit denen (individuelle) Gefühlszustände ausgedrückt werden, die abseits der etablierten Entschuldigungs-, Dankes- und Gratulationsakte liegen. Vor dem Hintergrund der neueren Forschung zu expressiver Bedeutung stellt sich (erneut) die Frage nach dem Zusammenhang zwischen expressiven Ausdrücken und expressiven Sprechakten. Eine genauere Erforschung dieses Zusammenhangs ist notwendig, um insgesamt zu einem besseren Verständnis des Begriffs der Expressivität auf der Schnittstelle von Semantik und Pragmatik zu gelangen.

Literatur

Alston, William P. (2000): Illocutionary acts and sentence meaning. Ithaca: Cornell University Press.

Austin, John L. (1972): Zur Theorie der Sprechakte. Stuttgart: Reclam. [zuerst 1962]

Bach, Kent/Harnish, Robert (1979): Linguistic communication and speech acts. Cambridge, MA: MIT Press.

Brandt, Margareta/Reis, Marga/Rosengren, Inger/Zimmermann, Ilse (1992): Satztyp, Satzmodus und Illokution. In: Rosengren, Inger (Hg.): Satz und Illokution. Band 1. Tübingen: Niemeyer. S. 1–90.

Coulmas, Florian (1981): Routine im Gespräch. Zur pragmatischen Fundierung der Idiomatik. Wiesbaden: Athenaion.

d'Avis, Franz/Finkbeiner, Rita (Hg.) (2019): Expressivität im Deutschen. Berlin, Boston: de Gruyter.

Finkbeiner, Rita (2019): *Tschüssikowski* und *Bis später, Attentäter*. Zur Bedeutung von expressiven Verabschiedungen. In: d'Avis, Franz/Finkbeiner, Rita (Hg.): Expressivität im Deutschen. Berlin, Boston: de Gruyter. S. 341–369.

Finkbeiner, Rita/Meibauer, Jörg/Wiese, Heike (Hg.) (2016): Pejoration. Amsterdam, Philadelphia: John Benjamins.

Gutzmann, Daniel (2013): Expressives and beyond. An introduction to varieties of use-conditional meaning. In: Gutzmann, Daniel/Gärtner, Hans-Martin (Hg.): Beyond expressives. Explorations in use-conditional meaning. Leiden: Brill. S. 1–58.

Gutzmann, Daniel (2015): Use-conditional meaning. Studies in multidimensional semantics. Oxford: Oxford University Press.

Gutzmann, Daniel/Gärtner, Hans-Martin (Hg.) (2019): Beyond expressives. Explorations in use-conditional meaning. Leiden: Brill.

Hanks, Peter (2018): Types of speech acts. In: Fogal, Daniel/Harris, Daniel W./Moss, Matt (Hg.): New work on speech acts. Oxford: Oxford University Press. S. 123–143.

Harras, Gisela/Winkler, Edeltraud/Erb, Sabine/Proost, Kristel (2004): Handbuch deutscher Kommunikationsverben. Teil 1: Wörterbuch. Berlin, New York: de Gruyter.

Kaplan, David (2004): The meaning of *ouch* and *oops*. Howison lecture in philosophy delivered at UC Berkeley. Transcribed by Elizabeth Coppock. Unveröffentlichtes Manuskript (https://www.youtube.com/watch?v=iaGRLlgPl6w; zuletzt abgerufen am 13.10.2019)

Kissine, Mikhail (2013a): Speech act classifications. In: Sbisà, Marina/Turner, Ken (Hg.): Pragmatics of speech actions. Berlin, Boston: de Gruyter Mouton. S. 173–202.

Kissine, Mikhail (2013b): From utterances to speech acts. Cambridge: Cambridge University Press.

Lang, Ewald (1983): Einstellungsausdrücke und ausgedrückte Einstellungen. In: Růžička, Rudolf/Motsch, Wolfgang (Hg.): Untersuchungen zur Semantik. Berlin: Akademie. S. 305–341.

Liedtke, Frank (2016): Moderne Pragmatik. Grundbegriffe und Methoden. Tübingen: Narr.

Marten-Cleef, Susanne (1991): Gefühle ausdrücken. Die expressiven Sprechakte. Göppingen: Kümmerle.

Meibauer, Jörg (2016): Slurring as insulting. In: Finkbeiner, Rita/Meibauer, Jörg/Wiese, Heike (Hg.): Pejoration. Amsterdam, Philadelphia: John Benjamins. S. 145–165.

Norrick, Neil (1978): Expressive illocutionary acts. In: Journal of Pragmatics 2, S. 277–291.

Potts, Christopher (2007): The expressive dimension. In: Theoretical Linguistics 33, S. 16–197.

Rolf, Eckard (1997): Illokutionäre Kräfte. Grundbegriffe der Illokutionslogik. Opladen: Westdeutscher Verlag.

Searle, John R. (1971): Sprechakte. Ein sprachphilosophischer Essay. Frankfurt: Suhrkamp. [zuerst 1969]

Searle, John R. (1982): Ausdruck und Bedeutung. Untersuchungen zur Sprechakttheorie. Frankfurt: Suhrkamp. [zuerst 1975]

Searle, John R./Vanderveken, Daniel (1985): Foundations of illocutionary logic. Cambridge: Cambridge University Press.

Fiktionale Aussagen als Assertionen?

Grenzen der Searle'schen Sprechaktklasse

Daniel Gutzmann & Katharina Turgay

Abstract: Fictional utterances like "Luke Skywalker is a Jedi" pose a problem for Searle's speech act theory. Structurally, they cannot be distinguished from ordinary utterances, neither syntactically nor semantically. However, they do not perform the same speech acts as fictional utterances and do not adhere to the felicity conditions of assertions. Searle develops a way out of this situation, by suggesting that fictional utterances are only pretended assertions and extra linguistic conventions enable pretended assertions to count as fiction. After pointing out problems of Searle's approach, we present an alternative remedy of the problem of fictional utterances. First distinguishing fictional utterances by the author from utterances about fiction, we show that the former can be analyzed as (fictional) declarations while the later can be analyzed as assertions, when we adopt a view on assertions as proposal to update an acceptance-based common ground and assume different common grounds for works of fiction that nevertheless can interact with the real common ground and with each other.

1 Einleitung

Aus rein struktureller Perspektive betrachtet sind die beiden folgenden Sätze nicht voneinander zu unterscheiden.

(1)   Herbert Grönemeyer ist ein Musiker.

(2)   Luke Skywalker ist ein Jedi.

Auch semantisch gesehen scheinen die beiden Sätze die gleiche Struktur zu haben. Sowohl (1) als auch (2) prädizieren die durch die VP bezeichnete Eigenschaft auf das Denotat des Subjekts. Es gibt jedoch einen entscheidenden Unterschied: In (1) wird einer tatsächlich existierenden Person eine Eigenschaft zugeschrieben, während (2) eine Person betrifft, die nur innerhalb des fiktiven Universums der *Star Wars*-Geschichten existiert. Solche Aussagen bezeichnen wir als *fiktive Aussagen* in Abgrenzung zu *realen Aussagen* wie in (1).

Die Frage, die durch die Beispiele in (1) und (2) aufgeworfen wird und der wir in diesem Beitrag nachgehen wollen, ist, ob mit Äußerungen von (1) und (2) die gleichen Arten von Sprechakten vollzogen werden. Während es sich bei (1) in den meisten Kontexten um eine Assertion (oder eine andere Art von assertivem Sprechakt) handelt, scheint dies für (2) nicht ohne Weiteres zu gelten, da hier einige der klassischen Glückensbedingungen für Assertionen nicht erfüllt werden, wie wir im Rahmen dieses Beitrags noch genauer diskutieren werden. So ist es beispielsweise nicht der Fall, dass die Sprecher*in von (2) glaubt, dass (2) wahr ist. Denn aus (2) folgt (3) und das ist nichts, was eine Sprecher*in von (2) glaubt.

(3)   Jedi existieren.

Das Rätsel, das fiktionale Äußerungen uns also aufgeben, ist, dass beide Äußerungen in (1) und (2) scheinbar unterschiedliche Sprechakte realisieren, auch wenn sie von ihrer sprachlichen Form identisch sind (vgl. Searle 1975, S. 319). Trotz der eben knapp genannten Einwände wollen wir in diesem Aufsatz dafür argumentieren, dass auch fiktionale Aussagen wie in (2) unter Umständen als Assertionen verstanden werden können, was die Frage nicht beantwortet, sie aber irrelevant macht. Dafür ist es notwendig, dass wir das Verständnis eines assertiven Sprechaktes anpassen, was aber auch einige andere Vorteile für die Analyse von fiktionalen Aussagen mit sich bringen wird.

Dazu werden wir wie folgt vorgehen: Im nächsten Abschnitt gehen wir auf Searles (1969) ursprüngliche Definition der Assertion ein und zeigen, warum fiktionale Aussagen nicht durch diese erfasst werden können. In Abschnitt 3 diskutieren wir Searles eigene Antwort auf die Frage nach dem entscheidenden Unterschied zwischen realen und fiktionalen Aussagen und arbeiten einige Probleme seiner Lösung heraus. In Abschnitt 4 gehen wir auf zwei unterschiedliche Arten von fiktionalen Aussagen ein: die schaffenden und die beschreibenden, die auch schon in Searles Analyse zu finden sind. Dabei argumentieren wir, dass die schaffende Seite einer fiktionalen Aussage entgegen Searles Analyse als Deklaration aufgefasst werden kann. Die beschreibenden fiktionalen Aussagen hingegen können unseres Erachtens dann als Assertionen aufgefasst werden, wenn wir den ursprünglichen Assertionsbegriff anpassen und stattdessen eine Definition annehmen, die sich auf Stalnakers (1978, 2002) Begriff des *Commnon Ground* bezieht, und zwar in einer Variante, die sich auf Akzeptanz statt auf Glauben stützt. Dies wird Gegenstand von Abschnitt 5 sein, bevor Abschnitt 6 weitere Anwendungen skizziert und ein Fazit der Diskussion bietet.

2 Assertionen und fiktionale Aussagen bei Searle

In seinem Aufsatz *The Logical Status of Fictional Discourse* widmet sich Searle (1975) genau der in der Einleitung erwähnten Frage, wie sich der Unterschied zwischen realen und fiktionalen Aussagen aus sprechakttheoretischer Sicht analysieren lässt.

Betrachten wir – wie Searle (1975, S. 322) – zunächst die Definition einer Assertion (siehe auch Searle 1969, S. 66):

(4) a.   Regel des propositionalen Gehalts: Jede Proposition p.

    b.   Einleitungsregeln:

        i.   Die Sprecher*in muss in der Lage sein, Evidenz oder Gründe für die Wahrheit der ausgedrückten Proposition anführen zu können.

        ii.   Die ausgedrückte Proposition darf nicht sowohl für Sprecher*in als auch Hörer*in offensichtlich wahr im Diskurskontext sein.

    c.   Aufrichtigkeitsregel: Die Sprecher*in glaubt, dass p wahr ist.

    d.   Wesentliche Regel: Die Sprecher*in legt sich selbst auf die Wahrheit von p fest.

Um diese Regeln zu illustrieren, betrachten wir zunächst nochmals die reale Aussage aus (1):

(5)   Herbert Grönemeyer ist ein Musiker.

Wenn die Sprecher*in (5) als (aufrichtige) Assertion intendiert, dann kann sie sicherlich alle der Regeln in (4) erfüllen. Für die meisten Hörer*innen und in vielen Kontexten ist es nicht offenkundig wahr, dass Herbert Grönemeyer ein Musiker ist. Außerdem kann die Sprecher*in, sofern sie sich in der Materie auskennt, Evidenzen und Gründe für die Wahrheit dieser Proposition anführen (beispielsweise hat sie Herbert Grönemeyer schon auf einem Konzert spielen

sehen). Wenn die Assertion aufrichtig ist, dann glaubt die Sprecher*in auch, dass
Herbert Grönemeyer ein Musiker ist (sonst würde beispielsweise eine Lüge
vorliegen). Und auch die wesentliche Regel ist dann erfüllt, denn die Sprecher*in
legt sich mit der Äußerung von (5) auf die Wahrheit des propositionalen Gehalts
fest. Beispielsweise sollte sie zu einem späteren Zeitpunkt nicht ohne weitere
Indikatoren einen der Sätze in (6) äußern, da diese (5) direkt oder indirekt widersprechen.

(6) a. Herbert Grönemeyer ist kein Musiker.

     b. Herbert Grönemeyer existiert nicht.

     c. Es gibt keine Musiker.

Im Vergleich dazu betrachten wir nun nochmals die fiktionale Aussage aus (2).

(7) Luke Skywalker ist ein Jedi.

Wie Searle (1975, S. 322f.) bereits diskutiert, gelten die Glückensbedingungen
für die Assertion nicht für die Aussagen von (7). Angenommen George Lucas
hat (7) geäußert/geschrieben, dann muss er nicht in der Lage sein, irgendwelche
Evidenzen oder Gründe dafür anzubringen. Auch *glaubt* George Lucas wahrscheinlich nicht, dass es Luke Skywalker oder Jedi gibt, sodass die Aufrichtigkeitsbedingung auch nicht erfüllt ist, auch wenn Lucas natürlich nicht unaufrichtig ist, wenn er (7) produziert. Auf die Wahrheit von (7) legt er sich ebenfalls
nicht fest. Es ist nämlich kein Problem für Lucas auch nach der fiktionalen Äußerung (7) eine der realen Äußerungen in (8) zu machen, die dann wieder die
Bedingungen für die normale Assertion erfüllt.

(8) a. Luke Skywalker existiert nicht.

     b. Es gibt keine Jedi.

Aus diesen Überlegungen schließt Searle (1975), dass es sich bei fiktionalen
Aussagen nicht um Assertionen handeln kann. Doch dies führt zu dem Rätsel,
das fiktionale Aussagen für die Sprechakttheorie darstellen.

> If, as I have claimed, the meaning of the sentence [in (7)] is determined by the linguistic
> rules that attach to the elements of the sentence, and if those rules determine that the
> literal utterance of the sentence is an assertion, and if, as I have been insisting, [the

speaker] is making a literal utterance of the sentence, then surely it must be an assertion; but it can't be an assertion since it does not comply with those rules that are specific to and constitutive of assertions. (Searle 1975, S. 323)

Was auch immer die linguistischen Regeln sind, die bestimmen, dass (7) eine Assertion sein sollte, es sind sicherlich die gleichen wie für (5) und folglich ist es nach Searles Sicht nur schwer erklärbar, warum (5) eine Assertion darstellen kann, (7) hingegen nicht.

Ein Punkt, den Searle für fiktionale Aussagen festhält und den er auch in dem gegebenen Zitat hervorhebt, ist, dass fiktionale Aussagen meist *wörtliche* Aussagen sind. Metaphorische Aussagen sind beispielsweise *nicht-wörtlich* und können sowohl in realen und fiktionalen Aussagen vorkommen. Der Unterschied zwischen wörtlichem und nicht-wörtlichem Gebrauch ist also orthogonal zu dem Unterschied zwischen realen und fiktiven Aussagen. Auch intuitiv scheint es nicht der Fall zu sein, dass die Wörter in (7) in irgendeiner Weise nicht-wörtlich verwendet werden. Das bedeutet, dass wir den Umstand, dass (7) keine Assertion wie (5) zu sein scheint, nicht darauf zurückführen können, dass im Fall von (7) ein nicht-wörtlicher Gebrauch vorliegt.

Eine mögliche Lösung, die Searle aber direkt ablehnt, wäre anzunehmen, dass es sich bei (7) und fiktionalen Aussagen generell um eine spezielle Art von Sprechaktklasse handelt, also beispielsweise „eine Geschichte erzählen" oder ähnliches, für die dann andere Glückensbedingungen gelten als für reale Aussagen. Da Searle aber, wie aus dem Zitat zu entnehmen, an einer starken Verbindung zwischen linguistischer Bedeutung und den mit einer Äußerung vollziehbaren Sprechakten festhält, würde dies wieder nur zu der Annahme führen, dass die Worte in (7) eine andere Bedeutung haben als in realen Aussagen (vgl. Searle 1975, S. 324), eine Konsequenz, die wir auch zurückweisen.

Um den Unterschied zwischen fiktionalen und realen Äußerungen dennoch zu erklären, führt Searle (1975, S. 320; 325) die Unterscheidung zwischen ernsten (*serious*) und unernsten (*nonserious*) Äußerungen ein. Eine Art, in der eine Äußerung unernst sein kann, ist, dass die Sprecher*in vorgibt oder so tut, als ob (*pretend*) sie eine Äußerung vollzieht. Und genau hierin liegt für Searle (1975, S. 325) der entscheidende Unterschied zwischen realen und fiktionalen Äußerungen. Fiktionale Aussagen sind für ihn unernst, da die Sprecher*in lediglich so tut, als ob sie eine Assertion macht: „the author of a work of fiction pretends to perfom a series of illocutionary acts" (Searle 1975, S. 325). Wenn also beispielsweise George Lucas äußert, dass Luke Skywalker ein Jedi ist, dann tut Lucas nach Searle nur so, als würde er dies behaupten. Und wenn er nur so tut, dann geht er natürlich auch nicht all die Verpflichtungen ein, die mit einer ernsten Assertion verbunden sind.

Wichtig an diesem Ansatz ist, dass *vorgeben* und *so tun als ob* von der Sprecherintention abhängen. Der Unterschied zwischen einer ernsten, realen und einer vorgegebenen, fiktionalen Assertion ist also keine Frage der linguistischen Form, sondern einfach, ob die Sprecher*in die Äußerung ernst meint oder nicht.

> [T]he identifying criterion for whether or not a text is a work of fiction must of necessity lie in the illocutionary intentions of the author. There is no textual property, syntactical or semantic, that will identify a text as a work of fiction. What makes it a work of fiction is, so to speak, the illocutionary stance that the author takes toward it, and that stance is a matter of the complex illocutionary intentions that the author has when [s/he] writes or otherwise composes it.[1] (Searle 1975, S. 325)

Das bedeutet also, dass man einer Äußerung nicht unbedingt ansehen kann, ob sie als ernste Assertion intendiert ist oder nur vorgegeben. Wenn man die Intention der Autor*in nicht kennt, dann kann man (ohne einen Kontext wie eine Nachricht in einer Zeitung oder einem Buchdeckel, der klar macht, dass es sich um einen Roman handelt) nicht unbedingt sagen, ob eine Assertion von (9) ernst ist oder nur so getan wird, als ob hier etwas assertiert wird.

(9)   Die Philosophin Paulina Herzbach wohnte in einem kleinen Haus in Landau.

Da die Intention der Sprecher*in von (9) erkannt werden muss, um zu entscheiden, ob es sich bei der Äußerung von (9) um eine reale oder fiktionale Assertion handelt, können Hörer*innen auch falsch liegen und reale Aussagen für Fiktion halten oder umgekehrt.[2]

Dass Äußerungen, die man nur vorgibt zu tätigen, dazu genutzt werden können, fiktionale Äußerungen zu machen, liegt nach Searle (1975, S. 326) daran, dass es außersprachliche Konventionen gibt, die es ermöglichen, mit den sprachlichen Konventionen, die den realen Gebrauch der Worte und Äußerungen bestimmen, zu brechen. Searle entwirft hier das Bild von vertikalen, linguistischen Regeln, die eine Verbindung zwischen Sprache und Realität herstellen, was sich beispielsweise in seinen „Anpassungsrichtungen" widerspiegelt (die im Falle

---

1   Was Searle in dem Zitat vernachlässigt, ist, dass es durchaus auch Fiktionalitätsmarker gibt wie *Es war einmal ...* oder *Vor langer, langer Zeit ...*, die die fiktionale Intention klar machen können.

2   In diesem Zusammenhang können wir an die Radioübertragung von H. G. Wells' *Krieg der Welten* 1938 erinnern, bei der einige Bewohner von New York und New Jersey in Panik gerieten, weil sie die Äußerungen aus dem Hörspiel für ernste Assertionen hielten und nicht für fiktionale.

von Assertionen Wort-an-Welt ist). Diese vertikalen Konventionen können nun durch die Konventionen, die fiktionale Äußerungen bestimmen und die Searle als horizontale Konventionen bezeichnet, aufgehoben werden.

> Think of them as vertical rules that establish connections between language and reality. Now what makes fiction possible, I suggest, is a set of extralinguistic, nonsemantic conventions that break the connection between words and the world established by the rules mentioned earlier. Think of the conventions of fictional discourse as a set of horizontal conventions that break the connections established by the vertical rules. **They suspend the normal requirements established by these rules.** (Searle 1975, S. 326; unsere Hervorhebung).

Searle betont an dieser Stelle, dass diese horizontalen Regeln keine linguistischen Bedeutungsregeln sind und folglich keinen Einfluss auf die eigentliche Bedeutung haben. Das bedeutet, die Ausdrücke haben ihre normale Bedeutung, aber die Konventionen, die beispielsweise in (4) den Gebrauch einer realen Assertion steuern, werden durch die Regeln für den fiktionalen Diskurs aufgehoben.

> Such horizontal conventions are not meaning rules; they are not part of the speaker's semantic competence. Accordingly, they do not alter or change the meanings of any of the words or other elements of the language. What they do rather is **enable the speaker to use words with their literal meanings without undertaking the commitments that are normally required by those meanings.** (Searle 1975, S. 326; unsere Hervorhebung)

Angewendet auf das Beispiel in (9) bedeutet dies, dass (9) eine reale Aussage ist, wenn die normalen, vertikalen Regeln aktiv sind. Folglich würden dann die Regeln für die Assertion in (4) für eine Äußerung von (9) gelten. Die Sprecher*in sollte also glauben, dass Paulina Herzbach in einem kleinen Haus in Landau gewohnt hat und sollte sich darauf festlegen und sie sollte Gründe bzw. Evidenz dafür anführen können. Wenn die Sprecher*in aber von den horizontalen Regeln des fiktionalen Diskurses Gebrauch macht, dann werden diese Regeln außer Kraft gesetzt und die Sprecher*in muss weder glauben, dass Paulina Herzbach in einem kleinen Haus in Landau wohnte, noch muss sie sich auf diese Wahrheit festlegen oder Evidenzen dafür anbringen können. Dennoch behalten die Ausdrücke immer noch ihre normale, semantische Bedeutung und bekommen durch die Anwendung der horizontalen Konventionen keine nicht-wörtliche Bedeutung.

Dieses von Searle skizzierte Bild scheint zunächst plausibel zu sein und auch die beobachtete Spannung aufzuheben, die das Problem von fiktionalen Aus-

sagen ausmacht: Anstatt zu sagen, dass fiktionale Äußerungen einen anderen
Sprechakt realisieren, obwohl es keinen Unterschied in Struktur und wörtlicher
Bedeutung zu der korrespondierenden realen Aussage gibt, geht Searles Analyse
davon aus, dass kein anderer Sprechakt vorliegt, sondern die Sprecher*in einer
fiktionalen Äußerung nur so tut, als ob sie eine Assertion macht, und die horizontalen Konventionen ermöglichen es, dass dadurch die Regeln, die ansonsten
zu einer Assertion gehören, aufgehoben werden.

Genau in dieser Annahme der Konventionssuspension durch angeblich nicht
sprachliche Konventionen liegt unseres Erachtens aber das Problem an Searles
Analyse. Er liefert keinerlei Begründungen, warum die Konventionen, die Fiktion ermöglichen, außersprachlich sein sollen; außer, dass diese Annahme das
Problem umgeht. Aber damit diese Annahme nicht bloße Stipulation bleibt, bedarf es einer Begründung, welche Searle uns aber schuldig bleibt. Es gibt jedoch
viele Gründe, die für die Annahme sprechen, dass auch der fiktionale Diskurs
durch sprachliche Konventionen gesteuert wird. Beispielsweise existieren – wie
schon erwähnt – viele sprachliche Mittel, die als Fiktionsindikatoren gelten
können, wie das stereotypische *Es war einmal ...* oder *Vor langer, langer Zeit ...*
Solche *sprachlichen* Ausdrücke zeigen die Fiktionalität einer Äußerung bzw.
eines Textes relativ unmissverständlich an. Darüber hinaus gibt es weitere
sprachliche Mittel, die zwar weder notwendige noch hinreichende, aber dennoch sehr typische Kriterien für fiktionale Texte sind, beispielsweise das epische
Präteritum (vgl. Herrmann 2005, Werner 2016, 4.3.5). Hinzu kommen viele gen-
retypische Konventionen. So unterliegen zum Beispiel die Eigennamen in
Fantasy-Geschichten ganz anderen Konventionen als die Eigennamen in Sci-
ence-Fiction-Geschichten (vgl. Elsen 2007).[3] Es ist sehr plausibel, dass es sich bei
diesen Beispielen jeweils um *sprachliche* Konventionen handelt, die fiktionale
Äußerungen im Speziellen betreffen, was wiederum schwer vorstellbar ist,
wären die Regeln für fiktionale Äußerungen tatsächlich keine sprachlichen Regeln.

Neben der Annahme, dass es durchaus auch sprachliche Konventionen gibt,
die sich auf die sprachliche Form von Fiktion beziehen, erscheint uns Searles
Annahme, dass die horizontalen Konventionen für Fiktion die vertikalen Konventionen, die beispielweise mit realen Assertionen einhergehen, außer Kraft
setzen, zu stark zu sein. Es ist natürlich korrekt, dass eine Sprecher*in sich nicht
im gleichen Maße auf die Wahrheit einer fiktionalen Aussage festlegt, wie sie
es bei einer realen Assertion tun würde. Dennoch scheint diese Regel nicht

---

3   Zu Eigennamen in Literatur siehe auch Lamping (1983).

komplett außer Kraft gesetzt zu sein. Wird (2) geäußert, erwarten wir, dass die Sprecher*in nicht später (10) äußert.[4]

(10)   Luke Skywalker ist kein Jedi.

Sprich, eine gewisse „Festlegung" oder, aus dem Englischen übernommen, ein gewisses „Commitment" gilt auch für die Sprecher*in von fiktionalen Aussagen. Hörer*innen haben entsprechende Erwartungen, dass ein fiktionaler Text zumindest nicht offenkundig widersprüchlich ist. Auch die Bedingung, dass der Inhalt der Aussage nicht bekannt sein sollte, scheint für fiktionale Aussagen zu gelten. So ist es auch in einer fiktionalen Aussage markiert, etwas zu sagen, das (aus der realen Welt) bekannt sein sollte.

(11)   Die Linguistin Aylin Duran wohnte in Köln, #einer Stadt in Nord-
        rhein-Westfalen, einem Bundesland im Westen Deutschlands.

Den meisten Hörer*innen oder Leser*innen ist bekannt, dass Köln in Nordrhein-Westfalen liegt und dass Nordrhein-Westfalen ein Bundesland in Deutschland ist, weshalb es ungeschickt wirkt, wenn dies in der Fiktion ausführlich genannt wird. Dass dies nicht an der Struktur oder Informationsdichte von (11) liegt, sieht man daran, dass eine Variante dann problemlos möglich ist, wenn Sachen dargelegt werden, die von der realen Welt abweichen und nur in der Fiktion gelten.

(12)   Die Linguistin Aylin Duran wohnte in Köln, einer Stadt in West-
        phalie Noveau, einem Bundesland Ostfrankreichs.

Die Nicht-Offensichtlichkeitsbedingung gilt jedoch nicht nur für Informationen, die aus der realen Welt stammen, sondern auch für Informationen, die lediglich im fiktionalen Diskurs eingeführt wurden, aber dort bereits als bekannt gelten.

---

4   Wenn ein fiktionaler Diskurs solch widersprüchliche Aussagen beinhaltet, dann hat das stilistische Ursachen. Entweder werden die beiden Äußerungen aus der Sicht unterschiedlicher Erzähler*innen gemacht oder es handelt sich um eine sogenannte unzuverlässige Erzähler*in. Auf die Unterscheidung zwischen Sprecher*in und Erzähler*in wollen und können wir an dieser Stelle nicht eingehen, auch wenn diese wichtig für Theorien der Fiktion ist und einen Kritikpunkt an Searles Analyse darstellt (vgl. Zipfel 2001, S. 188–190). Was aber hier wichtig ist, ist, dass wir davon ausgehen, dass sich eine Sprecher*in im Normalfall auf eine „Wahrheit" innerhalb der Fiktion festlegt, auch wenn unterschiedliche Erzähler*innen eine andere Perspektive auf die Dinge haben können.

(13)   Kommissarin Yasar fuhr nach Bad Weinkoben, einer kleinen Stadt
       in der Pfalz, um der neuen Spur nachzugehen. Die Ermittlungen
       dauerten zwei Tage. #Zurück aus Bad Weinkoben, einer kleinen
       Stadt in der Pfalz, setzte sie die Puzzleteile zusammen. #Alles deutet
       daraufhin, dass sich der Täter noch in der kleinen Stadt Bad Wein-
       koben in der Pfalz aufhielt.

Ähnlich wie normale Assertionen sollten fiktionale Äußerungen also nicht of-
fenkundige Inhalte haben.

Für die Bedingung, dass die Sprecher*in Evidenz oder Gründe für eine Assertion anführen können muss, lässt sich auch eine relativ analoge Bedingung
für Fiktion festhalten. Zwar kann eine Sprecher*in bzw. Autor*in natürlich zunächst beliebige fiktionale Äußerungen machen, ohne dafür „externe" Evidenzen zu haben (was bei vielen Genres überhaupt nicht möglich ist), allerdings
sollte es fiktionsinterne Gründe oder Evidenzen geben bzw. diese sollten leicht
anzuführen sein. Andernfalls werden die Hörer*innen bzw. Leser*innen diese
nicht akzeptieren. Dies sieht man beispielsweise immer dann, wenn in Krimi-
nalgeschichten nicht gut aus der Fiktion selbst argumentiert werden kann,
warum eine bestimmte Figur der Täter gewesen sein soll. Oder wenn in einer
Fiktion eigentlich keine übernatürlichen Dinge geschehen, aber die Protago-
nistin in einer brenzligen Situation einfach wegfliegen kann oder ähnliches.

Zusammenfassend lässt sich also sagen, dass Searles Lösung für das Fikti-
onsproblem mehr Fragen aufwirft als klärt.[5] Es ist natürlich theoretisch denkbar,
dass sich Searles nicht-sprachliche, horizontale Konventionen so elaborieren
lassen, dass sie auch letztendlich wieder einen sprachlichen Zug erhalten
können, aber wie das genau aussehen kann, ist unklar (und Searle bietet uns
auch keinen Vorschlag in diese Richtung). Und da viele der Bedingungen für die
Assertion auch in einer ähnlichen Version für fiktionale Äußerungen gelten,
werden wir im Folgenden eine alternative Analyse von fiktionalen Äußerungen
vorschlagen.

3 Fiktion, Deklarationen und Assertionen

Bisher haben wir als fiktionale Äußerungen immer solche betrachtet, bei denen
die Sprecher*in auch gleichzeitig die Urheber*in der Fiktion ist. Mehr noch, der
Akt der Äußerung selbst ist es, der die Fiktion überhaupt erst erschafft. Es sind
diese *schaffenden* fiktionalen Äußerungen, wie wir sie nennen werden, für die

---

5   Für einen Überblick über die Rezeption von Searles Ansatz und weitere Kritikpunkte
     siehe Zipfel (2001: 5.1) und Werner (2016: 2.2).

Searle annimmt, dass die Sprecher*in nur vorgibt, sie würde einen Sprechakt vollziehen. Wie wir aber gezeigt haben, scheint diese Annahme nicht sehr plausibel zu sein.

Was wir bisher aber noch nicht weiter in unsere Betrachtungen miteinbezogen haben, sind Äußerungen, bei denen keine Fiktion erschaffen wird, sondern „Tatsachen" aus Fiktion beschrieben werden. Wie wir gleich sehen werden, unterscheiden sich diese *beschreibenden* fiktionalen Aussagen von den schaffenden. Interessanterweise kann man diesen Unterschied wieder nicht an der Form festmachen.

(14)   a.   George Lucas: Luke Skywalker ist ein Jedi.

         b.   Star Wars-Fan: Luke Skywalker ist ein Jedi.

In ihrer sprachlichen Struktur lassen sich (14a) und (14b) nicht voneinander unterscheiden. Wenn George Lucas aber die Star Wars-Geschichte erzählt und dabei die Fiktion erschafft, dann ist dies anders, als wenn ein Star Wars-Fan die scheinbar gleiche Aussage macht. Doch im Gegensatz zu (14a) kann man auf Aussagen ähnlich wie in (14b) beispielsweise mit einer Zurückweisung reagieren.

(15)   Star Wars-Fan A: Chewbacca ist ein Jedi.

        Star Wars-Fan B: Nein, das stimmt nicht.

Bei einer beschreibenden Aussage lässt sich also über den Gehalt der Aussage diskutieren, was bei einer schaffenden Aussage eher komisch wäre:

(16)   Autor*in: Die Philosophin Paulina Herzbach wohnte in einem kleinen Haus in Landau.

        Leser*in: #Nein, das stimmt nicht.

Schaffende und beschreibende fiktionale Äußerungen verhalten sich also anders, auch wenn sie die gleiche Struktur zu haben scheinen.

3.1 Fiktionale Deklarationen

Wir haben hier also wieder ein ähnliches Problem, wie das ursprüngliche Problem der fiktionalen Aussagen: Wie lassen sich die beiden Arten von fiktionalen Aussagen voneinander unterscheiden, wenn sie doch scheinbar nach den gleichen linguistischen Regeln gebildet werden? Nach Searle ist es keine Lösung, davon auszugehen, dass unterschiedliche Sprechakte vorliegen. Doch genau das schlagen wir vor. Denn es gibt eine Sprechaktklasse, bei der die Form durchaus mit der Form anderer Sprechakte übereinstimmen kann, da es vielmehr auf die sozialen Rollen und Institutionen ankommt, damit diese vollzogen werden können: die Deklarationen. Bei Deklarationen gilt als wesentlich, dass sie eine bestimmte soziale Institution oder Rolle, wie z. b. Gerichte, Kirche, Parlament, Geschäftsleitung oder Sportregeln, erfordern. Beispiele für deklarative Sprechakte sind Gerichtsurteile, Vermählungen, Gesetzesbeschlüsse, Kündigungen oder Schiedsrichterentscheidungen. Hat die Sprecher*in die notwendige soziale Rolle und ist die Deklaration auch nicht anderweitig defekt (Pinguine lassen sich beispielsweise nicht verheiraten oder Laptops zu Haftstrafen verurteilen), dann sorgen erfolgreiche Deklarationen dafür, dass durch das Gesagte eine unmittelbare Zustandsveränderung eintritt („Saying makes it so"; Searle 1979, S. 16).

Bei vielen Deklarationen ist es der Fall, dass sie aussehen wie gewöhnliche Assertionen – man spricht dann auch von *assertiven Deklarationen* (vgl. Searle 1979, S. 20) – und dass sie sich nur durch die jeweilige soziale Rolle als Deklaration identifizieren lassen.[6]

(17)   Chef*in: Sie sind gefeuert.   → Adressat*in ist gefeuert.

(18)   Schiedsrichter*in: Das ist ein Tor.   → Es ist ein Tor.

Wenn alle Bedingungen für den deklarativen Sprechakt der Kündigung erfüllt sind, dann ist die Adressat*in von (17) gefeuert. Wenn alle Bedingungen für den deklarativen Sprechakt der Entscheidung der Schiedsrichter*in in (18) erfüllt sind, dann wurde auch ein Tor erzielt. Wenn allerdings jemand versucht, eine Deklaration durchzuführen, der nicht die notwendige soziale Rolle innehat, dann scheitert der Sprechakt.

(19)   Angestellte*r zur Chef*in: #Sie sind gefeuert.   ⇸ Chef*in ist gefeuert.

(20)   Trainer*in: #Das war ein Tor.   ⇸ Es war ein Tor.

Sowohl durch (19) als auch durch (20) werden keine Tatsachen geschaffen, weil die Sprecher*innen nicht die institutionelle Macht dazu haben.

---

6   Interessanterweise sieht Searle bei assertiven Deklarationen kein Problem darin, dass es bei gleicher Form zu unterschiedlichen Sprechakten kommen kann.

Interessanterweise sind Äußerungen wie in (19) und (20) als Assertion problemlos möglich:

(21)   Angestellte*r zur Chef*in: Ich habe es gerade erfahren. Sie sind gefeuert.

(22)   Trainer*in: Das war ein Tor. Auch wenn es nicht gezählt wurde. Der Ball war ganz klar hinter der Linie.

Dies ist interessant für unsere Zwecke, da der Unterschied zwischen den schaffenden und den beschreibenden fiktionalen Aussagen parallel zu dem Kontrast zwischen (18), (20) und (22) ist. Ähnlich wie die soziale Rolle einer Schiedsrichter*in oder einer Vorgesetzten können wir auch Urheber*innen von Fiktion als eine soziale Institution auffassen. Wenn eine Sprecherin*in in ihrer Rolle als Autor*in in einem Buch (23) schreibt, dann wird dadurch auch die entsprechende Tatsache in der fiktiven Welt geschaffen.

(23)   Sommer-Bodenburg: Rüdiger ist ein Vampir.   →Rüdiger ist ein Vampir

Eine Leser*in der Bücher des kleinen Vampirs hat, wie oben schon diskutiert, nicht die gleiche Macht, derartige Fakten zu erschaffen.[7]

(24)   Leser*in: #Rüdiger ist ein Vampir.   —/→Rüdiger ist ein Vampir

Selbstverständlich kann eine Leserin (24) auch als beschreibende fiktionale Aussage äußern, was dann problemlos möglich ist.

(25)   Leser*in: Rüdiger ist ein Vampir. Das steht schon im ersten Kapitel.

Wir haben also die gleiche Dreiteilung wie bei den Beispielen für Deklaration: Wenn die entsprechende soziale Rolle vorliegt, kann die Deklaration gelingen und „Tatsachen" werden geschaffen. Liegt die notwendige soziale Rolle nicht vor, kann die Deklaration nicht gelingen. Stattdessen kann aber eine Assertion bzw. beschreibende fiktionale Äußerung mittels der gleichen Struktur getätigt werden.

---

7   In diesem Zusammenhang sei sogenannte *Fan Fiction* als ein nicht-trivialer Sonderfall erwähnt.

Aus diesem Grunde schlagen wir vor, schaffende fiktionale Äußerungen als (assertive) Deklarationen zu behandeln.[8] Dies fügt sich in bereits bestehende Annahmen ein. Auch der Verweis auf außersprachliche Konventionen, die die fiktionalen Äußerungen ermöglichen, findet sich hier in gewisser Weise wieder: Die institutionell-sozialen Konventionen, die bei Deklarationen die entscheidende Rolle spielen, sind ja ebenfalls zunächst nicht-sprachliche Konventionen. Im Gegensatz zu Searles „Pretense"-Analyse schlagen sich die sozialen Konventionen von Deklarationen aber auch in sprachlichen Konventionen nieder, was man beispielsweise daran sieht, dass viele Deklarationen konventionelle Sprachformeln involvieren. Darüber hinaus gehen auch Deklarationen mit bestimmten Verpflichtungen einher. So sollte eine Schiedsrichter*in, die für „Tor" entschieden hat, dieses Urteil nicht einfach wieder 5 Minuten später rückgängig machen, genauso wenig wie eine Autor*in erst schreiben sollte, dass Rüdiger ein Vampir ist und dann ein paar Seiten später, dass er keiner ist.

Eine weitere Gemeinsamkeit zwischen schaffenden fiktionalen Aussagen und Deklarationen ist, dass beide nicht auf Fakten in der realen Welt beruhen müssen. So wie eine Schiedsrichter*in die Äußerung in (18) äußern kann und somit entschieden hat, dass ein Tor gefallen ist, unabhängig davon, ob der Ball faktisch hinter der Linie war, so kann die Autorin Sommer-Bodenburg in (23) entscheiden, dass Rüdiger ein Vampir ist, unabhängig davon, ob es Rüdiger und Vampire faktisch gibt.

Es gibt also gute Gründe, beschreibende, fiktionale Äußerungen als Deklarationen aufzufassen, weshalb wir sie nun auch *fiktionale Deklarationen* nennen wollen.

3.2 Beschreibende, fiktionale Äußerungen

Nachdem wir nun die schaffende Variante von fiktionalen Äußerungen als Deklarationen analysiert haben, bleibt die Frage, wie wir mit den beschreibenden, fiktionalen Äußerungen umzugehen haben.

Auf diese Kategorie geht Searle (1975) nur am Rande ein. Für ihn sind die beschreibenden, fiktionalen Äußerungen gewöhnliche Assertionen, nämlich einfach Aussagen *über* Fiktion.

[W]e need to distinguish not only between serious discourse and fictional discourse, as I have been doing, but also to distinguish both of these from serious discourse about

---

8   Die gleiche These vertritt Werner (2016) ausführlich in ihrer Monographie, auf die wir hier für eine detailliertere Diskussion verweisen.

fiction. Taken as a piece of serious discourse, the above passage[9] is certainly not true because none of these people (Watson, Holmes, Mrs. Watson) ever existed. But taken as a piece of discourse *about* fiction, the above statement is true because it accurately reports the marital histories of the two fictional characters Holmes and Watson. (Searle 1975, S. 329; Hervorhebung im Original)

Für diese normalen Assertionen gelten nach Searle eben diese entsprechenden Regeln. So kann man beispielsweise seine Äußerung über ein bestimmtes Werk dadurch rechtfertigen, dass man auf dieses Werk verweist (vgl. Searle 1975, S. 329). Demnach sind beschreibende, fiktionale Äußerungen für ihn also einfach Assertionen, die sich auf fiktionale Personen und Fakten beziehen.

Dies stellt unseres Erachtens nach das Problem in Searles Umgang mit diesen *fiktionalen Assertionen*, wie wir sie nennen wollen, dar. Wenn eine Sprecher*in eine solche fiktionale Aussage macht, geht sie all die normalen Bedingungen ein, die mit einer Assertion einhergehen. Betrachten wir nochmals das Beispiel vom Anfang des Artikels.

(26)   Luke Skywalker ist ein Jedi.

Wenn (26) eine normale Assertion ist, dann sollten entsprechend der in (4) dargelegten Regel für Assertionen folgende Bedingungen gelten:

(27)   b.   Einleitungsregeln:

        i.   Die Sprecher*in von (26) muss in der Lage sein, Evidenz oder Gründe für die Wahrheit der Proposition, dass Luke Skywalker ein Jedi ist, anführen zu können.

        ii.   Dass Luke Skywalker ein Jedi ist, darf sowohl für Sprecher*in als auch Hörer*in nicht offensichtlich wahr im Diskurskontext sein.

    c.   Aufrichtigkeitsregel: Die Sprecher*in glaubt, dass es wahr ist, dass Luke Skywalker ein Jedi ist.

    d.   Wesentliche Regel: Die Sprecher*in legt sich selbst auf die Wahrheit der Proposition, dass Luke Skywalker ein Jedi ist, fest.

---

9   „It was in the year '95 that a combination of events, into which I need not enter, caused Mr. Sherlock Holmes and myself to spend some weeks in one of our great university towns, and it was during this time that the small but instructive adventure which I am about to relate befell us" (Conan Doyle, Arthur (1932): *The Complete Sherlock Holmes*. Garden City, N. Y., II, 59. Zitiert nach Searle 1975, S. 327).

Insbesondere die Aufrichtigkeitsregel und die wesentliche Regel scheinen nicht erfüllt zu sein. Denn mit höchster Wahrscheinlichkeit glaubt auch der größte Star Wars-Fan nicht, dass Jedi oder Luke Skywalker in der realen Welt existieren und folglich auch nicht, dass Luke Skywalker ein Jedi ist. Denn das würde sicherlich vielen anderen Propositionen widersprechen, die die Sprecher*in glaubt, wie beispielsweise, dass Telekinese und Telepathie nicht möglich sind. Aus gleichem Grunde will eine Sprecher*in von (26) sich auch nicht auf die Wahrheit der Proposition, dass Luke Skywalker ein Jedi ist, festlegen.

Wenn man die beschreibenden, fiktionalen Äußerungen aber trotz dieser Beobachtung als fiktionale Assertionen behandelt, gibt es im Wesentlichen zwei Möglichkeiten. Entweder man ändert etwas an dem propositionalen Gehalt einer Aussage wie in (26) oder an der Definition der Assertion. Searle scheint die erste Möglichkeit zu wählen, denn fiktionale Äußerungen scheinen andere Propositionen auszudrücken, da sie in einer Fiktion Gültigkeit haben.

> Holmes and Watson never existed at all, which is not of course to deny that they exist in fiction and can be talked about as such. (Searle 1975, S. 329)

Es ist allerdings nicht ganz klar, ob dies für Searle ein semantischer Unterschied auf der Ebene der Proposition ist oder ein pragmatischer Unterschied auf Sprechaktebene. Da er aber in dem obenstehenden Zitat sagt, dass „as a piece of discourse *about* fiction, the above [fictional] statement is true" (Searle 1975, S. 329), gehen wir davon aus, dass für ihn fiktionale Äußerungen schon auf der Ebene des propositionalen Gehalts eine unterschiedliche Bedeutung haben. Das bedeutet, dass zwei Äußerungen, die strukturell gleich erscheinen, eine unterschiedliche Bedeutung haben können, je nachdem, ob es sich um reale Aussagen oder fiktionale handelt.

(28)   Köln liegt in Frankreich.

In Bezug auf die aktuelle Welt wäre die Aussage falsch, in Bezug auf ein fiktionales Werk kann (28) ähnlich wie (12) wahr sein. Man muss sich dann Gedanken machen, wie der Bezug auf fiktionale Welten in der Semantik verankert werden könnte. Aber beispielsweise könnte (26) à la Lewis (1978) in etwa so viel bedeuten wie (29).

(29)   In der Welt der Star Wars-Fiktion gilt: Luke Skywalker ist ein Jedi.

Wenn die semantische Bedeutung von (26) bereits so etwas wie (29) ist, dann – so die Idee – sind die Regeln für die Assertion wieder erfüllbar, wenn man in (27) den propositionalen Gehalt jeweils durch etwas in der Art von (29) ersetzt: Die Sprecher*in glaubt, dass Luke Skywalker ein Jedi in der Welt der Star Wars-Fiktion ist. Sie legt sich darauf fest, dass Luke Skywalker ein Jedi in der Welt der Star Wars-Fiktion ist etc.

Auch wenn ein solcher semantischer Ansatz durchaus ausgearbeitet werden kann, so verkennt er unseres Erachtens, dass es sich nicht um einen strukturell semantischen Unterschied handelt, sondern, wie Searle es auch für die fiktionalen Deklarationen sagt, um einen pragmatischen Unterschied: Es ist die Sprecherintention, die darüber entscheidet, ob sich ein Satz wie (28) auf die reale Welt bezieht oder ob die Aussage vor dem Hintergrund einer bestimmten Fiktion getätigt wird; an der sprachlichen Struktur lässt sich dies nicht erkennen. Hinzu kommt, und darauf werden wir später noch genauer eingehen, dass sich unser Glauben über Realität und Fiktion gegenseitig beeinflussen kann, was nicht erwartbar ist, wenn fiktionale Aussagen einfach eine versteckt modale Struktur wie in (29) haben.

Aus diesen und weiteren Gründen, auf die wir an dieser Stelle nicht eingehen können, kommt eine semantische Analyse, die davon ausgeht, dass fiktionale Assertionen eine andere Proposition involvieren, auch wenn sie strukturgleich mit realen Assertionen zu sein scheinen, nicht in Frage. Es bleibt also nur die oben erwähnte Modifikation unserer Sichtweise auf Assertionen. Wie wir sehen werden, wird dies nicht nur den Vorteil haben, dass wir Searles Probleme lösen, es hilft uns auch, die Interaktionen zwischen realen und fiktionalen Äußerungen besser zu analysieren und kann darüber hinaus auch etwas über das Verhältnis der fiktionalen Assertionen zu den fiktionalen Deklarationen sagen.

4 Fiktionale Äußerungen und Common Ground

Um zu einem neuen Verständnis von Assertionen zu kommen, bedienen wir uns des Konzepts des sogenannten *Common Grounds* nach Stalnaker (1978; 2002). Dazu stellen wir zunächst sein Verständnis von Assertion vor, das auf diesem Begriff beruht, um anschließend eine modifizierte Version zu präsentieren, die sich gut für die Analyse von fiktionalen Äußerungen benutzen lässt. Um der Interaktion zwischen verschiedenen Fiktionen und realen Äußerungen gerecht zu werden, müssen wir das entwickelte Bild aber noch mal erweitern.

4.1 Common Ground und Glauben

Unter dem Common Ground (CG) versteht man den gemeinsamen, öffentlichen Glauben von Sprecher*in und Hörer*in, also ein wechselseitiges Hintergrund- und kontextuelles Wissen. Nach Stalnaker (1978) wird dies so modelliert, dass der CG die Menge der Propositionen enthält, die sowohl von der S(precher*in) und der H(örer*in) geglaubt werden und von denen auch bekannt ist, dass die jeweils andere Gesprächspartner*in diese glaubt. Dies lässt sich wie folgt formulieren.

(30)   Eine Proposition *p* ist dann CG,

   (i)   wenn S und H *p* glauben

   (ii)   und S und H glauben, dass sie *p* glauben.

Es geht also nicht nur darum, dass Sprecher*in und Hörer*in beide die Proposition *p* glauben, es muss zudem auch wechselseitig bekannt sein, dass sie *p* glauben.

Aus der Annahme des CGs kann man eine weitere Notation gewinnen, die sogenannte Kontextmenge CS (für *context set*). Diese Menge besteht aus allen möglichen Situationen, die mit allen Propositionen im CG, also dem gemeinsamen, öffentlichen Glauben von Sprecher*in und Adressat*in, vereinbar sind.

Vor diesem Hintergrund sieht Stalnaker die Hauptfunktion einer Assertion darin, dass sie den CG verändern soll, indem sie den CG „updatet" durch das Hinzufügen des propositionalen Gehalts der Assertion zum CG. Sofern die neue Proposition informativ ist, werden dann entsprechend die Situationen aus der Kontextmenge entfernt, die nicht kompatibel mit der neuen Proposition sind, was den Informationszuwachs modelliert.

Da die Sprecher*in natürlich nicht darüber entscheiden kann, ob die Hörer*in die neue Proposition glaubt, verändert eine Assertion den CG nicht direkt, sondern ist nach Stalnaker ein Vorschlag, den CG mit dem propositionalen Gehalt der Assertion upzudaten.

(31)   S schlägt vor, dass *p* dem CG hinzugefügt wird.

Im Gegensatz zu Searle nimmt Stalnaker eine interaktive Perspektive ein und fokussiert den Effekt, den eine Assertion auf Sprecher*in *und* Hörer*in hat.[10]

---

10   Bei Searle findet sich die Hörerseite in der Perlokution wieder, die in der sprechakt-theoretischen Forschung aber meist ausgeblendet wird.

Diese ursprüngliche Definition von CGs und Assertion bringt allerdings gegenüber der Searl'schen Definition von Assertion keine Vorteile für fiktionale Aussagen, weil es immer noch Teil der Definition ist, dass die Sprecher*in (und nun auch die Hörer*in) die ausgedrückte Proposition glaubt. Wie wir aber dargelegt haben, geht es bei fiktionalen Äußerungen eben nicht darum, dass die Sprecher*in den propositionalen Gehalt der Äußerung *glaubt*. Deshalb müssen wir die Definition des CGs und/oder der Assertion weiter anpassen.

4.2 Common Ground und Akzeptanz

Der Grund, warum ein CG-basierter Ansatz gut geeignet ist, um fiktionale Äußerungen zu handhaben, liegt nicht in der ursprünglichen Definition, sondern daran, dass in der sprachphilosophischen Debatte des CG-Begriffs vorgeschlagen wurde, dass man den CG nicht aufgrund gemeinsamen, öffentlichen Glaubens verstehen soll, sondern dass man diesen stattdessen auf dem Begriff der Akzeptanz aufbauen sollte. Dafür argumentiert u. a. Stokke (2013), der zeigt, dass sich dieser Gedanke bereits in Stalnakers (2002) späteren Reflektionen über den Begriff des CGs finden lässt.

> [T]he common ground should be defined in terms of a notion of *acceptance* that is broader than the notion of belief. Acceptance […] is a category of propositional attitudes and methodological stances toward a proposition, a category that includes belief, but also some attitudes (presumption, assumption, acceptance for the purposes of an argument or an inquiry) that contrast with belief, and with each other. To accept a proposition is to treat it as true for some reason. One ignores, at least temporarily, and perhaps in a limited context, the possibility that it is false (Stalnaker 2002, S. 716; Hervorhebung im Original).

Wie bei der ursprünglichen Definition reicht es aber nicht aus, dass die Proposition von Sprecher*in und Hörer*in für die Zwecke des Gesprächs akzeptiert wird, es muss beiden auch gegenseitig bekannt sein, dass sie sie akzeptieren. Folglich können wir folgende neue Definition des CGs annehmen.

(32)   Eine Proposition p ist dann CG,

(i)   wenn S und H p akzeptieren,

(ii)   und S und H glauben, dass sie p akzeptieren.

Durch diese Neudefinition des CGs ändert sich implizit auch die Bedeutung der Definition der Assertion in (31), auch wenn wir die Definition an sich nicht anpassen müssen.

Der Vorteil einer akzeptanzbasierten Version des CGs und folglich der Assertion für unsere Zwecke ist, dass man etwas akzeptieren kann, ohne es zu glauben. Darüber hinaus kann man, wie Stalnaker betont, Propositionen aus den unterschiedlichsten Gründen und für die unterschiedlichsten Zwecke akzeptieren. Entscheidend ist, dass man die Proposition als wahr behandelt für die Zwecke des Diskurses, was durchaus auch zeitlich- und situationsgebunden sein kann. Beides passt natürlich sehr gut zu einer Analyse von fiktionalen Äußerungen. Denn sowohl bei den deklarativen als auch den assertiven fiktionalen Äußerungen ist es nicht der Fall, dass Sprecher*in und Hörer*in glauben, dass die Proposition tatsächlich wahr ist. In beiden Fällen kann man aber davon ausgehen, dass eine fiktionale Äußerung – sofern keine anderen Einwände bestehen – von Sprecher*in und Hörer*in als wahr akzeptiert werden. Wir können die assertiven fiktionalen Äußerungen also einfach als Assertionen auffassen, ohne uns wie Searle darauf festlegen zu müssen, dass die Sprecher*in tatsächlich glaubt, was sie sagt.[11]

Zwar haben wir die deklarativen fiktionalen Äußerungen nicht als Assertionen aufgefasst, aber wir können den Bezug auf den CG dazu nutzen, um das unterschiedliche Verhalten zwischen assertiven und deklarativen fiktionalen Aussagen zu beschreiben, das wir in (15) und (16) ausgemacht haben. Entsprechend der Definitionen in (31) und (32) ist eine assertive fiktionale Aussage ein Vorschlag, dass eine (fiktionale) Proposition in den CG aufgenommen wird, also wechselseitig akzeptiert wird. Dabei ist es – wie bei realen Assertionen auch – durchaus verhandelbar, ob der propositionale Gehalt einer assertiven fiktionalen Aussage akzeptiert wird und somit in den CG aufgenommen werden soll. Dies hängt also auch entscheidend von der Hörer*in ab, da die Sprecher*in nicht alleine darüber entscheiden kann, was die Hörer*in akzeptieren möchte und was nicht. Im Unterschied dazu findet bei deklarativen fiktionalen Äußerungen (sofern die Sprecher*in die nötige soziale Autorisierung hat) die Veränderung des CGs gewissermaßen unmittelbar statt und die Hörer*in hat kaum Möglichkeit, dem Update zu widersprechen (mit den oben genannten Einschränkungen).

Wir können also festhalten, dass eine Definition der Assertion, die auf einem akzeptanzbasierten Verständnis des CGs beruht, in der Lage ist, die assertiven fiktionalen Aussagen als Assertionen aufzufassen. Auch der Unterschied zwischen assertiven und deklarativen fiktionalen Aussagen kann modelliert

---

11   Die Idee, Fiktion unter dem Gesichtspunkt der Akzeptanz zu verstehen, findet sich u. a. auch bei Sainsbury (2011) und wird auch bei Maier (2018) diskutiert.

werden, da letztere eben kein *Vorschlag* sind, den CG upzudaten, sondern ein *direktes* Update bewirken.[12]

Allerdings lässt dieser Ansatz die Frage offen, was der Unterschied zwischen einer fiktionalen und einer realen Assertion ist. Außerdem führt er zu einigen weiteren Problemen, auf die wir nun eingehen und die eine weitere Erweiterung des CG-Modells erfordern.

4.3 Offizieller und inoffizieller Common Ground

Der bisher skizzierte Ansatz, fiktionale Assertionen vor dem Hintergrund eines akzeptanzbasierten CGs zu verstehen, macht bisher keinen fundamentalen Unterschied zwischen realen und fiktionalen Aussagen: Beides sind Vorschläge, den propositionalen Gehalt gemeinsam im Diskurs zu akzeptieren. Das bedeutet aber auch, dass sowohl der Inhalt von realen als auch von fiktionalen Assertionen in den CG aufgenommen wird. Dies ist jedoch bei vielen fiktionalen Werken nicht möglich. So wird beispielsweise ein normaler CG Propositionen enthalten wie:

(33) a. Es gibt keine Jedi.

   b. Man kann sich nicht schneller als das Licht bewegen.

Das Problem ist nun, dass diese gewöhnlichen Propositionen inkompatibel mit vielen Propositionen aus den Werken des *Star Wars*-Universums sind, wie beispielsweise den folgenden.

(34) a. Luke Skywalker ist ein Jedi.

   b. Der Millennium Falcon fliegt mit mehrfacher Lichtgeschwindigkeit.

Nun haben die meisten Hörer*innen kein Problem, sowohl die Propositionen in (33) als auch die Propositionen in (34) zu akzeptieren. Würden diese allerdings

---

12 Eine ähnliche Unterscheidung zwischen einem Update-Vorschlag (*proposal*) und einem direkten Update (*imposition*) findet sich u.a. bei AnderBois/Brasoveanu/Henderson (2015) in Bezug auf den Unterschied zwischen sogenanntem *at-issue* und *non-at-issue* Gehalt. Dies ist insofern interessant, als deklarative fiktionale Aussagen prinzipiell *non-at-issue* sein sollten, da sie kein Diskursthema (also ein *issue*) adressieren. Das heißt, während eine assertive Äußerung von „Luke Skywalker ist ein Jedi" beispielsweise eine Frage beantwortet wie „Was ist besonders an Luke Skywalker?" oder „Wer ist ein Jedi?", so adressiert eine deklarative Äußerung des gleichen Satzes keine Diskursfrage, da sie gar nicht Teil einer entsprechenden interaktiven Diskursstruktur ist.

in ein und denselben CG aufgenommen werden, dann wären diese widersprüchlich, was wiederum bedeutet, dass die Kontextmenge leer wäre, da keine mögliche Situation mit den Propositionen in (33) *und* (34) kompatibel ist.

Aus diesem Grund schlägt beispielsweise Eckardt (2015) in einem leicht anderen Zusammenhang vor, dass fiktionale Aussagen nicht den „echten" bzw.
offiziellen CG updaten, sondern einen inoffiziellen CG für die Fiktion. Das bedeutet, neben einem realen, normalen CG gibt es noch einen $CG_{StarWars}$, in dem
andere Propositionen akzeptiert werden als in der realen Welt.

Der normale CG enthält viele Propositionen, die nicht im $CG_{StarWars}$ gelten
(35), während $CG_{StarWars}$ wiederum Propositionen enthält, die nur in diesen fiktionalen CG aufgenommen werden und keine Annahmen über die Wirklichkeit
darstellen (36).

(35)   a.   Es gibt keine Jedi.

       b.   Köln ist eine Stadt in NRW.

(36)   a.   Luke Skywalker ist ein Jedi.

       b.   Der Millennium Falcon ist ein modifizierter YT-1300-Frachter.

Die Idee der getrennten CGs kann durch das folgende Schaubild illustriert
werden:

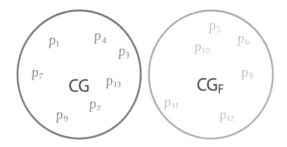

Abb. 1: Realer und fiktionaler CG

Durch die Annahmen, dass der CG auf Akzeptanz statt auf Glauben beruht, und
dass es mehrere getrennte CGs gibt, lassen sich die Gemeinsamkeiten und Unterschiede zwischen fiktionalen und realen Assertionen erfassen. In beiden
Fällen handelt es sich um Assertionen, da ein CG upgedatet werden soll. Der
Unterschied ist, dass im Falle von realen Assertionen der offizielle, reale CG

upgedatet werden soll, während fiktionale Äußerungen den der jeweiligen Fiktion entsprechenden fiktionalen CG betreffen.

Eine Gemeinsamkeit zu Searles Ansatz ist, dass es sich hierbei um einen pragmatischen Ansatz zur Analyse von fiktionalen Äußerungen handelt, der einen Gegenentwurf zu beispielsweise dem modal-semantischen Ansatz von Lewis (1978) darstellt, der einen Unterschied in der semantischen Form postuliert. Unser Ansatz impliziert aber nicht, dass es nicht auch inhaltliche Unterschiede zwischen fiktionalen und realen Äußerungen gibt. So beinhalten die Propositionen, die durch fiktionale Äußerungen ausgedrückt werden, oftmals nur Welten, die wir als fiktionale Welten auffassen, da sie beispielsweise Personen oder Dinge involvieren, die erst durch fiktionale Deklarationen erschaffen wurden (vgl. Werner 2016). Aber das ist natürlich kein notwendiges Kriterium, da viele Propositionen für sich genommen nicht als fiktional oder real klassifiziert werden können. Über diese Frage hinaus gibt es auch funktional-pragmatische Unterschiede. Warum und wann fiktionale Assertionen (oder Deklarationen) vollzogen werden, unterscheidet sich sicherlich von den Situationen, in denen reale Assertionen (oder Deklarationen) geäußert werden.

4.4 Interaktionen zwischen CGs

Bisher haben wir angenommen, dass reale und fiktionale CGs voneinander getrennt sind. Und auch wenn es korrekt ist, dass es sich dabei um getrennte „Behältnisse" handeln muss, in die unterschiedliche Informationen aufgenommen werden, so dürfen diese nicht komplett voneinander isoliert sein.

So gibt es beispielsweise Interaktionen zwischen dem realen CG und fiktionalen CGs. Denn auch fiktionale CGs beginnen nie komplett leer, sondern es werden Informationen aus dem realen CG importiert. Wenn die Hörer*in beispielsweise noch nichts über Sherlock Holmes weiß, aber dann (37) hört, wird sie – sofern sie entsprechende Kenntnisse der Geografie Londons hat – bestimmte Annahmen über Sherlock Holmes machen, weil sie geografisches Wissen aus dem realen CG importiert.

(37)   Sherlock Holmes wohnte in London in der Baker Street 221B.

So wird die Hörer*in aus (37) beispielsweise (38) schließen, auch wenn sie keine weitere Information über die fiktionalen Werke über Sherlock Holmes hat (vgl. Lewis 1978, S. 41).

(38)   Sherlock Holmes wohnte näher am Bahnhof Paddington als am Bahnhof Waterloo.

Doch nicht nur aus dem realen CG können Informationen in einen fiktionalen CG importiert werden. Auch andere fiktionale CGs können herangezogen werden, um den CG_F eines Werkes durch unser „Weltwissen" über andere Fiktion anzureichern. Betrachten wir zur Illustration folgendes Beispiel.

(39)   Rüdiger ist ein Vampir.

Wenn wir beispielsweise (39) akzeptieren, dann werden wir wahrscheinlich bestimmte „Normalvorstellungen" (d'Avis 2013) über Vampire wie in (40) importieren, auch wenn diese noch nicht thematisiert wurden.

(40)   a.   Rüdiger hat spitze Zähne.

         b.   Rüdiger verträgt kein Sonnenlicht.

         c.   Rüdiger mag keinen Knoblauch.

Erstaunlicherweise sind wir aber auch bereit, Informationen aus einem fiktionalen CG in den realen CG zu übernehmen. Wir können aus Fiktion faktuales Wissen über die reale Welt erlangen. Dass wir dies tatsächlich tun, haben beispielsweise Butler/Dennis/Marsh (2012) gezeigt. Vor allem scheinen wir bei Hintergrundinformationen gewillt, diese in den realen CG zu akzeptieren, nicht so sehr bei Plotpunkten.

(41)   Nachdem Holmes sein Haus verlassen hatte, fuhr er mit der U-Bahn
         zum Bahnhof Paddington, um dort den Zug nach Bristol zu nehmen.

Wenn wir (41) erfahren, dann akzeptieren wir vermutlich die Informationen in (42) – natürlich in Abhängigkeit von unserem Wissen über die Geografie Londons und Englands – aber nicht (43).

(42)   a.   Es gibt einen Bahnhof Paddington.

         b.   Es gibt eine Stadt Bristol.

         c.   Es gibt eine Zugverbindung vom Bahnhof Paddington nach Bristol.

(43)   Es gibt Sherlock Holmes.

Unter welchen Umständen ein solcher Transfer stattfindet und welche Faktoren diesen beeinflussen, ist eine interessante Frage für weitere, vor allem empirische Forschung. Wir können an dieser Stelle aber festhalten, dass eine strikte Trennung der verschiedenen CGs im Sinne von Eckardt (2015) zu stark ist. Statt der „Behältnis"-Metapher bietet es sich an, sich die verschiedenen CGs als ein Netz aus verschiedenen, sich teils überlappenden und durchlässigen Informationen vorzustellen.[13]

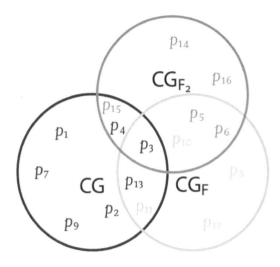

Abb. 2: Interaktion zwischen CGs

4.5 Streichbarkeit von importierten Informationen

Bevor wir diese Skizze unserer CG-basierten Analyse von fiktionalen Assertionen abschließen, weisen wir an dieser Stelle noch kurz darauf hin, dass das Modell noch einer Erweiterung bedarf, um die Interaktion zwischen realen und fiktionalen CGs angemessen zu erfassen. Denn auch wenn Informationen aus einem CG in einen CG importiert werden, so sind die importierten Informationen nicht „gleichberechtigt" zu den Propositionen, die dem CG direkt hinzugefügt werden. Denn letztere können importierte Informationen jederzeit überschreiben; ein Import ist gewissermaßen also nur provisorisch. Wenn wir (39)

---

13   Vergleiche zur Interaktion zwischen realer und fiktionaler Information auch die Diskussion in Maier (2018).

für den CG_{KV} akzeptieren, dann akzeptieren wir wahrscheinlich auch die Informationen in (40). Wenn wir aber zu einem späteren Zeitpunkt (44) erfahren und akzeptieren, dann müssen wir die importierte Information, dass Rüdiger keinen Knoblauch mag, wieder streichen, da diese nicht mit der neu und genuin zu dem CG_{KV} hinzugefügten Information kompatibel ist.

(44)   Neben Blut mag Rüdiger am liebsten Knoblauchbrot.

Importierte Propositionen müssen also nach ihrem Ursprung her gekennzeichnet werden, um Konflikte zwischen importierter und genuiner Information aufzulösen.

5 Zusammenfassung

Fiktionale Aussagen stellen insofern ein Problem für Searles Sprechakttheorie dar, dass fundamentale strukturelle/semantische Unterschiede zwischen realen und fiktionalen Aussagen vorliegen. Sie verhalten sich pragmatisch anders und folglich erfüllen Aussagen wie in (2) im Gegensatz zu solchen in (1) nicht die Glückensbedingungen der Assertion in Searles (1969) Sinne. Beispielsweise gilt nur für reale Aussagen, dass die Sprecher*in den propositionalen Gehalt glaubt und sich auf dessen Wahrheit festlegt. Um dieses Problem zu lösen, nimmt Searle (1975) an, dass fiktionale Äußerungen nur „vorgegebene" Äußerungen sind und dass es nicht-sprachliche Konventionen gibt, diese als Fiktion zu verstehen. Da sein Ansatz aber, wie wir diskutiert haben, mehr Fragen aufwirft als beantwortet, schlagen wir einen anderen Lösungsansatz vor.

Wir unterscheiden zunächst zwischen fiktionalen Äußerungen, die von der Autor*in im Rahmen der fiktionalen Erzählung gemacht werden, von solchen, die über eine bereits existierende Fiktion gemacht werden. Erste analysieren wir als (fiktionale) Deklarationen. Die spezielle soziale Rolle der Autor*in und Urheber*in ermöglicht es, dass fiktionale Äußerungen deklarativen Charakter haben und dadurch fiktive „Tatsachen" geschaffen werden (siehe dazu ausführlich Werner 2016), genauso wie die soziale Rolle einer Schiedsrichter*in Aussagen wie „Der Ball ist im Aus" zu Deklarationen werden lassen, die strukturell aber wie Assertionen aussehen.

Aussagen über Fiktion analysieren wir als Assertionen vor dem Hintergrund einer Stalnaker'schen (2002) Sicht, nach der Assertionen Vorschläge sind, dass eine Proposition Common Ground (CG) werden soll, wobei wir hier unter dem CG die Menge der gemeinsam und öffentlich für die Zwecke des Diskurses akzeptierten Propositionen verstehen. Fiktionale Äußerungen sind dann Vorschläge, einen bestimmten, zu einem fiktionalen Werk gehörigen CG upzudaten. Dieser fiktionale CG muss zwar von dem realen CG getrennt sein, es kann aber zu Interaktionen zwischen dem realen und den verschiedenen fiktionalen CGs kommen.

Literatur

AnderBois, Scott/Brasoveanu, Adrian/Henderson, Robert (2015): At-issue proposals and appositive impositions in discourse. In: Journal of Semantics 32(1), S. 93–138.

Butler, Andrew C/Dennis, Nancy A./Marsh, Elizabeth J. (2012): Inferring facts from fiction. Reading Correct and Incorrect Information Affects Memory for Related Information. In: Memory 20(5), S. 487–498.

d'Avis, Franz (2013): Normalität und Sprache – Normalvorstellungen und ihre Rolle in bestimmten Konstruktionen des Deutschen. Habilitationsschrift. Universität Mainz.

Eckardt, Regine (2015): The Semantics of Free Indirect Speech. How Texts Let You Read Minds and Eavesdrop. Leiden: Brill.

Elsen, Hilke (2007): Die Aufgaben der Namen in literarischen Texten – Science Fiction und Fantasy. In: Zeitschrift für Literaturwissenschaft und Linguistik 147, S. 152–163.

Herrmann, Meike (2005): Fiktionalität gegen den Strich lesen. Was kann die Fiktionstheorie zu einer Poetik des Sachbuchs beitragen? In: Arbeitsblätter für die Sachbuchforschung 7.

Lamping, Dieter (1983): Der Name in der Erzählung. Zur Poetik des Personennamens. Bonn: Bouvier.

Lewis, David (1978): Truth in fiction. In: American Philosophical Quarterly 15(1), S. 37–46.

Maier, Emar (2018): Lying and fiction. In: Meibauer, Jörg (Hg.): Oxford Handbook of Lying. Oxford: Oxford University Press, S. 303–315.

Sainsbury, Mark (2011): Fiction and acceptance-relative truth, belief and assertion. In: Sainsbury, Mark (Hg.): Truth in Fiction. Heusenstamm: Ontos Verlag, S. 38–137.

Searle, John R. (1969): Speech Acts. An Essay in the Philosophy of Language. Cambridge: Cambridge University Press.

Searle, John R. (1975): The logical status of fictional discourse. In: New Literary History 6(2), S. 319–332.

Searle, John R. (1979): A taxonomy of illocutionary acts. In: Searle, John R.: Expression and Meaning. Cambridge: Cambridge University Press, S. 1–29.

Stalnaker, Robert (1978): Assertion. In Peter Cole (Hg.), Syntax and Semantics 9: Pragmatics. New York: Academic Press, S. 315–332.

Stalnaker, Robert (2002): Common ground. In: Linguistics and Philosophy 25(6), S. 701–721.

Stokke, Andreas (2013): Lying and Asserting. In: Journal of Philosophy 110 (1), S. 33–60.

Werner, Christiana (2016): Wie man mit Worten Dinge erschafft. Die sprachliche Konstruktion fiktiver Gegenstände. Göttingen: V&R unipress.

Zipfel, Frank (2001): Fiktion, Fiktivität, Fiktionalität. Analysen zur Fiktion in der Literatur und zum Fiktionsbegriff in der Literaturwissenschaft. Berlin: Erich Schmidt.

Intentionalität und Äußerungsbedeutung – zwei gegensätzliche Positionen im Licht der Searle-Derrida-Debatte

Tilo Weber

Abstract: Is linguistic meaning based on individual speakers' intentions? This basic tenet of Searlean speech act theory as well as of classical linguistic pragmatics in general was challenged vigorously by Jacques Derrida when he, in 1977, opened what later became known as the Searle-Derrida debate. The present paper aims at showing that Derrida's "deconstruction" of intentionalism reveals critical weaknesses inherent in Searle's variety of this approach to meaning. On the other hand, it is argued that Derrida's own persuasive strategy implicitly rests on the assumption that intentionality is crucial for meaningful human interaction, even though in a different way than advocated by Searle. Furthermore, it is pointed out that the different argumentative and rhetoric styles adopted by the two opponents are not accidental to their respective theoretical positions, but rather consequential to them in an almost iconic fashion.

1 Einleitung

Jahrestage einflussreicher wissenschaftlicher Werke sind legitime Anlässe, sich zurück- und vorausschauend mit Thesen und Konzepten auseinanderzusetzen, denen sie ihren Einfluss verdanken. Für John R. Searles *Speech Acts* (1969) gilt das umso mehr, als die Grundannahme, sprachliche Bedeutung sei unmittelbar mit Intentionen individueller Sprecher verbunden, nicht nur historisch zu würdigen ist, sondern auch heute unveränderlich zu den Fundamenten der klassischen Pragmatik in der Tradition John L. Austins und H. Paul Grices gehört.

Alle Bestimmung ist Abgrenzung, und so erweist es sich auch für diejenigen, die Searles Sicht auf den Zusammenhang von Intentionalität und Bedeutung herausarbeiten und überprüfen möchten, als glücklicher Umstand, dass der Autor der *Speech Acts* ein streitbarer Wissenschaftler ist. Mehr als viele andere hat sich Searle immer wieder auf Auseinandersetzungen mit Kollegen eingelassen, die seiner eigenen diametral entgegenstehende Auffassungen vertreten. Ein in mehrfacher Hinsicht herausragendes Beispiel hierfür ist die so genannte *Searle-Derrida-Debatte*, deren erste Beiträge 1977 in der Zeitschrift *Glyph* erschienen.

Im Zentrum der folgenden Ausführungen steht also die radikale Kritik des französischen Philosophen Jacques Derrida und Searles vehemente Verteidigung der These von der Intentionalität sprachlicher Bedeutung, die in einer wohlbekannten Version wie folgt lautet:

> When I take a noise or a mark on a piece of paper to be an instance of linguistic communication [...], one of the things I must assume is that the noise or mark was produced by a being or beings more or less like myself and produced with certain kinds of intentions. [...] Furthermore, not only must I assume the noise or mark to have been produced as a result of intentional behavior, but I must also assume that the intentions are of a very special kind peculiar to speech acts. (Searle 1969, S. 16f.)

Die Debatte bezieht ihre Brisanz aus dem Versuch Derridas (1977a,b), Austin (1962), vor allem aber dann Searle nachzuweisen, dass ihre eigenen Prämissen, aus denen sie die zentrale Rolle der Intentionalität ableiten, ganz entgegengesetzte Schlussfolgerungen nach sich ziehen. Searle (1977) weist diese Kritik heftig zurück und bestreitet insbesondere die Zulässigkeit eines Verfahrens, das sein philosophisches Werk im Zuge einer „Dekonstruktion" (vgl. Culler 1982) ‚gegen den Strich', also entgegen die erklärten Absichten seines Autors und mit dem Anspruch interpretiert, es besser zu verstehen als dieser selbst.

Diese wenigen einleitenden Bemerkungen machen bereits deutlich, dass die Inhalte und Positionen, um die in dieser Auseinandersetzung gestritten wird, eng verknüpft sind mit der Form oder vielmehr: den unterschiedlichen, ja gegensätzlichen Formen und kommunikativen Strategien, mit denen sie vertreten werden. Nachzuweisen, dass die inhaltlichen Differenzen, um die es in der Debatte geht, eng mit der Art und Weise verknüpft sind, in der der Streit ausgetragen wird, ist das Anliegen der ersten beiden Abschnitte. Dabei geht es zunächst um die Ursachen für die Härte, mit der der Streit ausgetragen wird, den Beobachter und Beobachterinnen mit Adjektiven wie *aggressiv, gewalttätig* und *feindselig* beschrieben haben (2). Anschließend wird gezeigt, dass die unterschiedlichen Argumentationsstile Searles und Derridas jenseits aller Polemik mit inhaltlichen Unterschieden hinsichtlich der zur Diskussion stehenden Frage nach dem Zusammenhang von Intentionalität und Bedeutung korrelieren (3).

Es folgt eine Rekonstruktion von Derridas kritischer Auseinandersetzung mit Searles Intentionalismus und Searles Erwiderung darauf (4). Schließlich wird dargelegt, dass Derridas Kritik an Searle zwar in wesentlichen Punkten gerechtfertigt ist, seine eigene Argumentation aber nur unter der Voraussetzung stichhaltig sein kann, dass eine Analyse sprachlicher Bedeutung und des Verstehens kommunikativer Äußerungen auf Sprecherintentionen Bezug nehmen muss (5). Mit einer Zusammenfassung schließt dieser Aufsatz (6).

2 Die Searle-Derrida-Debatte: Warum sie „nicht wirklich" zustande kommt und schließlich abbricht

Die Auseinandersetzung zwischen Searle und Derrida wurde zunächst in der Form dreier Aufsätze in zwei aufeinander folgenden Ausgaben der Zeitschrift *Glyph* (Johns Hopkins Textual Studies) ausgetragen. Den ersten Text liefert Jacques Derrida (1977a) mit *Signature, Event, Context*, worin er sich kritisch mit John Austins Version der Sprechakttheorie auseinandersetzt. Im eigentlichen Sinne liegt dieser Aufsatz noch außerhalb der Debatte bzw. liegt ihr voraus, weil es sich um die englischsprachige Übersetzung eines Textes handelt, der basierend auf einem Vortrag bereits in französischer Sprache und ohne jede Absicht oder Aussicht darauf publiziert worden war, eine unmittelbare Erwiderung zu veranlassen (Derrida 1972). Von den Herausgebern der Zeitschrift eingeladen, antwortet John Searle (1977) auf den Wiederabdruck im selben Heft mit der These, Derrida habe Austin mit seiner Kritik vollständig verfehlt. In seiner wiederum auf Veranlassung der *Glyph*-Herausgeber verfassten Replik versucht Derrida (1977b) nun zu zeigen, dass gerade in der Art und Weise, wie Searle argumentiert, offen zutage trete, dass seine, Derridas, ursprüngliche Position gerechtfertigt sei. Im Anschluss an die Artikel in *Glyph*, deren letzte beiden noch explizit als Antworten auf den jeweils vorausgehenden konzipiert und präsentiert waren, haben beide Autoren einzelne Streitpunkte unabhängig voneinander wieder aufgenommen und sind dabei besonders auf die Art und Weise eingegangen, in der die Debatte geführt worden war. Searle (1983; Mackey/ Searle 1984) tut dies in zwei Artikeln in der *New York Times Review of Books*, deren erster im Rahmen einer Rezension zu Jonathan Cullers (1982) *On De-construction* Derrida persönlich und dessen Umgang mit Texten anderer Autoren scharf angeht. Derrida seinerseits greift die Kritik, die nicht allein Searle gegen seine Art, philosophische Streitigkeiten auszutragen, formuliert hat, im Nachwort zu *Limited Inc* (1988a,b) auf. Diese Publikation enthält Derridas eigene beiden Beiträge sowie eine Zusammenfassung von Searles *Reply to Derrida* und kann als ein Versuch gelesen werden, das Fazit der Debatte zu ziehen und diese damit abzuschließen. Gleichsam von außen haben verschiedene Autoren die Auseinandersetzung analysiert und dabei, mal mehr auf der einen, mal mehr auf der anderen Seite des Konflikts, unterschiedliche Schlussfolgerungen für die Theorie sprachlicher Bedeutung gezogen (z. B. Farrell 1988; Weber 1997; Mulligan 2009; Rolf 2009).

Auch wenn zu konstatieren ist, dass der Versuch eines Dialogs zwischen Searle und Derrida letztlich scheitert, ist doch hervorzuheben, dass hier der Sprechakttheoretiker und analytische Philosoph Searle und der Dekonstruktivist Derrida Texte des jeweils anderen überhaupt zur Kenntnis und zum Anlass nehmen, die je eigene Sicht auf die umstrittenen Dinge zu explizieren. Wie Kevin Mulligan (2009) bemerkt, ist Searle unter seinen gleichgesinnten Kollegen nämlich durchaus eine Ausnahme:

> In marked contrast to his anglophone peers, Searle has written extensively, and invariably critically, about deconstructionism, postmodernism and other parts of what is sometimes called (although not by Searle) "Continental Philosophy" or CP. Anglophone, analytic philosophers have written very little, for or against, about what has been said within the different traditions of CP. (Mulligan 2009, S. 2)

Allerdings erscheint es zweifelhaft, ob dieses Aufeinander-Bezug-Nehmen tatsächlich ein Streit*gespräch* im Sinne eines Austauschs von Thesen und Argumenten darstellt. Searle selbst ist offenbar von Anfang an nicht dieser Meinung:

> It would be a mistake, I think, to regard Derrida's discussion of Austin as a confrontation between two prominent philosophical traditions. This is not so much because Derrida has failed to discuss the central theses in Austin's theory of language, but rather because he has misunderstood and misstated Austin's position at several crucial points, as I shall attempt to show, and thus *the confrontation never quite takes place*. (Searle 1977, S. 198; Hervorhebung des Autors.)

Demnach sind es hier nicht in erster Linie inhaltliche Differenzen, die einem echten Dialog im Wege stehen. Was Searle Derrida in diesem Text ebenso vorwirft wie in späteren (Searle 1983; Mackey/Searle 1984), entspricht im Wesentlichen Chentélle Swartz' und Paul Cilliers' Darstellung einer Begegnung Derridas mit dem Hermeneutiker Hans-Georg Gadamer im Jahre 1981, also nicht lange nach dem Erscheinen der *Glyph*-Beiträge. Wie sie Derridas Umgang mit seinem Diskussionspartner bzw. dessen Texten beschreiben, deckt sich teilweise und annähernd wörtlich ("never really took place", "improbable encounter") mit Searles Vorhaltungen gegenüber Derrida, und diese Parallele legt nahe, dass wir es hier mit einem mehr als zufälligen, wenn nicht typischen Merkmal Derrida'schen Diskutierens zu tun haben. Dass auch Derrida selbst ethische Aspekte der wissenschaftlichen Auseinandersetzung als deren entscheidende Grundlage ansieht, drückt sich in seinem Nachwort zu *Limited Inc* (1988a) aus, für das er den Untertitel *Towards an ethics of discussion* (1988b) wählt.

Dass Aggressivität, Polemik und eine gewisse Abschätzigkeit dem anderen gegenüber jedoch nicht allein Derrida zuzuschreiben sind, haben eine Reihe von Autoren bemerkt (z.b. Mackey in Mackey/Searle 1984), und so spricht Alfino (1992, S. 144) zurecht von der Feindseligkeit und Verwirrtheit ("hostility and confusion"), die sowohl in Searles als auch in Derridas Beiträgen auf jeder Seite deutlich werden. In welch wenig argumentativer Weise diese Auseinandersetzung zeitweise geführt wurde, tritt u. a. in dem wechselseitig gegeneinander erhobenen Vorwurf zutage, die für die Diskussion der Sachfragen relevanten Texte nicht gelesen zu haben (vgl. Searle 1983, S. 74; Derrida 1977b, S. 162). Auch Searles Kolportage einer privat geäußerten Bemerkung des 1984 verstorbenen französischen Philosophen Michel Foucault und deren spätere Zurückweisung als „Klatsch" durch Derrida (1988b, S. 139) stützen diese Einschätzung:

> Michel Foucault once characterized Derrida's prose style to me as 'obscurantisme terroriste.' The text is written so obscurely that you can't figure out exactly what the thesis is (hence 'obscurantisme') and when one criticizes it, the author says, 'Vous m'avez mal compris; vous etes idiot' (hence 'terroriste'). (Searle 1983, S. 74)

„Gewalttätig", „polemisch", „feindselig", „verwirrt", „aggressiv" – das sind einige der Adjektive mit denen die Searle-Derrida-Debatte beschrieben worden ist. Inmitten einer auf diese Weise zu charakterisierenden Diskussionsatmosphäre erscheint es folgerichtig, dass einer der Kontrahenten, in diesem Fall war es Searle, den Austausch explizit abbrach, indem er den Wiederabdruck seiner ursprünglichen *Reply to Derrida* (Searle 1977) im Band *Limited Inc* (Derrida 1988a) untersagte. Zumindest ist das die Erklärung des Herausgebers (Graff 1988a: vii) dafür, dass dieser Versuch Derridas, die wesentlichen Beiträge an einem Ort zu dokumentieren und mit einem Nachwort *Towards an ethic of discussion* (Derrida 1988b) abschließend zu bewerten, anstelle des Searle'schen Originaltextes lediglich eine knappe Zusammenfassung Graffs (1988b) enthält.

Trotz dieses Abbruchs und Scheiterns aber ist die Searle-Derrida-Debatte mehr als ein in aller akademischen Öffentlichkeit ausgetragener Austausch von Unterstellungen, Beleidigungen und Sarkasmen. Ihr Wert lässt sich in dreierlei Hinsicht bestimmen: (i) Sie führt einer Fachöffentlichkeit vor Augen, dass wissenschaftliche Auseinandersetzungen durch große Emotionen und persönliche Animositäten geprägt sein können; (ii) sie lässt erkennen, dass Argumentationsstile und theoretische Positionen einander bedingen können; (iii) sie lässt zwei unterschiedliche Auffassungen zu einer für die Sprach- und Kommunikationswissenschaften zentralen Frage im wechselseitigen Kontrast hervortreten, nämlich die nach dem Zusammenhang zwischen Sprecherintentionalität und Bedeutung.

Nachdem Punkt (i) in den vorausliegenden Passagen ausgeführt wurde, geht es im folgenden Abschnitt (3) um die Beschreibung der unterschiedlichen Argumentationsstile Searles und Derridas jenseits ihres polemischen Charakters und deren Zusammenhang zu ihren bedeutungstheoretischen Annahmen, bevor dann in Abschnitt (4) die von den beiden Kontrahenten jeweils vertretenen Auffassungen zum eigentlichen inhaltlichen Streitpunkt rekonstruiert werden.

3 Jenseits der Polemik: Die Beziehung zwischen Argumentationsstil und theoretischer Position bei Searle und Derrida

Zum inhaltlichen Kern der Auseinandersetzung gelangt man, wenn man die Aggressivität, die die Beteiligten an den Tag legen und die sich Derrida auch zumindest im Rückblick selbst bescheinigt (vgl. Derrida 1988b, S. 113), von den Formen ihres philosophischen Agierens unterscheidet, die sich weniger am jeweiligen Opponenten als vielmehr an der Sache ausrichten, um die es geht. In diesem Sinne ist Derrida zu verstehen, wenn er seinen Schreibstil charakterisiert und gleichzeitig exemplifiziert, indem er feststellt:

> I have, in other texts, devised countless games, playing with "my name," with the letters and syllables *Ja, Der, Da*. Is my name still "proper," or my signature, when, in proximity to "There. J. D." (pronounced, in French, approximately Der. J. D.), in proximity to "Wo? Da." in German, to "Her. J. D." in Danish, they begin to function as integral or fragmented entities *[corps]*, or as whole segments of common nouns or even of things? (Derrida 1977b, S. 167)

Wenn Derrida von zahllosen, von ihm entworfenen *Spielen* spricht, dann sind nicht etwa solche gemeint, die er im Rahmen eines übergeordneten philosophischen und „ernsthaften" Räsonnements als Beispiele oder Vergleichsobjekte verwendet. Vielmehr sind das Spielerische und damit die Unabgeschlossenheit und Mehrdeutigkeit für ihn irreduzibel, d.h. durch keinerlei methodische Verfahren neutralisier- oder aufhebbare Merkmale jedes Philosophierens selbst (vgl. Derrida 1988b, S. 114f.).

Die hier zum Ausdruck kommende Auffassung von Sprache und Kommunikation ist zunächst einmal thesenhaft, bestreitbar und einer Explikation, vor allem aber einer argumentativen Absicherung bedürftig. Letzteres gilt umso mehr als sie die cartesische Methode und deren rationalistische Grundlagen (z.B. den Satz vom ausgeschlossenen Dritten) infrage stellt, die seit Beginn der

Neuzeit das Fundament westlicher Wissenschaft darstellen und für die auch Searle einsteht. Dass hier Grundsätzliches ‚auf dem Spiel steht', ist möglicherweise ein Grund dafür, dass Searle Derrida bereits in den ersten Abschnitten seiner *Reply* nicht nur inhaltlich, sondern auch rhetorisch mit aller Härte angeht, wenn er apodiktisch feststellt:

> Derrida has a distressing penchant for saying things that are obviously false. (Searle 1977, S. 203)

Es geht also offensichtlich nicht nur um einzelne Fragen der Sprachtheorie (z. B. die nach Intentionalität und Bedeutung), sondern um die Grundlagen und die Möglichkeit rationalen wissenschaftlichen Diskutierens überhaupt. Eben diese sieht Searle durch Culler, Derrida und andere Vertreter des Dekonstruktivismus aufgegeben. Um dies zu zeigen, skizziert er die entscheidenden Züge dieses Verfahren zunächst, indem er Jonathan Culler zitiert und dessen Auffassung dann mit eigenen Worten umreißt:

> One of the several merits of Culler's book is that he provides a catalog of these strategies and a characterization of their common aims: "To deconstruct a discourse is to show how it undermines the philosophy it asserts, or the hierarchical oppositions on which it relies, by identifying in the text the rhetorical operations that produce the supposed ground of argument, the key concept or premise" [[Culler 1982,] p. 86]. (Searle 1983, S. 74)

Weder Culler selbst noch Derrida werden das von Searle angeführte Zitat für unangemessen oder aus dem Zusammenhang gerissen halten. Tatsächlich sind Derridas (1977a,b) Analysen von Austins *How to do things with words* (1962) und erst recht von Searles *Reiterating the difference* (1977) als Versuche zu sehen, die kritisierten Positionen zu „unterminieren", indem sie diese im Gegensatz zu den explizit formulierten Auffassungen ihrer Autoren auslegen. Und Derrida tut dies mit dem impliziten Anspruch, diese Autoren in einer durch ihre Texte selbst nahegelegten und möglichen, ihnen selbst aber verborgen gebliebenen Weise zu interpretieren. Es liegt auf der Hand, dass dem Anspruch, einen gegebenen Text durch dessen Dekonstruktion angemessener zu verstehen als sein Urheber selbst, ein großes Potenzial innewohnt, den Einspruch dieses Urhebers zu provozieren, ganz unabhängig davon, welche rhetorische Strategie dabei realisiert wird.

Ein Beispiel für Derridas spielerisches und ironisches Verfahren ist die Art und Weise, wie er in *Limited Inc abc ...* (1977b) seinen Opponenten nicht nur an-, sondern ihm auch gleichzeitig die Identität als Autor seines eigenen Texts abspricht. Derrida geht dabei von Searles ähnlich auch in anderen Werken (z. B. in

Searle 1969, S. vii) zu findenden Dankesbekundung aus, der zufolge er das in *Reiterating the Differences* Vorgetragene mit seiner Frau, D. Searle, und mit anderen vielfach diskutiert habe (vgl. Searle 1977, S. 199, Anm. 1). Vor diesem Hintergrund hinterfragt Derrida das auch durch eine Copyright-Erklärung beanspruchte Urheberrecht John Searles an dem Text:

> If John R. Searle owes a debt to D. Searle concerning this discussion, then the "true" copyright ought to belong [...] to a Searle who is divided, multiplied, conjugated, shared. What a complicated signature! And one that becomes even more complex when the debt includes my old friend, H. Dreyfus, with whom I myself have worked, discussed, exchanged ideas, so that if it is indeed through him that the Searles have "read" me, "understood" me, and "replied" to me, then I, too, can claim a stake in the "action" or "obligation," the stocks and bonds, of this holding company, the Copyright Trust. (Derrida 1977b, S. 165)

Und später, nachdem er diesen von ihm so genannten Copyright Trust als „mehr oder weniger anonyme Gesellschaft" beschrieben hat, fährt er fort:

> How is this more or less anonymous company to be named? [...] I decide here and from this moment on to give the presumed and collective author of the Reply the French name "Société à responsabilité limitée" – literally, "Society with Limited Responsibility" (or Limited Liability) – which is normally abbreviated to Sarl. (Derrida 1977b, S. 170)

Die Auflösung oder eben Dekonstruktion von John Searles Autorschaft und deren Übertragung an eine „Gesellschaft mit beschränkter Haftung" namens Sarl ist mehr als ein Wortspiel, das man – je nach Bereitschaft, sich darauf einzulassen – als brillant oder als albern bewerten mag, das darüber hinaus aber eher einen nebensächlichen Aspekt des Derrida'schen Stils darstellte. Vielmehr steht die Rede von dem teilanonymen Autorenkollektiv für die zentrale These Derridas: dass es unmöglich sei, die Bedeutung einer Äußerung auf die kommunikativen Absichten eines Urhebers zu beziehen, der eindeutig als Person zu identifizieren und der Äußerung in irgendeinem Sinne gegenwärtig sei. Der gegen Derrida gerichtete Vorwurf, er „marginalisiere" (vgl. Swartz/Cilliers 2003, S. 1) oder missachte seine Gesprächspartner, geht deshalb in die Irre.

Dies folgt auch aus der Beobachtung, dass Derrida die Dekonstruktion der Autorschaft auch auf sich selbst bezieht, wenn er fragt "Who, me?" und dann zeigt, welche Folgen das für die Lektüre seines eigenen Texts hat (Derrida 1977b, S. 165). Denn genauso ironisch und distanziert, wie er Searles Thesen und Argumente behandelt, steht er auch seinen eigenen Texten gegenüber. Wer wie Derrida davon überzeugt ist, dass der Autor keine Kontrolle über die Bedeutung seiner Äußerungen hat und dass die Autor-Intention nicht die Garantieinstanz ist, die Ausdruck und Bedeutung stabil miteinander verbindet, der muss das auch auf seine eigenen Äußerungen beziehen. Statt der Formulierung zwingender Argumente bleibt Derrida dann der Versuch, Leserinnen und Lesern zu zeigen, vorzuführen, wie ein solcher Versuch schlüssiger Argumentation scheitern muss. Zeigen kann er das zum einen, indem er die Argumente anderer de-kon-struiert, d. h. *de*struiert, indem er ihre mögliche Widersprüchlichkeit oder Unschärfe aufzeigt, und *(re-)kon*struiert, indem er sie in einer neuen, den ursprünglichen Absichten des Autors offensichtlich entgegenstehenden Weise reformuliert. Und zum anderen wird Derrida seine eigenen Thesen, Argumente, Schlüsse in einer Weise präsentieren, die er selbst als ironisch, spielerisch, mehrdeutig beschreibt. In dieser Vorgehensweise drückt sich weder ein Mangel an Respekt für den Diskussionspartner noch Unernst im Hinblick auf die Sache aus, um die es geht. Searles offensichtliche Verärgerung und die Kritik anderer an der poststrukturalistischen Dekonstruktion ist also einerseits verständlich, aber doch auch nicht völlig berechtigt. Die scheinbar „unernste" sprachlich-diskursive Form entspricht hier dem kommunikativen Inhalt.

Wenn man vor diesem Hintergrund einen gemeinsamen Ausgangspunkt der Kontrahenten sucht, um den sachlichen Gehalt des hier verhandelten Dissenses zu rekonstruieren, dann bietet sich eine weitere Formulierung Searles an, eine Charakterisierung der dekonstruktivistischen Methode, mit der Derrida einverstanden sein wird:

> [... M]ost important, the deconstructionist is on the lookout for any of the traditional binary oppositions in Western intellectual history, e.g., speech/writing, male/female, truth/fiction, literal/metaphorical, signified/signifier, reality/appearance. In such oppositions, the deconstructionist claims that the first or left-hand term is given a superior status over the right-hand term, which is regarded "as a complication, a negation, a manifestation, or a disruption of the first" (p. 93). [...] The deconstructionist wants to undermine these oppositions [...]. (Searle 1983, S. 74)

Demnach setzt eine Dekonstruktion also typischerweise bei binären begrifflichen Oppositionen an, von denen dann gezeigt werden soll, dass sie nicht trennscharf und Argumente deshalb fehlerhaft sind, die diese Gegensätze voraussetzen. Im Rahmen seiner Debatte mit Searle stellt Derrida (1977a,b) von den oben zitierten vor allem die Unterscheidung zwischen wörtlicher und nicht-wörtlicher Bedeutung (literal/metaphorical meaning) zur Disposition. Darüber hinaus nimmt er Anstoß an weiteren Kernkonzepten der Searle'schen Sprechakttheorie, wie *Verwendung/Erwähnung (use/mention), ernsthafter/parasitärer Sprachgebrauch*. Schließlich stellt er auch die Möglichkeit in Zweifel, die bedeutungsrelevanten Grenzen eines Äußerungskontexts aus der Perspektive der Beteiligten oder aus der eines externen Beobachters überindividuell gültig zu bestimmen.

4 Worum es im Kern geht: Äußerungsbedeutung und Sprecherintention

Nachdem zuletzt auf den Zusammenhang zwischen Form und Inhalt der Debatte und vor allem auf Derridas argumentative Strategie eingegangen wurde, werden nun die Antworten der beiden Kontrahenten auf die folgende Frage dargelegt: Kontrollieren die Intentionen von Sprechern die Bedeutung ihrer kommunikativen Äußerungen?

Dass Intentionen Äußerungsbedeutungen *kontrollieren*, heißt in diesem Kontext, dass Sprecherintentionen der entscheidende Maßstab für die Richtigkeit oder Angemessenheit von Verständnissen oder Interpretationen von Äußerungen sind. Mit der Bemerkung *Du hast mich falsch verstanden* kann ein Sprecher solche Interpretationen dann vom Standpunkt der letzten Autorität zurückweisen. Kontrolle über die Bedeutung impliziert aber auch: Verantwortung für die Bedeutung. Wer etwas sagt, ist dann verantwortlich für das, was er sagt. Von ihm darf dann erwartet werden, dass er angeben kann, warum er eine Äußerung vollzogen hat, welche Belege er für eine Behauptung, welche Motive er für eine Bitte hat etc.

Dass Searle die so gestellte Frage entschieden positiv beantwortet, findet ihren pointierten Niederschlag in dem von ihm formulierten Prinzip der Ausdrückbarkeit (principle of expressibility):

> The principle that whatever can be meant can be said, which I shall refer to as the "principle of expressibility", is important for the subsequent argument of this book [...].
> Often we mean more than we actually say. [...] In such cases, even though I do not say exactly what I mean, it is always possible for me to do so [...] But even in cases where it is in fact impossible to say exactly what I mean it is in principle possible to come to be able to say exactly what I mean. (Searle 1969, S. 19)

Gemäß dem Prinzip der Ausdrückbarkeit ist es also möglich, dass der Sprecher/ Autor die Bedeutung seiner Äußerung/seines Textes kontrolliert. Derrida hingegen möchte zeigen, dass Äußerungen Bedeutungen unabhängig von den Intentionen ihrer Sprecher zum Ausdruck bringen. Seine Argumentation lässt sich in ihren Grundzügen in folgender Weise rekonstruieren: Damit ein Sprecher mittels einer Äußerung seine kommunikative Intention realisieren kann, muss er sprachliche Zeichen verwenden, deren Form und Bedeutung konventionell in einer Weise miteinander assoziiert sind, die seiner Kommunikationsabsicht entsprechen. Er muss also die seinen Absichten angemessenen Werkzeuge einsetzen. Nur wenn die verwendeten Ausdrücke Bedeutungen haben, von denen er annimmt, dass sie von seinen aktuellen, an den Äußerungskontext gebundenen Intentionen unabhängig sind, besteht die Möglichkeit, dass er diese Ausdrücke erfolgreich zur Realisation seiner Absichten verwenden kann. Andernfalls könnte er nicht darauf vertrauen, dass seine Äußerung verstanden würde, denn seine Intentionen sind den Interaktionspartnern als mentale Zustände gänzlich unzugänglich.

Aus der Perspektive der Hörer oder Leser gilt Ähnliches: Nur wenn die geäußerten Ausdrücke als solche erkannt werden, deren Bedeutung von der aktuellen Situation, den mentalen Zuständen und insbesondere von den Intentionen des Sprechers unabhängig sind, lassen sich diese Ausdrücke als Mittel zur Realisierung eben dieser Absichten verstehen.

Bis hierhin scheint Derridas Gedanke mit dem zweistufigen Bedeutungsmodell der klassischen Pragmatik und damit auch der Sprechakttheorie vereinbar, wie Searle selbst es schematisch etwa mit Bezug auf Metapher, Ironie und Indirektheit illustriert:

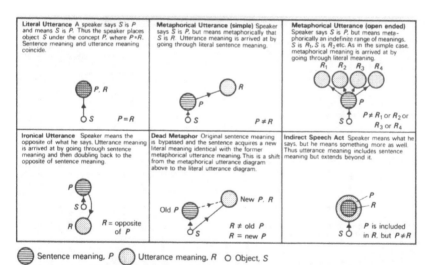

Fig. 2. A graphic comparison of the relations between sentence meaning and utterance meaning, where the sentence meaning is "S is P" and the utterance meaning is "S is R", that is, where the speaker utters a sentence that means literally that the object S falls under the concept P, but where the speaker means by his utterance that the object S falls under the concept R.

Abb. 1: Das zweistufige Bedeutungsmodell nach Searle (1979, S. 115)

Nach Searle (1977, S. 199–203) sind die sprachlichen Zeichen als Assoziationen von Ausdrücken mit konventionellen Bedeutungen nicht nur wiederholbar, sondern werden auch – insofern die Zeichenverbindung auf Konventionen beruht – unter den Mitgliedern einer Sprachgemeinschaft geteilt. Hier ist mit Derrida ein erster, entscheidender Einwand zu erheben: Wiederholbar und teilbar ist für ihn nämlich nicht das bilaterale Zeichen als Ganzes, sondern lediglich der Zeichenausdruck, der Signifikant. Und das hat Konsequenzen für die Unterscheidung oder, genauer, die Unterscheid*barkeit* von konventioneller und kontextuell induzierter Bedeutung einer Äußerung.

Dass diese Unterscheidung aus prinzipiellen und nicht zu neutralisierenden Ursachen unscharf bleiben muss, versucht Derrida mittels des argumentativen Verfahrens zu demonstrieren, das oben ausführlich dargestellt wurde. Seine Analysen der Funktion von Signaturen und Copy Right-Erklärungen als Ausweis der Authentizität eines Texts und seine Dekonstruktion der Autorenschaft sind zu komplex und in zu hohem Maße in dem aggressiven Stil verfasst, der das Gespräch mit Searle letztlich abbrechen ließ, um sie im Rahmen des hier zur Verfügung stehenden Raums rekonstruieren und auf ihre Stichhaltigkeit prüfen zu können. Stattdessen möchte ich den Derrida'schen Gedanken anhand von zwei einfacheren Beispielen nachvollziehen:

Als die damalige Vorsitzende der Partei AFD, Frauke Petry, im September 2016 auf dem Höhepunkt der deutschen Debatte um Migration dafür eintrat, das Wort *völkisch* wieder positiv zu besetzen (vgl. Kollenbroich 2016), argumentierte sie sinngemäß, es handle sich lediglich um ein Adjektiv (sie sagte „Attribut"), das von dem Substantiv *Volk* abgeleitet sei:

> Ich benutze diesen Begriff zwar selbst nicht, aber mir missfällt, dass er ständig nur in einem negativen Kontext benutzt wird. (zitiert nach Kollenbroich 2016; s. a. Balzli/ Kamann 2016; Biermann 2016)

Seine konventionelle Bedeutung lasse sich einfach mit *dem Volk zugehörig* umschreiben. Die negative ‚Aufladung' sei eine Folge davon, dass das Wort „ständig nur in einem negativen Kontext benutzt" werde. Petry wurde daraufhin in zahlreichen Kommentaren entgegengehalten, dass das Wort *völkisch* auch im heutigen Sprachgebrauch, also konventionell, mit dem deutschen Nationalsozialismus verbunden sei und dass, wer es wie Petry verwende, sich die entsprechende politische Einstellung zuschreiben lassen müsse (vgl. Biermann 2016). Im Zusammenhang der Searle-Derrida-Debatte lässt sich die Kritik an der damaligen AFD-Vorsitzenden und deren Rechtfertigung als ein Dissens bezüglich der Grenze zwischen konventioneller und kontextuell induzierter Bedeutung analysieren. Petry scheint sich darauf zu berufen, dass die wörtliche Bedeutung von *völkisch* in politischer Hinsicht neutral sei und die kritisierten rassistisch-nationalistischen Assoziationen als Aspekte der Äußerungsbedeutung lediglich in „negativen" Verwendungskontexten zustande kämen. Die wolle sie sich keineswegs zu eigen machen, was einen Gebrauch des Wortes in „positiven" Zusammenhängen jedoch nicht ausschließe. Wo diese Grenze liegt, ist in dieser öffentlich geführten Debatte explizit umstritten (vgl. hierzu Weber 2017).

Nun wurde Petry unterstellt, sich wie die meisten anderen Teilnehmer und Teilnehmerinnen am politischen Diskurs der im deutschen Sprachraum seit langem etablierten nationalsozialistischen Färbung des Wortes (vgl. Duden 1981, S. 2802) durchaus bewusst zu sein und sich nur ‚unschuldig' zu geben, um mit dem Ausdruck möglichst unbemerkt eben auch seine für viele problematische Bedeutung zu rehabilitieren (vgl. Biermann 2016). Es handelte sich dann um ein Beispiel dafür, was man mit Liedtke/Wengeler/Böke (1991) als „Strategie des Sprachgebrauchs" und Versuch charakterisieren kann, „Begriffe [zu] besetzen". Wenn diese Annahme im vorliegenden Fall zuträfe – was kaum überprüfbar ist, aber gerade diese Unsicherheit ist ja eine Voraussetzung dafür, innerhalb der Gruppe der eigenen Parteigänger und -gängerinnen anders kommunizieren zu können als nach außen –, dann hätte Frauke Petry als Urheberin in dieser Hinsicht die Kontrolle über ihre Äußerung nicht verloren, sondern im Gegenteil ihre kommunikative Intention erfolgreich realisiert. Sie hätte dann gerade von einer Unschärfe der Grenze zwischen konventioneller und kontextueller Bedeutung profitiert und gleichzeitig zu ihrer Verstärkung beigetragen, die ihr erlaubt, sich gegenüber den eigenen Anhängern und Anhängerinnen als Repräsentantin nationalistischer Werte zu identifizieren, und gegenüber einer dem Nationalsozialismus ablehnend eingestellten Öffentlichkeit die Verantwortung für die rassistischen Implikationen ihres Vorschlags zurückzuweisen.

Anders verhält es sich, wenn der Verlag von Astrid Lindgrens *Pippi Langstrumpf* auf die Kritik hin, der Ausdruck *Negerkönig* transportiere rassistische Stereotype, mit dessen Ersetzung durch z. B. *Südseekönig* (aber warum eigentlich nicht durch *Südseepräsident*, um nicht das Stereotyp zu bedienen, die Nationen der Südsee seien undemokratische Despotien, oder auch durch *Südseepräsidentin?*) reagieren und in anderen umstritten Fällen ähnlich verfahren (vgl. Bayer 2012). Hier werden die Rollen der Verlegerinnen und Verleger, die einen ihnen anvertrauten Text herausgeben, und die der Autoren und Autorinnen miteinander verknüpft. Damit aber wird die Grenze zwischen (intentionalem) Sprachgebrauch und Spracherwähnung, von der Searle und andere annehmen, dass sie klar gezogen sei, in Richtung des unterstellt intentionalen Sprachgebrauchs verschoben. Die Kritik identifiziert hier nämlich die (historische)

Stimme der Autorin bzw. der Erzählerin, die im Zusammenhang des Sprachgebrauchs zur Entstehungszeit des Buchs zu verstehen ist, mit der Stimme der
Verleger und Verlegerinnen zum Zeitpunkt der Veröffentlichung. Nur unter
dieser Voraussetzung und wenn man unterstellt, Leserinnen und Leser seien
nicht in der Lage, diese Unterscheidung zu treffen, können Verleger und Verlegerinnen im vorliegenden Fall für den von ihnen publizierten Text und seine
Formulierungen verantwortlich gemacht und zur Rechenschaft gezogen
werden.

Die Beurteilung dieses Falls ist mit einer Reihe von Fragen verbunden: Kann
das Kind, das die Geschichte vom „Negerkönig" liest, wissen, dass dies die
Sprache einer Autorin ist, die in den 1940er Jahren in Schweden gelebt hat, und
dass dort das Wort *Neger* (bzw. das schwedische *neger*) damals anders verwendet
wurde als 2019 in Deutschland (bzw. in Schweden)? Wird das Kind *Neger* auf
diese Weise als ein Wort kennen und verwenden lernen, das man heute zur
wertungsfreien Bezeichnung von Menschen bestimmten Aussehens verwenden
kann? Sollten ältere (literarische) Texte für heutige Leser und Leserinnen so
bearbeitet werden, dass Formulierungen, die heute (von wem?) als unakzeptabel
empfunden werden, ersetzt werden? Wo wäre dabei die Grenze zu ziehen? Dass
auch diese letzte Frage nicht ohne weiteres zu beantworten ist, wird aus einem
der Beiträge zu der Diskussion um Lindgrens Werk deutlich, dessen Autorin sich
emphatisch für den Verzicht auf den Ausdruck *Negerkönig* und darüber hinaus
grundsätzlich für die „Modernisierung" historischer Texte stark macht.
Nachdem sie die Bibel als einen in dieser Hinsicht vorbildlichen Text charakterisiert hat, fährt sie fort:

> Erst recht sind solche Aktualisierungen im Bereich der Kinderliteratur notwendig. [...]
> Wenn ich meiner mittlerweile fünfjährigen Tochter „Emil und die Detektive" vorlese,
> gibt es nichts, was uns historisch ferner steht als die Bankszene.
> Allein schon, dass Herr Grundeis das Geld, das er Emil geklaut hat, am Schalter ein-
> zahlen muss! Dass die Währung „Mark" heißt! Und dass es noch Kassen gibt! Und
> dass in der Filiale ein Dutzend Kassierer arbeiten! Und dann kommt zu guter Letzt
> auch noch ein „Depositenkassenvorsteher" aus seinem Büro. Wir haben unser Buch
> im Antiquariat gekauft. In den neuesten Ausgaben ist aus dem Mann längst ein ein-
> facher „Kassenvorsteher" geworden. (Heine 2012)

Sollten zukünftige Verlegerinnen und Verleger nun Heines Gedanken konsequent weiterverfolgen, *Mark* durch *Euro* ersetzen und die Szene statt in der
Schalterhalle einer Bank an einem Geldautomaten mit Einzahlfunktion spielen
lassen? Hier gibt es einen Zielkonflikt. Einerseits beruht die Qualität literari-
scher Texte in hohem Maße auf der besonderen Verbindung von Inhalt und

sprachlicher Form, und deshalb sollten sie auch einem zeitgenössischem Publikum in der Gestalt überliefert werden, die ihnen von ihren Urhebern und Urheberinnen gegeben wurde. Andererseits erscheint das Anliegen berechtigt, Stereotypen, Rassismen etc. nicht dadurch zu reproduzieren und weiterzugeben, dass man sie, scheinbar legitimiert durch die großen Namen anerkannter Autorinnen und Autoren, abdruckt und verbreitet.

Die hier angeführten Beispiele stützen Derridas Auffassung, dass die Grenze zwischen wörtlicher und nicht-wörtlicher Bedeutung ebenso wie die Grenze zwischen Gebrauch und Erwähnung (use/mention) unscharf und flexibel ist und in Bezug auf konkrete Äußerungen umstritten sein kann. Der Fall *Pippi Langstrumpf* zeigt auch, dass gleiches für die Grenzen des kommunikativ relevanten Äußerungskontexts gilt. Ob man den Wiederabdruck des Originalausdrucks „Negerkönig" im Jahr 2019 als diskriminierend oder gar rassistisch bewertet, hängt davon ab, ob man das Wissen um seine Historizität und darum, dass seine konventionelle Bedeutung zur Zeit der Erstveröffentlichung vom aktuellen Sprachgebrauch abweicht, zum Äußerungskontext rechnet, der bei einer heutigen Lektüre zu berücksichtigen wäre. Tut man dies, trifft Verlegerinnen und Verleger der Rassismusvorwurf nicht. Welche kommunikativen Intentionen man ihnen unterstellt, für welche sprachlichen Handlungen man sie zur Rechenschaft ziehen kann, hängt also wesentlich davon ab, wie man die Grenzen des relevanten Äußerungskontexts zieht.

Aus der Perspektive Derridas sind dies keine Zufallsbefunde, deren Relevanz auf die angeführten Einzelfälle beschränkt wäre. Derrida (1977a, S. 189) spricht vielmehr von der für jeden beliebigen Kommunikationsbeitrag bestehenden und daher „notwendigen Möglichkeit", dass Äußerungsbedeutung und kommunikative Intention des Sprechers nicht in Einklang miteinander stehen. Diese Möglichkeit ist darin begründet, dass die Bedeutungen von Äußerungen – in scheinbar paradoxer Weise – prinzipiell von denjenigen Intentionen unabhängig sind, die Sprecher mittels dieser Äußerungen zu realisieren versuchen. Nur aufgrund dieser Unabhängigkeit der Äußerungsbedeutung von den jeweiligen Sprecherintentionen ist es Hörern möglich, Äußerungen zu verstehen, obwohl sie keinen direkten Zugang zu den mentalen Zuständen der Sprecher haben. Derrida ist damit allerdings nicht der Auffassung, dass der Rückschluss von der Äußerungsbedeutung auf die Sprecherintention grundsätzlich falsch oder ungerechtfertigt wäre. Die Notwendigkeit der Möglichkeit, dass Intention und Bedeutung auseinanderfallen, schließt die Notwendigkeit der komplementären Möglichkeit ihrer Übereinstimmung ein. Entscheidend für Derridas Argument ist, dass man im Einzelfall niemals verlässlich wissen kann, ob ein Sprecher meint, was er sagt, bzw. ob das, was er sagt, unter den gegebenen

Umständen verlässliche Rückschlüsse auf das zulässt, was er meint. Tatsächlich – das zeigen die Beispiele von Frauke Petry und Lindgrens *Pippi Langstrumpf* – ist nicht einmal verlässlich bestimmbar und daher bestreitbar und potenziell umstritten, was als konventionelle Bedeutung einer Äußerung zu gelten hat. Es ist die Einsicht in diese irreduzible Unsicherheit, die Herman Parret in der Einleitung zu *Pretending to communicate* (Parret 1993, S. VII) feststellen lässt: "[… C]ommunication is *always* a risky task" (Hervorhebung des Autors).

5 Intentionalitätsunterstellung als Bedingung der Möglichkeit von Kommunikation

Als Zwischenfazit wäre also zu schließen, dass Derrida erfolgreich darin ist zu zeigen, dass die Grenzlinie zwischen konventionell festgelegter und kontextuell induzierter Bedeutung bezogen auf konkrete sprachliche Äußerungen ebenso wenig zu ziehen ist wie die zwischen dem intentionalen Gebrauch und der distanziert-zitierenden Erwähnung. Das ist ein gewichtiger Einwand gegen die Sprechakttheorie, wie Searle sie vertritt, und wohl auch gegen Austin.

Daraus folgt aber nicht, dass die Bedeutung einer Äußerung unabhängig, isoliert, losgelöst von den Intentionen ihrer Urheberinnen oder Urheber ist. Und Derrida müsste dieser Einschätzung spätestes dann zustimmen, wenn er sich daran erinnert, wie er – um ein Klischee zu verwenden – morgens im Café eine Schale Café au lait und ein Croissant bestellt. Dann rechnet er nämlich in geradezu klassisch pragmatischer Weise ganz ernsthaft, ironiefrei und unzweideutig damit, dass der Kellner seine Kommunikationsabsicht („Bringen Sie mir einen Kaffee und ein Croissant!") nicht nur versteht, sondern auf der Basis der konventionellen Bedeutung der von ihm geäußerten Wörter und Sätze versteht.

Derrida geht also mit seiner Kritik am Intentionalitätskonzept zu weit. Denn auch, wenn man ihm zubilligt gezeigt zu haben, dass die Bedeutung kommunikativer Äußerungen nicht vollständig durch die Intentionen ihrer Sprecher kontrolliert wird, folgt daraus nicht, dass diese Äußerungen ohne den Bezug auf Sprecherintention verständlich und Äußerungsbedeutungen damit unabhängig von Sprecherintentionen wären.

Das wird deutlich, wenn man den Überlegungen anstatt der von Searle bevorzugten Sprecherperspektive die Hörerperspektive zugrunde legt. Dann wird klar, dass wir z. B. den Kellner im Café, aber auch jeden anderen Kommunikationspartner, überhaupt nicht verstehen können, wenn wir nicht erwarten oder unterstellen, dass seine Äußerungen seine Intentionen reflektieren und dadurch unserem Verständnis zugänglich werden. Und somit gilt: Ebenso wie die Unabhängigkeit der Bedeutung einer Äußerung von den Intentionen des Sprechers eine *notwendige Möglichkeit* darstellt (Derrida 1977a, S. 189), so ist die komplementäre Annahme, nämlich dass die Äußerung ein Mittel zur Realisation der Sprecherintentionen ist, eine *notwendige Voraussetzung*, eine *Bedingung der Möglichkeit* dafür, eben diese Äußerungen verstehen zu können.

Diese Form der Argumentation findet sich nicht bei Searle oder Austin, sehr wohl aber bei H. Paul Grice (1989), der ja formal und inhaltlich explizit an Immanuel Kants transzendentales Denken anschließt. Im Lichte dieser Beobachtung, die auszuführen den hier zur Verfügung stehenden Rahmen sprengen würde, scheint Grice eher noch als Searle der Partner zu sein, an dessen Gedanken Jacques Derridas seine Kritik an der Ordinary Language Philosophy und der klassischen Pragmatik zu überprüfen hätte.

6 Schlussbemerkung

Anlässlich des 50. Erscheinungsjahres von John R. Searles *Speech Acts* (1969) steht der für die Sprechakttheorie und die linguistische Pragmatik zentrale Zusammenhang zwischen der Bedeutung sprachlicher Äußerungen und den kommunikativen Intentionen ihrer Sprecherinnen oder Sprecher im Fokus dieses Beitrags. Zugespitzt infrage gestellt wurde dieses Verhältnis von Jacques Derrida in seinem Aufsatz *Signature, événement, context* (1972), der in seiner englischen Übersetzung (1977a) zum Anlass und ersten Beitrag einer Auseinandersetzung wurde, die mittlerweile als die Searle-Derrida-Debatte bekannt ist. Weil das Format der direkten Konfrontation die Kontrahenten dazu veranlasste, die jeweils eigene Position im Kontrast zu der des Gegenspielers zu profilieren, boten sich die im Zuge und im Nachgang zu dieser Debatte publizierten Texte als Grundlage dafür an, die gegensätzlichen Antworten auf die Frage zu überprüfen, in welchem Verhältnis Äußerungsbedeutungen und Sprecherintentionen stehen. Dabei wurde deutlich, dass eine Rekonstruktion und Bewertung der inhaltlichen Argumente, die die Protagonisten vortragen, nicht unabhängig von einer Würdigung der Art und Weise, von dem argumentativen und rhetorischen Stil durchzuführen war, in dem diese Argumente vorgetragen wurden.

Die Ergebnisse der in den vorangegangenen Abschnitten vorgetragenen Beobachtungen und Überlegungen lassen sich in drei Punkten zusammenfassen:

Je intensiver man die Beiträge zu dieser Auseinandersetzung im engeren Sinne (Derrida 1977a,b; Searle 1977) liest, vor allem aber auch die Texte, in denen sich die Beteiligten im Anschluss daran dazu geäußert haben (Searle 1983; Mackey/Searle 1984; Derrida 1988b), desto mehr erstaunt auf beiden Seiten die Härte, Polemik, Aggressivität, die auch auf persönliche Angriffe nicht verzichtet. Wer den sachlichen Gehalt der Debatte rekonstruieren möchte, muss sich bemühen, von diesem Aspekt der Debatte abzusehen.

Dies ist umso schwerer, als die hier verhandelten sprachtheoretischen Gegensätze auch unter Ausblendung des feindseligen Charakters der Diskussion nicht getrennt von einer Würdigung der Argumentationsstrategien und kommunikativen Stile zu rekonstruieren waren, mit denen sie ausgetragen werden. Dieser Zusammenhang erwies sich vor allem im Fall Derridas als folgenreich. Wer wie er bezweifelt, dass der Urheber einer sprachlichen Äußerung deren Bedeutung via seiner kommunikativen Intentionen kontrolliert, der kann sich nicht darauf beschränken, die Plausibilität dieser Auffassung durch eine Dekonstruktion der Texte anderer zu erweisen. Er wird diese Einsicht vielmehr auch auf sich selbst anwenden müssen. Ebendies tut Derrida, und so ist die Wahl eines Stils, den er selbst als spielerisch, ironisch und mehrdeutig beschreibt, nicht als Indiz für seine Missachtung des Diskussionspartners zu werten, sondern als Konsequenz aus der Überzeugung, die Grenze zwischen ‚ernsthaftem‘ und ‚parasitärem‘ Sprachgebrauch sei prinzipiell und damit auch im philosophischen Diskurs nicht eindeutig zu ziehen.

Im Hinblick auf die zur Diskussion stehende inhaltliche Streitfrage wurde oben dargelegt, dass Derridas Einwände gegen Searles Variante einer intentionalistischen Bedeutungstheorie stichhaltig sind. Die von Searle (1983) zutreffend beschriebene Strategie Derridas, begriffliche Gegensätze zu dekonstruieren, erweist sich im vorliegenden Fall als erfolgreich. Derrida zeigt, dass es weder den Beteiligten noch einem externen Beobachter im konkreten Fall einer sprachlichen Interaktion möglich ist, sicher und in einer für alle gültigen Weise zwischen wörtlicher und nicht-wörtlicher Bedeutung, zwischen ‚ernsthaftem‘ und ‚parasitärem‘ Sprachgebrauch und zwischen Gebrauch und Verwendung eines Ausdrucks zu unterscheiden und damit die Bedeutung einer Äußerung *mit Sicherheit* auf die Intention ihres Urhebers zurückzuführen. Eben weil die Möglichkeit, eine Äußerung nach bestem Bemühen und doch letztlich anders zu verstehen, als der Sprecher sie gemeint hat, eine *notwendige Möglichkeit* und damit durch kein kommunikatives Absicherungsverfahren aus der Welt zu schaffen ist, können Intentionen Äußerungsbedeutungen nicht kontrollieren, können die Bedeutungen von Äußerungen nicht von Intentionen ihrer Sprecher abhängig sein.

Derrida in dieser Hinsicht Recht zu geben, bedeutet jedoch nicht, jeden Zusammenhang zwischen Intentionalität und Bedeutung zu negieren. Wechselt man nämlich, was das Derrida'sche Argument ja bereits nahelegt, bei der Analyse aus der von Searle vorausgesetzten Perspektive des Sprechers zu der des Hörers, dann wird klar: Wer die Äußerungen seiner Kommunikationspartner verstehen möchte, der kommt nicht umhin, eben diese Äußerungen als Ausdruck der Intentionen ihrer Sprecher zu interpretieren. Es ist also einerseits immer *möglich*, dass eine Äußerung abweichend von der kommunikativen Intention ihres Urhebers verstanden wird. Andererseits jedoch ist die Unterstellung, dass dieser sagt, was er meint, dass die Bedeutung seiner Äußerung also seine kommunikativen Absichten reflektiert, ihm dafür die Verantwortung zukommt und er im Zweifelsfall angeben kann, welche Ziele er damit verfolgt, eine für das Zustandekommen von Kommunikation *notwendige* Voraussetzung. Genau diese Überlegung ist es, die H. Paul Grice (1989) veranlasst hat, das Kooperationsprinzip und die Rationalitätsunterstellung ins Zentrum seiner Bedeutungstheorie zu stellen (vgl. Weber 2014, S. 115–117). Daher ist der nächste, noch ausstehende Schritt zu einer Überprüfung der Stichhaltigkeit von Derridas Kritik am Intentionalismus ihre Anwendung auf Grices Theorie.

Literatur

a) Quellen

Balzli, Beat/Kamann, Matthias (2016): Petry will den Begriff „völkisch" positiv besetzten. In: welt.de (11. September 2016). Online unter: www.welt.de/politik/deutschland/arti cle158049092/Petry-will-den-Begriff-voelkisch-positiv-besetzen.html.

Bayer, Felix (2012): Vorlese-Ratschläge für Eltern. Ministerin Schröder schafft den „Negerkönig" ab. In: Spiegel Online (18. Dezember 2012). Online unter: www.spiegel.de/k ultur/literatur/kristina-schroeder-liest-nicht-negerkoenig-vor-bei-pippi-langstrumpf -a-873563.html.

Biermann, Kai (2016): „Völkisch" ist nicht irgendein Adjektiv. In: ZEIT Online (11. September 2016). Online unter: www.zeit.de/kultur/2016-09/frauke-petry-afd-voelkisch -volk-begriff-geschichte.

Heine, Matthias (2012): „Negerkönig"-Debatte. Eine Ehrenrettung für Kristina Schröder. In: welt.de (21. Dezember 2012). Online unter: www.welt.de/kultur/literarischewelt/a rticle112167164/Eine-Ehrenrettung-fuer-Kristina-Schroeder.html.

Kollenbroich, Britta (2016): Begriff „völkisch". Warum Frauke Petry falschliegt. In: Spiegel Online (11. September 2016). Online unter: www.spiegel.de/politik/deutschland/frauk e-petry-und-das-wort-voelkisch-warum-die-afd-chefin-falsch-liegt-a-1111833.html.

b) Forschungsliteratur

Alfino, Mark (1992): Another look at the Derrida-Searle debate. In: Philosophy & rhetoric 24(2), S. 143–152.

Austin, John L. (1962): How to do things with words. Oxford: Clarendon.

Culler, Jonathan (1982): On deconstruction. Theory and criticism after structuralism. Ithaka, NY: Cornell University Press.

Derrida, Jacques (1972): Signature, événement, contexte. In: Jacques Derrida: Marges de la philosophie Paris: Les éditions de minuit, S. 365–393.

Derrida, Jacques (1977a): Signature, event, context. In: Glyph. Johns Hopkins Textual Studies 1, S. 172–197.

Derrida, Jacques (1977b): Limited Inc abc … In: Glyph. Johns Hopkins Textual Studies 2, S. 162–254.

Derrida, Jacques (1988a): Limited Inc. Evenston, IL: Northwestern University Press.

Derrida, Jacques (1988b): Afterword. Toward an ethic of discussion. In: Jacques Derrida: Limited Inc. Evenston, IL: Northwestern University Press, S. 111–160.

Duden (1981): Das große Wörterbuch der deutschen Sprache. Band 6. Mannheim/Wien/ Zürich: Bibliographisches Institut.

Farrell, Frank B. (1988): Iterability and meaning: the Searle-Derrida Debate. In: Metaphilosophy 19(1), S. 53–64.

Graff, Gerald (1988a): Editor's foreword. In: Jacques Derrida: Limited Inc. Evenston, IL: Northwestern University Press, S. vii–viii.

Graff, Gerald (1988b): Summary of "Reiterating the differences". In: Jacques Derrida: Limited Inc. Evenston, IL: Northwestern University Press, S. 25–27.

Grice, H. Paul (1989): Logic and conversation. In: Grice, H. Paul: Studies in the way of words. Cambridge, MA: Harvard University Press. S. 1–143.

Liedtke, Frank/Wengeler, Martin/Böke, Karin (Hg.) (1991): Begriffe besetzen. Strategien des Sprachgebrauchs in der Politik. Opladen: Westdeutscher Verlag.

Mackey, Louis H./Searle, John R. (1984): An exchange on deconstruction. In: The New York Review of Books XXXI (February 2, 1984), S. 47–48.

Mulligan, Kevin (2009): Searle, Derrida and the ends of phenomenology. In: philosophie.ch – Swiss portal for philosophy. Swiss philosophical preprint series 68, S. 1–28. Online unter: https://philarchive.org/archive/MULSDA-2. Zuerst erschienen in: Smith, Barry (Hg.) (2003): The Cambridge companion to Searle. Cambridge University Press, S. 261–286.

Parret, Herman (1993): Introduction. In: Parret, Herman (Hg.): Pretending to communicate. Berlin, New York: de Gruyter, VII–XV.

Rolf, Eckard (2009): Der andere Austin zur Rekonstruktion/Dekonstruktion performativer Äußerungen – von Searle über Derrida zu Cavell und darüber hinaus. Bielefeld: transcript-Verlag.

Searle, John R. (1969): Speech acts. An essay in the philosophy of language. Cambridge: Cambridge University Press.

Searle, John R. (1977): Reiterating the differences. A reply to Derrida. In: Glyph. Johns Hopkins Textual Studies 1, S. 198–208.

Searle, John R. (1979): Metaphor. In: Searle, John R.: Expression and meaning. Cambridge: Cambridge University Press, S. 76–116. Zuerst erschienen in: Otorny, Andrew

(Hg.) (1979): Metaphor and thought. Cambridge: Cambridge University Press, S. 92–123.

Searle, John R. (1983): The world turned upside down. In: The New York Review of Books XXX (16, October 27, 1983), S. 74–79.

Swartz, Chantélle/Cilliers, Paul (2003): Dialogue disrupted: Derrida, Gadamer and the ethics of discussion. In: South African journal of philosophy 22(1), S. 1–18.

Weber, Tilo (1997): The emergence of linguistic structure: Paul Hopper's Emergent Grammar Hypothesis revisited. In: Language sciences 19(2), S. 177–196.

Weber, Tilo (2014): Shared background and repair in German conversation. Mannheim: Verlag für Gesprächsforschung. Online unter: http://verlag-gespraechsforschung.de/2014/weber.html.

Weber, Tilo (2017): Volk – ein Schlüsselwort im Brennpunkt gegenwärtiger politischer Diskurse. In: Aussiger Beiträge. Germanistische Schriftenreihe aus Forschung und Lehre 11, S. 233–255.

Intentionalität ohne Intentionalismus?

Entwurf eines sprachgebrauchs- und zeichenbasierten Konzepts von Denk- und Handlungsfähigkeit

Joschka Briese

Abstract: This article summarizes fundamental arguments against linguistic intentionalism to compile a desideratum of a usage- and sign-based concept of intentionality. After an introduction to Robert B. Brandom's normative inferentialism and T. L. Short's theory of intentional signs, intentionality is located within their theoretical frameworks. The merging of their theories results in a model of intentional verbs, which operates at the semantic/pragmatic interface and allows a verb pragmatic analysis of the normative significance in discourse.

1 Einleitung

Fünfzig Jahre nach Erscheinen von *Speech Acts* sind die Debatten um die Searle'sche Sprechakttheorie innerhalb der linguistischen Pragmatik weitgehend verstummt. Paradigmatisch für Pragmatik sind vielmehr Ansätze wie die Gesprächsforschung (vgl. Bücker 2018), interkulturelle (vgl. Kecskes 2018) oder experimentelle Pragmatik (vgl. Schumacher 2018), um nur einige zu nennen. Nichtsdestotrotz gehören Sprechakte und sprachliches Handeln weiterhin zum Kernbereich der Pragmatik (vgl. Liedtke 2018), allein, es besteht die Frage, wie man diese theoretisch erfassen könne. Im Mittelpunkt steht dabei die Beziehung zwischen Sprache, Handlung und Denken.

John Searle findet für diese Verbindung eine relativ klare Antwort: SprecherInnen verfügen über Intentionen, mit denen sie mithilfe von sprachlichen Ausdrücken bei HörerInnen kommunikative Wirkungen erzielen (vgl. z.B. Searle 1971, S. 42). Searle ist damit – ähnlich wie H. P. Grice, Jonathan Bennett und

Stephen Schiffer – dem Intentionalismus zuzuordnen. IntentionalistInnen gehen davon aus, dass KommunikationspartnerInnen, insbesondere SprecherInnen, über vorsprachliche individuelle mentale Zustände verfügen, die in einem Begründungsverhältnis zu anderen semantischen Phänomenen wie sprachlicher Bedeutung stehen. Sie behaupten, dass „Personen kommunizieren und verstehen, weil sie intentionale Zustände haben" (Köhler 1990, S. 8). Damit wird der Intention ein explanatorischer Vorrang eingeräumt, der häufig in einem (quasi-)kausalen Ursache-Wirkungs-Zusammenhang zu sprachlichen Zeichen steht. Sprachliche Kommunikation wird von IntentionalistInnen zwar durchaus als soziales Phänomen begriffen, doch operieren die mentalen Zustände, die Sprache und sprachliches Handeln leiten, selbst autonom (vgl. Liptow 2004, S. 10f.).[1]

Nun sind in den letzten fünfzig Jahren nicht nur wesentliche Kritikpunkte an intentionalistischen Sprachbegriffen geäußert worden, sondern es haben sich die Grundlagen von Sprachphilosophie, Sprachtheorie und linguistischer Pragmatik verändert. Mithilfe aktueller Sprachtheorien soll in diesem Beitrag deshalb ein zeitgemäßes Konzept von Intentionalität vorgestellt werden, welches linguistisch handhabbar und für Analysen nutzbar ist. Intentionalität und daraus folgend auch Intentionen und andere propositionale Einstellungen werden als sprachzeichenbasiert begriffen. Um diesen Intentionalitätsbegriff zu entwickeln, werden wesentliche Kritikpunkte am Intentionalismus vorgestellt, um anschließend ein Desiderat eines sprachgebrauchs- und zeichenbasierten Konzepts von Intentionalität aus ihnen abzuleiten. Eine anschließende Zusammenfassung des Sprach- und Kommunikationsbegriffs Robert B. Brandoms sowie T. L. Shorts Begriff des intentionalen Zeichens führen zu einer pragmatischen Sprachtheorie, die Intentionalität nicht mehr als individuelle mentale Eigenschaft, sondern als sozial-normative Kategorie begreift. Mithilfe von Zuschreibungsprozessen, die auf intentionalen Verben gründen, statten InterlokutorInnen sich und andere mit dieser Eigenschaft innerhalb von diskursiven Praktiken aus. Anschließend wird ein Modell vorgestellt und erläutert, welches die grundlegende Struktur von intentionalen Verben präsentiert.

---

1   So beschreitet Searles Sozialontologie den Weg „von der Intentionalität zur Sprache und dann von der Sprache zu gesellschaftlichen Institutionen" (Searle 2017, S. 106). Während Sprache und gesellschaftliche Institutionen als soziale Phänomene erfasst werden (vgl. Searle 2017, S. 106–207), sind Hirnoperationen *hinreichend* für Intentionalität und intentionale Zustände (vgl. z.B. Searle 1980). Damit können intentionale Zustände nach Searle als autonome kognitive Strukturen begriffen werden, die nicht notwendigerweise sozial sind.

2 Kritik am Intentionalismus und Desiderat eines sprachgebrauchs- und zeichenbasierten Konzepts von Intentionalität

Die Frage nach dem Verhältnis von Bewusstsein und Sprache stand nicht nur im Mittelpunkt der Philosophie des 20. Jahrhunderts, sondern beeinflusst die linguistische Theoriebildung bis heute. Unter dem Begriff *Sprechakttheorie* vereinigen sich einerseits ein Forschungsparadigma und ein zentraler Aspekt der linguistischen Pragmatik, aber andererseits auch sprachtheoretische Prämissen, welche sich unter der Bezeichnung *Intentionalismus* fassen lassen. Diese Traditionslinie wird zwar wie die klassische Sprechakttheorie (Austin und Searle) kaum mehr explizit vertreten, doch ziehen sich ihre epistemologischen wie methodologischen Spuren bis in die heutige linguistische Pragmatik. Entsprechend soll hier die Beziehung zwischen Intentionalität und Sprache anhand einiger Kritiker des Intentionalismus reflektiert werden.

Max Blacks Kritik am Intentionalismus (vgl. 1993) entfaltet sich an H. P. Grices *Meaning* (1957), argumentiert implizit aber ebenfalls gegen Searles Illokutions- und Kommunikationsbegriff, der Kommunikation als „eine Sache des Hervorrufens von Wirkungen beim Hörer" (Searle 1987, S. 209) definiert. Black zeigt auf, dass Grices Konzeption der Sprecherbedeutung weder notwendig noch hinreichend ist, wenn er Beispiele konstruiert, in denen trotz fehlender Intention eine kommunikative Wirkung erzielt wird bzw. trotz Intention eine Wirkung ausbleibt. Grices Lösung für solche Fälle ist nun folgende: Im Falle fehlender Intentionen spricht er dem Zeichenakt die kommunikative Dimension ab. Wenn sprachliche Zeichen nicht durch Intentionen zu erklären sind, sind es schlichtweg keine kommunikativen Zeichen. Wenn hingegen kommunikative Wirkungen ausbleiben oder eintreten, die vorher (nicht) innerhalb der Taxonomie der Sprecherbedeutung klassifiziert wurden, wird die Taxonomie entsprechend angepasst, also um kommunikative Wirkungen erweitert oder diese eingeschränkt.

Eine solche Strategie, die sich als Äquivalenz des Verhältnisses von Illokution und Perlokution begreifen lässt, ist nun aber „auf der einen Seite unbegrenzt anpassungsfähig, auf der anderen Seite unverbesserlich starr" (Black 1993, S. 65). Das Theorem der Sprecherbedeutung ist damit kaum noch falsifizierbar.

Anstatt nun am *a priori* der Sprecherbedeutung festzuhalten, schlägt Black vor, den Verstehensprozess des Hörers/der Hörerin miteinzubeziehen:

Hörer-Verstehen und Sprecher-Bedeutung sind zwei Seiten eines einzigen sprachlichen Vorganges: Eines durch Rekurs auf das andere zu erklären, wäre so zwecklos wie „Gattin" durch „Frau" zu definieren. Dieser Einwand [der Unhintergehbarkeit des wechselseitigen Sprachprozesses, J. B.] richtet sich, wenn ich nicht irre, gegen jede intentionalistische Theorie, die Sprecherbedeutung durch Rekurs auf eine abtrennbare und unabhängige charakterisierbare Reaktion des Hörers bzw. die Absicht eine solche Reaktion zu zeigen, erklären will. Denn es gibt keine entsprechende Standard-Reaktion, keine reguläre und semantisch relevante Wirkung einer Äußerung – außer daß sie verstanden wird. Das ist allerdings nicht gerade eine Reaktion im Sinne eines spezifizierbaren Ereignisses oder Zustandes: Es gibt kein besonderes oder alleiniges Kriterium für das Verstehen eines Kommunikationsversuchs. (Black 1993, S. 71)

Dieses Plädoyer, welches Bedeutungs- bzw. Sprechaktkonstitution von egozentrischen Äußerungsbedingungen zu sozialen Interpretations-, Verstehens- und Kommunikationsprozessen verschiebt, markiert die sozialen Notwendigkeiten, die sprachlichen Zeichen unterliegen.

Diese Sozialität sprachlicher Zeichen normiert auch das Verhältnis von Sprecherbedeutung und Sprecherabsicht, sodass beide nicht in einem Wirkungsverhältnis stehen können. Die Sprecherabsicht kann nicht mehr als Ursprung kommunikativer Prozesse verstanden werden, da sonst ein Zirkelschluss bzw. ein infiniter Regress droht. Anstatt also den kommunikativen Zeichenprozess aus der Perspektive des Sprechers/der Sprecherin zu konzipieren, tendiert Black zur Seite des Hörers/der Hörerin, wenn er von Interpretations- und Schlussprozessen spricht:

Nicht das Erfassen der Sprecherabsicht, bestimmte angestrebte Wirkungen im Hörer hervorzurufen, erlaubt es dem Hörer, die Bedeutung des Gesagten zu bestimmen, sondern umgekehrt: Die Entdeckung der Sprecherbedeutung ermöglicht es einem entsprechend kompetenten Hörer, mithilfe früherer Erfahrungen und durch Interpretationen des in dieser Redesituation produzierten Zeichens auf die Sprecherabsicht zu schließen. (Black 1993, S. 77)

Erst das Ereignis konventioneller und damit sozialer sprachlicher Zeichen ermöglicht es, Sprecherabsichten zu interpretieren.

Karl-Otto Apel (1990) verteidigt Searles *Sprechakte* (1971) gegen Searles *Intentionalität* (1987). Während *Sprechakte* sich noch durch das Prinzip der Ausdrückbarkeit (vgl. Searle 1971, S. 34–36) auszeichnet und damit eine Korrelation zwischen Intention und sprachlichem Zeichen nahelegt, fällt *Intentionalität* hinter diesen Zeichenbegriff zurück. Insbesondere Searles Veranschaulichung des Verhältnisses von Sprechakt und Handlungsabsicht bietet kritisches Diskussionspotenzial:

Angenommen, Sie und ich haben im voraus abgemacht, daß, wenn ich meinen Arm hebe, dies als Signal gilt, daß das-und-das der Fall ist. Angenommen, es handelt sich um einen militärischen Kontext, ich stehe auf einem Hügel und signalisiere Ihnen herüber, daß der Feind sich zurückgezogen hat – und zwar tue ich das gemäß vorheriger Abmachung dadurch, daß ich den Arm hebe. [...] Der Grund dafür, daß der Vollzug des Äußerungsakts (das heißt in diesem Fall: das Heben des Arms) als Ausdruck der Überzeugung, daß der Feind sich zurückzieht, zählt, besteht also darin, daß der Akt mit der Absicht vollzogen wird, daß seine Erfüllungsbedingungen genau die der Überzeugung sind. (Searle 1987, S. 211f.)

Indem Searle die Gelingensbedingungen an die Handlungsabsichten bindet, verschiebt er die Frage der Intentionalität: Ohne die konversationelle Absprache der gestischen Bedeutung kraft konventioneller Zeichen in einem institutionellen Kontext ist das Gelingen des Äußerungsaktes nicht möglich (vgl. Apel 1991, S. 17). Um nicht der Handlungsabsicht und anderen kognitiven Einstellungen eine Priorität einzuräumen, beruft sich Apel deshalb auf Grundlagen der linguistischen und pragmatischen Wende. Die Analyse der Intentionalität erfordert eine *„pragmatische* Erweiterung der Analyse der Zeichenfunktion" (Apel 1991, S. 24), die sich tatsächlich an der „Sache des *intentionalen und interpretativen Sprachgebrauchs durch einen Sprecher oder Hörer"* (Apel 1991, S. 24, Hervorh. i. Orig.) orientiert.

Intentionalität als Funktion im Sprachzeichengebrauch zu situieren, bedeutet hingegen nicht, dass sinnliche Eindrücke wie die „perzeptive Evidenz der phänomenalen Gegebenheit des Sachverhalts" (Apel 1991, S. 27) auch kraft Sprachzeichen konstituiert werden. Vielmehr setzt eine sprachliche Analyse der Intentionalität selbstverständlich biologisch-physikalische Organismen (menschliche Lebewesen) voraus, die der sinnlichen Wahrnehmung (phänomenale Intentionalität) fähig sind. Dennoch ist es kategorial nicht möglich, von der „Festlegung der *interpretationsfreien Erfüllungsevidenz für mich"* (Apel 1991, S. 29, Hervorh. i. Orig.) auf die *„intersubjektiv gültigen Bedeutung*[en] des intentionalen Gehalts meiner Überzeugung" (Apel 1991, S. 29, Hervorh. i. Orig.) zu schließen, da diese die Situiertheit in einem Sprachgebrauchssystem erfordern.

Georg W. Bertram (2002) untersucht Jacques Derridas Intentions- und Intentionalitätsbegriff, wenn er sowohl intentionalistische als auch behavioristische Ansätze kritisiert. Anstatt Sprache auf Kognition bzw. Kognition auf Sprache zu reduzieren, sucht er nach einer spezifischen Relation beider, die er in Derridas Iterabilitätsbegriff findet:

Könnte eine performative Aussage gelingen, wenn ihre Formulierung nicht eine „codierte" oder iterierbare Aussage wiederholen würde [...]? Es gilt [...] nicht so sehr, das Zitat und die Iteration der Nicht-Iteration eines Ereignisses entgegenzusetzen, als vielmehr eine differentielle Typologie von Iterationsformen zu konstruieren, unter der Voraussetzung, daß dieses Vorhaben durchführbar sei und einem erschöpfenden Programm stattgeben könne, eine Frage, die ich auf später verschiebe. Die Kategorie der Intention wird in dieser Typologie nicht verschwinden, sie wird ihren Platz haben, wird aber von diesem Platz aus nicht mehr die ganze Szene und das ganze System der Äußerung steuern können. Vor allem wird man es dann mit verschiedenen Arten iterierbarer Zeichen [*marques*] oder Zeichenketten zu tun haben und nicht mit einer Opposition von zitathafter Aussage einerseits und singulärer und originaler Ereignis-Aussage andererseits. Die erste Konsequenz davon wird die folgende sein: Wenn die Iterationsstruktur gegeben ist, wird die Intention, die die Äußerung beseelt, niemals sich selbst und ihrem Inhalt durch und durch präsent sein. Die Iteration, die sie *a priori* strukturiert, bringt eine wesentliche Dehiszenz und einen wesentlichen Bruch in sie hinein. (Derrida 2001a, S. 40)

Derrida fasst unter die differenzielle Typologie der Iterationsformen ein Type-Token-System, welches Intentionen nicht ablehnt, aber ihre Ursprünglichkeit anzweifelt. Intentionen und Intentionalität nehmen im Sprachsystem demnach keinen vorgeordneten Ursache-Wirkungs-Charakter ein, sondern müssen sich ebenfalls der Iterabilität, also der wiederholbaren Ereignishaftigkeit der Zeichen, unterwerfen. Intention und Intentionalität semiotisieren, sind also durch Zeichengebrauchs- und zeichensystematische Aspekte motiviert.

Bertram erkennt in seiner Interpretation nun, dass zwischen sprachlichen Zeichen und Intention kein Ähnlichkeitsverhältnis besteht:

Sprache steht, so muß man nach Derrida sagen, nicht in einfachen Korrespondenzen zu, sondern grundsätzlich in der *Dimension der Intentionalität*. Dieser Dimension ist der Sprache – so wie wir sie als Sprache verstehen, könnte man einschränkend sagen – irreduzibel. (Bertram 2002, S. 20)

Anstatt einen repräsentationalistischen Zeichenbegriff im Sinne des *aliquid stat pro aliquo* zu vertreten, spricht Bertram deshalb von der „Idee einer *verzweigten Korrespondenz*" (Bertram 2002, S. 27), welche holistische und relationale Zeichenaspekte den repräsentierenden vorordnet. Die repräsentationale Qualität sprachlicher Zeichen besteht demnach nicht genuin, sondern nur, *weil* sprachliche Zeichen in holistischen Relationen zu anderen Zeichen stehen. Diese holistischen Relationsgefüge, die jeweils in entsprechende Korrespondenzen zu Objekten und Tatsachen der Wirklichkeit stehen, erstrecken sich durch das gesamte Sprachsystem, welches sich im Gebrauch entwickelt. In diesen verzweigten Korrespondenzen des Sprachsystems ist nun auch eine Dimension der Intentionalität vorzufinden.

Ulf Harendarski (2013) sieht in der Intentionalität eine „begriffliche Voraussetzung für Kommunikation als Abfolge kooperativer Handlungen zwischen

Menschen" (2013, S. 235), verortet sie aber im Zeichenprozess selbst. Während IntentionalistInnen Intentionalität *vor* der Kommunikation konzeptualisieren, sucht er sie *während* der Semiose (vgl. 2013, S. 235). Um Intentionalität also analytisch handhabbar zu machen, müssen sowohl zeichentheoretische als auch zeichenprozessorale Aspekte berücksichtigt werden.[2]

Die Diskrepanz zwischen der kommunikativen *Vor*aussetzung und der aktualen Semiose löst Harendarski, indem er Intentionalität nicht mehr als mentales Phänomen, sondern als sozial-normative Kategorie erfasst:

> Zwar muss Intentionalität als begriffliche Voraussetzung für Kommunikation verstanden werden, ohne dass sie zugleich als mentaler Zustand *vorher* besteht. Zweifellos ist der Kern von Intentionalität sozial per Normativität, zugleich aber sind einerseits intentionale Prozesszustände auch aufgrund imaginierter Kommunikation möglich und sie können sich andererseits nicht komplett im Kommunikat erschöpfen. Nicht trotz, sondern wegen der Intentionalität ist Kommunikation für vergesellschaftete Wesen notwendig, damit sie Interlokutoren sein können und nicht bloß Sprecher-Hörer-Paare. (Harendarski 2013, S. 239)

Demnach ist Intentionalität keine ego- bzw. alterzentrische Kategorie, bei der SprecherIn und HörerIn vor der Kommunikation über mentalistische Wechselbeziehungen verfügen, sondern sie entwirft sich in sozialen, normativen, institutionellen Zeichenprozessen. Intentionalität muss also, wenn man die semiosischen Bedingungen akzeptiert, aus ihrer „mumienartige[n] Aufbewahrung" (Humboldt 1999, S. 42) gelöst werden, die in der analytischen Philosophie so verbreitet scheint.[3]

Beate Henn-Memmesheimer (2006) wendet sich den normativen Bedingungen von Sprechakten zu und kritisiert Searles Regelbegriff. Sie berührt damit die Frage, inwiefern Intentionen und Intentionalität grundsätzlich normativ sind bzw. welchen Stellenwert der Normativität eingeräumt werden muss. Wenn Intentionalität als ein normatives Phänomen begriffen wird, beeinflusst die Konzeption des Regelbegriffs notwendigerweise den Intentionalitätsbegriff.

Searle, der die Bedeutung einer Äußerung als „durch Regeln festgelegt" (1971, S. 76) begreift, vertritt einen Sprachbegriff im Sinne des Regulismus. Ein solcher

---

2   Auf ähnliche Weise formuliert es auch Martin Seel, wenn er argumentiert, dass es „keine Intentionalität ohne Medialität" (1998, S. 249) geben kann.

3   In der analytischen Philosophie wird weiterhin vermehrt von kognitiven, mentalen bzw. intentionalen *Zuständen* [states] gesprochen, wenn Überzeugungen, Wünsche, Absichten untersucht werden. Dabei sind ja grade Zustandsverben diejenigen, die kein temporales und prozessorales Transformationspotenzial und damit keine Handlungskraft besitzen (vgl. Vendler 1957; 1972, S. 14).

Regelbegriff erklärt aber weder, wie Regeln entstehen (auch kraft Sprache), noch wie sprachliche Innovation und Unregelmäßigkeiten zu verstehen sind. Anstatt *nach* Regeln zu sprechen, konstituieren sich die Bedingungen des Sprachgebrauchs „*gemäß* den Regeln der jeweiligen Sprache" (Stetter 1997, S. 79).[4]

„Searle", betont Henn-Memmesheimer (2006, S. 203) deshalb, „beschreibt letztlich nicht Sprechakte, sondern vorgängig kodierte Verben, die etwas über die Redesituation vermitteln".[5] Da Regeln sozial ausgehandelt werden, lässt sich der Regelbegriff auch nicht auf die Sprecherposition reduzieren. Vielmehr erfordert sowohl Illokution als auch Perlokution sozial-kommunikative InterlokutorInnen, sodass die Sprecherzentriertheit der Sprechakttheorie nicht haltbar ist.[6]

Die klassische Sprechakttheorie und andere intentionalistische Sprachtheorien werden auf diese strenge Weise kaum mehr vertreten und auch Searle orientiert sich in neueren Publikationen (vgl. z.B. 2011, 2017) an der sozialen und holistischen Dimension der Intentionalität, wenn er die institutionellen Tatsachen kollektiver Intentionalität debattiert. Doch gleichzeitig gibt es kaum Vorschläge, inwiefern Intentionalität als sozial-kommunikative Kategorie für pragmatische Theorien und Analysen erhalten bleiben kann.[7] Vielmehr ist die Konzeption von Intentionen und Intentionalität innerhalb der sprachwissenschaftlichen Forschung ein delikates Thema, welches allenfalls an der Peripherie der zeitgenössischen linguistischen Pragmatik angesiedelt ist. So verzichtet z. B. „die Konversationsanalyse darauf, isolierten Äußerungen Sprecherintentionen zuzuschreiben" (Deppermann 2007, S. 41) und auch für die Diskurslinguistik ist „die Kategorie der Intention funktionallinguistisch [nicht] relevant" (Spitzmüller/Warnke 2011, S. 161), ggf. auch deshalb, um dem Vorwurf des Mentalismus zu entgehen.

---

4   Eine Zusammenfassung der Kritik an regulistischen und regularistischen Sprachtheorien bietet Jan Georg Schneider (2008, S. 41–72).

5   Tatsächlich liegt in der Analyse der Verben die eigentliche Leistung Searles. Sieht man vom regulistischen Regelbegriff ab, lassen sich weiterhin wesentliche Erkenntnisse aus Sprechaktverben ziehen. Entsprechend sollte sich die linguistische Pragmatik vielmehr auf die verbpragmatische als auf die Kommunikations- und Handlungsdimension der Sprechakttheorie stützen.

6   Bereits in John L. Austins Vorlesungen (vgl. 2010, S. 76f.) zeigt sich, dass entsprechende performative Äußerungen mithilfe der ersten Person Singular Präsens Aktiv bzw. der zweiten/dritten Person im Singular/Plural Passiv getestet werden, sodass hier bereits eine Sprecherzentrierung markiert wird.

7   Auch Theorien der pluralen Form der Intentionalität (für einen Überblick vgl. Schmid/Schweikard 2009) operieren häufig nicht mit einem semiosischen Zeichenbegriff (vgl. Harendarski 2013).

Wie die angeführten Kritiker des Intentionalismus nahelegen und Jacques Derrida expliziert, ist der Kategorie der Intentionalität allerdings ein Platz innerhalb des Sprachgebrauchssystems einzuräumen. Die Frage ist nun aber, zu welchen Konsequenzen die bisher genannten Kritikpunkte führen: Sie sollen in diesem Rahmen ein Desiderat bilden, welches die sprachtheoretischen Grundlagen einer Theorie der linguistischen Intentionalität darstellt:

- Unhintergehbarkeit der Sozialität und Medialität der Intentionalität
- Semiose der Intentionalität
- Unabhängigkeit des Intentionalitätsbegriffs von der ersten Person
- (inferenzieller und zeichenrelationaler) Holismus der Intentionalität
- kein kategoriales *a priori* der Intention, aber der phänomenalen Intentionalität und biologisch-physikalischer Organismen
- Orientierung des Intentionalitätsbegriffs am Zeichen- und Sprachgebrauch

Entsprechende Sprach- und Zeichentheorien müssen diese Aspekte berücksichtigen, um sich nicht dem Vorwurf des Intentionalismus oder artverwandten Sprachbegriffen stellen zu müssen.

Sowohl Robert B. Brandom als auch T. L. Short vertreten Sprach- bzw. Zeichenbegriffe, die mit den oben genannten Elementen des Desiderats vereinbar sind und skizzieren einen Intentionalitätsbegriff, der linguistische Analysierbarkeit garantiert. Als Sprachphilosophen respektive Semiotiker interessieren sich Brandom und Short allenfalls peripher für sprachwissenschaftliche Analysen und müssen deshalb beide theoretisch wie methodisch für die linguistische Pragmatik aufbereitet werden. Eine Kombination beider Ansätze gestattet aber, pragmatisch-sprachtheoretische Grundlagenforschung zu betreiben und diese möglichst zu bereichern.

3 Robert B. Brandoms normativer Inferenzialismus

Robert B. Brandoms normativer Inferenzialismus[8] gilt innerhalb der philosophischen Logik als eine der differenziertesten innerhalb der inferenzalistischen Sprachtheorien. *Expressive Vernunft* (Brandom 2000) gilt dabei als Grundlagenwerk, welches die sprach-, kommunikations- und handlungstheoretischen Fundamente setzt. Mit über 1000 Seiten ist die deutschsprachige Fassung des Buches hier weder umfassend referierbar, noch können alle Zusammenhänge gezeigt werden. Da Brandom allerdings einen linguistischen Intentionalitätsbegriff entwirft, soll dieser hier anhand seiner Sprachtheorie skizziert werden.

---

8   Der Begriff *Normativer Inferenzialismus* ist Giacomo Turbanti (2017) entlehnt und zeigt, dass sich Brandoms Inferenzialismus von anderen Inferenzialismen unterscheidet, die Inferenzen auf kausalen Relationen gründen.

Robert Brandom unterscheidet in seiner Sprachphilosophie zwischen Emp-
findungsfähigkeit [sentience] und Verstandesfähigkeit [sapience]. Während wir
erstere mit nichtsprachlichen Wesen teilen, ist es die Verstandesfähigkeit, die
uns von anderen Organismen unterscheidet. Brandom widmet sich in *Expressive
Vernunft* dieser Verstandesfähigkeit, die er vereinzelt auch *diskursive Intentionalität* nennt (vgl. z.B. Brandom 2000, S. 42; 2014):

> Es geht hier also um Intentionalität in dem Sinne, daß Einstellungen propositional ge-
> haltvoll sind und nicht im Sinne der Gerichtetheit der Sinne (falls sich das als etwas davon
> verschiedenes herausstellen sollte). Das Ziel ist, uns selbst als Urteilende und Handelnde
> zu verstehen, als Verwender von Begriffen, die mit der Fähigkeit zum theoretischen wie
> praktischen Denken und Begründen ausgestattet sind. (Brandom 2000, S. 40)

Brandom betrachtet also weniger die Aspekte der phänomenalen Wahrnehmung (phänomenale Intentionalität), sondern vielmehr die sozial-normativen
Bedingungen, die gemeinschaftliche Praxis ermöglichen. Diese gemeinschaftliche Praxis, die mittels deontischer Kontoführung entsteht und stets verhandelt
wird, ist bestimmt durch das „Liefern und Fordern von Gründen" (Brandom
2000, S. 219). Sprachliche Praktiken konstituieren die jeweiligen Kontostände
der InterlokutorInnen und bestimmen, welche (sprachlichen) Handlungen in
den jeweiligen diskursiven Praktiken möglich sind und welche semantischen
Gehalte die jeweiligen sprachlichen Zeichen aufweisen. Grundlegender Zug der
deontischen Kontoführung ist die Behauptung, wobei Brandom auch andere
Äußerungsakte wie Berufungen, Distanzierungen, Nachfragen und Anfech-
tungen konzeptualisiert. Mittels der Behauptung legen sich InterlokutorInnen
auf deontische Status fest bzw. berechtigen andere sie als festgelegt zu behandeln. Das hat sowohl Bedeutungs- als auch Handlungskonsequenzen. Wer z.B.
verspricht, den Müll herunterzubringen, der verpflichtet sich auf die Folgehandlung und erlaubt anderen, die Auslassung der Handlung zu sanktionieren.
    Brandom vertritt dabei keinen repräsentationalistischen Sprachbegriff, son-
dern geht davon aus, dass sich die Bedeutung sprachlicher Zeichen kraft ihrer
inferenziellen Relationen konstituiert. Propositionale Gehalte bestimmen sich
nicht zuerst über ihre Korrespondenz zu außersprachlichen Objekten oder
Ereignissen, sondern über festlegungserhaltende, berechtigungserhaltende und
inkompatible inferenzielle Relationen:

(1)   Der Ball ist rot.

(2)   Der Ball ist farbig.

Der propositionale Gehalt von (1) steht in einer festlegungserhaltenden inferenziellen Relation zu (2), weil die Äußerung von (1) notwendigerweise auf den semantischen Gehalt von (2) festlegt. Festlegungserhaltende inferenzielle Relationen zeichnen sich durch deduktive Schlüsse aus.

(3)　　Das Feuerzeug ist mit Benzin gefüllt.

(4)　　Mithilfe dieses Feuerzeuges lässt sich die Kerze anzünden.

Der Gehalt von (3) hingegen steht in einer berechtigungserhaltenden inferenziellen Relation zu (4). Als Prämisse ist (3) nicht hinreichend, um auf (4) schließen zu können, weshalb (4) den semantischen Gehalt von (3) nicht notwendigerweise bestimmt. Vielmehr erfordert es eine weitere Prämisse (ko- oder kontextuell), damit von (3) auf (4) geschlossen werden kann (z. B., dass der Feuerstein funktioniert). Die Relation zwischen (3) und (4) ist also induktiv.

(5)　　Metall ist fest.

(6)　　Metall ist flüssig.

Die Semantik von (5) und (6) ist inkompatibel, sodass die Festlegung auf (5) die Festlegung auf (6) ausschließt. Inkompatible inferenzielle Relationen bestimmen damit, welche Folgefestlegungen in der diskursiven Praxis unmöglich sind, wobei Tilgungen der inkompatiblen inferenziellen Relation unter bestimmten Umständen selbstverständlich stattfinden können.

Diese intersentenzialen inferenziellen Relationen speisen sich dabei aus subsentenzialen inferenziellen Gehalten, die als materiale Inferenzen die sprachlichen Zeichen konstituieren (vgl. Brandom 2000, S. 478–580). Die aussagekonstitutiven inferenziellen Rollen einer Äußerung bestimmen dabei nicht nur, in welche intersentenzialen inferenziellen Relationen eine Behauptung treten kann,[9] sondern auch, inwiefern die subsentenzialen Gehalte mit- bzw. ineinander substituierbar sind. So stehen beispielsweise die Prädikate von (1) und (2) in einer subsentenzialen festlegungserhaltenden inferenziellen Relation (einfache materiale substitutions-inferenzielle Festlegung) zueinander, sodass das

---

9　　Brandoms Inferenzialismus ist also kompositional, auch wenn die inferenziellen Rollen nicht hinreichend sind, um die sprachlichen Äußerungen zu beschreiben (vgl. Peregrin 2014, S. 60f.). Vielmehr erfordert es eine normative Signifikanz, um die Handlungskraft von Äußerungen zu ergänzen.

Prädikat von (2) im Gebrauch in das Prädikat von (1) hineinsubstituiert werden kann und somit als semantischer Gehalt von (1) gilt.

Diese Substituierbarkeit wird wiederum durch die anaphorischen Relationen bestimmt, welche die Type-Token-Rekurrenz zwischen Sprachzeichenereignissen herstellt (vgl. Brandom 2000, S. 581–688). Sowohl semantische als auch syntaktische Typisierung kraft anaphorischer Relationen vermitteln damit von Type-Token-Struktur über Substitution hin zur intersentenzialen Inferenz. Brandoms inferenzielle Semantik operiert dabei auf folgenden Ebenen:

- (Makroebene) Signifikanz der Behauptung *kraft* inferenzieller und konsequenzieller propositionaler Gehalte (Bsp.: inferenzielle Relation zwischen (1) und (2))
- (Mesoebene) Signifikanz singulärer Termini und Prädikate *kraft* substitutions-inferenzieller begrifflicher Gehalte (Bsp.: substitutions-inferenzielle Relation zwischen den Prädikaten von (1) und (2))
- (Mikroebene) Signifikanz der Type-Token-Rekurrenzstruktur *kraft* anaphorischer Relationen (Bsp.: anaphorische Relation zwischen den singulären Termini von (1) und (2))[10]

Allerdings handelt es sich bei der inferenziellen Semantik nicht um eine autarke Bedeutungstheorie. Die inferenzielle Semantik muss sich „an der Pragmatik orientieren und die Gehaltzuschreibung an Erklärungen des Gebrauchs" (Brandom 2000, S. 281). Dabei geht es bei Brandom weniger um die lexikalische Unterspezifikation und kontextuelle Anreicherung sprachlicher Zeichen, sondern um die Normativität diskursiver Praktiken. Brandoms Begriff der Normativität supplementiert dabei Konzepte von Konvention, Regel und Angemessenheit. Die normative Pragmatik bestimmt dabei nicht nur, in welchen inferenziellen Relationen sprachliche Zeichen stehen, sondern auch, welche Sprechakte und Handlungen innerhalb der diskursiven Praxis angemessen, erlaubt bzw. lizenziert sind. Die Normativität erklärt, inwiefern sich sprachliche Zeichen kontextuell unterschiedlich verhalten sowie deren Handlungskraft. Dies gilt sowohl für Sprechakte als auch für Handlungs- bzw. Äußerungsverpflichtungen, die aus vorherigen Festlegungen und Berechtigungen folgen. So lizenziert beispielsweise der Sprechakt des Versprechens, dass InterlokutorInnen den Sprecher/die Sprecherin auf die jeweilige Folgehandlung festlegen, während der Sprecher/die Sprecherin die Berechtigung erlangt bzw. erlangen kann, die Folgehandlung auszuüben. Die deontische Kontoführung handelt dabei nicht nur

---

10   Diese semantische Triade ist notwendig zum Verständnis des Inferenzialismus, sodass Jeremy Wanderer (vgl. 2008, S. 101) Brandoms Herangehensweise auch ISA-Ansatz nennt, was auf die Beziehung von Inferenz, Substitution und Anapher verweist.

die semantischen Gehalte aus, sondern ist einerseits der Normativität unterworfen, verhandelt zugleich aber (implizit) die normative Signifikanz sprachlicher Zeichen.[11] Brandom vertritt damit einen dynamischen und offenen Nor-
mativitätsbegriff.

Im Rahmen von inferenzieller Semantik, normativer Pragmatik und deontischer Kontoführung lässt sich nun auch Brandoms Definition von diskursiver
Intentionalität nachvollziehen:

> [D]iscursive intentionality is a *pragmatically mediated semantic relation* that essenti-
> ally involves both what one is *doing* in *saying* something, and what is *said* about how
> it is with what one is thereby talking *about*. (Brandom 2008, S. 196)

Intentionalität spielt sich demnach an der Semantik-Pragmatik-Schnittstelle ab,
wobei die pragmatisch-diskursiven Normen die semantische Relation herstellen. Die intentionale Relation, die eine spezifische semantische Relation ist,
involviert dabei nicht nur einen Handlungsaspekt („*doing* in *saying* something"),
sondern impliziert auch unterschiedliche Relationen zu Objekten und Ereignissen („what is *said* about how it is with what one is thereby talking *about*"),
die die außersprachliche Referenzstruktur der intentionalen Relationen markieren. Die Zeichen intentionaler Relationen referieren auf außersprachliche
Entitäten, die durch das Zeichen auf spezifische Weise repräsentiert werden.
Während die inferenziellen Relationen bestimmen, *wie* etwas dargestellt wird,
erklären die repräsentationalen Relationen, *was* dargestellt wird. Die kraft der
diskursiven Normen konstituierte semantische Relation bezieht also sowohl inferenziellen Relationen auf semantischer Ebene als auch repräsentationale Relationen mit ein, wobei der inferenziellen Gliederung der explanatorische Vorrang vor der repräsentationalen eingeräumt wird.[12]

Um nun zu erklären, inwiefern gewisse Objekte der diskursiven Praxis über
Intentionalität verfügen, führt Brandom den Akt der Intentionalitätszuschrei-
bung ein. Dabei orientiert er sich an Daniel Dennetts Konzept der intentionalen
Einstellung [intentional stance] (vgl. z. B. Dennett 1989, 2007). Am Beispiel eines
Schachspiels gegen einen Computer erklärt Dennett die Vorzüge der intentio-
nalen Einstellung:

---

11   Als Meta-Vokabular zur Analyse der normativen Signifikanz sprachlicher Zeichen
     schlägt Brandom vor, das jeweilige modale Vokabular der entsprechenden Einzel-
     sprache zu nutzen, da diese die impliziten Normen der diskursiven Praxis explizieren
     vermag (vgl. Brandom 2002).

12   Brandom (2009, S. 42) unterscheidet deshalb auch zwischen expressiver und repräsen-
     tationaler Intentionalität, die sich unter dem Begriff der diskursiven Intentionalität
     subsumieren.

Die beste Aussicht für einen Menschen, eine solche Maschine in einem Schachspiel
zu schlagen, besteht darin, ihre Gegenzüge dadurch vorauszusagen, daß er sich, so gut
er kann, überlegt, welches unter den gegebenen Regeln und Zielen des Schachspiels
der beste und vernünftigste Zug wäre. (Dennett 2007, S. 164)

Die intentionale Einstellung dient also als Heuristik, um Verhalten zu beschreiben und zu beurteilen. Brandom wendet Dennetts Konzept nun linguis-
tisch-interpretatorisch, um es in das Modell der deontischen Kontoführung zu
integrieren. In wechselseitigen Zuschreibungsprozessen beurteilen wir uns als
intentionale Systeme, welche über Gründe für ihre Handlungen verfügen. Inwiefern Verhalten als Handlung interpretiert wird, unterliegt abermals den diskursiven Normen der jeweiligen Sprachpraxis. Intentionalitätszuschreibungen
sind allerdings kein Oberflächenphänomen. Vielmehr räumt Brandom der Intentionalitätszuschreibung einen entscheidenden Vorrang vor der ursprünglichen Intentionalität ein, denn „[d]aß etwas von jemandem als intentionales
System betrachtet oder behandelt wird, rangiert in der Reihenfolge der Erklärung vor der Tatsache, daß es ein intentionales System ist" (Brandom 2000, S.
109). Anstatt (sprachliches) Handeln auf ursprünglichen Intentionen zu
gründen, entwirft Brandom so eine Praxis, in der sich InterlokutorInnen mittels
Intentionalitätszuschreibungen als diskursive Wesen begreifen. Intentionalitätszuschreibungen funktionieren dabei wie Geltungsansprüche, welche bestätigt, angezweifelt, widerlegt werden oder diskursive Gültigkeit erhalten
können.[13]

Diskursive Intentionalität ist bei Brandom demnach keine mentale Kategorie,
sondern ist sozial, normativ und linguistisch. Sie konstituiert sich in Zuschreibungsprozessen innerhalb von diskursiven Praktiken, in denen InterlokutorInnen sich gegenseitig auf ihre propositionalen Gehalte festlegen bzw. sich gegenseitig die (Sprach-)Handlungen lizensieren.

4 T. L. Shorts intentionale Zeichen

Brandom erkennt in der diskursiven Intentionalität zwar ein sozial-normatives
und linguistisches Konzept, doch situiert er Intentionalität in der philosophischen Logik und benennt deshalb keine spezifischen sprachlichen Zeichen, die
Intentionalität zuschreiben können. Entsprechend muss der Übergang von der
Sprachphilosophie Brandoms hin zu einer Sprachtheorie mittels eines Begriffs
sprachlicher Zeichen geschehen, welcher nicht nur mit Brandoms Sprachphi-

---

13   In diesem Bereich ähnelt Brandom Ansatz der Theorie des kommunikativen Handelns
     (vgl. dazu Habermas 2004).

losophie kompatibel ist, sondern auch spezifische Zeichentypen konzeptualisiert, die Intentionalität signifizieren.

Ein entsprechendes Konzept intentionaler Zeichen findet sich bei T. L. Short, einem Charles-S.-Peirce-Exegeten. Da sowohl Brandoms Sprachphilosophie als auch Shorts Zeichentheorie auf pragmatistischen Prämissen gründen, lassen sich ihre Theoreme zusammenführen, sodass die pragmatische Grundlagenforschung sowie die Analyse sprachlicher Äußerungen auf diesen aufbauen kann.

Short untersucht, inwiefern Ereignisse in der Welt als Handlungen signifiziert werden. Anstatt Intentionalität in der Kognition, welche er in Anschluss an Peirce Interpretanten nennt, zu verorten, untersucht er ihre Zeichenhaftigkeit:

> This explanation of the intentionality of signs does not consist in deriving it from the intentionality of interpretants. For although B [an action, J. B.] is done as a means of achieving C [a goal, J. B.], and although B will be an effective means to C only if O [an object, J. B.] obtains, still, B cannot be said to be intentionally related to O except *through* its having been elicited by A [a stimulus/sign, J. B.]. If this were not so, then we would be unable to explain why B did not occur until A occurred. [...] Only because it is elicited by a definite sign, A, is an action, B, a response to some definite object, O. But O can be real or unreal. Therefore, this goal-directed action is intentionally related to the object, O. My point in this paragraph is that goal-directed action is intentionally related to an object only if it is also the interpretant of a sign of that object. One and the same analysis accounts for the intentionality of both signs and of their interpretants. (Short 1981, S. 208)

Damit die Beziehung zwischen einem zielorientierten Verhalten und dessen Objekt hergestellt werden kann, muss dessen Relation selbst zeichenhaft sein. Wäre die Relation selbst nicht zeichenhaft, ergäben sich zwei wesentliche Probleme: Einerseits könnte nicht von einer *Vermittlung* zwischen zielorientiertem Verhalten und Objekt gesprochen werden, da vermittelte Relationen Zeichen erfordern, und müsste damit metaphysisch begründet werden. Nur Zeichen können zu erkennen geben, dass es eine Relation zwischen zielorientiertem Verhalten und dessen Objekt gibt. Andererseits erfordert die Identifikation des Zeichens als Vermittlung zwischen zielorientiertem Verhalten und Objekt eine gewisse Regelhaftigkeit, damit das intentionale Zeichen auch nach zeiträumlichen Verschiebungen noch als derselbe Zeichentyp erkannt werden kann.[14]

Sowohl die Typisierung als auch die notwendige Semiotisierung des zielorientierten Verhaltens selbst markieren eine konstitutive Funktion des intentio-

---

14   In diesem Punkt ist die Diskussion der Relation zwischen Verhalten und intentionalen Zeichen an die Inhalte der Searle-Derrida-Debatte anschlussfähig (vgl. insbesondere Derrida 2001, aber auch Busch 2016, Moati 2014 und Weber in diesem Band).

nalen Zeichens. Ohne das Ereignis des intentionalen Zeichens wäre das Verhalten auf dessen Objekt bezogen. Im Rahmen der linguistischen Pragmatik lässt sich dieses Verhältnis am Beispiel von Sprechakten demonstrieren. Damit z. B. ein spezifisches lautliches Verhalten als Sprechakt identifiziert werden kann, erfordert es intentionale Zeichen, die dieses Lautereignis als Sprechakt signifizieren. Erst kraft der Signifikation kann das Lautereignis zum Sprechakt werden.

Short verweist zudem darauf, dass sich dieses Zeichen nicht notwendigerweise *materiell* ereignen muss. Insbesondere in routinierten Zeichengebrauchssituationen ist das explizite Zeichenereignis kaum notwendig bzw. wird interpretativ ergänzt, was von relevanztheoretischen Erkenntnissen gestützt wird.

In der Mannigfaltigkeit von Zeichenereignissen in der Welt ist es nun insbesondere für die Linguistik interessant, welche Zeichen für Short als genuine intentionale Zeichen gelten:

> X possesses intentionality if it cannot be fully described without implying a grammatically simple affirmation about it which cannot be expressed without employing one or another intentional verb (or gerund, etc., derived from that verb). [...] [P]urposeful behavior cannot fully be described except in language employing intentional idioms (as defined here) or implying propositions only expressible by intentional idioms. (Short 2007, S. 174)

Die Markierung von intentionalen Verben als intentionalitätsstiftende Zeichen ist insofern bemerkenswert, als dass sie mit der besonderen Qualität von Sprechaktverben zusammenfällt, auch wenn sich intentionale Verben nicht auf diese Klasse reduzieren lassen. Für die linguistische Pragmatik sind insbesondere drei Aspekte der Definition interessant: Derivation, Propositionalität und die Entität X.

Für Short ist es selbstverständlich, dass nicht nur verbsyntaktische Einheiten für Intentionalität verantwortlich sind. Vielmehr bietet zwar das intentionale Verb selbst die grundlegende Funktion der Intentionalität, doch ereignet sich die Funktion in unterschiedlichen Formen, sei sie adjektivisch oder substantivisch.

Auffällig ist auch der Hinweis auf die Propositionalität,[15] die in Ausdrücken und idiomatischen Prägungen (vgl. Feilke 1996) von Intentionalität involviert ist. Die implizite Propositionalität verweist dabei nicht auf die Notwendigkeit, dass Äußerungen propositional (Referenz und Prädikation) formiert sind, sondern auf die Propositionalität, die mit dem intentionalen Ausdruck einhergeht:

---

15   Zeichentheoretische Ausarbeitungen zum Konzept der Propositionalität finden sich für die Diagrammatik bei Frederik Stjernfelt (2014) und für die linguistische Pragmatik bei Ulf Harendarski (2012, S. 230–259).

Jeder intentionale Ausdruck fordert einen subordinierten propositionalen Gehalt, wobei dieser nicht explizit signifiziert werden muss. Dieser subordinierte propositionale Gehalt entspricht der Markierung des Dass-Satzes, die in der sprachlogischen Analyse von propositionalen Einstellungen vorgenommen wird. Der subordinierte propositionale Gehalt erfasst aber eine umfangreichere Klasse an intentionalen Objekten. Dies ist notwendig, weil sich nicht alle intentionalen Verben mit Hilfe von Dass-Sätzen erläutern lassen. *Verkaufen z. B.* fordert zwar ein Transaktionsobjekt, welches aber grammatisch nicht als Dass-Satz markiert wird. Zugleich ist dieses Objekt im Rahmen der Transaktion kein phänomenales oder perzeptives Objekt, sondern ist institutionell bestimmt und damit auch propositional gegliedert. Dem intentionalen Verb kommt dabei eine Scharnierfunktion zu, indem es zwischen dem intentionalen Objekt, welches propositional eingebettet ist, und X vermittelt.

Short nimmt außerdem eine Trennung zwischen der Variable X, die über Intentionalität verfügt, und dem intentionalen Verb vor, sodass der Signifikationsprozess zwischen X und dem intentionalen Verb in den Fokus rückt. Die Variable X kann dabei durch unterschiedliche Werte besetzt werden. Während traditionell Verhalten mithilfe des intentionalen Verbs als Handlung signifiziert wird, kann X auch andere Objekte substituieren. X umfasst damit sowohl Verhaltensweisen und multimodale Zeichen als auch Personen und InterlokutorInnen. Bedingungen des Signifikationsprozesses sind demnach nicht inhärente Eigenschaften von X, sondern die Kompatibilität zwischen X und dem intentionalen Verb.

Shorts Konzeption intentionaler Verben lässt sich in die Sprach- und Kommunikationstheorie Brandoms integrieren, indem diese durch einen fundierten Zeichenbegriff ergänzt wird. Die tiefenstrukturellen Eigenschaften intentionaler Verben, wie sie im Folgenden vorgestellt werden, erklären nun, inwiefern das implizite bzw. explizite Ereignis intentionaler Verben sicht- bzw. interpretierbar und damit für Intentionalitätszuschreibungen nutzbar wird. Zugleich ermöglicht die positive Bestimmung bzw. kognitive Ergänzung intentionaler Verben, dass sie innerhalb von Sprachgebrauchssituationen nachweisbar sind. Die tiefenstrukturelle Analyse intentionaler Verben geht insofern über die Analyse von Sprechaktverben bzw. indirekten Sprechakten hinaus, dass (Sprechakt-)Verben nicht mehr als Sprechaktdeskriptionen begriffen werden, sondern als normativ-konstitutive Zeichenereignisse: Sie erklären, warum Sprechakte überhaupt möglich sind.

5 Intentionale Verben

Mithilfe der Sprachphilosophie Brandoms und der Zeichentheorie Shorts lässt sich nun ein Modell entwickeln, welche eine erneute Analyse intentionaler Verben ermöglicht und theoretisch fundiert. Brandoms Sprachbegriff dient dabei als Grundlage, um Ver- und Aushandlungsprozesse sprachlicher Bedeutung, Handlungskraft und Normativität zu modellieren, während Shorts Zeichenbegriff den Aspekt der diskursiven Intentionalität und deren Zuschreibung semiotisiert und damit linguistisch analysierbar macht.

Folgendes Diagramm bereitet nun nicht nur die wesentlichen Zeichenelemente des Intentionalitätsbegriffs Brandoms und Shorts auf und verbindet sie miteinander, sondern ermöglicht damit eine erste Untersuchung und ggf. sogar Lemmatisierung der entsprechenden intentionalen Zeichen in Texten, Gesprächen und Diskursen.

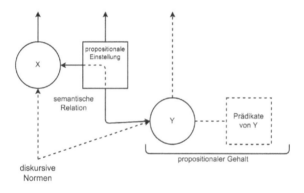

Abb. 1: Diskursive Intentionalität

Im Mittelpunkt des Diagramms steht die semantische Relation, die mindestens zwei Relata[16] kraft Konstitution an sich bindet. Bei traditionellen intentionalen Verben wie *beabsichtigen* oder *wünschen* handelt es sich dabei um zweiwertige Relationen, während intentionale Verben wie *diskutieren* zumindest dreiwertig

---

16   Auch wenn der Begriff *Relatum* an Konzepte wie semantische Rollen oder Leer-
      stellen-Füllwert-Strukturen erinnert, unterscheiden sich Relata doch in zwei wesentli-
      chen Aspekten: Erstens handelt es sich dabei nicht um semantische, sondern um semi-
      otische Einheiten. Sie implizieren neben der Semantik auch Zeichenmittel und
      Objektrelationen und sind zudem pragmatisch orientiert. Zweitens konstituieren sich
      die Relata kraft der semantischen Relation, sodass die Relata weder unabhängig von der
      Relation konzeptualisiert noch untersucht werden können.

sind. Um eine intentionale Relation zu sein, muss die semantische Relation zudem eine propositionale Einstellung implizieren, welches entweder explizit markiert (z. B. Verben der propositionalen Einstellung) oder deduktiv inferierbar (z. B. Sprechaktverben) ist.

Die semantische Relation zwischen den Relata X und Y ist keine genuine Relation, sondern wird von den Normen der jeweiligen diskursiven Praxis gestiftet. Die zu untersuchende semantische Relation zwischen den Relata besteht nur wegen der diskursiven Normen. Die diskursiven Normen sind somit die Bedingung der Möglichkeit, dass sich die semantische Relation konstituiert und werden zugleich kraft des Zuschreibungsprozesses in die semantische Relation selbst implementiert.

Die kraft der diskursiven Normen konstituierte semantische Relation motiviert demnach die beiden obligatorischen Relata X und Y, welche nach den Regeln der Deduktion damit selbst den diskursiven Normen unterworfen sind. X markiert dabei das Ziel der Intentionalitätszuschreibung und wird als Nominativ-Ergänzung expliziert. Die propositionale Einstellung, die in der semantischen Relation impliziert ist, wird X zugeschrieben, sodass X im konkreten Verbereignis nicht nur Intentionalität, sondern auch ein spezifischer Typ von propositionaler Einstellung signifiziert wird.

Relatum Y stellt das relationale Gegenstück zu X dar und wird in traditionellen Theorien auch intentionales Objekt genannt. Insbesondere für Y gilt, dass es sich nicht auf ein perzeptives Objekt reduzieren lassen darf, da sich durch die diskursiven Normen auch die inferenzielle Gliederung auf Y anwenden lassen muss. In der durch das intentionale Verb aufgespannten Situation muss Y also als semiotisches Objekt behandelt werden, da es kulturell-normativ durchgliedert ist. Entsprechend ist Y selbst in propositionale und damit inferenzielle Gehalte eingebettet. Der Objektbegriff ist hier dementsprechend weit zu verstehen. Semiotisch handelt es sich dabei um direkte bzw. indirekte Objekte, die grammatisch durch Akkusativ- bzw. Dativ-Ergänzung vermittelt werden. Auch wenn der propositionale Gehalt, in den Y eingebettet ist, nicht notwendigerweise explizit markiert werden muss, ist er doch theoretisch mithilfe von Brandoms Sprachbegriff explizierbar.

Sowohl X, Y als auch die semantische Relation beinhalten Objektrelationen, die durch die vertikalen Pfeile dargestellt werden. Relata und Relation verweisen also auf Objekte in der Wirklichkeit. Neben den unterschiedlichen objektrelationalen Qualitäten (ikonisch, indexikalisch und symbolisch), die hier nicht expliziert werden, unterscheiden sich die Objekt- bzw. Ereignisrelationen insbesondere bezüglich der Existenz ihrer geforderten Objekte. So muss das

Referenzobjekt von X existieren, damit die Zuschreibung gelingen kann.[17] Auch zur intentionalen Relation selbst muss es ein korrespondierendes Verhalten geben, auf welches sich die diskursiven Normen der semantischen Relation – im Sinne Derridas (vgl. 2001a, S. 27f.) – aufpfropfen können. So kann z.b. aus einem Tötungsverhalten juristisch ein Mord werden (vgl. z.B. Shuy 2014). Y hingegen bleibt bezüglich der Existenz kontingent: X kann sich kraft der semantischen Relation sowohl auf existente als auch auf nicht-existente Objekte beziehen. Allein die signifizierte mentale Repräsentation (inkl. der inferenziellen Relationen) vom Referenzobjekt von Y ist in diesem Falle notwendig. X kann auch zu Einhörnern, Drachen oder anderen imaginierten Objekten in intentionaler Relation stehen. Die Kontingenz der Existenz von Y ergibt sich aus der Existenzkontingenz intentionaler Objekte (vgl. z.b. Crane 2013).

Die oben genannten strukturellen Eigenschaften sind notwendig, damit intentionale Zeichen respektiven Verben diskursive Intentionalität zuschreiben können. Dieses Modell erfasst dabei nur die basalen Relationen und Relata und muss für mehrwertige intentionale Verben wie *verkaufen*, welche sowohl ein intentionales Objekt (Akkusativ-Ergänzung) sowie eine Person/Institution (Dativ- bzw. Präpositional-Ergänzung) fordern, entsprechend ergänzt werden.

Die kraft des intentionalen Verbs signifizierte intentionale Relation lässt sich am Verb *versprechen* exemplifizieren. Das Verb involviert eine semantische Relation (des Versprechens), welche nur kraft einer diskursiven Rahmung, welche die Normen bereitstellt, konstituiert wird: Ohne Normativität gäbe es keine Institution des Versprechens. Die konstituierte intentionale Relation fordert zudem drei Relata, die sich folgendermaßen notieren lassen:

(7)   [X]verspricht[Z][Y] („jemand verspricht jemandem etwas")

Sowohl diskursive Intentionalität als auch die im Verb *versprechen* implizierte propositionale Einstellung werden X zugeschrieben. Da sich die intentionale Relation normativ konstituiert, wird X kraft der Zuschreibung auch das Beherrschen der konstitutiven Normen zugewiesen: Wer etwas verspricht, der kennt auch die entsprechende normative Rahmung (und kann somit auch für etwaige Normverstöße verantwortlich gemacht werden). Y ist als intentionales Objekt das Komplement der intentionalen Relation. Das im propositionalen Gehalt des Versprechens implizierte intentionale Objekt erfüllt dabei die notwendigen Eigenschaften von Y, da die Relation des Versprechens auch konstituiert

---

17   Was als existent gilt, wird durch die jeweilige narrativ-inferenzielle Rahmung bestimmt. Somit gelingen Intentionalitätszuschreibungen z.b. auch in fiktionalen Kontexten.

werden kann, wenn Y nicht existiert.[18] Z stellt das Dativkomplement zu X dar, welches Karl Bühler „Adressendativ" (Bühler 1999, S. 251) nennt, und ist nur für mehrwertige intentionale Verben obligatorisch.

6 Fazit

Die Beschäftigung mit und die Aufbereitung von Robert B. Brandoms und T. L. Shorts Sprach- und Zeichentheorien eröffnet Möglichkeiten der linguistischen Analyse der Intentionalität. Das Modell der diskursiven Intentionalität erklärt dabei einerseits, warum wir uns in diskursiven Praktiken als intentionale Wesen begreifen, erfasst diskursive Intentionalität aber andererseits nicht als vorsprachliche Bedingung. Intentionale Verben bieten dabei eine neue Klasse von Verben, die nicht deckungsgleich mit Sprechakt-, Kommunikations-, Handlungs- oder psychologischen Verben ist. Innerhalb von verbpragmatischen Analysen können sie zudem aufzeigen, mithilfe welchen normativen Potenzials Personen innerhalb von sprachlichen Praktiken konstituiert und als Akteure wirksam werden.

Literatur

Apel, Karl-Otto (1990): Ist Intentionalität fundamentaler als sprachliche Bedeutung? Transzendentalpragmatische Argumente gegen die Rückkehr zum semantischen Intentionalismus der Bewußtseinsphilosophie. In: Forum für Philosophie Bad Homburg (Hg.): Intentionalität und Verstehen. Frankfurt a. M.: Suhrkamp. S. 13–54.

Bertram, Georg W. (2002): Eine Theorie der verzweigten Korrespondenz von Sprache und Intentionalität – Der Begriff der Intention in der Sprachphilosophie der Dekonstruktion. In: Bedorf, Thomas/Blank, Stefan A. B. (Hg.): Diesseits des Subjektprinzips. Körper – Sprache – Praxis. Magdeburg: Scriptum Verlag. S. 15–33.

Black, Max (1993): Bedeutung und Intention. In: Meggle, Georg (Hg.): Handlung, Kommunikation, Bedeutung. Frankfurt a. M.: Suhrkamp. S. 52–81.

Brandom, Robert B. (2000): Expressive Vernunft. Begründung, Repräsentation und diskursive Festlegung. Übersetzt von Eva Gilmer und Hermann Vetter. Frankfurt a. M.: Suhrkamp.

Brandom, Robert B. (2002): Das Modale und das Normative der Intentionalität. In: Rater, Marie-Luise/Willaschek, Marcus (Hg.): Hilary Putnam und die Tradition des Pragmatismus. Frankfurt a. M.: Suhrkamp. S. 383–403.

---

18   Bei Nicht-Existenz von Y ist allerdings die Einlösung des Versprechens unmöglich, was aber keine Folgen für die Konstitution der intentionalen Relation hat.

Brandom, Robert B. (2008): Between saying and doing. Towards an analytic pragmatism. Oxford/New York: Oxford University Press.

Brandom, Robert B. (2009): Reason in philosophy. Animating Ideas. Cambridge/London: Harvard University Press.

Brandom, Robert B. (2014): Intentionality and language. In: Enfield, N. J./Kockelman, Paul/Sidnell, Jack (Hg.): The Cambridge handbook of linguistic anthropology. Cambridge: Cambridge University Press. S. 347–363.

Bücker, Jörg (2018): Gesprächsforschung und Interaktionale Linguistik. In: Liedtke, Frank/Tuchen, Astrid (Hg.): Handbuch Pragmatik. Stuttgart: J. B. Metzler. S. 41–52.

Bühler, Karl (1999): Sprachtheorie. Die Darstellungsfunktion der Sprache mit einem Geleitwort von Friedrich Kainz. 4. Auflage. Stuttgart: Lucius & Lucius.

Busch, Dominik (2016): Begrenzung und Offenheit. Die Searle-Derrida-Debatte. Wien: Passagen Verlag.

Crane, Tim (2013): The objects of thought. Oxford: Oxford University Press.

Dennett, Daniel C. (1989): The Intentional Stance. Cambridge/London: MIT Press.

Dennett, Daniel C. (2007): Intentionale Systeme. In: Bieri, Peter (Hg.): Analytische Philosophie des Geistes. 4. Auflage. Weinheim/Basel: Beltz Verlag. S. 162–183.

Deppermann, Arnulf (2007): Grammatik und Semantik aus gesprächsanalytischer Sicht. Berlin/New York: De Gruyter.

Derrida, Jacques (2001): Limited Inc. Herausgegeben von Peter Engelmann. Aus dem Französischen von Werner Rappl unter Mitarbeit von Dagmar Travner. Wien: Passagen Verlag.

Derrida, Jacques (2001a): Signatur Ereignis Kontext. In: Derrida, Jacques: Limited Inc. Herausgegeben von Peter Engelmann. Aus dem Französischen von Werner Rappl unter Mitarbeit von Dagmar Travner. Wien: Passagen Verlag. S. 15–45.

Feilke, Helmut (1996): Sprache als soziale Gestalt. Ausdruck, Prägung und die Ordnung der sprachlichen Typik. Frankfurt a. M.: Suhrkamp.

Grice, H. P. (1957): Meaning. In: The Philosophical Review 66 (3). S. 377–388.

Habermas, Jürgen (2004): Von Kant zu Hegel. Zu Robert Brandoms Sprachpragmatik. In: Habermas Jürgen: Wahrheit und Rechtfertigung. Philosophische Aufsätze. Erweiterte Ausgabe. Frankfurt a. M.: Suhrkamp. S. 138–187.

Harendarski, Ulf (2012): Indexikalität, Inferenz und Sprachtheorie. Am Beispiel betrieblicher Selbstdarstellungen. Münster: LIT Verlag.

Harendarski, Ulf (2013): Ist menschliche Informationsvermittlung ohne Kommunikation möglich? Probleme „kollektiver Intentionalität". In: Zybatow, Tatjana/Harendarski, Ulf (Hg.): Sprechen, Denken und Empfinden. Berlin: LIT Verlag. S. 227–240.

Humboldt, Wilhelm von (1999): Ueber die Verschiedenheit des menschlichen Sprachbaues und ihren Einfluß auf die geistige Entwicklung des Menschengeschlechts. In:

Humboldt, Wilhelm von: Sämtliche Werke. Schriften zur Sprachphilosophie II (Band 5). Stuttgart: Mundus Verlag. S. 7–284.

Liedtke, Frank (2018): Sprechakttheorie. In: Liedtke, Frank/Tuchen, Astrid (Hg.): Handbuch Pragmatik. Stuttgart: J. B. Metzler. S. 29–40.

Liptow, Jasper (2004): Regel und Interpretation. Eine Untersuchung zur sozialen Struktur sprachlicher Praxis. Weilerswrist: Velbrück Wissenschaft.

Kecskes, Ivan (2018): Intercultural pragmatics. In: Liedtke, Frank/Tuchen, Astrid (Hg.): Handbuch Pragmatik. Stuttgart: J. B. Metzler. S. 140–148.

Köhler, Wolfgang R. (1990): Einleitung. In: Forum für Philosophie Bad Homburg (Hg.): Intentionalität und Verstehen. Frankfurt a. M.: Suhrkamp. S. 7–12.

Memmesheimer, Beate (2006): Zum Status perlokutiver Akte in verschiedenen sprachwissenschaftlichen Theorien. In: Proost, Kristel/Winkler, Edeltraud (Hg.): Von Intentionalität zur Bedeutung konventionalisierter Zeichen. Festschrift für Gisela Harras zum 65. Geburtstag. Tübingen: Narr. S. 199–218.

Moati, Raoul (2014): Derrida/Searle. Deconstruction and ordinary language. Translated by Timothy Attanucci and Maureen Chun. Foreword by Jean-Michel Rabaté. New York: Columbia University Press.

Peregrin, Jaroslav (2014): Inferentialism. Why rules matter. New York: Palgrave Macmillan.

Schmid, Hans Bernhard/Schweikard, David P. (Hg.) (2009): Kollektive Intentionalität. Eine Debatte über die Grundlagen des Sozialen. Frankfurt a. M.: Suhrkamp.

Schneider, Jan Georg (2008): Spielräume der Medialität. Linguistische Gegenstandskonstitution aus medientheoretischer und pragmatischer Perspektive. Berlin/New York: De Gruyter.

Schumacher, Petra B. (2018): Experimentelle Pragmatik. In: Liedtke, Frank/Tuchen, Astrid (Hg.): Handbuch Pragmatik. Stuttgart: J. B. Metzler. S. 113–121.

Searle, John R. (1971): Sprechakte. Ein sprachphilosophischer Essay. Frankfurt a. M.: Suhrkamp.

Searle, John R. (1980): Minds, Brains, and Programs. In: the Behavioral and Brain Sciences 3 (3). S. 417–457.

Searle, John R. (1987): Intentionalität. Eine Abhandlung zur Philosophie des Geistes. Frankfurt a. M.: Suhrkamp.

Searle, John R. (2011): Die Konstruktion der gesellschaftlichen Wirklichkeit. Zur Ontologie sozialer Tatsachen. Aus dem Englischen von Martin Suhr. Berlin: Suhrkamp.

Searle, John R. (2017): Wie wir die soziale Welt machen. Die Struktur der menschlichen Zivilisation. Aus dem Amerikanischen von Joachim Schulte. Berlin: Suhrkamp.

Seel, Martin (1998): Medien der Realität und Realität der Medien. In: Krämer, Sybille (Hg.): Medien – Computer – Realität. Wirklichkeitsvorstellungen und Neue Medien. Frankfurt a. M.: Suhrkamp. S. 244–268.

Short, T. L. (1981): Semeiosis and intentionality. In: Transactions of the Charles S. Peirce Society 17 (3), S. 197–223.

Short, T. L. (2007): Peirce's theory of signs. Cambridge: Cambridge University Press.

Shuy, Roger W. (2014): The Language of murder cases. Intentionality, presdisposition, and voluntariness. Oxford: Oxford University Press.

Spitzmüller, Jürgen/Warnke, Ingo H. (2011): Diskurslinguistik. Eine Einführung in Theorien und Methoden der transtextuellen Sprachanalyse. Berlin/Boston: De Gruyter.

Stetter, Christian (1997): Schrift und Sprache. Frankfurt a. M.: Suhrkamp.

Stjernfelt, Frederik (2014): Natural propositions. The actuality of Peirce's doctrine of dicisigns. Boston: Docent Press.

Turbanti, Giacomo (2017): Robert Brandom's normative inferentialism. Amsterdam: John Benjamins.

Vendler, Zeno (1957): Verbs and times. In: The Philosophical Review 66 (2), S. 143–160.

Vendler, Zeno (1972): Res Cogitans. An Essay in rational psychology. Ithaca/London: Cornell University Press.

Wanderer, Jeremy (2008): Robert Brandom. Stocksfield: Acumen Publishing.

Zum Verhältnis von Satztyp- und Illokutionstypinventaren

Ein Blick auf kognitive Ansätze

Hans-Martin Gärtner & Markus Steinbach

Abstract: Against the backdrop of Searle's and Zaefferer's classifications of sentence types and illocution types, we study a related "cognitivist" proposal by Croft (1994), which provides a grounding for "speech act classification" in belief-desire-intention (BDI) psychology. Particular attention is paid to the question as to how well this theory reflects the typology-based distinction between major and minor/special sentence types by Sadock and Zwicky (1985). We point out a number of potential mismatches and sketch a modification that builds on affinities between the underlying BDI-model and Searlean psychological states involved in sincerity conditions. As we go along, brief mention is made of various alternative cognitive approaches to our domain of inquiry.

1 Vorbemerkungen

Searle (1969, S. 31) hat den innersten Kern seiner Sprechakttheorie auf eine einfache Formel gebracht: *F(p)*. Indikatoren illokutionärer Kräfte (*F*) sind von Indikatoren propositionalen Gehalts (*p*) zu unterscheiden. Damit lassen sich unterschiedliche illokutionäre Akte symbolisieren: „ $\vdash$ (*p*) for assertions", „!(*p*) for requests", „?(*p*) for yes-no questions" usw. (Searle 1969, S. 31).

Auf der Suche nach natürlichsprachlichen Realisierungen dieser Formen drängen sich unmittelbar zwei Wege auf. Wo *F* zum Ausgangspunkt gemacht wird, kommen die performativen Prädikate – *(ich) behaupte, (ich) verlange, (ich) möchte wissen* etc. – in den Blick. So schon bei Austin (1962), später in großangelegtem, systematischem Rahmen etwa bei Ballmer und Brennenstuhl (1981) oder Harras et al. (2004).[1] Fokussierung auf p verlangt Betrachtung der kanonischen Ausdrucksformen für Propositionen, der Sätze. Dabei lässt sich nicht übersehen, dass sich die „Satzgestaltung" in gewissem Maße an F orientiert, was durch die Terminologie der Satzmodi – Deklarativ, Imperativ, Interrogativ usw. – durchscheint.[2]

Die moderne Linguistik – zumindest in den Strömungen, die wir hier zugrunde legen – hat zwei Aspekte wissenschaftlicher Theoriebildung besonders zu etablieren versucht: das Streben nach Formalisierung (zwecks besserer Überprüfbarkeit) und das Streben nach Erklärung. Bezüglich formaler Erfassung des $F(p)$-Nexus ist bereits Searle auf ein wichtiges „Abstraktionsebenenproblem" gestoßen. Demnach ist nämlich für die grammatische Verankerung von Regeln zur Anzeige der illokutionären Kraft die Typebene wichtig, wie in folgender Passage bezüglich Versprechenshandlungen ausgeführt:

> To which elements, in an actual linguistic description of a natural language would rules such as 1–5 attach? Let us assume for the sake of argument that the general outlines of the Chomsky-Fodor-Katz-Postal account of syntax and semantics are correct. Then it seems to me extremely unlikely that illocutionary act rules would attach directly to elements (formatives, morphemes) generated by the syntactic component, except in a few cases such as the imperative. In the case of promising, the rules would more likely attach to some output of the combinatorial operations of the semantic component. Part of the answer to this question would depend on whether we can reduce all illocutionary acts to some very small number of basic illocutionary types. If so, it would then seem somewhat more likely that the deep structure of a sentence would have a simple representation of its illocutionary type. (Searle 1969, S. 64)

Damit ist also die Frage nach der Reduzierbarkeit von Illokutionsinventaren auf Illokutionstypinventare auf die Agenda gesetzt. Searle selbst macht dazu, wie weiter unten besprochen, einen der einflussreichsten Vorschläge (vgl. Searle 1976).

In dem Moment nun, wo mehrere rivalisierende Illokutionstypinventare vorliegen, beginnt der Streit um deren Adäquatheit. Zu überprüfen ist hier also insbesondere, ob neben hinreichender Erfassung des Phänomenbereichs und

---

1   Das Verhältnis zwischen Prädikaten und Akten problematisiert z.B. Meibauer (1982).
2   Searle (1969, S. 66f.) erfasst bestimmte Aspekte dieser Problematik mittels seiner den propositionalen Gehalt illokutionärer Akte betreffenden Bedingungen. Demnach müssen Interrogative zum Ausdruck von Konstituentenfragen „propositionale Funktionen" denotieren, was grammatisch normalerweise mit der Einführung von Interrogativpronomen einhergeht. Neben den weiter unten gegebenen Literaturhinweisen sei hierzu insbesondere auch auf das Handbuch „Satztypen des Deutschen" (Meibauer/Steinbach/Altmann 2013) hingewiesen.

stringenter Charakterisierung von Kategorien und Prinzipien explanative Vorteile für bestimmte Kandidatensysteme sprechen.

Der folgende Aufsatz setzt genau an dieser Stelle an, beschränkt sich dabei aber auf zwei Aspekte, nämlich Typologie und „psychologische Realität". Seit 1969 gibt es substantielle Fortschritte in der Beschreibung der „konservativ geschätzt" ca. 6000 Sprachen der Welt (vgl. Comrie 1990, S. 1). In dem Maße, in dem sich hier Satztyp- und Satzmodusinventare klarer abzuzeichnen beginnen, lässt sich sinnvoll fordern, dass die Struktur von Illokutionstypinventaren der Struktur solcher Forminventare – in noch genauer zu klärendem Sinne – gerecht wird. Gleichzeitig ist spätestens seit Mitte der 1970er Jahre die „psychologische Realität" linguistischer Konstrukte eingefordert und zunehmend intensiv mit immer aufwendigeren Methoden erforscht worden (vgl. Gaskell 2007; Halle/Bresnan/Miller 1978; Kasher 1984). Die weiter unten ins Zentrum gerückte „kognitive Linguistik" ist entstanden, um diesen Anspruch zu erfüllen. Erneut geht es um die Erklärungsfrage: Werden bestimmte Zuordnungen von Illokutionstypen zu Satztypen durch die Kognitionsforschung gestützt?

Zuletzt müssen wir der folgenden Studie noch eine Warnung voranschicken. Die Diskussion ist äußerst voraussetzungsreich, weshalb wir uns vornehmlich auf ein System, das von Croft (1994), konzentrieren. Alternative und weiterführende Arbeiten können nur ganz kursorisch und in sprachlich verdichteter Form berücksichtigt werden. Gleiches gilt für die Hintergründe der Sprechakt- bzw. Illokutionstheorie. Wir hoffen aber, dass unsere Arbeit zumindest dazu anregt, den Hinweisen nachzugehen und eigene Überlegungen anzustellen.

2 Satztyp- und Illokutionstypinventare

Ausgangspunkt für unsere Diskussion ist die von Sadock und Zwicky (1985) propagierte Unterscheidung zwischen Haupt-Satztypen einerseits und Neben- sowie Spezial-Satztypen andererseits.[3] Diese wird mit typologischen Befunden untermauert:[4]

---

3 Dies entspricht den englischen Termini „basic"/„major", „minor" und „special sentence types" und ist nicht zu verwechseln mit der Unterscheidung zwischen Hauptsatz- und Nebensatztypen. Feiner differenzierte Überlegungen zur Erfassung sententialer Form- und Funktionsaspekte finden sich bei Zaefferer (1989). Eine umfassende neue Einführung in die gesamte Thematik liefert Siemund (2018).

4 Das Sprachsample umfasst allerdings nur 32 Sprachen (Sadock/Zwicky 1985, S. 194), das des Nachfolgeartikels lediglich ca. 50 (König/Siemund 2007, S. 278, Fn. 2).

It is in some respects a surprising fact that most languages are similar in presenting three basic sentence types with similar functions and often strikingly similar forms. These are the declarative, interrogative and imperative. (Sadock/Zwicky 1985, S. 160)

Kanonische Deklarativ-, Interrogativ- und Imperativsätze sind bekanntermaßen auch im Deutschen klar identifizierbar, wie (1) zeigt.

(1)   a.   Du hast das gelesen.   [Dek]

        b.   Hast du das gelesen?   [Int]

        c.   Lies das!   [Imp]

Zur Orientierung liefern Sadock und Zwicky noch folgende grobe funktionale Charakterisierung dieser Trias:

As a first approximation, these three types can be described as follows: The declarative is subject to judgements of truth and falsehood. It is used for making announcements, stating conclusions, making claims, relating stories, and so on. The interrogative elicits a verbal response from the addressee. It is used principally to gain information. The imperative indicates the speaker's desire to influence future events. It is of service in making requests, giving orders, making suggestions, and the like. (Sadock/Zwicky 1985, S. 160)

Wie aus der Terminologie ersichtlich werden Satztypen nach Satzmodi gruppiert, womit charakteristischerweise ein spezifischer Denotationstyp – Proposition [Dek] / Menge von Propositionen [Int][5] / Eigenschaft bzw. modalisierte Proposition [Imp][6] – und ein Illokutionsdefault[7] – Assertion [Dek] / Frage [Int] / Aufforderung [Imp] – festgelegt ist.

---

5   Dieser Denotationstyp ergibt sich, wenn Fragen (formal-)semantisch mit ihren Antwortmengen identifiziert werden (vgl. Hamblin 1958; Karttunen 1977). Die Überblicksartikel von Bäuerle und Zimmermann (1991) und Krifka (2011) diskutieren verschiedene alternative Fragesemantiken.

6   Das regelmäßige Fehlen von Oberflächensubjekten in Imperativen wird bei Hausser (1980) und Portner (2004) so gedeutet, dass hier lediglich Prädikate vorliegen, was semantisch – dem Adressaten prospektiv zugeschriebenen – Eigenschaften entspricht. Die Analyse mittels modalisierter Propositionen wird bei Kaufmann (2012) detailliert ausgearbeitet.

7   Unabhängig von Fragen der Implementierung und unter Zuhilfenahme einer gewissen Abstraktion geht es hierbei in Anlehnung an Katz (1980) darum, „welcher Sprechakttyp mit einer Äußerung [eines] Satzes im Null-Kontext (also ohne Zusatzinformation) vollzogen wird" (Grewendorf/Zaefferer 1991, S. 282).

Spezial-Satztypen entstehen innerhalb eines Satzmodus durch Modifikation des Formtyps und Illokutionsdefaults. Illustrieren lässt sich das an infiniten W-Interrogativen wie in (2).

(2)   Wo anfangen?

Mit dem Wechsel zu einer Infinitivstruktur geht eine Verwendungsbeschränkung auf reflektive bzw. deliberative Frageakte (vgl. z.B. Gärtner 2013; Reis 2003) einher.
Neben-Satztypen gründen sich auf weniger zentrale Satzmodi. Optative sind dafür ein Beispiel (vgl. van der Auwera/Schalley 2004).

(3)   Gott schütze die Ungarische Akademie der Wissenschaften!

Einen guten Einstieg in die Diskussion um den Zusammenhang zwischen Satztyp- und Illokutionstypinventaren bietet die Kritik von Zaefferer (2001) an der bekannten Klassifikation von Searle (1976).[8]

Although linguists are well aware of the obvious discrepancies between Searle's classification and the patterns that can be read off the structural force indicators in the world's languages, nobody has so far succeeded in reconciling or explaining these discrepancies. (Zaefferer 2001, S. 209)

Betrachten wir dazu ein vereinfachtes Schema der Searle'schen Klassifikation.[9]

---

8   Eine interessante syntax-basierte Klassifikation liefern Speas und Tenny (2003). Damit haben wir uns an anderer Stelle auseinandergesetzt (Gärtner 2015; Gärtner/Steinbach 2006).
9   Zur Einordnung der Exklamative siehe Sadock und Zwicky (1985, S. 162) und Vanderveken (1990). Vereinfachenderweise – und um das Bild für Searle auf dieser Abstraktionsebene vorteilhafter zu gestalten – haben wir hier den Illokutionstyp der Kommissive weggelassen. Deren Einführung erfordert wegen identischer Anpassungsrichtung zur Unterscheidung von den Direktiven eine zusätzliche Dimension, nämlich wer für die anvisierte zukünftige Handlung (normalerweise) vorgesehen ist, Adressat oder Sprecher. Gleichzeitig würde eine weitere Diskrepanz dahingehend geschaffen, dass den Kommissiven entweder gar kein (Haupt-)Satztyp entspricht (vgl. Abschnitt 3.2.2) oder dass die Deklarative in Erhöhung ihres Ambiguitätsgrads mit den Kommissiven assoziiert werden. Searle (1976, S. 11f.) merkt hierzu an, dass „[s]ince the direction of fit is the same for commissives and directives, it would give us a simpler taxonomy if we could show that they are really members of the same category. I am able to do this [...]."

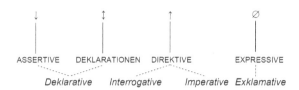

Abb. 1: Illokutions- und Satztypen nach Searle (1976)

Aus den möglichen Anpassungsrichtungen zwischen Sprache und Welt ergeben sich vier Illokutionstypen. Die von Searle präferierte Abbildung auf Satztypen resultiert dann in den von Zaefferer angesprochenen Diskrepanzen: Deklarative korrespondieren sowohl mit Assertiven als auch mit Deklarationen, während den Direktiven zwei Satztypen, nämlich Interrogative und Imperative, entsprechen. Als Charakterisierung der drei Haupt-Satztypen dient die Searle'sche Klassifikation insofern, als diese den Illokutionstypen mit eindeutigen Anpassungsrichtungen zugeordnet sind: Deklarative (optional) den Assertiven mit Wort-zu-Welt-Anpassung ($\downarrow$), Interrogative und Imperative den Direktiven mit Welt-zu-Wort-Anpassung ($\uparrow$).

In Einlösung seiner Kritik macht Zaefferer den folgenden Gegenvorschlag.

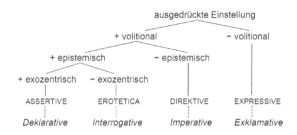

Abb. 2: Illokutions- und Satztypen nach Zaefferer (2001)

Grundlage ist eine strukturierte Analyse ausgedrückter (Sprecher-)Einstellungen (vgl. Bierwisch 1980; Kiefer 1992). Die Haupt-Satztypen sind hier so gruppiert, dass sie der natürlichen Klasse zielgerichtet volitionaler Illokutionen entsprechen. Interrogative bekommen ihren eigenen Ort als Gegenstück erotetischer Illokutionen (vgl. Katz 1980, S. 205; Wunderlich 1976, S. 77) und ihre Affinität zu Deklarativen wird durch den Minimalunterschied bezüglich der Richtung des Informationsaustauschs – vom Sprecher weg (+exozentrisch > assertiv) vs. zum Sprecher hin (−exozentrisch > erotetisch) – erfasst.

Eine Analyse der Validität dieser Vorschläge ist nicht Gegenstand unseres Aufsatzes, weshalb wir es dabei belassen, auf zwei Kernkontroversen hinzuweisen. Erstens hat Zaefferer (2001) seinen Vorschlag auch als Fundament für eine Illokutionssemantik konzipiert, was von Searle (2001) wegen zu starker Defaultannahmen für Assertionen (S will, dass H glaubt, dass p) kritisiert wurde.[10] Zweitens ist zu erörtern, wie natürlich, d.h. theoretisch fundiert und theorie-ökonomisch, sich die Ansätze erweitern lassen, um Spezial- und Neben-Satztypen mitzuerfassen (vgl. Gärtner 2015). Auf letzteren Punkt kommen wir in Abschnitt 3.2 zurück.

3 Satztyp und Illokution in der kognitiven Linguistik

3.1 Vorbemerkungen

Wir beschränken uns bei der genaueren Betrachtung kognitiver Ansätze zu Satztyp- und Illokutionstypinventaren auf Arbeiten aus der sogenannten „kognitiven Linguistik". Diese wird in dem Überblicksartikel über Sprache, Linguistik und Kognition von Baggio, van Lambalgen und Hagoort (2012) folgendermaßen eingeordnet.

At one extreme is cognitive linguistics [Croft and Cruse, 2004], endorsing both theoretical and methodological mentalism. The former is the idea that linguistic structures are related formally and causally to other mental entities. The latter calls for a revision of traditional linguistic methodology, and emphasizes the role of cognitive data in linguistics. (Baggio/van Lambalgen/Hagoort 2012, S. 325)

Charakteristisch für die kognitive Linguistik im ersteren Sinne sind zwei Werkzeuge, die gleichzeitig als „psychologisch reale" Komponenten des Geistes (vgl. Abschnitt 1) angesehen werden: (i) prototypen-basierte Kategorienbildung bzw. Klassifikation und (ii) metonymie-basierte Inferenz. Beide sind im Satztyp- und Illokutionsbereich angewandt worden. So machen Panther und Köpcke (2008) den Vorschlag, Deklarativsätze als prototypisch bezüglich Morphosyntax, konzeptuellem Gehalt und pragmatischer Funktion anzusehen (Panther/Köpcke 2008, S. 83). Der Aufsatz widmet sich dann der Relation von Imperativsätzen zu diesem Prototyp[11] sowie der imperativ-internen Prototypstruktur. Goldberg und

---

10   Weiter diskutiert wird das von Zaefferer (2006) und Gärtner (2012).
11   Im Kontrast zu Deklarativen weichen Imperative z.B. von der (postulierten) morphosyntaktischen Eigenschaft prototypischer Sätze ab, ein lexikalisch realisiertes Subjekt zu besitzen (Panther/Köpcke 2008, S. 90). Dafür, dass in Imperativen auftretende Nominativphrasen keine syntaktischen Subjekte sind, hat Rosengren (1993) argumentiert (vgl. Reis 1995).

del Giudice (2005) betrachten Subjekt-Auxiliar-Inversion im Englischen als „natürliche Kategorie", die ein Netzwerk verschiedener Form-Funktionsausprägungen dieser Konfiguration determiniert.[12] Terminologisch und konzeptuell etwas heikel ist dabei die Bezeichnung der Kernkategorie dieses Netzwerks als „nicht-protoypischer Satz" (Goldberg/del Giudice 2005, S. 423), was dadurch motiviert wird, dass Subjekt-Auxiliar-Inversion in englischen Deklarativsätzen kanonischerweise ausbleibt.[13] Schließlich analysiert Pérez Hernández (2001) individuelle Illokutionstypen als Kategorien mit Prototypstruktur, in der z.b. Searle'sche Stärkegrade über Zentralität bzw. Peripheralität spezifischer Instanzen mitbestimmen.[14] Metonymie-basierte Inferenz dient bei Panther und Köpcke (2008; vgl. Panther/Thornburg 2005) zur Ableitung indirekter Sprechakte in sogenannten „Handlungsszenarios", die temporal strukturierte Kodierungen der Searle'schen Glückensbedingungen darstellen. Zentral sind dabei Teil-Ganzes- (bzw. Teil-Teil-)Aktivierungen, bei denen – wie bei klassischen Relevanzimplikaturen – die Erwähnung etwa von Einleitungsbedingungen den gesamten Sprechakt „evoziert".

3.2 Satz- und Illokutionstypen bei Croft (1994)

3.2.1 Allgemeines

Der unseres Wissens einzige umfassendere Vorschlag zur Fundierung von Satztyp- und Illokutionstypinventaren innerhalb der kognitiven Linguistik stammt von Croft (1994).[15] Dieser skizziert folgende Satztypklassifikation.

---

12   Zu den zentralen Kategorien dieses Netzwerks gehören auxiliar-eingeleitete polare Interrogative (*Is the cat on the mat?*) und Deklarative mit „Negativinversion" (*Never have they listened more carefully.*).

13   Während in deutschen deklarativen Hauptsätzen z.B. Objektvoranstellung mit Verb-Zweit-Stellung einhergeht (*Diesen Unterschied solltet ihr nicht ignorieren.*), unterbleibt dies im Englischen (*This difference you shouldn't ignore.*).

14   Searle (1976, S. 5) betrachtet „differences in the force or strength with which the illocutionary point is presented" als eine von 12 Dimensionen, entlang derer sich Illokutionstypen unterscheiden können. Ein Beispiel im Direktivbereich ist der Unterschied, ob eine Handlung nur vorgeschlagen oder auf ihrer Durchführung bestanden wird.

15   Als potentieller Vorläufer kann Risselada (1993) gelten, wie von Pérez Hernández (2001, Kap. 3.1) genauer besprochen.

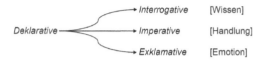

Abb. 3: Satztypen und BDI-Psychologie bei Croft (1994)

Was hier im Kontrast zu Searles und Zaefferers Ansätzen unmittelbar auffällt, ist die Abwesenheit einer Illokutionsebene. Das hängt damit zusammen, dass Searles unabhängige „a priori" Charakterisierungen von Illokutionen abgelehnt werden (vgl. Croft 1994, S. 460f.). Gleichzeitig geht es Croft aber – wie der Titel besagt – auch um eine „Sprechaktklassifikation". Für unsere limitierten Zwecke ist es daher sinnvoll, den Vorschlag in Abbildung 3 als Parallelklassifikation von Satztypen und ihren Illokutionsdefaults zu verstehen.[16]

Für den spezifischen Aufbau der Klassifikation wird folgende Begründung gegeben:[17]

> The distinction between knowledge, action and emotion found in [...] interrogative, imperative and exclamation [...] is derived from the mental division of human states and actions in the common-sense model of belief-desire-intention psychology. (Croft 1994, S. 475)

Der postulierte Erklärungszusammenhang zwischen Satztypinventaren und BDI-Psychologie spiegelt den Mentalismus der kognitiven Linguistik deutlich wider. Wie bei Zaefferer erlaubt es die Einführung einer epistemischen Dimension, Interrogative getrennt zu behandeln. Dem programmatischen Charakter von Crofts Analyse entspricht eine heuristische Perspektive, der zufolge psychologische und linguistisch-typologische Modellbildung aufeinander bezogen werden sollen.

---

16   Die Rede von „interrogative and imperative speech act types" (Croft 1994, S. 460) rechtfertigt das. Aus Konsistenzgründen haben wir in Abbildung 3 die Sprechaktkategorie „exclamation" durch die Satztypkategorie „Exklamativ" ersetzt. In der Erläuterung von Abb. 3 – aber nur dort – werden für die Satztypebene einfache Anführungszeichen („'declarative' [...] 'imperative', 'interrogative' and 'exclamative' sentences") verwendet (Croft 1994, S. 470).

17   Konzeptuell entsprechen die drei Dimensionen Wissen, Handlung und Emotion der philosophischen Fundamentalunterscheidung, die Kant als reine Vernunft, praktische Vernunft und Urteilskraft „kritisiert" hat. Vielen Dank an Manfred Krifka, der uns auf diesen Zusammenhang zum Wahren, Guten und Schönen hingewiesen hat. Diese drei Komponenten sind auch in Zaefferers Modell klar identifizierbar.

Since linguistic communication employs the mind, this model suggests that this distinction will be reasonably well respected in the structure of language used to perform speech acts. (Croft 1994, S. 473)

[...] from the functionally oriented typologist's point of view, it [the grammatical expression of speech acts; HMG&MS] is a source of hypotheses about human conceptual structures. (Croft 1994, S. 460f.)

3.2.2 Vier Kritikpunkte

Im Folgenden werden wir den Vorschlag von Croft genauer beleuchten und dabei vier Kritikpunkte formulieren. Diese Kritik soll als für zukünftige Theoriebildung konstruktiv verstanden werden und in keiner Weise die Leistung von Crofts inspirierendem Ansatz schmälern. Vorbereitend ist es hier angebracht, sich das bei Croft erwähnte Modell der BDI-Psychologie von Wellman (1990) vor Augen zu führen.

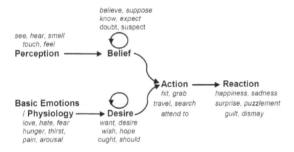

Abb. 4: „Simplified scheme for depicting belief-desire reasoning" (Wellman 1990, S. 100)

Wichtig zum Verständnis der Struktur dieses Modells ist es, dass es Wellman um die Kausierung intentionaler Handlungen („Action") durch mentale Glaubens- und Wunschzustände („Beliefs and Desires") geht (vgl. Wellman 1990, S. 105).[18] Aus dieser internalistischen Sichtweise ergibt sich unser erster Kritikpunkt. Die BDI-Psychologie beschreibt den Einfluss mentaler Zustände von S auf Handlungen von S (vgl. Croft 1994, S. 473). In der Handlungsdimension würden wir demnach anstelle von Imperativen (Wille von S beeinflusst Handlung von H) Exhortative (der ersten Person) erwarten, wenn illokutionäre Direktivität erhalten bleiben soll. Ansonsten wären Formen zur Ausführung kommissiver Illokutionen, d. h. z. B. „Promissive" (vgl. Pak/Portner/Zanuttini 2008), als hand-

---

18   Wichtige Beiträge zu dieser Diskussion stammen von Davidson (1980), Stich (1983) und Bratman (1987). Formalisierungen werden im Rahmen der „BDI-Logik" (Rao/Georgeff 1998; Semmling/Wansing 2008) bereitgestellt.

lungsbezogene Kategorie vorausgesagt. Weder Exhortative noch Promissive sind aber Haupt-Satztypen.[19]

Der zweite Kritikpunkt betrifft die Nichtübereinstimmung von Emotionen in Crofts Schema mit den Wunschzuständen („Desires") der BDI-Psychologie. Vorrang letzterer Kategorie würde anstelle von Exklamativen Optative voraussagen. Dieser Punkt wird explizit angesprochen.

> The emotions expressed by expressive sentences tend to be evaluative rather than the emotion of desire focused on by belief-desire-intention psychology, which is primarily concerned with how volitional acts originate. [...] a more elaborate model is necessary to account for the linguistic pattern, covering emotion in general rather than just desire. (Croft 1994, S. 473)

Auf eine für die Satztypen adäquatere Sichtweise kommen wir weiter unten noch zurück. Es ist allerdings fraglich, ob ein „elaborierteres" Modell der BDI-Psychologie hier hilft. Dem oben illustrierten vereinfachten Bild unterliegt nämlich eine Architektur, die keine einfache Identifikation von drei „kognitiven" Dimensionen mehr zulässt (vgl. Wellman 1990, S. 109).[20]

Als Zwischenfazit wollen wir folgende sich abzeichnende Variante von Crofts Schema festhalten, die die obigen Voraussagen einer engeren Anlehnung an die BDI-Psychologie berücksichtigt.

Abb. 5: Voraussagen für Satztypen und BDI-Psychologie

Damit kommen wir zu unserem dritten Kritikpunkt. Wie sowohl aus Abbildung 3 als auch Abbildung 5 ersichtlich, entsteht eine Symmetrie der drei „kognitiven" Dimensionen, die die besondere Affinität von Deklarativen zu Interrogativen

---

19   Bei Searle würden Promissive dem Illokutionstyp der Kommissive zugeordnet, der durch Aufspaltung der Kategorie mit Welt-zu-Wort Anpassung entsteht (Searle 1976, S. 11f.) (vgl. Fußnote 9).
20   Es kommt zu einer Vorlagerung von Intentionen vor Wunschzustände. Glaubenszustände werden in eine Überkategorie des „Denkens" eingeordnet und kognitive Emotionen werden abgespalten und zentral zwischen den übrigen Kategorien platziert. Eine Auswertung der Konsequenzen für ein Modell von Illokutionstypen steht noch aus. Anklänge so eines Projekts finden sich bei Zaefferer (2007).

verschleiert.[21] Das geschieht sogar entgegen Crofts eigener Intention, wenn er an anderer Stelle betont, „interrogatives [...] are structurally often quite similar to declaratives" (Croft 1994, S. 467) und dafür die häufige Identität von Indefinit- und Interrogativpronomen (S. 469) sowie von Negationsmarkierungen bei Deklarativen und Interrogativen (im Gegensatz zu Imperativen) (S. 467) anführt.[22] Zusätzlich verhindert Symmetrie die Möglichkeit, auf der höchsten Modellebene zwischen Sadock und Zwickys Haupt-Satztypen (Dek, Int, Imp) und Exklamativen zu unterscheiden.[23]

Der vierte Punkt betrifft den Einbau von Neben- und Spezial-Satztypen in das Croft'sche Schema. Voraussetzung ist hierfür die Annahme, dass es sich bei den drei Dimensionen jeweils um Kontinua handelt. Neben- und Spezial-Satztypen können dann als Kategorien in Zwischenpositionen verstanden werden. Croft (1994, S. 470) macht dafür den konkreten Vorschlag in (4).

(4) a. epistemic/evidential sentence – biased question – interrogative

b. deontic modal sentence – optative – hortative – imperative

c. emphatic/evaluative sentence – exclamation

In erster Position befinden sich jeweils Kategorien, die als spezialisierte Deklarative verstanden werden können. Dafür macht es am meisten Sinn, wenn der deklarative Haupttyp im Grundschema als neutrale Kategorie der Präsentation propositionalen Gehalts angesehen wird (vgl. Croft 1994, S. 472).[24] Für die Verortung von Neben-Satztypen sind Punkte von Satzmoduswechseln zu be-

---

21 Levinson (2012) liefert eine umfassende pragmatische Untermauerung dieser Affinität.

22 Im Ungarischen zum Beispiel werden (nicht-konjunktivische) Deklarative und Interrogative durch *nem* negiert, Imperative durch *ne* (vgl. Kenesei/Vago/Fenyvesi 1998, Kap. 1.4.1).

23 Siemund (2015, S. 724; 2018, Kap. 12.5) skizziert einen graduellen Übergang von Haupt- zu Neben-Satztypen, bei dem Exklamative die vierte Position einnehmen. Die darunterliegende Hierarchisierung ist ebenfalls nicht aus der Croft'schen Symmetrieannahme ableitbar.

24 Ob Standarddeklarative so einen absoluten Nullpunkt einnehmen, ist fraglich. Beispielsweise führt Faller (2002, Kap. 5.3.3) eine Präsentativ-Illokution ein, die dem Beitrag von Deklarativen mit Reportevidential-Markierung entsprechen soll. Letztere wären als Spezial- und nicht als Haupt-Satztypen zu betrachten.

trachten, wie etwa die zwischen Deklarativ, Optativ und Imperativ.[25] Hier einfach von Kontinua im starken Sinne zu reden ist nicht trivial und bedürfte genauerer Belege.[26,27] Eine Frage, die die strikte Trennung dreier Dimensionen aufwirft, ist die nach der Erfassung dimensionsübergreifender Hybrid-Kategorien. Solche sind zunächst einmal nicht vorhergesagt. Tatsächlich wurden aber Hybridisierungen, z. B. zwischen Interrogativen und Exklamativen wie in (5) (Auer 2016; Finkbeiner 2015), beobachtet.

(5)   Wie geil ist DAS denn?!

Dieses Problem betrifft allerdings *mutatis mutandis* auch die Klassifikationen von Searle und Zaefferer.

3.2.3 Ein Modifikationsvorschlag

Abschließend sei darauf hingewiesen, dass sich der Zusammenhang zwischen Satztypen und Wellman'scher BDI-Psychologie etwas anders fassen ließe. Betrachten wir dazu dasselbe Schema, aber reduziert auf seinen Kern.

---

25   Zaefferer (2007) zählt den optativen Illokutionstyp in Erweiterung des in Abbildung 2 vorgestellten Modells zu den Expressiven. Searle und Vanderveken führen zur Erfassung von Optativen zusätzliche Anpassungsrichtungen zwischen Vorstellung/Geist und Welt ein und postulieren für diesen speziellen Fall „world-to-mind direction of fit" (Searle/Vanderveken 1985, S. 95).

26   Nicht zuletzt ist dabei eine sorgfältige parallele Getrenntbetrachtung von Formen und Funktionen wichtig. Der Einbau in (4) von eindeutigen Funktionskategorien – „biased question", „exclamation" – bleibt eine solche schuldig. Beliebt ist in diesem Zusammenhang der Verweis auf ein auf Bolinger zurückgehendes Kontinuum zwischen Deklarativen und Interrogativen (Croft 1994, S. 467; Givón 1990, S. 818; Levinson 2012, S. 16). Was dabei unterschlagen wird, ist, dass mit Subjekt-Auxiliar-Inversion ein Schritt stattfindet, der einen Satzmoduswechsel von deklarativ zu interrogativ kodiert. Damit geht ein wohlbekannter Unterschied in der Lizensierung von negativen Polaritätselementen einher (vgl. König/Siemund 2007, S. 293).

27   Crofts inhaltliche Deutung der Kontinua in Richtung auf „degree of expected response" (1994, S. 467) ist im Deklarativ-Interrogativ-Fall mit Zaefferers [±exozentrisch]-Unterscheidung verwandt.

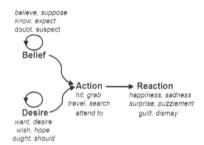

Abb. 6: „Simplified scheme for depicting belief-desire reasoning" (Wellman 1990, S. 100)

Um die „extra-mentale" Kategorie „Handlung" gruppieren sich drei Klassen, die den „psychologischen Zuständen" der Searle'schen Aufrichtigkeitsbedingungen für Illokutionstypen entsprechen: Sprecherüberzeugung bei Assertiven (Searle 1976, S. 10), Sprechervolition bei Direktiven (S. 11) und (variabler) Sprecheraffekt bei Expressiven (S. 13). Das demonstriert die Affinität von kognitivem Mentalismus zur Illokutionsanalyse via ausgedrückter Sprechereinstellungen, wie sie bei Searle peripher und bei Zaefferer zentral vorliegt. Interessant ist hier noch, dass die Vorstellung von expressiven Handlungen als Reaktionen sehr nahe bei Zaefferers Charakterisierung als nicht volitional zielgerichtet liegt, wozu auch Searles Diagnose fehlender Anpassungsrichtung (Ø) passt.[28] Für den Zusammenhang zu Satztypinventaren bleibt die bekannte Kontroverse um den Platz der Interrogative.

4 Satztyp, Illokution und Kognition: Rückblick und Ausblick

Unsere Beobachtungen zu Ansätzen der kognitiven Linguistik in Abschnitt 3 sollten selbstverständlich in einer größeren Forschungsperspektive gesehen werden. Historisch besonders einschlägig ist hier die Arbeit von Brugmann (1918). Dort wird auch auf Probleme einer zu engen Anlehnung an die Psychologie dahingehend hingewiesen,

> daß für unsere Betrachtung der Satzarten diese nicht wohl eingeteilt werden könnten nach Maßgabe einer solchen Einteilung der psychischen Gebilde, namentlich der Affekte und Willensvorgänge, wie sie von der Psychologie ohne spezielle Berücksichtigung der sprachlichen Ausdrucksbewegungen vorgenommen wird. Die psychischen Vorgänge selbst sind fast immer reicher und komplexer als ihre verschiedenen Aus-

---

28   Croft selbst (1994, S. 470) spricht bei Expressiven von „emotional reaction."

drucksformen, und es fehlen besondere Namen für alle unterscheidbaren Schattie-
rungen. (Brugmann 1918, S. 27)

Die für diese Diskrepanzen plausiblerweise mitverantwortliche soziale Dimension hätte möglicherweise schon wesentlich früher in eine kognitive Pragmatik
der Satztypen und Sprechakte eingehen können.[29] So spekuliert zumindest Levelt (2013) in seiner Betrachtung zur „Twentieth-century psycholinguistics be-
fore the ‚cognitive revolution'."

Counterfactuals are hardly useful in a historical text, but I cannot help wondering what
Bühler would have done if he had seen Reinach's text in 1913. At that moment both
Bühler and Reinach lived in Munich, but there is no evidence they ever met. Considering
the functions of language might have been a different exercise for Bühler if he had been
familiar with Reinach's quasi-legal social act perspective. (Levelt 2013, S. 307)[30]

Nach Eintreten der „kognitiven Revolution" und Ausformulierung der Sprechakttheorie durch Searle (1969) hat sich eine „experimentelle Pragmatik" auch
für den hier betrachteten Bereich allmählich angebahnt. Bach und Harnish
(1984) widmeten dem Thema „The Speech Act Schema and Psychology" ein
ganzes Kapitel, wobei Ausgangspunkt ihre Feststellung ist, dass

[t]o suppose that the SAS represents the pattern of inference that hearers make in identifying communicative intentions is to make a rather strong assumption about the human
cognitive abilities involved in communication. (Bach/Harnish 1984, S. 91)[31]

Syntheseleistungen wie u. a. die von Clark (1996) haben dazu geführt, dass der
intrinsischen Komplexität des Nexus von Satztyp, Satzmodus, Illokution und
Sprechakt im Rahmen von Theorien „sozialer Kognition" *sensu* Seyfarth und

---

29   Ein „meeting place where psychological and social approaches to language can construct
     common models" ist auch ein Anliegen von Croft (1994, S. 476). Eine wichtige Rolle spielt
     dabei die Ansicht, dass „cognition is partly constructed socially" und dass grammatische
     Konstruktionen – wie z.B. Satztypen – durch „mental internalization of patterns of con-
     versational interaction" zustande kommen (Croft 1994, S. 461). Der über die BDI-Psycho-
     logie hinausgehende Teil von Crofts Theorie macht hier einige konkrete Vorschläge zur
     Synthese.
30   Levelt bezieht sich hier auf die Arbeit von Reinach (1913).
31   In radikalisierter Form fortgeführt wird dieses Projekt von Sperber und Wilson (1986) in
     „Relevance: Communication and Cognition", wie von den Autoren selbst zusammenge-
     fasst: „Our book questions some of the basic assumptions of current speech-act theory, and
     sketches an alternative approach which puts a much greater load on inference [...].we argue
     that illocutionary-force indicators such as declarative or imperative mood or interrogative
     word order have to make manifest only a rather abstract property of the speaker's infor-
     mative intention: the direction in which the relevance of the utterance is to be sought"
     (Sperber/Wilson 1987, S. 709).

Cheney (2015) langsam Rechnung getragen werden kann. Substantielle Ergebnisse werden z.B. in der Arbeit von Kissine (2013) sichtbar. In einem Kapitel über „Sprechakte, Autismus und typische Entwicklung" (Kissine 2013, Kap. 5) werden Belege erbracht, dass Störungen im Autismusspektrum das Unterscheiden zwischen Assertiven und Direktiven beeinträchtigen. Als Grund hierfür wird angeführt, dass durch herabgesetzte „kognitive Flexibilität" die Berücksichtigung alternativer Realitätsmodelle ausfällt. Als Kontrolle dienen dabei Studien zum typischen Spracherwerb, um simplistischen Appellen einerseits an Defizite bei „false-belief tasks" und andererseits an vollständige Berechnung Grice'scher Intentionen bei der Sprechakterkennung zu begegnen.[32]

Inzwischen sind eine Reihe gezielter experimenteller Detailstudien entstanden. Dabei betrifft z.B. die Arbeit von Bach und Zaefferer (2010) unmittelbar den eingangs erwähnten *F(p)*-Nexus (Abschnitt 1), insofern als die Verarbeitung linear früh vs. spät eingeführter *F*-Indikatoren in den vorwärts- vs. rückwärts-typisierenden Sprachen Deutsch und Japanisch bei der Deklarativ-Interrogativ-Unterscheidung untersucht wird. Andere Studien betreffen tieferliegende Aspekte wie den Früherwerb intentional differenzierter Handlungen in Interaktion (Camaioni et al. 2004), die mentale Repräsentation von Anpassungsrichtungen (Egorova/Pulvermüller/Shtyrov 2014) und die Zeitauflösung von Sprechakterkennung im Dialog (Gísladóttir/Chwilla/Levinson 2015). Auf Details können wir hier nicht weiter eingehen. Die Auseinandersetzung auch mit dort aufgeworfenen begrifflichen Grundlagenfragen halten wir jedoch für äußerst lohnenswert. Wir hoffen, darauf an anderer Stelle zurückkommen zu können.

5 Zusammenfassung

Vor dem Hintergrund von Searles und Zaefferers Satztyp- und Illokutionstypklassifikationen haben wir einen verwandten „kognitivistischen" Ansatz von Croft (1994) betrachtet, der eine Fundierung der „Sprechaktklassifikation" in einer „belief-desire-intention" (BDI) Psychologie unternimmt. Besondere Aufmerksamkeit haben wir dabei der Frage geschenkt, wie gut diese Theorie die typologie-basierte Unterscheidung von Haupt- und Neben- sowie Spezial-Satztypen bei Sadock und Zwicky (1985) widerspiegelt. Neben dem Aufweis einiger Diskrepanzen haben wir einen Modifikationsvorschlag geliefert, der die Affinität des BDI-Modells mit psychologischen Einstellungen Searle'scher Aufrichtigkeitsbedingungen für Illokutionstypen herausstreicht. Nebenbei wurden ei-

---

32   Eine der Hintergrundarbeiten zum Sprechakterwerb stammt von Bernicot und Laval (2004), publiziert in dem einflussreichen Sammelband zur „experimentellen Pragmatik" (Noveck/Sperber 2004).

nige Streiflichter auf alternative kognitive Ansätze im Themenbereich geworfen.[33]

Literatur

Auer, Peter (2016): „Wie geil ist das denn?" Eine neue Konstruktion im Netzwerk ihrer Nachbarn. In: Zeitschrift für germanistische Linguistik 44 (1), S. 69–92.

Austin, John L. (1962): How to Do Things With Words. Oxford: Clarendon Press.

Bach, Kent/Harnish, Robert M. (1984): Linguistic Communication and Speech Acts. Cambridge MA: MIT Press.

Bach, Patric/Zaefferer, Dietmar (2010): What Exactly Is the Question-Assertion Distinction Based On? An Exploration in Experimental Speech Act Theory. In: Schmid, Hans-Jörg/Handl, Susanne (Hg.): Cognitive Foundations of Linguistic Usage Patterns. Berlin: De Gruyter. S. 257–274.

Bäuerle, Rainer/Zimmermann, Thomas Ede (1991): Fragesätze. In: von Stechow, Arnim/ Wunderlich, Dieter (Hg.): Semantik: Ein internationales Handbuch zeitgenössischer Forschung. Berlin: de Gruyter. S. 333–348.

Baggio, Giosuè/van Lambalgen, Michiel/Hagoort, Peter (2012): Language, Linguistics, and Cognition. In: Kempson, Ruth/Fernando, Tim/Asher, Nicholas (Hg.): Philosophy of Linguistics. Amsterdam: Elsevier. S. 325–355.

Ballmer, Thomas/Brennenstuhl, Waltraud (1981): Speech Act Classification. Heidelberg: Springer.

Bernicot, Josie/Laval, Virginie (2004): Speech Acts in Children: The Examples of Promises. In: Noveck, Ira/Sperber, Dan (Hg.): Experimental Pragmatics. Basingstoke: Palgrave Macmillan. S. 207–227.

---

33 *Danksagung.* Für Fragen, Kommentare und Kritik danken wir den Teilnehmern der linguistischen Kolloquien an den Universitäten Düsseldorf, Lund, Göttingen und Szeged sowie am Courant Forschungszentrum in Göttingen und dem Forschungsinstitut für Linguistik der Ungarischen Akademie der Wissenschaften in Budapest, genauso wie den Teilnehmern der „25th Scandinavian Conference of Linguistics" (Reykjavík. Mai 2013), des „Workshop in Honor of Günther Grewendorf" (Frankfurt/M., Juni 2014), der „Göttingen Spirit Summer School on Complex Clauses" (Göttingen, August 2016), des Arbeitstreffens „Questioning Speech Acts" (Konstanz, September 2017) und der Jahrestagung der Arbeitsgemeinschaft Linguistische Pragmatik (ALP) „50 Jahre *Speech Acts* – Bilanz und Perspektiven" (Bremen, März 2019). Die hier präsentierte Arbeit wurde in Teilen unterstützt durch ein John-von-Neumann Stipendium (TÁMOP 4.2.4.A/ 2-11-1-2012-0001) an Hans-Martin Gärtner und ein „Distinguished-Visitor"-Stipendium der Ungarischen Akademie der Wissenschaften an Markus Steinbach. Unser besonderer Dank für Unterstützung im Rahmen dieser Stipendien gilt Enikő Németh T., István Kenesei und Beáta Gyuris.

Bierwisch, Manfred (1980): Semantic Structure and Illocutionary Force. In: Searle, John/ Kiefer, Ferenc/Bierwisch, Manfred (Hg.): Speech Act Theory and Pragmatics. Dordrecht: Reidel. S. 1–35.

Bratman, Michael (1987): Intention, Plans, and Practical Reason. Cambridge, MA: Harvard University Press.

Brugmann, Karl (1918): Verschiedenheit der Satzgestaltung nach Maßgabe der seelischen Grundfunktionen in den indogermanischen Sprachen. In: Berichte über die Verhandlungen der Sächsischen Gesellschaft der Wissenschaften zu Leipzig. Philologisch-historische Klasse 70: S. 1–93.

Camaioni, Luigia/Perucchini, Paola/Bellagamba, Francesca/Colonnesi, Cristina (2004): The Role of Declarative Pointing in Developing a Theory of Mind. In: Infancy 5 (3), S. 291–308.

Clark, Herbert (1996): Using Language. Cambridge: CUP.

Comrie, Bernard (1990): Introduction. The World's Major Languages. Oxford: OUP. S. 1–29.

Croft, William (1994): Speech Act Classification, Language Typology, and Cognition. In: Tsohatzidis, Savas L. (Hg.): Foundations of Speech Act Theory. London: Routledge. S. 460–477.

Davidson, Donald (1980): Essays on Actions and Events. Oxford: Clarendon Press.

Egorova, Natalia/Pulvermüller, Friedemann/Shtyrov, Yury (2014): Neural Dynamics of Speech Act Comprehension: An MEG Study of Naming and Requesting. In: Brain Topography 27 (3), S. 375–392.

Faller, Martina (2002): Semantics and Pragmatics of Evidentials in Cuzco Quechua. Ph.D. Dissertation, Stanford University.

Finkbeiner, Rita (2015): „Wie deutsch ist DAS denn?" Satztyp oder Konstruktion? In: Seiler Brylla, Charlotta/Wåghäll Nivre, Elisabeth (Hg.): Sendbote zwischen den Kulturen. Gustav Korlén und die germanistische Tradition an der Universität Stockholm. Stockholm: Acta Universitatis Stockholmiensis. S. 243–273.

Gärtner, Hans-Martin (2012): Does Searle's Challenge Affect Chances for Approximating Assertion and Quotative Modal "Wollen"? In: Schalley, Andrea (Hg.): Practical Theories and Empirical Practices. Amsterdam: John Benjamins. S. 245–255.

Gärtner, Hans-Martin (2013): Infinite Hauptsatzstrukturen. In: Meibauer, Jörg/Steinbach, Markus/Altmann, Hans (Hg.): Satztypen des Deutschen. Berlin: De Gruyter. S. 202–231.

Gärtner, Hans-Martin (2015): Special and Minor Sentence Types. Manuskript, RIL-HAS Budapest.

Gärtner, Hans-Martin/Steinbach, Markus (2006): A Skeptical Note on the Syntax of Speech Acts and Point of View. In: Brandt, Patrick/Fuß, Eric (Hg.): Form, Structure, Grammar. Berlin: Akademie Verlag. S. 213–222.

Gaskell, M. Gareth (Hg.) (2007): The Oxford Handbook of Psycholinguistics. Oxford: OUP.

Gísladóttir, Rósa Signý/Chwilla, Dorothee/Levinson, Stephen (2015): Conversation Electrified: ERP Correlates of Speech Act Recognition in Underspecified Utterances. In: PLOS ONE 10 (3), e0120068.

Givón, Talmy (1990): Syntax. Amsterdam: John Benjamins.

Goldberg, Adele/del Giudice, Alex (2005): Subject-Auxiliary Inversion: A Natural Category. In: The Linguistic Review 22 (2–4), S. 411–428.

Grewendorf, Günther/Zaefferer, Dietmar (1991): Theorien der Satzmodi. In: von Stechow, Arnim/Wunderlich, Dieter (Hg.): Semantik: Ein internationales Handbuch zeitgenössischer Forschung. Berlin: de Gruyter. S. 270–286.

Halle, Morris/Bresnan, Joan/Miller, George A. (Hg.) (1978): Linguistic Theory and Psychological Reality. Cambridge, MA: MIT Press.

Hamblin, Charles (1958): Questions. In: Australasian Journal of Philosophy 36 (3), S. 159–168.

Harras, Gisela/Winkler, Edeltraut/Erb, Sabine/Proost, Kristel (2004): Handbuch deutscher Kommunikationsverben. Berlin: de Gruyter.

Hausser, Roland (1980): Surface Compositionality and the Semantics of Mood. In: Searle, John/Kiefer, Ferenc/Bierwisch, Manfred (Hg.): Speech Act Theory and Pragmatics. Dordrecht: Reidel. S. 71–95.

Karttunen, Lauri (1977): Syntax and Semantics of Questions. In: Linguistics and Philosophy 1 (1), S. 3–44.

Kasher, Asa (1984): On the Psychological Reality of Pragmatics. In: Journal of Pragmatics 8 (4), S. 539–557.

Katz, Jerrold (1980): Propositional Structure and Illocutionary Force. Cambridge MA: Harvard University Press.

Kaufmann, Magdalena (2012): Interpreting Imperatives. Heidelberg: Springer.

Kenesei, István/Vago, Robert/Fenyvesi, Anna (1998): Hungarian. London: Routledge.

Kiefer, Ferenc (1992): Sentence Type, Sentence Mood and Illocutionary Type. In: Stamenov, Maxim (Hg.): Current Advances in Semantic Theory. Amsterdam: John Benjamins. S. 269–281.

Kissine, Mikhail (2013): From Utterances to Speech Acts. Cambridge: CUP.

König, Ekkehard/Siemund, Peter (2007): Speech Act Distinctions in Grammar. In: Shopen, Timothy (Hg.): Language Typology and Syntactic Description. Vol. 1. Cambridge: CUP. S. 276–324.

Krifka, Manfred (2011): Questions. In: von Heusinger, Klaus/Maienborn, Claudia/Portner, Paul (Hg.): Semantics. Berlin: De Gruyter Mouton. S. 1742–1785

Levelt, Willem (2013): A History of Psycholinguistics. The Pre-Chomskyan Era. Oxford: OUP.

Levinson, Stephen (2012): Interrogative Intimations: On a Possible Social Economics of Interrogatives. In: de Ruiter, Jan (Hg.): Questions. Formal, Functional and Interactional Perspectives. Cambridge: CUP. S. 11–32.

Meibauer, Jörg (1982): Akte oder Verben oder beides? In: Zeitschrift für Sprachwissenschaft 1 (1), S. 137–148.

Meibauer, Jörg/Steinbach, Markus/Altmann, Hans (Hg.) (2013): Satztypen des Deutschen. Berlin: de Gruyter.

Noveck, Ira/Sperber, Dan (Hg.) (2004): Experimental Pragmatics. Houndmills: Palgrave.

Pak, Miok/Portner, Paul/Zanuttini, Raffaela (2008): Agreement in Promissive, Imperative, and Exhortative Clauses. In: Korean Linguistics 14, S. 157–175.

Panther, Klaus-Uwe/Köpcke, Klaus-Michael (2008): A Prototype Approach to Sentences and Sentence Types. In: Annual Review of Cognitive Linguistics 6, S. 83–112.

Panther, Klaus-Uwe/Thornburg, Linda (2005): Motivation and Convention in Some Speech Act Constructions: A Cognitive Linguistic Approach. In: Marmaridou, Sophia/Nikiforidou, Kiki/Antonopoulou, Eleni (Hg.): Reviewing Linguistic Thought: Covering Trends for the 21st Century. Berlin: Mouton de Gruyter. S. 53–76.

Pérez Hernández, Lorena (2001): Illocution and Cognition: A Constructional Approach. Logroño: Universidad de La Rioja. Servicio de Publicaciones.

Portner, Paul (2004): The Semantics of Imperatives within a Theory of Clause Types. In: SALT 14, S. 235–252.

Rao, Anand/Georgeff, Michael (1998): Decision Procedures for BDI Logics. In: Journal of Logic and Computation 8 (3), S. 293–342.

Reinach, Adolf (1913): Die apriorischen Grundlagen des bürgerlichen Rechtes. Halle: Max Niemeyer.

Reis, Marga (1995) Über infinite Nominativkonstruktionen im Deutschen. In: Önnerfors, Olaf (Hg.): Festvorträge anläßlich des 60. Geburtstags von Inger Rosengren. Lund: Sprache und Pragmatik Sonderheft. S. 114–156.

Reis, Marga (2003): On the Form and Interpretation of German Wh-Infinitives. In: Journal of Germanic Linguistics 15 (2), S. 155–201.

Risselada, Rodie (1993): Imperatives and Other Directive Expressions in Latin. Amsterdam: J.C. Gieben.

Rosengren, Inger (1993): Imperativsatz und „Wunschsatz" – zu ihrer Grammatik und Pragmatik. In: Rosengren, Inger (Hg.): Satz und Illokution, Bd. 2. Tübingen: Niemeyer. S. 1–47.

Sadock, Jerry/Zwicky, Arnold (1985): Speech Act Distinctions in Syntax. In: Shopen, Timothy (Hg.): Language Typology and Syntactic Description I: Clause Structure. Cambridge: CUP. S. 155–196.

Searle, John (1969): Speech Acts. Cambridge: CUP.

Searle, John (1976): A Classification of Illocutionary Acts. In: Language in Society 5 (1), 1–23.

Searle, John (2001): Modals and Illocutionary Forces. Reply to Zaefferer. In: Revue Internationale de Philosophie 217, S. 286–290.

Searle, John/Vanderveken, Daniel (1985): Foundations of Illocutionary Logic. Cambridge: CUP.

Semmling, Caroline/Wansing, Heinrich (2008): From *BDI* and *stit* to *bdi-stit* Logic. In: Logic and Logical Philosophy 17, S. 185–207.

Seyfarth, Robert M./Cheney, Dorothy L. (2015): Social cognition. In: Animal Behaviour 103, S. 191–202.

Siemund, Peter (2015): Exclamative Clauses in English and Their Relevance for Theories of Clause Types. In: Studies in Language 39 (3), S. 697–727.

Siemund, Peter (2018): Speech Acts and Clause Types: English in a Cross-Linguistic Context. Oxford: OUP.

Speas, Margaret/Tenny, Carol (2003): Configurational Properties of Point of View Roles. In: Di Sciullo, Anna-Maria (Hg.): Asymmetry in Grammar. Amsterdam: John Benjamins. S. 315–344.

Sperber, Dan/Wilson, Deirdre (1986): Relevance. Communication and Cognition. Oxford: Blackwell.

Sperber, Dan/Wilson, Deirdre (1987): Précis of Relevance: Communication and Cognition. In: Behavioral and Brain Sciences 10 (4), S. 697–754.

Stich, Stephen (1983): From Folk Psychology to Cognitive Science. Cambridge, MA: MIT Press.

van der Auwera, Johan/Schalley, Ewa (2004): From Optative and Subjunctive to Irrealis. In: Brisard, Frank/Meeuwis, Michael/Vandenabeele, Bart (Hg.): Seduction, Community, Speech: A Festschrift for Herman Parret. Amsterdam: John Benjamins. S. 87–96.

Vanderveken, Daniel (1990): Meaning and Speech Acts 1: Principles of Language Use. Cambridge: CUP.

Wellman, Henry (1990): The Child's Theory of Mind. Cambridge, MA: MIT Press.

Wunderlich, Dieter (1976): Studien zur Sprechakttheorie. Frankfurt/M.: Suhrkamp.

Zaefferer, Dietmar (1989): Untersuchung zur strukturellen Bedeutung deutscher Sätze. Habilitationsschrift, LMU München.

Zaefferer, Dietmar (2001): Deconstructing a Classical Classification: A Typological Look at Searle's Concept of Illocution Types. In: Revue Internationale de Philosophie 217, S. 209–225.

Zaefferer, Dietmar (2006): Conceptualizing Sentence Mood – Two Decades Later. In: Brandt, Patrick/Fuß, Eric (Hg.): Form, Structure, and Grammar. Berlin: Akademie-Verlag. S. 367–382.

Zaefferer, Dietmar (2007): Language as a Mind Sharing Device: Mental and Linguistic Concepts in a General Ontology of Everyday Life. In: Schalley, Andrea/Zaefferer, Dietmar (Hg.): Ontolinguistics. Berlin: Mouton de Gruyter. S. 193–227.

How cool is that! Ein neuer Sprechakt aus Sicht der Grammatik/Pragmatik-Schnittstelle

Andreas Trotzke

Abstract: This paper deals with the controversial connection between sentence type and illocutionary force. I focus on *wh*-configurations of the form *How cool is that!* and demonstrate that this recent phenomenon presents some interesting challenges to approaches that are concerned with the illocutionary potential of sentence forms. In particular, while the exclamatory component of pseudo-questions such as *How cool is that!* cannot be derived from its morphosyntax but rather is a cumulative effect of exclamative intonation, the respective adjective, etc., the interrogative syntax results in a special pragmatics that proper exclamatives (*How cool that is!*) lack. I claim that these pseudo-questions – affirmation-oriented pseudo-questions (Apqs) – ask for affirmation on the part of the hearer, and that this affirmation-oriented component is signaled by a dedicated class of modal particles in the German version(s) of *How cool is that!*

1 Sprechakt, Satztyp und die Rolle der Modalpartikeln[1]

Bereits vor 50 Jahren hat Searle (1969) in seinem grundlegenden Werk zur Sprechakttheorie betont, dass die Illokution von Äußerungsformen mittels bestimmter illokutionärer Indikatoren signalisiert werden kann. Für das Englische hebt er etwa eine dementsprechende Funktion der Wortfolge, der Betonung und der Semantik performativer Verben hervor (Searle 1969, S. 30). Bezüglich der

---

1   Für finanzielle Unterstützung danke ich dem Deutschen Akademischen Austauschdienst (DAAD) und seiner Förderung des Projektes *Surprise questions from a comparative perspective/SURQUE* (Projektnr. 57444809) sowie der Generalitat de Catalunya (AGAUR) und deren Förderung des Projektes *Functional categories and expressive meaning* (Projektnr. 2017-BP00031).

deutschen Sprache ist bekannt, dass innerhalb eines Satztyps insbesondere Modalpartikeln unterschiedliche Sprechaktinterpretationen anzeigen können (vgl. etwa Meibauer 2013 sowie die grundlegende Arbeit von Liedtke 1998). So kann zum Beispiel durch die Partikel *mal* indiziert werden, dass es sich um den Sprechakt der BITTE (1b) und nicht um eine FRAGE (1a) handelt (vgl. Liedtke 1998, S. 208):

(1) a. Kannst Du das Regal aufbauen?   FRAGE

     b. Kannst Du das Regal (**mal**) aufbauen?   BITTE

Ein besonders reiches Inventar an Modalpartikeln kann im Deutschen innerhalb des Satztyps der W-Frage gefunden werden, der je nach verwendeter Partikel einen Subtyp des Sprechaktes FRAGE ausdrücken kann (zu einer Klassifikation dieser Subtypen im Allgemeinen siehe Hindelang 1995). Überblicksartikel wie Thurmair (2013) heben etwa die folgenden Partikeln für diesen Satztyp hervor, die alle spezifische und verschiedene Illokutionen innerhalb der Klasse der FRAGEN signalisieren (rhetorische Frage, deliberative Frage etc.); in der theoretischen Literatur sind diese Illokutionen mit entsprechenden Korpusbeispielen belegt, klar abgegrenzt und beschrieben (z. B. Bayer/Obenauer 2011); zudem demonstrieren neuere Lesezeit- und Produktionsstudien den illokutionären Charakter deutscher Modalpartikeln in W-Fragen (vgl. Dörre/Trotzke 2019).

(2) a. Wer ist **bitte** im Besitz der Anleitung?

     b. Wer ist **bloß** im Besitz der Anleitung?

     c. Wer ist **denn** im Besitz der Anleitung?

     d. Wer ist **eigentlich** im Besitz der Anleitung?

     e. Wer ist **nur** im Besitz der Anleitung?

     f. Wer ist **schon** im Besitz der Anleitung?

     g. Wer ist **wohl** im Besitz der Anleitung?

     (...)

Wir können somit festhalten, dass illokutionäre Subklassen der (W-)Fragen im Deutschen auf formaler Ebene durch Modalpartikeln angezeigt werden können. Eine solche Subklassifikation, die sich im Gebrauch von Modalpartikeln wider-

spiegelt, ist bisher noch nicht für den expressiven Sprechakt der EXKLAMA-
TION behauptet worden. Genauer: Die Wahl unterschiedlicher Modalpartikeln
resultiert nicht in unterschiedlichen Subtypen der EXKLAMATION und es
macht folglich keinen Unterschied, welche Partikel der Sprecher etwa in folgenden W-Exklamativen verwendet:

(3) a. Was sind das **aber auch** für dumme Leute!

   b. Was sind das **bitte** für dumme Leute!

   c. Was sind das **bloß** für dumme Leute!

   d. Was sind das **doch** für dumme Leute!

   e. Was sind das **nur** für dumme Leute!

Dies ist deshalb bemerkenswert, da man theoretisch erwarten könnte, dass
mögliche Subklassen der EXKLAMATION (z. B. ‚positives‘ oder ‚negatives‘ Erstaunen) auf formaler Ebene durch die Verwendung bestimmter Modalpartikeln
angezeigt werden könnten, um dem Hörer neben der Intonation einen zusätz-
lichen Indikator zu liefern, welcher Subtyp des Sprechaktes ausgedrückt werden
soll. Die einzige Unterscheidung mit formalem Reflex, die bislang innerhalb der
EXKLAMATIONEN festgestellt worden ist, lässt sich auf der semantischen und
nicht auf der illokutionären Ebene ansiedeln. So drücken W-Exklamative immer
eine Gradlesart aus, während andere Exklamativformen eine nicht-graduelle
Lesart erlauben (d'Avis 2002; Truckenbrodt 2013a):

(4) a.   Wie schön der schreiben kann!

   b.   Was der schön schreiben kann!

      ‚S drückt Erstaunen darüber aus, in welchem Maße schön X
      schreiben kann.‘

(5) Dass der schön schreiben kann!

   ‚S drückt Erstaunen darüber aus, dass X (überhaupt) schön schreiben kann.‘

In diesem Beitrag möchte ich dafür argumentieren, dass auch auf der Sprechaktebene eine Subklassifikation der EXKLAMATIONEN vorgenommen werden
kann, die sowohl im Deutschen (mittels Modalpartikeln) als auch im Englischen
(mittels Wortfolge) durch illokutionäre Indikatoren angezeigt werden kann;

EXKLAMATIONEN können meinem Ansatz zufolge unterteilt werden in: [+Adressaten-Orientierung] vs. [-Adressaten-Orientierung]. Um dies zu zeigen, nehme ich englische EXKLAMATIONEN wie *How cool is that!* sowie deutsche Konstruktionen der Form *Wie geil ist das denn!* in Augenschein, die in der englischsprachigen Literatur auch als „Pseudo-Fragen" (kurz: PQs) bezeichnet worden sind (vgl. Nye 2009).

Bevor ich jedoch detailliert auf diese Unterscheidung und die entsprechenden illokutionären Indikatoren eingehen kann, muss ich zunächst herausarbeiten, inwiefern solche PQs Parallelen zu W-Exklamativen aufweisen (Abschnitt 2). Ich werde hierzu zunächst einige relevante Eigenschaften der W-Exklamative diskutieren (Abschnitt 2.1) und auf dieser Grundlage fragen, ob PQs als ein neuer Subtyp der W-Exklamative betrachtet werden können (Abschnitt 2.2). In Abschnitt 3 arbeite ich dann den zentralen Punkt dieses Artikels heraus: PQs der Form *How cool is that!* oder *Wie geil ist das denn!* weisen eine spezielle Pragmatik auf, die im Deutschen mittels spezieller Modalpartikeln indiziert werden kann. Ich werde aufzeigen, dass entsprechende Konstruktionen auf illokutionärer Ebene als Subtyp der EXKLAMATIONEN charakterisiert werden können: „affirmationsorientierte PQs" (APQs). Abschnitt 4 fasst den Beitrag noch einmal zusammen.

2 *How cool is that!* Parallelen zu Exklamativen

In einer ersten Annäherung könnte man sagen, dass ein Sprecher mit dem Ausruf *How cool is that!* ausdrückt, dass etwas einen bestimmten Grad an ‚Coolness' übersteigt, der noch den Erwartungen des Sprechers entsprochen hätte. In anderen Worten: PQs der Form *How cool is that!* drücken eine Überraschung aus, die auf der Verletzung von Erwartungen aufseiten des Sprechers basiert. Diese semantisch-pragmatische Funktion ist charakteristisch für den Satztyp der W-Exklamative, der bekanntlich in unterschiedlichen Sprachen wie dem Englischen oder dem Deutschen unterschiedliche illokutionäre Indikatoren aufweist.

2.1 Basale Eigenschaften der W-Exklamative

Im Folgenden nehme ich an, dass zumindest im Englischen der W-Exklamativ einen eigenständigen Satztyp darstellt, da er durch seine Verbendstellung klar vom Satztyp der W-Frage abgegrenzt werden kann (vgl. etwa Siemund 2015). Die folgenden Beispiele sollen dies illustrieren. „!" steht hier für die illokutionäre Lesart EXKLAMATION und „?" für den Sprechakt der FRAGE; für ähnliche Beispiele und weitere Diskussion siehe Repp (2013):

(6)   a.   How forgetful grandma **has** gotten since last year!

b.   How forgetful **has** grandma gotten since last year?

(7)   a.   *How forgetful grandma **has** gotten since last year?

b.   *How forgetful **has** grandma gotten since last year!

In anderen Sprachen, wie etwa d'Avis (2016) diskutiert, wird der Status der Exklamative als separater Satztyp durch morphosyntaktische Exklamativmarker angezeigt (wie zum Beispiel im Vietnamesischen durch Postmodifizierer oder im Türkischen durch die Exklamativpartikel *ki*). Auch das Deutsche funktioniert in dieser Hinsicht anders als das Englische, denn in der deutschen Sprache ist die Wortstellung kein zuverlässiger illokutionärer Indikator für den Sprechakt der EXKLAMATION, wie dies im Englischen der Fall ist. So können innerhalb einer W-Konfiguration sowohl Verbzweit- ([8a]; [9]) als auch Verbletztstellung ([8b]) benutzt werden, um den Sprechakt einer EXKLAMATION zu vollziehen; erst die nicht-obligatorischen Modalpartikeln (sowie eine entsprechende Intonation) disambiguieren die syntaktische Struktur auf illokutionärer Ebene:

(8)   a.   Wie vergesslich **ist** Oma (aber auch) seit letztem Jahr geworden!

b.   Wie vergesslich Oma (aber auch) seit letztem Jahr geworden **ist**!

(9)   Wie vergesslich **ist** Oma (denn/wohl) seit letztem Jahr geworden?

In diesem Beitrag kann ich nicht auf die umfängliche Literatur eingehen, die es zum Thema des Satztypstatus der W-Exklamative gibt (siehe hierzu noch einmal Siemund 2015). Ich möchte hier lediglich festhalten, dass englische W-Konfigurationen, bei denen das finite Verb nicht in Verbletztstellung steht, eigentlich nicht als EXKLAMATION interpretiert werden können. Vor diesem Hintergrund können wir uns nun dem Beispiel *How cool is that!* zuwenden.

2.2 *How cool is that!* Zwischen W-Frage und W-Exklamativ

Im vorangegangenen Abschnitt habe ich festgestellt, dass das Englische keine W-Exklamative kennt, bei denen das finite Verb keine Verbletztstellung aufweist. Nun kann man sich die Frage stellen, wie folgende Konfigurationen in dieses Bild passen. In (10) sehen wir eine syntaktische Variante, bei der das Verb keine Verbletztstellung aufweist, die jedoch trotzdem nicht nur als Informationsfrage (10b), sondern auch als exklamatorischer Sprechakt interpretiert werden kann (10a); „#" zeigt pragmatische Devianz innerhalb eines Dialogs an:

(10)   a.   A: How cool is that!   [intendiert: EXKLAMATION]

             B: # I don't know.

        b.   A: How cool is that (e.g., on a scale   [intendiert: FRAGE]
                   from 1 to 10)?

             B: To my mind, it's very cool (I'd
                   rate it a 9).

Beide Beispiele (10a) und (10b) haben die syntaktische Form eines Interrogativsatzes, aber nur (10b) wird auch als FRAGE interpretiert. (10a) hingegen ist eine EXKLAMATION; deshalb wäre eine Reaktion wie in (10a) durch Sprecher B pragmatisch deviant, denn beim Vollzug einer EXKLAMATION präsupponiert der Sprecher bereits, dass etwas sehr cool ist – die Antwort von Sprecher B in (10a) macht somit keinen Sinn.

    Beispielpaarungen wie in (10) machen klar, dass auf morphosyntaktischer Ebene kein Unterschied zwischen W-Fragen (10b) und PQs wie (10a) besteht: In beiden W-Konfigurationen steht das finite Verb nicht an letzter Stelle und der Satzanfang ist mit einer W-Phrase gefüllt. Aber wie können wir dann überhaupt zwischen den in (10) angedeuteten Interpretationen unterscheiden? Eine Idee, die auf der Hand liegt, ist, sich die Intonationsmuster genauer anzuschauen. Nye (2009) hat herausgestellt, dass die Hauptbetonung in solchen PQs gewöhnlich auf dem Satzsubjekt in Form eines Demonstrativums liegt (11a), wohingegen die Betonung bei der W-Frage-Interpretation häufig auf das Adjektiv fällt (11b):

(11)   a.   How tall is THAT   =>   !

        b.   How TALL is that   =>   ?

        c.   HOW tall is that   =>   ?

        d.   How tall IS that   =>   ?/!

Nye (2009) diskutiert keine Intuitionen bezüglich der anderen beiden Möglichkeiten in (11c) und (11d), aber meine informelle Befragung englischer Muttersprachler hat eindeutig ergeben, dass (11c) nicht wirklich als PQ interpretiert werden kann, während (11d) beide Lesarten erhalten könnte. An dieser Stelle ist auch interessant, dass die Hauptbetonung auf dem Satzsubjekt (häufig ein Demonstrativum) keine obligatorische Komponente der PQ-Interpretation ist.

In ihrer empirischen Arbeit führt Nye (2009, S. 60–69) Fälle wie die folgenden auf, bei denen das Personalpronomen (12a) oder Expletivum (12b) *it* als Subjekt in PQ auftreten kann, obwohl es keinen Hauptakzent tragen kann:

(12)   a.   How big is it!

       b.   How sweaty is it today!

       c.   How big IS it!

       d.   How sweaty IS it today!

Vor dem Hintergrund der Daten in (12) würde der Hauptakzent in diesen Fällen sehr wahrscheinlich auf dem Verb liegen, wenn der Sprecher die PQ-Interpretation intendiert (12c/d).

Ein weiteres disambiguierendes Mittel, das in der Literatur diskutiert worden ist, ist die Semantik des jeweiligen Adjektivs. Im Speziellen hat Finkbeiner (2015) für die deutsche Version von *How cool is that!* (*Wie geil ist das denn!*, siehe Abschnitt 3.1 unten) argumentiert, dass evaluative Adjektive wie *cool* oder *genial* in einer Ambiguität resultieren können, während nicht-evaluative Adjektive wie beispielsweise *basal* zuverlässig eine Interpretation gemäß einer W-Frage erzeugen (Finkbeiner 2015, S. 260). Ich denke jedoch, dass die disambiguierende Funktion der Adjektive von Finkbeiner ein wenig überschätzt wird. Sicherlich treffen ihre Behauptungen zu, wenn man die relative Frequenz der evaluativen vs. nicht-evaluativen Adjektive betrachtet. Gleichwohl kann beobachtet werden, dass jedes Adjektiv, das mit einer Gradlesart kompatibel ist, in der PQ-Interpretation verwendet werden kann – sogar solche Adjektive, zu denen keine Komparativform gebildet werden kann.

Eine Korpusrecherche im *Corpus of Web-Based Global English* (GloWbE; Davies 2013) deutet darauf hin, dass Adjektive wie *wrong* ohne Probleme in PQs vorkommen können (13). Das *GloWbE*-Korpus ist eine Quelle, die insbesondere für die Suche nach Ausdrücken in informellen Registern nützlich ist.

(13)   There is this crazy, unrealistic expectation that 'leaders' are the ones
       who do everything. **How wrong is that?** It just promotes the idea
       that to be a leader you have to have a badge.
       [GloWbE: <https://featherandfire.com/2015/03/31/
       how-much-is-too-much>]

Eine ähnliche Situation finden wir im Deutschen, wenn wir gängige Korpora wie das *DeReKo*-Korpus nach entsprechenden Beispielen durchsuchen:

(14)   Ich finde es eine Frechheit, Änderungen unreflektiert (und vor
         allem auf einmal!!!) rückgängig zu machen. So macht ihr euch alle
         lächerlich. Nun steht da wieder „Einige Religionen[,] die aus dem
         Sufismus hervorgingen" (sinngemäß). **Wie falsch ist das denn?**
         [DeReKo: <http://de.wikipedia.org/wiki/Diskussion:Dreadlocks:
         Wikipedia 2011>]

(15)   Der Autor des Zeit-online-Artikels über Esoterik an der Universität
         Viadrina, Bernd Kramer, wird da auch auf einer eigenen Seite ver-
         rissen. **Wie unmöglich ist das denn!**
         [DeReKo: <http://de.wikipedia.org/wiki/Diskussion:Esowatch:
         Wikipedia 2011>]

Eine Suche über schriftliche Korpora hinaus zeigt ebenso, dass solche W-Kon-
struktionen mit exklamatorischer Interpretation bereits einen hohen Grad an
Produktivität erlangt haben, die sich nicht nur auf Adjektive im engeren Sinne
beschränkt, sondern sogar nominale und verbale Elemente zulässt. (16) und (17)
stammen aus einer einfachen Google-Suche; (18)–(20) sind wiederum Resultat
einer Suche im *GloWbE*-Korpus:

(16)   [A:] Und apropos Österreich
         und Lied. Kennst Jeanny von Falco?? War in Deutschland seinerzeit
         wegen seiner Kontroversität verboten!!! [B:] **Wie opfer ist das
         denn?**
         <www.filmstarts.de/nachrichten/18485942.html>

(17)   **Wie Opfer ist das denn** ich meine nicht wenn man sich Schuhe
         kauft die gefaket sind sondern das[s] man die bemalt und auch noch
         falsch.
         <www.youtube.com/watch?v=NMMlWI_ddw0>

(18)   [...] hit the 'ok' button again to 'confirm' and the go all the way
         back through the menu system to the TV guide. **How rubbish is
         that!** I could go on and on about the Virgin Tivo UI and it's horrible
         design and navigation.
         [GloWbE: <http://www.electricpig.co.uk/2011/03/28/
         virgin-media-tivo-review>]

(19)   Wow!!!!! **How suck ass is that?** Hopefully the picture is readable.
         If not, I'll inform you that the upgrade from iPhone 3G to iPhone
         3G S doesn't seem like much of a "game changer" to me.
         [GloWbE: <http://robertconway.blogspot.com>]

(20)   maybe next time i will post a photo of his chat to me and all of you
        must read **how playboy is he, how jerk is he!**
        [GloWbE: <http://lotofdreaminthisworld.blogspot.de/2012/10/
        love-bullshit.html>]

Auf Basis unserer bisherigen Diskussion können wir somit festhalten, dass PQs
der Form *How cool is that!* zumindest im Englischen nicht eindeutig von ihren
nahen Verwandten, den ‚regulären' W-Fragen, unterschieden werden können.
Es gibt keine morphosyntaktischen Unterschiede und in den meisten Fällen
muss daher ein komplexes Zusammenspiel zwischen der Intonation, der Semantik des entsprechenden Adjektivs sowie des pragmatischen Kontextes die
PQ-Interpretation hervorbringen. Keines dieser Mittel kann jedoch alleine als
zuverlässiger illokutionärer Indikator gelten – dies können wir als zentralen
Punkt dieses Abschnitts festhalten.

Vor diesem Hintergrund möchte ich mich nun detaillierter der Pragmatik
solcher PQs zuwenden und dafür argumentieren, dass PQs einen speziellen
Subtyp der EXKLAMATIONEN darstellen und dass diese illokutionäre Spezifik
in der Tat durch einzelne formale Mittel angezeigt werden kann.

3 Die spezielle Pragmatik von APQs: Modalpartikeln als illokutionäre Indikatoren

Wie ich bereits in den vorherigen Abschnitten angesprochen habe, hat das
Deutsche beinahe wortgleiche Äquivalente für englische Konstruktionen wie
How cool is that! Obwohl auch im Deutschen dieses Phänomen erst in neuerer
Zeit aufgetreten ist, gibt es bereits zwei Studien zu diesem Typ der PQs: Auer
(2016) und Finkbeiner (2015). Beide Studien sind innerhalb eines konstrukti-
onsgrammatischen Ansatzes formuliert. Ich möchte weiter unten dafür argumentieren, dass diese Perspektive durch ein kompositionelles Verständnis der
Satztypen ergänzt werden muss und dass für die deutsche Diskussion die Modalpartikeln einen höheren Stellenwert haben sollten, da wir über diese illokutionären Indikatoren eine spezielle Pragmatik der PQs identifizieren können.

Schauen wir uns zunächst die folgenden deutschen Beispiele an, welche die
deutschen Gegenstücke zu *How cool is that* darstellen:

(21) a. Wie geil ist das denn?   [intendiert: FRAGE]

      b. Wie geil ist das denn!   [intendiert: EXKLAMATION]

          vgl. (10) oben

Ich möchte im Folgenden auf den offensichtlichen Unterschied zur englischen Version *How cool is that!* abheben: die Verwendung der Modalpartikel *denn* (zu Modalpartikeln als illokutionäre Indikatoren siehe meine einführenden Beispiele in Abschnitt 1 oben). Finkbeiner (2015) hat herausgestellt, dass die Modalpartikel auch weggelassen werden kann, wenn das Demonstrativum stark betont ist und dies somit ausreicht, um die PQ-Interpretation (also den Sprechakt EXKLAMATION) hervorzurufen. Ich stimme zu, dass die Modalpartikel keinen obligatorischen Bestandteil der PQ-Interpretation darstellt. Gleichwohl möchte ich betonen, dass die Verwendung der Partikel stark präferiert ist: Auer (2016) hat auf Basis seiner *DeReKo*-Korpusrecherche herausgefunden, dass innerhalb seiner 565 Funde für *Wie ADJ KOP DEM-PRON (denn)* ein Verhältnis 7:1 für die Präsenz der Partikel vorherrscht. Ich kann diese Tendenz auf Basis einer neueren Suche nach dem speziellen Item *Wie geil ist das (denn)* bestätigen: In der *DeReKo-2018-I*-Version enthalten 103 von 109 Fällen (also 95 %) die Modalpartikel *denn*. Angesichts dieser Quasi-Obligatorik ist es meines Erachtens ein sinnvoller Ansatz, einmal zu schauen, welche Modalpartikeln überhaupt in den deutschen Versionen der PQs vorkommen können. Die Distribution solcher illokutionären Indikatoren in dieser exklamatorischen Konstruktion könnte uns nämlich etwas über die Pragmatik der PQs im Allgemeinen sagen.

Um diesem diagnostischen Pfad zu folgen, muss ich zunächst ganz kurz etwas zu Partikeln generell sagen und hierbei über meine einführenden Erläuterungen in Abschnitt 1 oben hinausgehen. Die Betrachtung von Modalpartikeln im Deutschen informiert uns über Umfang und Charakteristik des Inventars an Satztypen in dieser Sprache. Ein zentrales Merkmal dieser Wortart ist nämlich ihre sogenannte Satztypsensitivität; schauen wir uns die folgenden Beispiele an:

(22)   a.   Wo fährt er denn hin?

        b.   * Fahr denn nach Barcelona!

        c.   * Er fährt denn nach Barcelona.

(22) illustriert, dass Modalpartikeln auf bestimmte Satztypen beschränkt sind und etwa *denn* nicht in Imperativen (22b) oder Deklarativen (22c), sondern lediglich in Interrogativen (22a) verwendet werden kann. In unserem Kontext ist es nun jedoch wichtig festzustellen, dass Modalpartikeln selbst innerhalb eines speziellen Satztyps bestimmten Gebrauchsbeschränkungen unterliegen. Ein prominentes und oft zitiertes Beispiel hierfür ist das folgende aus König (1977, S. 119):

(23)   KONTEXT: A weckt B und A fragt:

Wie spät ist es denn?

Laut König ist eine zentrale Bedeutungskomponente von *denn*, dass die Information, nach der gefragt wird, in irgendeiner Form schon Teil des Diskurses ist, der zwischen Sprecher und Hörer bereits etabliert ist. Das Beispiel in (23) demonstriert somit, dass Fragen mit *denn* nicht glücken, wenn dem Hörer (der gerade erst aufgewacht ist) ein gemeinsamer Kontext fehlt, in dem er die Frage interpretieren könnte. Dies zeigt, dass die Verwendung der Modalpartikeln nicht nur auf Basis der Satztypen und ihres generellen Illokutionspotenzials, sondern ebenso auf der Grundlage einer feineren Klassifizierung und Charakterisierung von Sprechakten beschränkt ist.

Das deutsche Gegenstück zum englischen *How cool is that!* in (21) oben ist folglich interessant, da das Vorkommen und die Distribution von Modalpartikeln uns etwas über die exakten Gebrauchsbedingungen und die Diskursbedeutung solcher PQs sagen könnten. Interessanterweise können solche PQs im Deutschen nicht nur *denn*, sondern ebenso weitere Modalpartikeln enthalten, die zentrale Merkmale mit *denn* teilen; hier sind ein paar Beispiele, welche die Modalpartikel *eigentlich* aufweisen:

(24)   Aber zurück zum Clip: **Wie geil ist der eigentlich?** Ich war stolz
        wie Oskar, als er veröffentlicht wurde.
        <http://www.pleasuremag.com/news/artikel/5259/inter-
        view-ben-ferguson>

(25)   **Wie blöd ist der eigentlich!?** Er und seine von den USA ange-
        heuerte Söldnertruppe (Britische Armee) besetzen ein Land, wel-
        ches das Vereinigte Königreich nie angegriffen hat [...]
        <https://www.spiegel.de/forum/blog/reaktion-der-taliban-prinz-h
        arry-ist-ein-jaemmerlicher-feigling-thread-80803-33.html>

Ich möchte anmerken, dass *eigentlich* ambig ist zwischen einer Modalpartikel- und einer Adverb-Lesart (dies ist typisch für viele weitere Modalpartikeln im Deutschen). Eine Möglichkeit, ganz klar zwischen den beiden Lesarten zu unterscheiden, ist, den Hauptakzent des Satzes auf *eigentlich* zu legen; Modalpartikeln in Fragen können nämlich nicht betont werden:

(26)   a.   Wie blöd ist der eigentlich? [Modalpartikel]

           b.   Wie blöd ist der EIgentlich? [Adverb]

In den Beispielen (24) und (25) kommt *eigentlich* ganz klar in der Modalpartikel-Lesart vor und könnte demzufolge nicht betont werden. Eine weitere Partikel, die in PQs vorkommen kann, ist *bitte*:

(27)   Omg! Ich brauch dieses Hausschwein von Marcel Wanders! **Wie geil ist das bitte?!**
         <http://www.imgrum.net/media/
         1253867750662894082_190096307>

(28)   [...] und Freitag fragt er K ob wir in fb befreundet sind?! hallo?! **Wie blöd ist das bitte?!**
         <http://www.maedchen.de/forum/jungs/210813-einen-verge-
         benen-jungen-gekuesst-2.html>

Wir beobachten nun, dass deutsche PQs nur eine Subklasse von Modalpartikeln enthalten können, die in deutschen W-Fragen generell vorkommen (siehe Thurmair 2013, S. 632 für einen Überblick über Partikeln, die in W-Fragen zu finden sind). Betrachten wir zum Beispiel die Partikeln *nur* und *schon*. Die Partikel *nur* referiert nicht auf den ‚Common Ground' (siehe hierzu grundlegend Stalnaker 2002) zwischen Sprecher und Hörer, wie es die Partikeln *denn, eigentlich* und *bitte* tun. In (29a) würde *nur* signalisieren, dass der Sprecher wiederholt versucht hat, eine Antwort zu finden, aber bisher ohne Erfolg (siehe Dörre/Trotzke 2019 für eine detaillierte Analyse). Die Partikel *schon* unterscheidet sich ebenso von den oben stehenden Partikeln, da sie verwendet werden kann, um die Interpretation einer rhetorischen Frage zu signalisieren (29b); siehe Bayer/Obenauer (2011); Trotzke/Turco (2015):

(29)   a.   Wie geil ist das nur?

         b.   Wie geil ist das schon?

Beide Partikeln funktionieren nicht in der PQ-Interpretation beziehungsweise kommen nicht in dieser vor. Nimmt man weitere Partikeln hinzu, die prinzipiell grammatisch in V2-W-Konstruktionen sind, dann ergibt sich auf Basis einer Google-Recherche mit den laut Finkbeiner (2015) häufigsten Adjektiven folgendes Bild:

	geil	*dämlich*
denn	447.000	9.170
bitte	16.900	341
eigentlich	85	52
wohl	3	0
nur	2	4
bloß	6	0
schon	1	0

Tab. 1: Fragepartikeln in *Wie* Adj *ist das* Prt (Google, exakte Suchfunktion; <Abfrage: 10. Juni 2018>)

Finkbeiner (2015, S. 247–248) bestätigt diese Tendenz (ebenfalls per Google-Suche, aber unter Auslassung von *bitte* und *schon*): Die Partikeln *wohl*, *nur* und *bloß* sind nahezu ausgeschlossen in deutschen PQs.

Wir können diese Beobachtungen zur Distribution der Modalpartikeln in deutschen PQs auch gut mithilfe konstruierter Beispiele verdeutlichen:

(30) KONTEXT: Sprecher A ist absolut überrascht, dass er soeben im Lotto gewonnen hat. A möchte sein Erstaunen gerne mit Sprecher B teilen; A ruft aus:

a. # Wie geil ist das wohl!

b. # Wie geil ist das schon!

(...)

Wir haben somit festgestellt, welche Modalpartikeln aufgrund ihrer Pragmatik nicht in PQs vorkommen können, obwohl sie mit der Syntax (d.h. V2-W-Konfigurationen) kompatibel sind. Nun ist es interessant zu bemerken, dass die mit der exklamatorischen Pragmatik von PQs kompatiblen Partikeln *denn* und *eigentlich* nicht mit W-Exklamativen im Allgemeinen funktionieren; diese Partikeln sind auf eine interrogative Syntax beschränkt:

(31) * Was wir denn/eigentlich für blöde Kerle sind!

Diese Beobachtung wird bestätigt durch Thurmairs (2013, S. 638) Überblick über Modalpartikeln in verschiedenen Satztypen, welcher für W-Exklamative die folgenden Partikeln nennt (diese Liste stimmt überein mit dem Inventar bei d'Avis 2016, S. 162):

(32)   Was wir doch/aber auch/bloß/nur für blöde Kerle sind!

Wir können folglich zusammenfassend festhalten, dass die Menge der Modalpartikeln, die in deutschen PQs der Form *Wie geil ist das PRT!* vorkommen kann, eine eigene Klasse bildet und weder mit der Klasse der Fragepartikeln noch mit der Klasse der Exklamativpartikeln übereinstimmt:

W-V2-Fragen	W-Verbletztexklamative W-V2-Exklamative
bloß **bitte** **denn** **eigentlich** *nur* *schon* *wohl* (...)	*aber* *aber auch* *bloß* *doch* *nur* *vielleicht*

Tab. 2: Distribution der deutschen Modalpartikeln in W-Fragen und W-Exklamativen nach Thurmair (2013); die in PQs möglichen Partikeln sind fett hervorgehoben.

Auf der Basis der oben genannten Distribution können wir nun fragen, ob die Fragepartikeln *schon, wohl* und *nur/bloß* eine Eigenschaft teilen, welche sie von der Verwendung in PQs ausschließt, und ob, andererseits, die Partikeln *denn, eigentlich* und *bitte* eine pragmatische Bedeutung teilen, die erklärt, warum sie in PQs vorkommen können.

Wenden wir uns zunächst der Gemeinsamkeit der Partikeln *schon, wohl* und *nur/bloß* zu. Ich habe bereits oben erwähnt, dass *schon* verwendet werden kann, um eine rhetorische Frage zu signalisieren:

(33)   Wie hoch ist das schon? (Interpretation als Partikel = ‚Nicht besonders hoch!')

Ein wesentliches Merkmal rhetorischer Fragen ist, dass eine Antwort nicht erwartet wird. Wie passen nun *wohl* und *nur/bloß* hierzu? Schauen wir uns die folgenden Beispiele an:

(34)   Wie hoch ist das wohl/nur/bloß?

Es ist bezeichnend, dass gerade diese drei Partikeln (und nur diese) obligatorische Bestandteile von W-Verbletztsätzen sind, die eine deliberative und/oder grüblerische Interpretation ausdrücken (siehe Truckenbrodt 2013b, S. 241); (35b) kann nur als Echo-Frage interpretiert werden:

(35)   a. Wen sie wohl/nur/bloß mag?

   b. # Wen sie mag?

Diese deliberativen Fragen sind typischerweise nicht adressaten-, sondern selbst-orientiert. Demzufolge erwartet der Sprecher nicht wirklich eine Antwort, sondern grübelt vielmehr über etwas nach, das ihn gerade beschäftigt. Was diese Fragen und die Verwendung der Partikeln *wohl, nur* und *bloß* somit mit *schon* in rhetorischen Fragen teilen, ist, **dass die Verpflichtung, eine Antwort zu geben, aufgehoben ist.**

Kommen wir nun zu den Partikeln, die nicht nur in PQs funktionieren, sondern in diesen Äußerungsformen nahezu obligatorisch sind (siehe unsere Daten weiter oben): *denn, eigentlich* und *bitte.* Ich habe bereits die grundlegende Bedeutung von *denn* angedeutet, indem ich auf ein klassisches Beispiel von König (1977) rekurriert habe (siehe Beispiel [23] oben), das ich hier noch einmal wiederhole:

(36)   A weckt B und A fragt B:

   # Wie spät ist es denn?

Ich möchte hier argumentieren, dass *eigentlich* aus den gleichen Gründen in einem solchen Kontext nicht funktionieren würde, wie ich sie weiter oben für *denn* angeführt habe: Auch *eigentlich* erfordert, dass der Adressat schon ein Wissen über den gegenwärtigen und geteilten Diskurs hat:

(37)   A weckt B und A fragt B:

   # Wie spät ist es eigentlich?

Diese Beobachtung wird unterstützt durch die Arbeit von Eckardt (2009), die hervorhebt, dass das unbetonte *eigentlich* (will sagen: die Partikelverwendung von *eigentlich*) nicht in Kontexten funktioniert, die als diskursinitial charakterisiert werden können (vgl. Eckardt 2009, S. 104f.). Auch zum niederländischen *eigenlijk* gibt es die Analyse, dass diese Partikel ausdrückt, dass der Sprecher sich bestimmter Annahmen bewusst ist, die er mit dem Hörer teilt (vgl. van Bergen et al. 2011).

Nun kann aber die gemeinsame Semantik der Partikeln *denn* und *eigentlich* noch nicht vollständig die Verteilung in PQs erklären, da die Partikel *bitte* (welche ebenso in PQs funktioniert) problemlos in Kontexten wie (36) und (37) vorkommen kann:

(38)   A weckt B und A fragt B:

       Wie spät ist es bitte?

Zimmermann (2009) hat zur Partikel *bitte* herausgestellt, dass diese nicht in Kontexten lizensiert ist, in denen weder der Sprecher noch der Hörer in einer Position sind, die Frage zu beantworten – und wir können uns leicht denken, dass B in (38) zwar gerade aufgewacht ist, jedoch im Prinzip fähig ist, die Frage zu beantworten (wenn auch nicht im Moment des Aufwachens selbst). Um dies zu verdeutlichen, sehen wir uns die folgenden Beispiele aus Zimmermann (2009, S. 57) an. Hierzu muss angemerkt werden, dass der zentrale Punkt von *ob*-Verbletztinterrogativen im Deutschen ist, gegenseitiges Nichtwissen auszudrücken; in diesen Kontexten funktioniert die Partikel *bitte* nicht:

(39)   A und B haben sich bei einer Wanderung im Wald verirrt. A fragt B:

       a. # Welches ist bitte der Weg aus dem Wald?

       b. # Ob das bitte der richtige Weg ist?

Interessanterweise sind auch die Partikeln *denn* und *eigentlich* in einem solchen Kontext ausgeschlossen, bei dem klar ist, dass weder Sprecher A noch Sprecher B die Antwort geben kann:

(40)   a. # Welches ist denn/eigentlich der Weg aus dem Wald?

       b. # Ob das denn/eigentlich der richtige Weg ist?

Wir können somit festhalten, dass die gemeinsame Eigenschaft von *denn, eigentlich* und *bitte* ist, dass diese Partikeln nur in Kontexten lizensiert sind, in denen **A glaubt, dass B fähig ist, eine Antwort zu geben.** Diese Bedeutungs-komponente ist bereits von Csipak & Zobel (2015) in ähnlicher Weise für *denn* formuliert worden; ich behaupte hier, dass sie aus oben genannten Gründen auch für *eigentlich* und *bitte* gilt. Bezogen auf unsere exklamatorischen PQs können wir also schlussfolgern, dass nur diejenigen Fragepartikeln verwendet werden können, bei denen der Adressat fähig sein muss, eine Antwort zu geben.

Eine in diesem Zusammenhang relevante Beobachtung ist, dass Sprachen, welche keine Modalpartikeln aufweisen, einen ähnlichen Bedeutungsbeitrag mittels anderer linguistischer Mittel ausdrücken. So kommt das englische *How cool is that!* häufig mit diskursinitialen lexikalischen oder phrasalen Mitteln vor, die ebenfalls vermitteln, dass der Sprecher und Hörer bereits Teil eines gemein-samen Diskurses sind und dass deren Common Ground den Rückschluss auf-seiten des Sprechers zulässt, der Hörer sei problemlos fähig, eine angemessene Reaktion auf die PQ zu zeigen. Hier sind ein paar dementsprechende Beispiele aus dem weiter oben eingeführten *GloWbE*-Korpus:

(41)   Heck, they can play with the software themselves to add whatever
       they want to the lifestyle search. **I mean, come on, how cool is
       that?** [...]
       [GloWbE: <http://blog.spatialmatch.net/2012/08/
       when-it-comes-to-personalization-in-real-es-
       tate-how-sick-is-your-website>]

(42)   There is no project that upstream wants to implement this hack,
       and finally what is cooking, a brand new font! **Now, how cool is
       that!**
       [GloWbE: <http://gregdekspeaks.wordpress.com/2010/07/29/
       red-hat-16-canonical-1>]

(43)   I just love the GPS feature ... **I mean how cool is that?!** As long
       as you have a BlackBerry with GPS you will always know where it
       is at.
       [GloWbE: <http://www.berryreview.com/2008/06/24/review-getit-
       back-find-your-lost-blackberry>]

(44)   For the regular Dropcam HD camera, it will cost you $ 149 and for
       an HD camera with DVR (**seriously, how cool is that?**)
       [GloWbE: <http://blogs.shawconnect.ca/tech/
       dropcam-lets-you-watch-live-feeds-of-anything-anytime>]

(45)   **Well now, how cool is that!** Look forward to the evening and
       enjoying the show ...
       [GloWbE: <http://www.terriclark.com/
       terri-will-be-a-guest-presenter-at-this-years-juno-awards>]

Diese Beobachtung ist natürlich nur vorläufig und erfordert weitere Untersu-chungen. Gleichwohl möchte ich das Phänomen von PQs der Form *How cool is that!* und *Wie geil ist das denn!* als ein sprachübergreifendes verstanden wissen, bei dem wir einen speziellen Sprechakt identifizieren können, der in verschiedenen Sprachen mithilfe von unterschiedlichen illokutionären Indikatoren angezeigt werden kann: **affirmationsorientierte PQs** – oder abgekürzt: **APQs**. Der Unterschied zum entsprechenden Exklamativ (*How cool that is!* oder im Deutschen: *Wie geil das ist!*) ist also, dass APQs auf eine affirmative Reaktion aufseiten des Hörers abzielen und auch nur in Kontexten vollzogen werden (mit den entsprechenden illokutionären Indikatoren, z.b. Partikeln), in denen klar ist, dass der Hörer fähig ist, eine solche Reaktion zu geben; dies ist bei Exklamativen nicht der Fall: Sie können eine Reaktion nach sich ziehen, müssen dies aber nicht.

4 Fazit

In diesem Artikel habe ich eine spezielle Verwendung von W-Konfigurationen im Englischen und Deutschen untersucht und dafür argumentiert, dass wir auf der Basis bestimmter illokutionärer Indikatoren wie Modalpartikeln im Deutschen eine neue Unterscheidung in der Sprechaktklasse der EXKLAMATIONEN einführen können: [+Adressaten-Orientierung] vs. [-Adressaten-Orientierung]. Genauer: Meine Betrachtung von Pseudo-Fragen des Typs *How cool is that!* und dem deutschen Gegenstück *Wie geil ist das denn!* hat gezeigt, dass diese exklamatorischen Pseudo-Fragen sich von den W-Exklamativen dahingehend unterscheiden, dass nur die Pseudo-Fragen einen Sprechakt realisieren, der auf eine (affirmative) Reaktion des Hörers aus ist. Die „affirmationsorientierten Pseudo-Fragen" (APQs) bilden gemäß meiner Analyse eine Subklasse der EXKLAMATIONEN und legen nahe, dass wir, entgegen der bisherigen Literatur, durchaus illokutionäre Unterschiede in dieser Sprechaktklasse festmachen können; diese Unterschiede können durch eine klar eingrenzbare Menge an illokutionären Indikatoren identifiziert werden – in unserem Falle etwa durch die illokutionsindizierende Klasse der Modalpartikeln.

Literatur

Auer, Peter (2016): „Wie geil ist das denn?" Eine Konstruktion im Netzwerk ihrer Nachbarn. In: Zeitschrift für germanistische Linguistik 44, S. 69–92.

Bayer, Josef/Obenauer, Hans-Georg (2011): Discourse particles, clause structure, and question types. In: The Linguistic Review 28, S. 449–491.

Csipak, Eva/Zobel, Sarah (2015): Discourse particles as discourse-navigating devices: A case study on German *denn*. Online unter: https://homepages.uni-tuebingen.de/sarah -magdalena.zobel/materials/csipak-zobel-questions.pdf.

d'Avis, Franz-Josef (2002): On the interpretation of *wh*-clauses in exclamative environments. In: Theoretical Linguistics 28, S. 5–33.

d'Avis, Franz-Josef (2016): Different languageas – different sentence types? On exclamative sentences. In: Language and Linguistics Compass 10, S. 159–175.

Davies, Mark (2013): The corpus of global web-based English (GloWbE). Online unter: h ttp://corpus.byu.edu/glowbe.

Dörre, Laura/Trotzke, Andreas (2019): The processing of secondary meaning: An experimental comparison of focus and modal particles in *wh*-questions. In: Gutzmann, Daniel/Turgay, Katharina (Hg.): Secondary content: The semantics and pragmatics of side issues. Leiden: Brill. S. 143–167.

Eckardt, Regine (2009): The real, the apparent, and what is *eigentlich*. In: Oslo Studies in Language 1, S. 77–108.

Finkbeiner, Rita (2015): „Wie deutsch ist DAS denn?!" Satztyp oder Konstruktion? In: Seiler Brylla, Charlotta/Wåghäll Nivre, Elisabeth (Hg.): Sendbote zwischen den Kulturen. Gustav Korlén und die germanistische Tradition an der Universität Stockholm. Stockholm: Acta Universitatis Stockholmiensis. S. 243–273.

Hindelang, Götz (1995): Frageklassifikation und Dialoganalyse. In: Hindelang, Götz/Rolf, Eckardt/Zillig, Werner (Hg.): Der Gebrauch der Sprache: Festschrift für Franz Hundsnurscher zum 60. Geburtstag. Münster: Lit. S. 177–196.

König, Ekkehard (1977): Modalpartikeln in Fragesätzen. In: Weydt, Harald (Hg.): Aspekte der Modalpartikeln. Tübingen: Niemeyer. S. 115–130.

Liedtke, Frank (1998): Grammatik der Illokution: Über Sprechhandlungen und ihre Realisierungsformen im Deutschen. Tübingen: Gunter Narr.

Meibauer, Jörg (2013): Satztyp und Pragmatik. In: Meibauer, Jörg/Steinbach, Markus/ Altmann, Hans (Hg.): Satztypen des Deutschen. Berlin: Mouton de Gruyter. S. 712–737.

Nye, Rachel (2009): How pseudo-questions and the interpretation of *wh*-clauses in English. MA thesis, University of Essex.

Repp, Sophie (2013): D-linking vs. degrees: Inflected and uninflected 'welch' in exclamatives and rhetorical questions. In: Härtl, Holden (Hg.): Interfaces of morphology. Berlin: Akademie Verlag. S. 59–90.

Searle, John R. (1969): Speech acts: An essay in the philosophy of language. Cambridge: Cambridge University Press.

Siemund, Peter (2015): Exclamative clauses in English and their relevance for theories of clause types. In: Studies in Language 39, S. 697–727.

Stalnaker, Robert (2002): Common ground. In: Linguistics and Philosophy 25, S. 701–721.

Thurmair, Maria (2013): Satztyp und Modalpatikeln. In: Meibauer, Jörg/Steinbach, Markus/Altmann, Hans (Hg.): Satztypen des Deutschen. Berlin: Mouton de Gruyter. S. 627–651.

Trotzke, Andreas/Turco, Giuseppina (2015): The grammatical reflexes of emphasis: Evidence from German *wh*-questions. In: Lingua 168, S. 37–56.

Truckenbrodt, Hubert (2013a): Satztyp, Prosodie und Intonation. In: Meibauer, Jörg/Steinbach, Markus/Altmann, Hans (Hg.): Satztypen des Deutschen. Berlin: Mouton de Gruyter. S. 570–601.

Truckenbrodt, Hubert (2013b): Selbständige Verb-Letzt-Sätze. In: Meibauer, Jörg/Steinbach, Markus/Altmann, Hans (Hg.): Satztypen des Deutschen. Berlin: Mouton de Gruyter. S. 232–246.

van Bergen, Geertje/van Gijn, Rik/Hogeweg, Lotte/Lestrade, Sander (2011): Discourse marking and the subtle art of mind-reading: The case of Dutch *eigenlijk*. In: Journal of Pragmatics 43, S. 3877–3892.

Zimmermann, Malte (2009): Asymmetry markers in discourse: The expressive meaning of *bitte* 'please'. In: Kálmán, László (Hg.): Proceedings of the 10th Symposium on Logic and Language. Budapest: Research Institute for Linguistics, Hungarian Academy of Sciences (HAS), and Theoretical Linguistics Program, Eötvös Loránd University (ELTE). S. 53–61.

Sprechakte als prototypisch strukturierte Überkategorien sprachlicher Problemlösungen

Eine Rekonzeptualisierung über das Konzept der *communicative tasks*

Pawel Sickinger

Abstract: The present chapter addresses the issue of speech act classification, which becomes relevant in applied contexts such as language competence testing. My central claim is that the problem hinges on an outdated model of categorization, argueing for a graded, prototype-based structure for speech act categories instead. Additionally, I suggest that for practical purposes a level of categorization below the speech act is more suitable and propose the concept of *communicative tasks* for this role. This more concrete, contextualized level better matches what is elicited in many studies in empirical pragmatics (e.g. in discourse completion tests), can be more easily contrasted between varieties of a language and is more useful in constructing test formats for pragmatic competence in learners.

1 Einleitung

Sprechakte und ihr klassischer theoretischer Unterbau nach Austin und Searle sind seit langem Gegenstand nachdrücklicher Kritik, aus verschiedenen akademischen Lagern kommend und mit verschiedenen inhaltlichen oder methodologischen Anlässen. VertreterInnen der konversationsanalytischen Strömungen oder der Diskursanalyse neigen bspw. dazu, ihren Ansatz als notwendige Weiterentwicklung der ‚klassischen' Sprechaktanalyse zu präsentieren (vgl. dazu etwa Moeschler 2001, Kasper/Ross 2013). Ziel einer Auseinandersetzung mit der Sprechakttheorie, auch einer kritischen, sollte im Idealfall eine realistische und differenzierte Einschätzung ihrer konzeptuellen Validität und ihres fortwährenden Nutzens sein. Zu dieser Auseinandersetzung möchte ich im vorliegenden Beitrag aus Perspektive der anglistischen Pragmatik und angewandten Linguistik einen Beitrag leisten. Dabei ist mein Verhältnis zur Sprechakttheorie grundlegend positiv; ich werde also nicht primär Argumente für ihre Unzulänglichkeit anbringen, durchaus aber Vorschläge zur Ergänzung bzw. Rekonzeptualisierung, die m. E. einige der basalen Schwierigkeiten mit dem Sprechaktkonzept und seiner Operationalisierung beheben könnten. Dabei werde ich zentral das Problem der Kategorisierung von Sprechakten thematisieren, da es mir als Achillesferse der Sprechakttheorie von Austin und Searle erscheint (siehe die Diskussion in Kapitel 2) und ich zudem in einer Lösung dieses Aspekts das Potential sehe, auch anderen kritischen Debatten in der Forschungsgemeinschaft neue Impulse zu geben.

Mein Zugang ist ein vergleichsweise theorieferner, nämlich die Anwendung der besagten Sprechaktkategorien in der empirischen Pragmatikforschung sowie eine Diskussion ihrer Bedeutung für die Evaluation pragmatischer Kompetenz. Bevor ich mich diesen Feldern zuwende, will ich zunächst anhand einer Fallstudie auf das Kategorisierungsproblem von Sprechakten eingehen. Für das im Folgenden skizzierte Problem der Sprechaktkategorisierung schlage ich dann zwei Lösungsansätze vor, spezifisch ein prototypenbasiertes Kategoriemodell und eine zusätzliche Klassifizierungsebene unter den Sprechakten, nämlich die der *communicative tasks*. Die Idee einer synergetischen Kombination von Sprechaktklassifikation und Prototypenkategorien hatten schon frühe KommentatorInnen der Thematik (siehe bspw. Coleman/Kay 1981, Gibbs/Delaney 1987), allerdings ist sie bisher im Rahmen spezifischer empirischer Studien exemplarisch angedacht worden, eine umfassende Neukonzeption von Sprechakten aus dieser Perspektive steht noch aus. Beide Anteile meines Lösungsansatzes werde ich dann im letzten Teil des Beitrags mit unserer Forschungsaktivität in den Bereichen Varietätenpragmatik und pragmatische Kompetenz in Bezug setzen und für den theoretischen sowie praktischen Mehrwert der vorgeschlagenen Modifikationen argumentieren.

2 Sprechaktklassifikation als Kernproblem der Sprechakttheorie?

In einem Blogbeitrag, der explizit als Kritik des britischen *national curriculum test 2018*[1] angelegt ist, macht der Verfasser Michael Rosen (2018) einige interessante Anmerkungen zu einem aus seiner Sicht fundamentalen Kategorienfehler

---

1   https://www.gov.uk/government/publications/2018-national-curriculum-test-handbook

dieses standardisierten Sprachkompetenztests. Rosen geht in seinem Blogbeitrag eine Reihe von Testaufgaben durch und kritisiert u. a. Fragen, die im Rahmen des Grammatikteils des *national curriculum test* zur Überprüfung von Satztypen („sentence-types") genutzt werden. Genauer gesagt soll hier die korrekte Zuordnung von Beispielsätzen zu einer grammatikalischen Kategorie getestet werden, wobei Rosen konstatiert, dass in den Instruktionen *de facto* keine grammatikalische Kategorie genannt werde, sondern eine alltagssprachliche, die mit der binären Prüfungslogik nicht vereinbar sei. Die Multiple-choice-Aufgabe fragt dabei nach einem Beispielsatz, der einen Befehl darstellt, die als korrekt vorgesehene Antwort (d) ist entsprechend als Imperativsatz formuliert (Beispiel zitiert nach Rosen 2018).

(1)   *Which sentence is a command?*

  a)   You should bring a coat.

  b)   You will need a coat in case it rains.

  c)   I am going to bring a coat.

  d)   Bring a coat in case it rains.

Der zentrale Punkt von Rosens Kritik ist – nicht zuletzt dank seiner direkten Ableitung aus der sprachdidaktischen Praxis – durchaus relevant für die folgende Diskussion, da sich hier eine Verbindungslinie zwischen einem Kategorisierungsproblem auf Theorieebene und der Notwendigkeit der Operationalisierung im Praxisbereich ziehen lässt. Rosen kritisiert einerseits die abstrakte Losgelöstheit rein grammatikalischer Konzepte, sieht dagegen Kategorien wie *command* oder *question* im realen, alltäglichen Sprachgebrauch situiert. Gleichzeitig macht er deutlich, dass ein binäres Testformat im Sinne von korrekten und falschen Antwortoptionen auf derartige Grammatikkonzepte anwendbar ist, für die Klassifizierung von Satzarten wie *command* im Alltagssinne aber nicht, denn diese könnten auf vielfältige Weise gebildet und nur im spezifischen Kontext entschlüsselt werden. Im Folgenden argumentiere ich, dass Rosens Charakterisierung dieses Klassifizierungsproblems einen zentralen Schwachpunkt der Sprechakttheorie trifft, und dass die dahinter stehende Problematik real und bedenkenswert, aber nicht unlösbar ist.

In gewisser Hinsicht spiegelt Rosens Glorifizierung der Alltagssprache mit gleichzeitiger Skepsis gegenüber grammatischer Theorie einen salienten Aspekt der ursprünglichen Sprechakttheorie bei Austin wider, in einer Linie mit dem Grundgedanken der *ordinary language philosophy*. Bei Austin findet sich der

Ansatz, sich in der Theoriebildung *bottom-up* vom realen Sprachgebrauch leiten zu lassen und den Sprachnutzern nicht, vom hohen Ross der akademischen Theorie aus, ein unzureichendes Verständnis ihrer eigenen sprachlichen Praxis zu unterstellen.[2] Das ist für mich die Essenz bspw. der folgenden Passage von Austin:

> [...] our common stock of words embodies all the distinctions men have found worth drawing, and the connexions they have found worth making, in the lifetimes of many generations: these surely are likely to be more sound, since they have stood up to the long test of the survival of the fittest, and more subtle, at least in all ordinary and reasonably practical matters, than any that you or I are likely to think up in our arm-chairs of an afternoon. (Austin 1957, S. 181f.)

Gleichzeitig scheint Austin durchaus bewusst gewesen zu sein, dass sich aus dieser Praxis des Theorieexports aus dem Alltagssprachlichen kein wohlgeordnetes System im Sinne einer wissenschaftlichen Taxonomie ergeben würde, zumindest nicht ohne editierende Eingriffe eines Linguisten oder Sprachphilosophen:

> It is worth bearing in mind [...] the general rule that we must not expect to find simple labels for complicated cases [...] however well-equipped our language, it can never be forearmed against all possible cases that may arise and call for description: fact is richer than diction. (Austin 1957, S. 195)

Hier nimmt er explizit Bezug auf das Problem der „simple labels", also der potenziell irreführenden Idee, dass mit (aus dem Alltagsgebrauch stammenden) Sprechaktnamen immer schon eine valide und umfassende Kategorisierung erreicht sei. Dies entspricht im Geiste Rosens Kritik, dass realsprachliche Kategorien inhärent vage und in letzter Instanz unbestimmbar blieben. Tatsächlich ist die Zuordnung von Äußerungen zu spezifischen Sprechaktkategorien ja auch, spätestens seit Searles revidierter Fassung der Sprechakttheorie (Searle 1969), ein wunder Punkt geblieben, der speziell in den frühen Jahren der Sprechaktdebatte kritisch kommentiert wurde (siehe bspw. Ballmer 1979, Hancher 1979, Wunderlich 1986, Ulkan 1992, Sadock 1994).

Ohne zu sehr auf die Diskussion der vergangenen 50 Jahre einzugehen, möchte ich zwei Punkte zu diesem Sachverhalt anbringen, die sich m. E. auch ohne ausführliche Exegese nachvollziehen lassen. Erstens ist das Problem der Klassifikation ein reales und relevantes, wie jeder Linguist bestätigen kann, der

---

2   Vgl. auch die Diskussion um konkurrierende Konzeptionen von Höflichkeit (*politeness one* versus *politeness two*), bspw. in Terkourafi (2011) und Culpeper (2012).

in seiner Forschungstätigkeit die Notwendigkeit hatte, reales (natürliches oder experimentell elizitiertes) Sprachmaterial in Searle'sche Kategorien einzuordnen. Dies ist auch ein zentrales Anliegen und immer wieder rekurrierendes Problem des *Cross-Cultural Speech Act Realization Project* (CCSARP, Blum-Kulka/House/Kasper 1989), und unsere langjährige Auseinandersetzung mit diesem in der anglistischen Pragmatik allgegenwärtigen Klassifikationssystem ist Ausgangspunkt für die Ansätze, die ich im Folgenden vorstellen werde (siehe auch Sell et al. 2019).

Zweitens ist der oben genannte Kritikpunkt nicht trivial oder nur für akademische Selbstzwecke relevant: Wenn erfolgreicher kommunikativer Austausch im Sinne von Sprechakten möglich sein soll, dann müssen wir ein hinreichendes Maß an funktionaler Konstanz zwischen Interaktionspartnern annehmen, genauer: an Übereinstimmung zwischen Intentionen und Interpretationen verschiedener kommunikativer AkteurInnen (zumindest wenn sie derselben Sprechergemeinschaft entstammen). Dies ist sicher auch Teil des Searle'schen Programms von klassifikatorischen Definitionen für einzelne Illokutionstypen/ Sprechakte, etwa über die bekannten *felicity conditions*. Kritik an diesem Aspekt der Sprechakttheorie war häufig primär ein kritisches Hinterfragen ihrer Umsetzung (siehe bspw. Gibbs/Delaney 1987), oft aber mit impliziter Zustimmung dazu, dass an die Stelle dieses fehlerhaften Bestimmungssystems ein neues, besseres treten müsse, denn ohne Formelgleichung zur Sprechaktbestimmung und –abgrenzung bricht die Grundlage für die Analyse sprachlichen Handelns weg. Hierin erklärt sich vielleicht auch die konzeptuelle Sperrigkeit von Searles (1969) *essential condition*, die ja als Kriterium für das Zuordnen von Äußerungen zu einem Sprechakttyp gar nicht geeignet ist, sondern vielmehr einen Platzhalter für normativ-schematisches Wissen um ebendiese Sprechaktkategorien im Langzeitgedächtnis der SprachnutzerInnen darstellt (vgl. hierzu auch Kritik aus soziologischer Sicht von Goffman 1983, S. 25f.).

Ein Ausweg aus dem Dilemma der Unverzichtbarkeit von Sprechaktdefinitionen und ihrer schwer reformierbaren Unzulänglichkeit ist bekanntermaßen von den Anhängern neo- und post-Grice'scher Pragmatik eingeschlagen worden, und auch die grundlegende Theorie von Grice selbst (Grice 1975) kann in diese Richtung interpretiert werden. So ist das *cooperative principle* mit seinen entsprechenden Maximen letztlich ein Schritt weg von einem Inventar an sprachlich-funktionalen Ressourcen, derer sich die Mitglieder einer Sprechergemeinschaft dank konventioneller Übereinstimmung bedienen können, hin zu einem geteilten Satz an kommunikativen Prinzipien, die in der prozeduralen Anwendung für die notwendige Synchronisierung zwischen Individuen sorgen (angetrieben eben vom Motor des *cooperative principle*). Extremer und deutlicher wird der Paradigmenwechsel bei der Weiterentwicklung zur Relevanztheorie (vgl. Sperber/Wilson 1986), die vollends den Übergang zur psychologisch-prozeduralen Perspektive vollzieht und statt inhaltlicher Kriterien nunmehr die Verarbeitungsmechanismen zu beschreiben sucht, zumindest implizit davon ausgehend, damit den Untersuchungsgegenstand vollständig beschrieben zu haben (vgl. bspw. Sperber/Wilson 1981, S. 281). Dieser Schritt erscheint mir grundlegend einleuchtend, denn natürlich finden Bedeutungs- und Funktionszuordnungen letztlich im mentalen Verarbeitungsprozess der SprachnutzerInnen statt. Dennoch lässt sich die Frage stellen, ob jenseits dieses radikalen Rückzugs ins Individuell-Psychologische eine überindividuelle Sprechaktkonzeption möglich ist, die gleichzeitig einer Kritik à la Rosen entkommen kann. Anders ausgedrückt: Lässt sich ein gemeinsamer Nenner für konventionalisierte funktionale Einheiten sprachlicher Kommunikation finden, der nicht durch Kontextabhängigkeit und sprecherspezifische Variation so stark erodiert wird, dass am Ende wenig übrig bleibt, was noch Mehrwert für die Analyse von konkreten Einzeläußerungen einbringt?

3 Sprechaktkategorien und Prototypentheorie

Die kurze Antwort auf die im letzten Abschnitt gestellte Frage lautet: Ja, Sprechakte können vor dieser Dekonstruktion bewahrt werden, aber um den Preis eines grundlegenden Umdenkens in Bezug auf das angesetzte Kategoriensystem. Meiner Ansicht nach besteht das oben skizzierte Dilemma zwischen klassifizierbaren, künstlichen Grammatikkonzepten und realistischen, aber nicht greifbaren Alltagssprachkonzepten nur so lange, wie Klassifizierbarkeit (und in Erweiterung dazu Wissenschaftlichkeit) mit dem gleichgesetzt wird, was Lakoff als klassische Kategorien bezeichnet (Lakoff 1987). Diese sind in ihrer Grundanlage aristotelisch in dem Sinne, dass sie auf essenziellen Eigenschaften aufbauen, die in Summe die hinreichende und notwendige Bedingung für Kategoriezugehörigkeit stellen (Lakoff 1987, S. 8–10). Dieses traditionelle und üblicherweise nicht hinterfragte Kategorisierungsmodell hat eine Reihe von logischen Konsequenzen, u. a. die Folgenden:

- Kategoriemitgliedschaft ist binär, also entweder gegeben oder nicht gegeben für jeden möglichen Fall.
- Kategorien sind eindeutig voneinander abgegrenzt, d. h. Mitgliedschaft in zwei Kategorien ist nur möglich, wenn eine davon vollständig in der anderen enthalten ist (bspw. in verschachtelten Taxonomien).

- Gegebene Exemplare sind immer eindeutig einer Kategorie zuzuordnen, solange alle relevanten (also essenziellen) Eigenschaften für den jeweiligen Fall bekannt sind.

Es ist wahrscheinlich nicht nötig, an dieser Stelle nachzuzeichnen, wie sich die Prototypentheorie in ihrer Entstehung an den Unzulänglichkeiten des alten Kategorisierungsmodelles abgearbeitet hat (für eine kompakte Darstellung siehe Taylor 1995). Der relevante Punkt ist, dass sowohl in der (kognitiven) Psychologie als auch in der kognitiven Linguistik aristotelische Kategorien als Standardmodell kritisch diskutiert und weitgehend verworfen wurden, und mit ihnen das zugehörige Konzeptmodell und die definitorische Merkmalssemantik. Dies basiert zu einem relevanten Teil auf empirischer Forschung von Eleanor Rosch (siehe etwa Rosch 1973, 1975) und kognitiv-linguistischer Weiterentwicklung durch George Lakoff (1987). Ein Bereich, in den dieser Paradigmenwechsel nur sporadisch und ohne größere Konsequenzen durchgedrungen ist, ist die Pragmatik, spezifisch die Sprechakttheorie. Einigen namhaften Ausnahmen zum Trotz (zu nennen wären bspw. die unten besprochenen Experimentalstudien von Raymond Gibbs) sind regelbasierte Definitionen im Stile der *felicity conditions* bei Searle immer noch ein kaum hinterfragter Standard. Bestenfalls herrscht Unklarheit darüber, welche methodologische Grundlage die Zuordnung zu Sprechaktkategorien haben sollte, zumindest im Diskurs der anglistischen Pragmatik. Dies ist m. E. eine zentrale Quelle für die düster-fatalistische Evaluationen der Validität oder des Nutzens der Sprechakttheorie, ohne dass die Kategorisierungsproblematik auf dieser fundamentalen Ebene überhaupt diskutiert würde.

3.1 Studien zur prototypischen Kategoriestrukturen

Ein frühes Beispiel für Versuche, Sprechaktklassifikation und Prototypen zusammenzudenken, stellt Coleman und Kays Studie zum Konzept LIE von 1981 dar. Hierin untersuchen die Autoren den Grad der Zugehörigkeit zur Kategorie Lüge („lie"), indem sie InformantInnen verschiedene Szenarien daraufhin bewerten lassen, ob sie eine Lüge enthalten und in welchem Grad sich die InformantInnen ihrer Bewertung sicher sind. Primäres Ergebnis ist die Einsicht, dass ein Zusammenspiel mehrerer Kriterien über zentrale oder randständige Mitgliedschaft in der Kategorie entscheiden; die Kriterien selbst sind dabei allerdings immer noch als binäre, klassische Merkmale konstruiert.

In direkter Folge dazu, aber in einigen Aspekten über Coleman und Kay hinausgehend, lassen sich die frühen Experimentalstudien von Raymond Gibbs lesen, der auch unmittelbar kritisch zum Konzept der *felicity conditions* gearbeitet hat (Gibbs/Delaney 1987). In mehreren Experimenten zum Sprechakt

PROMISE (Versprechen) prüfen Gibbs und Delaney bspw., inwiefern das Erfüllen der verschiedenen *felicity conditions* in von ihnen gestalteten Szenarien
dazu führt, dass InformantInnen das Bestehen eines Versprechens als gegeben
bewerten. Dabei stellen sie fest, dass die von Austin/Searle aufgestellten Bedingungen in der Tat Einfluss auf die Wertungen haben, sich allerdings unterschiedlich stark auswirken (also eine gradierte Struktur darstellen, wie bei Prototypenkategorien zu erwarten). Ähnliche Erkenntnisse gewinnen Gibbs und
Mueller (1988) in Experimenten zu Aufforderungen in *service encounters*, in
denen sie bspw. feststellen, dass direkt realisierte Aufforderungen von Infor-
manten nicht präferiert werden, sondern vielmehr eine Präferenz für vorge-
schaltete indirekte Aufforderungen besteht. Hier zeichnet sich also ein Bild des
Kategoriekerns für Aufforderungen ab, das nicht den kanonischen Erwartungen
gerecht wird, indem die eigentliche Aufforderung sogar ausgespart werden
kann (Gibbs/Mueller 1988, S. 114f.).

Weitere Studien von Gibbs widmen sich dann eher Fragen der Bedeutungs-
interpretation, etwa der skalaren Implikatur (siehe bspw. Gibbs/Moise 1997), die
auch das beliebteste Forschungsobjekt der auf Grice basierten Pragmatik und
frühen Relevanztheorie darstellt (siehe bspw. Horn 1984, Levinson 1987). Dies
gilt auch für die in jüngerer Zeit neu belebte experimentelle Pragmatik, die methodisch an die oben erwähnten Studien anschließt und mit psycholinguisti-
schen Innovationen neue Wege beschreitet (siehe etwa Noveck/Sperber 2004;
Bonnefon/Feeney/Villejoubert 2009; Weiss/Terkourafi 2018), allerdings prinzipiell der Äußerungsinterpretation im Grice'schen Sinne zugewandt ist, Sprechakte dabei eher stiefmütterlich behandelt. Auf den potenziellen Nutzen einer
prototypisch strukturierten Modellierung von Sprechakten haben dagegen in
jüngerer Vergangenheit Jucker und Taavitsainen wiederholt hingewiesen, spezifisch im Kontext historischer Sprechaktforschung (Jucker/Taavitsainen 2000;
Taavitsainen/Jucker 2008; siehe auch Culpeper/Archer 2008; Valkonen 2008).
Dieser Ansatz scheint aber primär im diachronen Bezug Anwendung gefunden
zu haben, vielleicht deshalb, weil sich aus dieser Perspektive ein dynamischer
Wandel von Sprechaktkonzepten stärker aufdrängt als in der synchronen oder
überzeitlich-theoretischen Betrachtung.

Allen diesen – inhaltlich und methodisch recht disparaten – Ansätzen ist
gemein, dass sie fundamental von einer gradierten Kategoriezugehörigkeit für
Sprechaktkategorien ausgehen, darstellbar als radiale Kategoriestrukturen mit
prototypischen Zentren und unscharfen Außengrenzen („fuzzy boundaries",
vgl. Lakoff 1987, Kapitel 2). Zusammenfassend lässt sich sagen, dass die Kombination von Prototypentheorie und Sprechaktkategorisierung bisher nur sporadisch zur Anwendung gebracht wurde, in vielen Fällen in ihrer Umsetzung

leider auch von methodologischen Problemen überschattet (so etwa bei Co-leman/Kay 1981 und Gibbs/Delaney 1987). Die Idee einer Synergie dieser Ansätze scheint naheliegend, ist bisher aber eher programmatisch deklariert als erfolgreich umgesetzt worden, bleibt also als Desiderat bestehen. Empirische Unterstützung für die Realisierbarkeit und den erwartbaren Nutzen dieses Projektes findet sich eher außerhalb der Pragmatik, dort nämlich, wo die Prototypentheorie ursprünglich entwickelt wurde: In der (kognitiven) Semantik. Hier wurde schon mehrfach ein *proof of concept* dafür geliefert, dass Klassifizierungsprobleme genau der Art, wie sie bei Sprechaktkategorien auftreten, nur durch den Wechsel zu einem grundlegend anderen Kategorisierungsmodell zufriedenstellend zu lösen sind.

So findet sich schon vor dem offiziellen Beginn der Prototypenforschung bei Labov (1973) eine bekannte Fallstudie, die exakt einen solchen Paradigmenwechsel zu einem neuen Kategorisierungsmodell nahelegt, in diesem Fall motiviert durch Labovs soziolinguistischen Fokus auf interpersonelle Variation. In seiner Studie ließ Labov InformantInnen Zeichnungen von Gefäßen bennenen, die systematisch entlang bestimmter Parameter variiert waren, umgesetzt als fließende Veränderung entlang von visuellen Kontinua wie etwa Umfang oder Höhe des Gefäßes. Dabei registrierte Labov die Übereinstimmung zwischen InformantInnen in der Wahl der lexikalischen Bezeichnung für jede mögliche Variationsstufe bzw. wo der Wechsel von einem Lexem zum anderen stattfand (bspw. von *cup* zu *mug*). Für den Übertrag zur Sprechaktproblematik relevant ist sein zentrales Ergebnis: Es existieren keine essenziellen (hinreichenden und notwendigen) Merkmale, welche die Zugehörigkeit zu einer gegebenen Kategorie zwingend bestimmen. Dennoch konstatiert Labov „invariant cores" (1973, S. 368), also Kernbereiche der jeweiligen Gefäßkategorien, in denen die Benennung homogen und eindeutig ausfällt. Der Umfang des Kernbereiches ist aber dynamisch durch das Zusammenspiel der erwähnten Merkmale sowie weiterer Faktoren bestimmt:

> On the one hand, there seems to be a wide range of objects that we call cup without hesitation. But the size of that invariant range fluctuates systematically according to function, material, and other properties. (Labov 1973, S. 366)

In der Tradition dieser Studie und beeinflusst durch die Prototypenexperimente von Rosch und KollegInnen (siehe bspw. Rosch 1975) ist auch die Semantikforschung von Dirk Geeraerts zu lesen, der semasiologische und onomasiologische Variation bspw. anhand von Bezeichungen für verschiedene Kleidungsstücke im Holländischen untersuchte (Geeraerts/Grondelaers/Bakema 1994). Methodisch weicht der Ansatz von Geeraerts (2006) dahingehend ab, dass er im Gegensatz

zur Studie von Labov korpusbasiert arbeitet, indem er bspw. Bilder und refe-
renzierende Texte in Zeitschriften in Bezug zueinander setzt. Geeraerts Programm ist dabei explizit als Prototypensemantik mit empirischer Grundlage
angelegt. Der experimentelle Ansatz von Labov ist wiederum direktes Vorbild
für eine von mir durchgeführte kontrastive Studie zu Bezeichnungen von Stufen
bzw. Indikatoren männlichen Haarverlusts im Deutschen, Japanischen und
amerikanischen Englisch (Sickinger 2018). Hierbei modifizierten InformantInnen in einem Onlineexperiment die graphische Darstellung eines männlichen
Kopfes, um so die ihrer Meinung nach beste Repräsentation eines als Stimulus
vorgegebenen Ausdrucks aus dem entsprechenden lexikalischen Feld (MALE
BALDNESS) zu generieren. Die summarischen Ergebnisse dieses Prozesses be-
zeichne ich als mentale Karten („mental maps"), die sich dank der identischen
visuellen Grundlage direkt zwischen den untersuchten Sprachen vergleichen
lassen. Prototypenstrukturen zeigen sich hier, ähnlich wie bei Labov (1973), in
visuellen Merkmalsclustern, die das Zentrum einer gegebenen lexikalischen
Kategorie markieren. Dabei wurde deutlich, dass je nach Lexem eher dichte,
homogene Strukturen hervortraten oder eine sehr offene, unbestimmte Kate-
goriestruktur vorlag (etwa bei deutschen Prozessverben wie „sein Haar verlieren", siehe Sickinger 2018, S. 225). Auch Untersuchungen von Taylor zu lexikalischen Kategorien wie etwa den Quasisynonymen *high* und *tall* (Taylor 2003)
wären hier noch anzuführen. In jüngerer Vergangenheit wurde dieser Ansatz
zudem auf die Erforschung der semantischen Repräsentationen im Geiste mul-
tilingualer Sprecher übertragen, also Prototypenstrukturen als essenziell für die
Organisation des multilingualen Lexikons angenommen (siehe bspw. Pavlenko
2009). Auch hierbei ist der zentrale Gedanke, dass semantische Kategorien zwischen Sprachen sich anteilig entsprechen können, Passung bzw. Äquivalenz
zwischen den Sprachen aber graduell durch die komplexe innere Struktur der
jeweiligen Kategorien bestimmt ist (Pavlenko 2009, S. 133).[3]

3.2 Sprechakte konzipiert als Prototypenkategorien

Soweit die Beweisführung zur potenziellen Anwendbarkeit eines prototypisch
angelegten Kategoriemodells; wie aber sähe das entsprechende Modell für
Sprechaktkategorien aus bzw. welche Effekte wären in Folge des Paradigmen-
wechsels zum Prototypenmodell zu erwarten? Zunächst einmal ist eine offensichtliche Konsequenz dieses Modellwechsels, dass die Sprechakttheorie und

---

3   Als parallel aufgetretener Ansatz wäre zudem noch die Metonymieforschung zu
     nennen, ebenfalls aus der kognitiven Linguistik heraus entwickelt, die auch explizit auf
     pragmatische Phänomene wie Sprechakte angewendet wurde (siehe bspw. Panther/
     Thornburg 2003; Kosecki 2007).

ihre VertreterInnen plötzlich nicht mehr unter dem Druck stünden, scharf abgegrenzte Kategorien definieren oder operationalisieren zu müssen, um die ‚Wissenschaftlichkeit' ihres Ansatzes unter Beweis zu stellen. Prototypenkategorien sind inhärent unscharf („fuzzy"), und entsprechend sind Versuche, sie in alle Richtungen eindeutig abzugrenzen oder ihre konzeptuelle Essenz ultimativ festzuschreiben, inhärent zum Scheitern verurteilt. Die Übernahme der Prototypenperspektive ist damit letztendlich ein Schritt zurück zu den oben anzitierten Einsichten Austins: Unser alltagssprachliches Inventar an Sprechaktbezeichnungen verkörpert valide und für nützlich befundene konzeptuelle Abgrenzungen, aber „fact is richer than diction" (Austin 1957, S. 195), d. h. die interne und kontrastive Komplexität dieser Kategorien ist auf der alltagssprachlichen Ebene nicht (vollständig) repräsentiert. In gewisser Weise greift Austin hier auch Einsichten vor, die in der Prototypenlinguistik später noch einmal neu formuliert werden, nämlich dass sprachlich realisierte Unterscheidungen im Normalfall saliente, frequente, funktional relevante Fälle und Merkmale betreffen, kurzgesagt: prototypische (vgl. Lakoff 1987, S. 85–90). Die von Austin erwähnten „complicated cases" (Austin 1957, S. 195) fallen aus dem prototypischen Raster, passen eben nicht exakt in die sprachlich vorangelegten, simplifizierten Kategorien und erzeugen so Dissonanz zwischen idealisierten kognitiven Modellen und spezifischen Anwendungen auf reale Kontexte (Lakoff spricht hier von der Passung zu ICMs, siehe bspw. 1987, S. 70).

Die Ebene der sprachlichen Realisierungen ist in diesem Fall irreführend, da sie ein kommunikatives Nadelöhr darstellt, für dessen Nutzung komplexe, verästelte und parallel aktive Kognitionsprozesse in eine diskrete und sequentielle Form gebracht werden müssen, was auf Rezipientenseite die Neuinterpretation und semantisch-pragmatisches ‚Anreichern' notwendig macht (vgl. Levinson 1995, S. 96–97). Hier darf und sollte eine Wissenschaft von Sprechakten und ihrem Gebrauch über die alltagssprachlich tradierten Differenzierungen hinausgehen; allerdings ist sie dabei auf dem Irrweg, wenn sie immer weiter ausdifferenzierte, maximal explizite Regelgebilde zur Bestimmung der schwierigen Fälle aufstellt, die dann als neue, wissenschaftlichere Kategorieessenz das alltagssprachliche Modell ersetzen sollen.Vielmehr ist davon auszugehen, dass die einfachen Fälle in einen prototypischen Kern fallen und hier auch unproblematisch und im Idealfall eindeutig zu verorten sind, während die Außenbereiche der Kategorien sich einer solch geradlinigen Bestimmung notwendigerweise entziehen – wie von Labov (1973) für die (vergleichsweise unterkomplexe!) Domäne der Gefäßbezeichnungen demonstriert.

Fragt man nach dem Grund für die zunehmende Unschärfe der Kategorien in ihren Außenbereichen, so liegt dieser in der individuellen Repräsentation der einzelnen SprachnutzerInnen begründet, was sowohl interindividuelle als auch intraindividuelle Variation zur Folge hat. Damit ist dann auch der ontologische Status von Sprechaktkategorien neu zu prüfen; natürlich ist etwa bei Searle immer auch schon der normative Charakter der Sprechaktkategorien mitgedacht, was u. a. in der *essential condition* seinen Niederschlag findet (vgl. Searle 1969). Diese Normen sind wiederum aber keine platonischen Objekte, die der Sprachgemeinschaft im simplizistischen Sinne zur Verfügung stehen und deren Homogenität in der Gruppe auf irgendeine Weise vorab garantiert wäre. Wie alle Normen ergeben sie sich dynamisch in der Aushandlung und kulturell-sozialen Übermittlung, die entsprechend nicht deckungsgleich homogene Repräsentationen erzeugt, sondern vielmehr eine auf Gruppenebene mittelfristig stabile, geteilte Repräsentation (vgl. Sharifians Modell der *distributed cultural cognition*, Sharifian 2011). Kronenfeld schreibt hierzu passend, wenn auch auf das allgemeinere Konzept der *shared action plans* bezogen:

> When we do anything with others, including talking (!), it is necessary to interrelate our separate cognitive structures; and when we routinely do something with a variety of others we will tend to develop some standardized way of doing it—where "standardized" refers to categories of actions, items, acceptable results, and so forth. (Kronenfeld 2008, S. 71)

Kronenfeld bezeichnet diese geteilten Handlungspläne in ihrer semistabilen, überindividuellen Form als *cultural models* (vgl. hierzu auch Schneiders inhaltlich verwandte Konzeption von *cultural models* in der Varietätenpragmatik, Schneider 2012). In meinen Augen ist es eine eher akademische Frage, ob Sprechakte als ein bestimmter Typus kultureller Modelle betrachtet werden, einem kulturellen Modell untergeordnet sind oder vor dem Hintergrund kultureller Modelle angewandt und interpretiert werden, wie Schneider (2012) argumentiert. Entscheidend ist, dass sie emergente, fluide und letztlich schwer bestimmbare Objekte darstellen, die sich aus den von Kronenfeld und Sharifian beschriebenen soziokulturellen Interaktionen und Synchronisationen ergeben und beständig wandeln. Die von Kronenfeld erwähnten kognitiven Strukturen werden dabei zwar angeglichen, sie als identische Kopien in der mentalen Repräsentation aller Gruppenmitglieder anzunehmen, wäre aber mehr als unrealistisch.

Der Umstand, dass Sprechaktkategorien manchmal den Anschein erwecken können, eine klassische Essenz und damit trennscharfe Definition zu besitzen, liegt wahrscheinlich in einem weiteren Phänomen begründet, das in der Prototypendebatte ausführlich diskutiert wurde: Es herrscht nach wie vor Unklarheit darüber, inwiefern und auf welche Weise klassische Kategorien mit Prototypenkategorien koexistieren könnten. Eine Position in dieser Debatte ist, dass hybride Kategoriemodelle möglich sind, in denen zwei verschiedene Systeme oder Mechanismen für das gleiche Zielkonzept zuständig sind, was entweder kooperativ oder kompetitiv beschrieben werden kann (vgl. Pinker/Prince 1996, S. 347). In der von Pinker und Prince entwickelten Version dieses Ansatzes gehen die Autoren von distinkten Systemen aus, die aber nicht isoliert sind, sondern auf verschiedene Weise ineinandergreifen können. Dabei gestehen Pinker und Prince zu, dass Objekte in der Welt (die ja Gegenstand der Mehrzahl aller Konzepte sind) nicht die Eigenschaften klassischer Kategorien aufweisen, also keine Essenz im aristotelischen Sinne besitzen, die als Repräsentationsgrundlage dienen könnte. Klassische Kategorien existieren nur innerhalb der Grenzen formaler Systeme, und diese wiederum sind idealisierte Abstraktionen dessen, was Menschen in ihrer Umwelt vorfinden (vgl. Pinker/Prince 1996, S. 350).

Diese Perspektive lässt sich m. E. unmittelbar auf die Sprechaktproblematik und die erwähnten *felicity conditions* übertragen: Innerhalb eines formalen Systems, das Austin und Searle aufgestellt haben, verhalten sich Illokutionstypen wie klassische Kategorien, zumindest weitgehend. Sobald dieses Klassifikationssystem jedoch auf natürliche Äußerungen als potenzielle Kategoriemitglieder angewendet wird, treten Dissonanzen auf, da diese realen ‚Objekte' nur unzureichend (und graduell verschieden) dem idealisierten System entsprechen. Ziehen wir zusätzlich in Betracht, dass Exemplare aus dem prototypische Kern der jeweiligen Kategorie sich deutlich besser in das idealisierte System fügen als Austins „complicated cases" (1957, S. 195), so wird erklärbar, wie sich ein diskursives Ringen um die Validität der Sprechakttheorie in ewigen Kreisen bewegen kann, speziell wenn sprachliches Beispielmaterial opportunistisch gewählt wird. Betrachtet man prototypische Exemplare einer gegebenen Sprechakttheorie, bspw. AUFFORDERUNGEN im imperativen Satzformat, so erscheint eine klassische Definition der Kategorie durchaus möglich und im Sinne theoretischer Parsimonie vielversprechend. Untersucht man aber eine zufällige Stichprobe von funktional vergleichbaren Äußerungen, oder betrachtet die Bandbreite potenzieller Äußerungen vergleichbarer Funktion so wie Rosen in seiner Kritik des *national curriculum test* (siehe Kapitel 2), so wirkt die Reduktion auf essenzielle Merkmale oder formal-logische Regeln unpassend bis illegitim. Auch im wissenschaftlichen Beweisverfahren können so, je nach Auswahl des untersuchten Materials, verifizierende oder falsifizierende Befunde generiert werden, die aber eben nur einen gewählten Ausschnitt des Spektrums widerspiegeln. Die Komplexität menschlicher Konzepte (sprachlicher und außersprachlicher Natur), wie sie die Prototypentheorie und die Kognitionswissenschaften nachzeichnen, erlaubt eine solche dynamisch differenzierte Performanz im Einzelfall, die aus Mikroperspektive leicht als Inkonsistenz oder Widersprüchlichkeit fehlgedeutet werden kann.

4 Unterhalb der Ebene der Sprechakttypen: Ein Plädoyer für *communicative tasks*

An diese grundlegenden Überlegungen anschließend stellt sich die Frage, wie genau die Repräsentation von Sprechakten unter Einbezug prototypischer Strukturen gedacht und beschrieben werden sollte. Dazu möchte ich im Folgenden einen Vorschlag machen, dabei allerdings der Frage anteilig ausweichen, aus guten Gründen. Angesichts meines Hintergrundes in der angewandten anglistischen Sprachwissenschaft geht mein primäres Interesse an Sprechaktklassifikation von der konkreten Umsetzung in der empirischen Pragmatikforschung einerseits, der Operationalisierbarkeit bspw. in der Sprachlehre und Sprachkompetenzprüfung andererseits aus. Langjährige Forschungsarbeit in der angewandten englischen Sprachwissenschaft in diesen beiden Bereichen hat gezeigt, dass die Betrachtungsebene der Sprechakte nicht immer die maximal zielführende ist, selbst wenn es um funktional-zielgerichteten Sprachgebrauch ganz im Sinne von Austin und Searle geht. Speziell unsere methodologisch enge Verbindung zum Analyseschema des *Cross-Cultural Speech Act Realization Project* (CCSARP) (Blum-Kulka/House/Kasper 1989) und die immer wieder auftretenden Schwierigkeiten mit den Schwachstellen dieses Systems sind Ausgangspunkt für einen erweiterten, weniger kanonischen Zugang zur Analyse und Beschreibung von Sprechakten.

Überraschend war dabei die Einsicht, dass wir *de facto* unsere empirische Forschung schon lange auf eine Art betreiben, die nicht dogmatisch an den traditionellen Grenzen der Sprechakttheorie ausgerichtet ist, was übrigens auch für die ursprünglichen Studien des CCSARP selbst gilt. So ist eine der zentralen empirischen Methoden in diesem Bereich der Pragmatik der Einsatz von *discourse completion tests* (DCTs), wiederum stark durch das Fragebogenformat des CCSARP beeinflusst. Üblicherweise wird davon ausgegangen, dass dieses Forschungsinstrument Realisierungsformen von bestimmten Sprechakten elizitiert, so dass ein Sprechakt summarisch anhand der für ihn von (muttersprachlichen) InformantInnen generierten Äußerungen in DCT-Fragebögen charakterisiert werden kann. Der von uns primär verwendete *Questionnaire on English Usage* (QEU, vgl. Schneider 2005) ist bspw. so angelegt, dass er eine gewisse Bandbreite von Illokutionstypen abdeckt, abgefragt in systematisch variierten Szenarien. Die sehr detaillierte Auseinandersetzung mit einer der DCT-Siutationen aus dem QEU, der sog. „music situation", hat uns dann zur Einsicht gebracht, dass die kanonischen Sprechaktgrenzen und die von uns empirisch abgefragten Einheiten weit davon entfernt sind, deckungsgleich zu sein. Diese mangelnde Kongruenz zwischen den Beschreibungsebenen spielt spätestens dort eine Rolle, wo die empirischen Funde auf Unterschiede im pragmatischen Profil von Varietäten des Englischen bezogen werden (siehe bspw. Barron/Schneider 2009, Schröder/Schneider 2018) oder als Bausteine für den Aufbau einer Testbatterie für pragmatisch kompetentes Sprachverhalten bei Lernern eingesetzt werden (siehe bspw. Sickinger/Schneider 2014, Sickinger/Renkwitz 2018, Sell et al. 2019).

Wie aber lässt sich beschreiben, was wir in derartigen Fragebögen erfassen, wenn es sich dabei nicht um Sprechakte handelt? Die Antwort hierauf ist gleichzeitig mein Vorschlag für die eingangs gestellte Frage nach dem angemessenen Repräsentationsformat für komplex-prototypisch strukturierte Sprechaktkategorien. Eine valide Beschreibung dieser Kategorien muss m. E. auf einer Ebene unterhalb der Sprechakte ansetzen, mit einer spezifischeren Repräsentation funktionaler Kommunikationseinheiten, aus der sich als Ressource dann Sprechaktkategorien auf einer abstrakteren Ebene konstituieren. Für diese niedrigere Beschreibungsebene schlage ich den Begriff der *communicative tasks* vor, also der kommunikativen Aufgaben oder der kommunikativen Problemstellungen. Diese sind gedacht als Elemente einer erste Abstraktionsebene über der konkreten kommunikativen Situation bzw. der dazu gehörigen Einzeläußerung, aber unterhalb der Sprechaktebene (also von Illokutionstypen wie AUFFORDERUNGEN oder ENTSCHULDIGUNGEN).

Eine konkrete kommunikative Interaktion kann dabei mehrere *communicative tasks* umfassen, entweder seriell aufeinanderfolgend oder auch parallel zueinander. Dabei ist die Einstufung der aktuellen Situation als dem *communicative task* A, B oder C zugehörig eine kognitive Leistung einzelner Gesprächsteilnehmender, entsprechend auch nicht notgedrungen für alle Akteure kongruent. Genauer gesagt stellt sie eine Form der Mustererkennung dar, in der Parameter der aktuellen Situation mit vergangenen Erfahrungen (bzw. deren schematischer Repräsentation im Langzeitgedächtnis) abgeglichen werden und über so festgestellte Ähnlichkeiten eine Zuordnung vorgenommen wird. Dabei – wie bei allen konstruktiv ausgerichteten Konzeptionen von Mustererkennung (siehe bspw. Barsalou 2009, S. 1281) – muss weder eine vollständige Passung zwischen gegebener Situation und Erfahrungsschatz vorliegen, noch muss für den einstufenden Akteur vollständige Informiertheit gegeben sein. Vielmehr werden Lücken in Wissen oder Wahrnehmung in der Analyse ergänzt und dann nach dem Prinzip des *best match* das Produkt dieser Ergänzung einem bekannten Typen von *communicative task* zugeordnet (vgl. auch das Prinzip des *scaffolding* in Clark 1998).

Im so beschriebenen Sinne abstrahieren *communicative tasks* über Einzelsituationen, indem diese als verschiedene Instanzen eines geteilten Typus klassifiziert werden. Der Zweck dieses Prozesses – wie womöglich aller Kategorisierung (vgl. Lakoff 1987, Kapitel 1) – besteht darin, die detailbezogene Komplexität der vorgefundenen Umwelt zu reduzieren, so dass bestehende Handlungsoptionen auf *de facto* unterschiedliche Fälle angewendet werden können. Weniger allgemein ausgedrückt bedeutet dies, dass wir von identifizierbaren Typen von *communicative tasks* ausgehen müssen, die Transfers von vergangenen (erfolgreichen) Interaktionen auf neue, aber artverwandte kommunikative Aufgaben möglich machen. Ohne derartige wiederkehrende Muster bestünde keine Möglichkeit des effektiven Erwerbs bzw. des wechselseitigen Angleichens zwischen Mitgliedern von Sprachgemeinschaften[4] (vgl. Kronenfeld 2008; Kecskes 2014), was eine Grundvoraussetzung erfolgreichen Kommunizierens darstellt.

Die andere Seite dieses Konzeptes ist es, dass jede kommunikative Problemstellung auch potenzielle Lösungen hat, im Normalfall verschiedene, die ggf. nicht gleichermaßen zufriedenstellende Resultate im Sinne der kommunikativen Ziele der SprecherInnen einbringen. Ich benutze *communicative task* also letztlich verkürzt, um das Set eines kommunikativen Aufgabentyps und der ihm assoziativ zugeordneten Handlungsoptionen bzw. Lösungsstrategien zu bezeichnen. Dabei ist auch die so gebildete Kategorie ggf. prototypisch strukturiert, also gedacht als assoziatives Netzwerk des *communicative task*, mit dem bekannte kommunikative Handlungsoptionen mehr oder weniger stark verbunden sind und für welches die Außengrenze dessen, was noch als *solution* zugeordnet ist, wiederum unscharf gedacht werden kann. So ist etwa in unserer „music situation" aus dem QEU eine Realisierung aus dem Bereich der AUFFORDERUNGEN die naheliegendste Lösung für das bestehende kommunikative Problem, einen laut musikhörenden Nachbarn davon abzuhalten, weiter die eigene Konzentration bei der Prüfungsvorbereitung zu stören. Allerdings eignen sich auch BESCHWERDEN bzw. VORWÜRFE in diesem situativen Kontext dazu, das implizite Kommunikationsziel (nämlich eine Verhaltensänderung des Nachbarn) zu erreichen (vgl. hierzu auch Günthners Analyse von Vorwürfen, Günthner 2000). Grundlegend ist eine Skizzierung solcher Kategoriestrukturen nur auf Grundlage empirischer Forschung umzusetzen und damit zunächst nur für exemplarische Fälle realisierbar, von denen aus dann ggf. generalisiert werden kann.

---

4   Genauso legitim ließe sich behaupten, dass wiederkehrende Typen das Ergebnis von Erwerbs- und Interaktionsprozessen sind, die für den enstprechenden Abgleich sorgen – das Argument ist logisch identisch.

Wahrscheinlich ist es kein Zufall, dass in der germanistischen Pragmatik bereits eine konzeptuelle Variante zu den *communicative tasks* vorliegt, nämlich die kommunikativen Gattungen nach Günthner (siehe bspw. Günthner/Knoblauch 1995). Anteilig hat das Konzept auch Überschneidungen mit dem Begriff der Praktiken etwa bei Pennycook (2010), wobei dieser Ansatz so weitgespannt und in der Forschungsgemeinschaft heterogen ausfällt, dass ein direkter Abgleich schwierig und wenig zielführend wäre (vgl. die Kritik in Deppermann/Feilke/Linke 2016). Im Kontext der kommunikativen Gattungen fällt gelegentlich auch der eng verwandte Begriff des „communicative problem", allerdings eher beschreibend verwendet zur Charakterisierung des erwähnten Gattungsbegriffs. Die Stoßrichtung meines Vorschlags ist mit Günthners Ansatz grundlegend kompatibel, stellenweise überlappend, etwa wenn sie beschreibt, dass SprachnutzerInnen auf „memorierte Vorlagen" zurückgreifen, „die sich im Verlauf einer langen Kette vergangener Interaktionssituationen verfestigt haben und als sedimentierte Muster zur Lösung bestimmter kommunikativer Aufgaben im Wissensvorrat der Mitglieder von Sprechergemeinschaften abgespeichert sind." (Günthner 2006, S. 174) Günthner bespricht parallel hierzu auch Konstruktionen im Sinne der Konstruktionsgrammatik als „rekurrente, konventionalisierte – ja grammatikalisierte – Ressourcen [...], die von Interagierenden zur Ausführung spezifischer kommunikativer Aufgaben eingesetzt werden" (2006, S. 175) und bezeichnet kommunikative Gattungen als „Orientierungsmuster", auf welche sich „Interagierende bei der Produktion wie auch bei der Rezeption kommunikativer Handlungen beziehen." (2006, S. 187)

Was in Günthners Ansatz allerdings offen bleibt, ist ein systematischer Rückbezug dieser Strukturen – bei mir als *solutions* für bestimmte *communicative tasks* verstanden – auf das klassische Sprechaktkonzept. In dieser Hinsicht eignen sich die hier vorgeschlagenen *communicative tasks* besser, um eine Linie zwischen pragmatischer Theorie und aktuellem Forschungsbetrieb zu ziehen: Sprechaktanalyse muss in der Praxis auf dieser weniger abstrakten Ebene stattfinden, gleichzeitig ist aber die Analyse eines *communicative task* auch immer verlängert denkbar als Instantiierung einer bestimmten Sprechaktkategorie. Diesem Ansatz nach werden also die Illokutionstypen nicht im gegebenen Kontext spezifiziert und modifiziert (wie etwa im CCSARP vorgesehen, siehe Blum-Kulka/House/Kasper 1989), wodurch sich die letztlich vom Sprecher gewählte Realisierungsform ergibt; vielmehr aktiviert der Kontext, interpretiert durch die SprachnutzerInnen, bestimmte *communicative tasks*, deren assoziativ zugeordnete *solutions* sich aus bestimmten Illokutionstypen rekrutieren.

Wenn diese Ausführungen etwas theorielastig anmuten, so täuscht der Eindruck, denn das Konzept des *communicative task* leitet sich unmittelbar aus un-

serer Forschungstätigkeit und den daran anschließenden Überlegungen zur Anwendbarkeit in der Praxis ab. Dabei geht es zunächst einmal um die
Charakterisierung von grundlegenden Tendenzen im pragmatischen Handeln
der Mitglieder verschiedener Varietäten des Englischen, also das grundlegende
Programm der *Variational Pragmatics* (siehe Barron/Schneider 2009). Dieser
Ansatz ist inhärent kontrastiv, indem das pragmatische Profil einer Varietät im
Abgleich mit anderen Varietäten erst aussagekräftig wird. Konkret wird diese
Profilbildung in unserem Ansatz des *Pragmatic Profiling* durch die kontrastive
Analyse von mit dem QEU elizitierten Äußerungen von MuttersprachlerInnen
der verschiedenen Varietäten umgesetzt. Die Ergebnisse dieser Forschung repräsentieren aber – so mein Argument – nicht Sprechakte, sondern zunächst
deutlich konkretere *communicative tasks* und deren jeweiligen *solutions*, die sich
aus illokutionären Überkategorien rekrutieren (bzw. diese konstituieren). Wenn
wir also Profile sprachlichen Handelns zwischen Varietäten vergleichen, so ist
dies letztlich ein Abgleich der zwischen den Gruppen unterschiedlich zusammengesetzten Sets von *communicative tasks* und *solutions*.

Ähnlich fällt auch unser Zugang zur Erforschung und Evaluation pragmatischer Kompetenz aus (vgl. Sickinger/Schneider 2014): Lernende erwerben pragmatische Kompetenz in der Zielsprache, indem sie lernen, gegebene Kommunikationssituationen als *communicative tasks* eines bestimmten Typs
einzustufen und dazu *solutions* generieren, die von der Zielsprachgemeinschaft
als angemessen wahrgenommen werden. Das Gelingen der konkreten Performanz hängt dabei sowohl von erfolgreicher Mustererkennung und Klassifizierung der Problemstellung als auch von der Kompatibilität des mental repräsentierten Sets von assoziierten *solutions* ab. An diesem Punkt sollte offensichtlich
sein, inwiefern diese Darstellung spezifischer und konkreter ist als die Aussage,
dass Lernende Sprechaktgebrauch in Übereinstimmung mit muttersprachlichen
Normen beherrschen müssen, um pragmatisch kompetent zu kommunizieren.
Dies trifft sich dann auch mit den praktischen Anforderungen, die der institutionelle Sprachprüfungsbetrieb ohnehin zu erfüllen hat: Getestet werden
Sprachlernende (idealerweise) auf kompetentes sprachliches Verhalten in spezifischen Situationen hin, nicht generisch auf abstrakte Sprechaktkompetenz.
Meiner Interpretation nach ist dies keine der Testsituation geschuldete Einschränkung, sondern vielmehr eine direkte Folge davon, wie pragmatische
Kompetenz erworben und mental repräsentiert wird.

5 Fazit

Aus den vorangehenden Überlegungen lässt sich der folgende Schluss ziehen: Pragmatische Kompetenz wird nicht auf Ebene der Sprechakte erworben, und ihre mentale Repräsentation lässt sich auch schwerlich auf dieser Ebene testen. Genauso wenig (und aus denselben Gründen) ist ein bestimmter Sprechaktgebrauch für eine Varietät des Englischen charakteristisch, auch wenn dies der üblichen Darstellungsweise im Feld der *Variational Pragmatics* entspricht. Vielmehr findet beides auf der Ebene von *communicative tasks* und jeweils zugehörigen Sets von *solutions* statt, wobei hier (vergleichbar der Übersetzungsanalyse) das Verhältnis zwischen den beiden entweder das einer Eins-zu-eins- Entsprechung sein kann, genauso aber auch Eins-zu-viele- oder Viele-zu-eins-Relationen bestehen können. Das zeigt sich bspw. im oben erwähnten Beispiel der als „music situation" bezeichneten DCT-Situation, für die sich Vertreter verschiedener illokutionärer Kategorien als Lösungsstrategie anbieten. Das Set an möglichen *solutions* für diesen *communicative task* rekrutiert sich also auf höherer Ebene mindestens aus zwei Sprechaktkategorien, wobei auch nicht alle generell möglichen AUFFORDERUNGEN und BESCHWERDEN hier ausreichende Passung haben. Die Menge der Äußerungen, die MuttersprachlerInnen zum Bewältigen dieser kommunikativen Aufgabe geeignet erscheint (identifiziert entweder durch Produktionsaufgaben oder in perzeptuellen Bewertungen) ist also gleichzeitig enger als die jeweiligen Sprechaktkategorien, überlappt aber mit beiden und geht dadurch über jede einzeln betrachtet hinaus.

Es erscheint bei genauerer Betrachtung also wenig sinnvoll, davon zu sprechen, dass Kompetenz für den Sprechakt AUFFORDERUNG die notwendige Voraussetzung für geglücktes und erfolgreiches kommunikatives Verhalten in dieser Situation darstellt. Die Aussage ist nicht *per se* falsch, sie unterdeterminiert nur die Extension des Feldes an möglichen *solutions* für die gegebene Situation. Diese Einsicht lässt sich m. E. generalisieren: Für einen relevanten Anteil aller kommunikativen Problemstellungen lassen sich Lösungen aus verschiedenen Sprechaktkategorien rekrutieren, es besteht also kein Eins-zu-eins-Verhältnis zwischen Sprechakt und kompetentem sprachlichen Handeln. Gleichzeitig sind offensichtlich nicht alle Mitglieder einer gegebenen Sprechaktkategorie gleichermaßen dazu geeignet, in der jeweiligen Situation sprachlich zu agieren, bzw. führen nicht alle gleichermaßen zuverlässig zum gewünschten kommunikativen Effekt (siehe Sickinger/Renkwitz 2018). Sowohl die Frage nach der Sprechaktkompetenz von Lernenden als auch die nach varietätenspezifischem Sprechaktgebrauch sind zu generisch, verfehlen in der wörtlich verstandenen Umsetzung also potenziell das Forschungs- bzw. Anwendungsziel.

Der Umstand, dass in der Praxis die Analyse sprachlichen Handelns für gewöhnlich gar nicht auf Sprechaktebene stattfindet, sondern ohnehin auf der Ebene der *communicative tasks* angesiedelt ist, spricht für die Validität des Arguments. Insofern ist mein Plädoyer für die *communicative tasks* auch eher mit der theoretisch-analytischen Beschreibung der vorgefundenen Phänomene befasst, als dass es eine radikale Umstellung der Forschungspraktiken nötig machen würde. Auf theoretischer Ebene sind viele bestehende Forschungsprojekte trotzdem auf einem Irrweg, wenn ihr Fokus unhinterfragt auf der Konstitution bzw. Realisierung bestimmter Sprechakttypen liegt und damit letztlich nicht das erfasst wird, was in den zugehörigen Studien tatsächlich erhoben wurde.

Um noch einmal auf Pinker und Prince (1996) im Kontext der Prototypentheorie zu rekurrieren: Klassische Kategorisierung ist nur im Rahmen eines formalen Systems erfolgversprechend, und diese sind nur durch idealisierende Abstraktion vom realweltlichen Objekt zu etablieren. Wenn also ein wissenschaftliches (oder in der Sprachpraxis angesiedeltes) Interesse an tatsächlichem sprachlichen Handeln und den dahinter stehenden Kompetenzen besteht, dann ist das kanonische Modellieren im sprechakttheoretischen Rahmen ggf. nicht zielführend. Die hier beschriebenen Sets von *communicative tasks* und entsprechenden *solutions* bieten einen feiner konturierten, äußerungs- und kontextnäheren Beschreibungsrahmen, der gleichzeitig nicht in Konkurrenz zum Sprechaktkonzept steht, sondern Sprechaktkategorien vielmehr ‚von unten' konstituieren kann. Die daraus resultierenden, emergenten Sprechaktkategorien werden in dem Fall allerdings nicht klassisch ausfallen im Sinne von Searles *felicity conditions*, sondern vielmehr komplex strukturierte Prototypenkategorien bilden, die sich einer regelhaften Definition weitgehend entziehen. Dieses Umdenken erscheint mir spezifisch im angewandten Bereich relevant, bspw. in der Sprachlehrpraxis und Sprachkompetenzüberprüfung, da hier verwendete Kategorien notwendigerweise operationalisiert werden müssen, um mit dem von Lernenden und anderen SprecherInnen generierten Sprachmaterial sinnvoll und zielgerichtet umgehen zu können.

Literatur

Austin, John L. (1957): A plea for excuses: The Presidential Address. Proceedings of the Aristotelian Society 57, S. 1–30. Neu herausgegeben in: Austin, John L./Urmson, J. O./ Warnock, G. J. (1979): Philosophical papers. Oxford: Oxford University Press. S. 175–204.

Austin, John L. (1965): How to do things with words. New York: Oxford University Press.

Ballmer, Thomas T. (1979): Probleme der Klassifikation von Sprechakten. In: Grewendorf, Günter (Hg.): Sprechakttheorie und Semantik. Frankfurt am Main: Suhrkamp. S. 247–274.

Barron, Anne/Schneider, Klaus P. (2009): Variational pragmatics: Studying the impact of social factors on language use in interaction. In: Intercultural Pragmatics 6 (4), S. 425–442.

Barsalou, Lawrence W. (2009): Simulation, situated conceptualization, and prediction. In: Philosophical Transactions of the Royal Society of London: Biological Sciences 364, S. 1281–1289.

Blum-Kulka, Shoshana/House, Juliane/Kasper, Gabriele (1989): Investigating cross-cultural pragmatics: An introductory overview. In: Blum-Kulka, Shoshana/House, Juliane/Kasper, Gabriele (Hg.): Cross-cultural pragmatics: Requests and apologies. Norwood, NJ: Ablex. S. 1–34.

Bonnefon, Jean-François/Feeney, Aidan/Villejoubert, Gaëlle (2009): When some is actually all: Scalar inferences in face-threatening contexts. In: Cognition 112, 249–258.

Clark, Andy (1998): Being there: Putting brain, body and world together again. Cambridge, MA: MIT Press.

Coleman, Linda/Kay, Paul (1981): Prototype semantics: The English word *lie*. In: Language 57 (1), S. 26–44.

Culpeper, Jonathan (2012): Impoliteness: Three issues. In: Journal of Pragmatics 44, S. 1128–1133.

Culpeper, Jonathan/Archer, Dawn (2008): Requests and directness in Early Modern English trial proceedings and play texts, 1640–1760. In: Jucker, Andreas H./Taavitsainen, Irma (Hg.) (2008): Speech acts in the history of English. Amsterdam, Philadelphia: John Benjamins. S. 45–84.

Deppermann, Arnulf/Feilke, Helmuth/Linke, Angelika (2016): Sprachliche und kommunikative Praktiken: Eine Annäherung aus linguistischer Sicht. In: Deppermann, Arnulf/Feilke, Helmuth/Linke, Angelika (Hg.): Sprachliche und kommunikative Praktiken. Berlin/Boston: de Gruyter. S. 1–23.

Geeraerts, Dirk (2006): Introduction: A rough guide to cognitive linguistics. In: Geeraerts, Dirk (Hg.): Cognitive linguistics: Basic readings. Berlin, New York: de Gruyter. S. 1–28.

Geeraerts, Dirk/Grondelaers, Stefan/Bakema, Peter (1994): The structure of lexical variation. Meaning, naming, and context. Berlin, New York: de Gruyter.

Gibbs, Raymond W. Jr./Delaney, Suzanne M. (1987): Pragmatic factors in making and understanding promises. In: Discourse Processes 10 (1), S. 107–126.

Gibbs, Raymond W. Jr./Moise, Jessica F. (1997): Pragmatics in understanding what is said. In: Cognition 62, S. 51–74.

Gibbs, Raymond W. Jr./Mueller, Rachel A. G. (1988): Conversational sequences and preference for indirect speech acts. In: Discourse Processes 11 (1), S. 101–116.

Goffman, Erving (1983): Felicity's condition. In: American Journal of Sociology 89 (1), S. 1–53.

Grice, H. Paul (1975): Logic and conversation. In: Davidson, Donald/Harman, Gilbert (Hg.): The Logic of grammar. Encino, CA: Dickenson. S. 64–75.

Günthner, Susanne (2000): Vorwurfsaktivitäten in der Alltagsinteraktion. Grammatische, prosodische, rhetorisch-stilistische und interaktive Verfahren bei der Konstitution kommunikativer Muster und Gattungen. Tübingen: Niemeyer.

Günthner, Susanne (2006): Von Konstruktionen zu kommunikativen Gattungen: Die Relevanz sedimentierter Muster für die Ausführung kommunikativer Aufgaben. In: Deutsche Sprache 34, S. 173–190.

Günthner, Susanne/Knoblauch, Hubert (1995): Culturally patterned speaking practices – The analysis of communicative genres. In: Pragmatics 5 (1), S. 1–32.

Hancher, Michael (1979): The classification of cooperative illocutionary acts. In: Language in Society 8 (1), S. 1–14.

Horn, Larry (1984): Toward a new taxonomy for pragmatic inference: Q- and R-based implicature. In: Schiffrin, Deborah (Hg.): Meaning, form, and use in context. Washington : Georgetown University Press. S. 11–42.

Jucker, Andreas H./Taavitsainen, Irma (2000): Diachronic speech act analysis: Insults from flyting to flaming. In: Journal of Historical Pragmatics 1 (1), S. 67–95.

Kasper, Gabriele/Ross, Steven J. (2013): Assessing second language pragmatics: An overview and introductions. In: Ross, Steven J./Kasper, Gabriele (Hg.): Assessing second language pragmatics. New York: Palgrave Macmillan. S. 1–40.

Kecskes, Istvan (2014): Intercultural pragmatics. Oxford: Oxford University Press.

Kronenfeld, David (2008): Cultural models. In: Intercultural Pragmatics 5 (1), S. 67–74.

Kosecki, Krzysztof (2007): On multiple metonymies within indirect speech acts. In: Research in Language 5, S. 213–219.

Labov, William (1973): The boundaries of words and their meanings. In: Bailey, Charles-James N./Shuy, Roger W. (Hg.): New ways of analyzing variation in English. Washington D.C.: Georgetown University Press. S. 340–373.

Lakoff, George (1987): Women, fire, and dangerous things: What categories reveal about the mind. Chicago: University of Chicago Press.

Levinson, Stephen C. (1987): Minimization and conversational inference. In: Verschueren, Jef/Bertuccelli Papi, Marcella (Hg.): The pragmatic perspective. Amsterdam: John Benjamins. S. 61–129.

Levinson, Stephen C. (1995): Three levels of meaning. In: Palmer, Frank R. (Hg.): Grammar and meaning: Essays in honour of Sir John Lyons. Cambridge: Cambridge University Press. S. 90–115.

Moeschler, Jacques (2001): Speech act theory and the analysis of conversation. In: Vanderveken, Daniel/Kubo, Susumu (Hg.): Essays in speech act theory. Amsterdam, Philadelphia: John Benjamins. S. 239–262.

Noveck, Ira/Sperber, Dan (Hg.) (2004): Experimental pragmatics. Basingstoke, New York: Palgrave Macmillan.

Panther, Klaus-Uwe/Thornburg, Linda (Hg.) (2003): Metonymy and pragmatic inferencing. Amsterdam, Philadelphia: John Benjamins.

Pavlenko, Aneta (2009): Conceptual representation in the bilingual lexicon and second language vocabulary learning. In: Pavlenko, Aneta (Hg.): The bilingual mental lexicon. Interdisciplinary approaches. Bristol: Multilingual Matters. S. 125–160.

Pennycook, Alistair (2010): Language as a local practice. New York: Routledge.

Pinker, Steven/Prince, Alan (1996): The nature of human concepts. Evidence from an unusual source. In: Communication and Cognition 29 (3), S. 307–362.

Rosch, Eleanor (1973): Natural categories. In: Cognitive Psychology 4, S. 328–350.

Rosch, Eleanor (1975): Cognitive reference points. In: Cognitive Psychology 7, S. 532–547.

Rosen, Michael (2018): SPaG 2018 – analysed question by question. What's wrong with it? Online unter: http://michaelrosenblog.blogspot.com/2018/12/spag-2018-analysed-question-by-question.html.

Sadock, Jerrold M. (1994): Toward a grammatically realistic typology of speech acts. In: Tsohatzidis, Savas L. (Hg.): Foundations of speech act theory. London: Routledge. S. 393–406.

Schneider, Klaus P. (2005): 'No problem, you're welcome, anytime' Responding to thanks in Ireland, England, and the USA. In: Barron, Anne/Schneider, Klaus P. (Hg.): The pragmatics of Irish English. Berlin, New York: Mouton de Gruyter. S. 101–139.

Schneider, Klaus (2012): Pragmatic variation and cultural models. In: Review of Cognitive Linguistics 10 (2), S. 346–372.

Schröder, Anne/Schneider, Klaus P. (2018): Variational pragmatics, responses to thanks, and the specificity of English in Namibia. In: English World-Wide 39 (3), 338–363.

Searle, John (1969): Speech acts. An essay in the philosophy of language. Cambridge: Cambridge University Press.

Sell, Friederike/Renkwitz, Katrin/Sickinger, Pawel/Schneider, Klaus P. (2019): Measuring pragmatic competence on the functional and lexical level: The development of German high-school students' requests during a stay abroad in Canada. In: Journal of Pragmatics 146, S. 106–120.

Sharifian, Farzad (2011): Cultural conceptualisations and language: Theoretical framework and applications. Amsterdam: John Benjamins.

Sickinger, Pawel (2018): Mental models across languages. The visual representation of baldness terms in German, English, and Japanese. Amsterdam, Philadelphia: John Benjamins.

Sickinger, Pawel/Renkwitz, Katrin (2018): Learner or native speaker? Native speaker perceptions of learner status and appropriate communicative behavior. Präsentation auf der INPRA 2018, Universität Zypern.

Sperber, Dan/Wilson, Deirdre (1981): Pragmatics. In: Cognition 10, S. 281–286.

Sperber, Dan/Wilson, Deirdre (1986): Relevance: Communication and cognition. Oxford: Blackwell.

Standards and Testing Agency (2018): National curriculum test handbook: 2018. Key stages 1 and 2. Online unter: https://www.gov.uk/government/publications/2018-national-curriculum-test-handbook.

Taavitsainen, Irma/Jucker, Andreas H. (2008): Speech acts now and then: Towards a pragmatic history of English. In: Jucker, Andreas H./Taavitsainen, Irma (Hg.) (2008): Speech acts in the history of English. Amsterdam, Philadelphia: John Benjamins. S. 1–26.

Taylor, John R. (1995): Linguistic categorization. 2nd edition. Oxford: Oxford University Press.

Taylor, John R. (2003): Near synonyms as co-extensive categories: "High" and "tall" revisited. Language Sciences 25, S. 263–284.

Terkourafi, Marina (2011): From politeness1 to politeness 2: Tracking norms of im/politeness across time and space. In: Journal of Politeness Research 7 (2), S. 159–185.

Ulkan, Maria (1992): Zur Klassifikation von Sprechakten. Tübingen: Niemeyer.

Valkonen, Petteri (2008): Showing a little promise: Identifying and retrieving explicit illocutionary acts from a corpus of written prose. In: Jucker, Andreas H./Taavitsainen, Irma (Hg.) (2008): Speech acts in the history of English. Amsterdam, Philadelphia: John Benjamins. S. 247–272.

Weissman, Benjamin/Terkourafi, Marina (2019): Are false implicatures lies? An empirical investigation. In: Mind & Language 34 (2), S. 221–246

Wunderlich, Dieter (1986): Wie kommen wir zu einer Typologie der Sprechakte? In: Neuphilologische Mitteilungen 87 (4). S. 498–509.

Too little, too late - Der Sprechakt Kondolieren auf Twitter durch Donald Trump

Astrid Tuchen

Abstract: Condoling can be described with reference to the speech act theory as illustrated by Searle (1969, 1979) as an expressive speech act. Its illocutionary point consists in expressing sorrow to and sympathy with the addressee over the death of a person. Traditionally condolences are offered either personally or through a letter of condolence. Internet based communication has changed this tradition: E-mail, social platforms or instant messaging offer a variety of means to give condolences. Donald Trump, president of the USA, is at present being discussed as one of the most active and controversial politicians to use twitter. His usage includes offering condolences through tweets. The paper describes the content-related structure of condolence tweets made by Donald Trump. Comments made by twitter users are analyzed to clarify whether the speech act is being taken up as successfully performed or not.

1 Vorbemerkungen

Die Searle'sche Sprechakttheorie gilt als einer der grundlegenden Ansätze der Pragmatik und ist selbst im Jahre ihres 50-jährigen Jubiläums Bestandteil in Grundlagenlektüren für wissenschaftliche Veranstaltungen sowie in Einführungswerken und Handbüchern zur Pragmatik (vgl. Finkbeiner 2015; Liedtke 2016, Liedtke/Tuchen 2018). Ihr Einfluss auf die Entwicklung der Pragmatik zu einer eigenständigen Disziplin im Bereich der Linguistik sowie auf die Entwicklung anderer pragmalinguistischer Theorieansätze ist unumstritten.

In den vergangenen 50 Jahren haben sich die Kommunikationsformen stark verändert. Insbesondere das Internet kann in diesem Zusammenhang als Ursache für einen grundlegenden Wandel der Art und Weise, wie Menschen miteinander kommunizieren und vor allem wie sie sprachlich handeln, somit auch

Sprechakte ausführen, verstanden werden. Im Zusammenhang damit liegt die Frage nahe, inwiefern die Sprechakttheorie noch immer oder sogar überhaupt dazu geeignet ist, sprachliche Handlungen zu beschreiben und zu analysieren. Ist die Sprechakttheorie noch immer ein adäquates Mittel, sprachliche Handlungen zu analysieren, die unter Verwendung einer relativ neuen Kommunikationspraxis wie bspw. *Twitter* zustande gekommen sind?

Um dieser Frage nachzugehen, wird der bisher wenig berücksichtigte Sprechakt KONDOLIEREN auf Twitter durch Donald Trump näher betrachtet. KONDOLIEREN ist einer der Sprechakte, welche zwar von Austin (1962, S. 151) und Searle (1979, S. 15) erwähnt, jedoch nie ausführlich beschrieben, sondern lediglich angedacht worden sind. Die Ausführungen zum Sprechakt sind in allen klassischen Darstellungen zur Sprechakttheorie unterspezifiziert. Dieser Beitrag hat das Ziel, die bestehende Lücke unter Betrachtungen der Kondolenz-Tweets Donald Trumps zumindest zu verkleinern.

Die Beileidsbekundungen Trumps auf Twitter sind vor diesem Hintergrund aus mehreren Gründen interessant. Zum einen ist KONDOLIEREN ein Sprechakt, welcher dem/der SprecherIn im besonderen Maße ein Gefühl dafür abverlangt, im Rahmen solch eines emotionalen Ereignisses angemessene Worte zu finden. Der Verlust eines nahestehenden Menschen ist für die Hinterbliebenen eine äußerst aufwühlende Situation, in welcher emotionale Zustände wie tiefe Trauer, Schock oder gar Gefühlslosigkeit auftreten können. Der/die Kondolierende sollte mit den gewählten Worten auf diesen Zustand Rücksicht nehmen und auf ihn eingehen können.

Zum anderen steht Donald Trump als Twitter-Nutzer immer wieder im Mittelpunkt der Frage nach einem korrekten und angemessenen kommunikativen Verhalten[1] im Rahmen dieser Plattform. Auch im wissenschaftlichen Diskurs wird sich mit Fragen nach Trumps sprachlichem und kommunikativem Stil auf Twitter auseinandergesetzt (vgl. u. a. Ahmadian/Azarshahi/Paulhus 2016; Grieve/Clark 2017; Ott 2017; Ott/Dickinson 2019). Dies liegt vor allem darin begründet, dass Trump wie kein anderer Politiker zuvor Twitter als Kommunikationsmedium einsetzt (Stolee/Caton 2018) und mit seinem offensiven Stil die Grenzen dessen auslotet, was und wie mit Twitter kommuniziert werden darf und kann. Dabei werden verschiedene Aspekte diskutiert, wie z. B. die Verwendung von Hate Speech (vgl. Müller/Schwarz 2018), wiederholten Falschaussagen, Beleidigungen und sexistischen sowie rassistischen Äußerungen. Vor diesen Hintergrundannahmen ist es interessant, den Sprechakt KONDOLIEREN zu

---

betrachten, welcher, wie oben erläutert, kommunikative Feinsinnigkeit voraussetzt.

Wie erfolgt demnach das Bekunden von Beileid durch einen kontrovers diskutierten Twitter-Nutzer? Dazu lässt sich der zentrale Aspekt des inhaltlichen Aufbaus der Tweets zählen, d. h.: Wie können die Kondolenz-Tweets inhaltlich beschrieben werden? Eine weitere Perspektive, welche durch die vorliegende Untersuchung beleuchtet wird, ist die Frage nach der Akzeptabilität in Bezug auf die Gelingensbedingungen des Sprechaktes und den damit in Zusammenhang stehenden Faktoren. Hierbei stehen die Reaktionen der LeserInnen als ebenfalls adressierte Personen im Zentrum. Nach Kühn (1995, S. 63f.) kann das Versenden eines Tweets als absichtlich und willentlich durchgeführte, routinierte und mehrfachadressierte Sprachhandlung beschrieben werden. Trump ist sich somit als Sender bewusst, nicht nur die Hinterbliebenen anzusprechen, sondern auch andere Twitter-NutzerInnen.

Vor der übergeordneten Frage nach der Anwendbarkeit der Sprechakttheorie auf das neue Kommunikationsmedium *Twitter* sollen die folgenden Forschungsfragen im Rahmen einer korpusgestützten Analyse beantwortet werden:

- Aus welchen Inhalten setzen sich die Kondolenz-Tweets Trumps zusammen; in welche Kategorien lassen sich diese einteilen?
- Kann der Kondolenz-Tweet Trumps zum Tod John McCains im Rahmen der Sprechakttheorie als gelungen oder misslungen beschrieben werden? Ist die Sprechakttheorie in der Lage, angemessene Erklärungen für die Ergebnisse zu liefen?

Der Beitrag gliedert sich wie folgt: Eingangs wird das Bekunden von Beileid aus verschiedenen Perspektiven betrachtet sowie ein Forschungsüberblick zum Thema gegeben. Der Hauptteil umfasst die qualitative korpusgestützte Analyse der (1) Kondolenz-Tweets sowie (2) der Kommentare zum Kondolenz-Tweet Trumps zum Tod von John McCain. Die Ergebnisse werden abschließend diskutiert und in einem Fazit zusammengefasst.

2 Kondolieren

2.1 Kondolieren als ritualisierte soziale Handlung

Das Verb *kondolieren* wurde im 17. Jh. aus dem mfrz. *se condoloir* entlehnt, dem das lateinische Verb *con-dolere* ‚mitleiden' oder ‚Mitgefühl haben' zugrunde liegt[2]. Das Bekunden von Beileid zählt neben vielen anderen Handlungen, wie bspw. dem Tragen von Trauerkleidung, dem Leichenschmaus oder dem Erdwurf bzw. Blumenwurf auf den Sarg, als eine Form des Trauerrituals (Sörries 2012, S. 67f.). Die Funktion solcher Trauerrituale besteht hierbei u. a. in „der Wiederherstellung der sozialen Gemeinschaft" bzw. in „der Reparatur des sozialen Gefüges" (Sörries 2012, S. 67). Darüber hinaus hat Kondolieren als Teil eines solchen Ritualkatalogs insbesondere das Ziel, die Trauer bei den Hinterbliebenen zu lindern (Sörries 2012, S. 187). Im engen Zusammenhang zur Trauer steht das Konzept des Trostes. Unterschieden werden soll jedoch gemäß Sörries (2012, S. 192) zwischen Trost spenden und Trost finden. Sörries (2012, S. 192) beschreibt das Bekunden von Beileid als ritualisiertes Trostspenden, üblicherweise durchgeführt als persönliche Handlung am Grab oder im Rahmen eines Trauerbesuches, aber auch schriftlich in Form eines Kondolenzschreibens.

2.2 Kondolieren im Netz

Neue Kommunikationsformen verändern die Art und Weise, wie kondoliert wird; insbesondere das Internet kann hier als einflussnehmender Faktor angeführt werden. Sogenannte E-Cards ermöglichen es, eine Trauerkarte im Anhang einer E-Mail oder als Instant Message zu versenden. Soziale Medien wie bspw. Facebook oder Instagram bieten vielfältige Möglichkeiten, das eigene Beileid direkt zu übermitteln (in Form einer persönlichen Nachricht) oder einer breiten Masse zugänglich zu machen (als Status Update oder Post). Twitter als kommunikative Plattform ermöglicht den NutzerInnen, Beileidsbekundungen in Form von Tweets entweder für alle zugänglich oder nur für die eigenen Follower zu verfassen. Zusätzlich können Verlinkungen anderer Twitter-NutzerInnen durch das @-Zeichen vorgenommen werden, was diese auf den entsprechenden Tweet hinweist. Durch verschiedene, von Twitter bereitgestellte Funktionen sind andere Twitter-NutzerInnen in der Lage, auf diesen zu reagieren; mit einem Klick auf das Herz-Symbol kann die Zustimmung oder das Gefallen ausgedrückt werden, NutzerInnen können mit Hilfe der Re-Tweet-Funktion den Tweet unter ihrem Account erneut versenden oder aber per Kommentar direkt auf den Tweet reagieren.

---

2   „kondolieren" in: Wolfgang Pfeifer et al., Etymologisches Wörterbuch des Deutschen (1993), digitalisierte und von Wolfgang Pfeifer überarbeitete Version im Digitalen Wörterbuch der deutschen Sprache. Online unter: www.dwds.de/wb/kondolieren.

2.3 Kondolieren als Sprechakt

Im Rahmen der verschiedenen Ausführungen der Sprechakttheorie wird KON-DOLIEREN unterschiedlichen Klassen zugeordnet. Diese sollen im Folgenden einführend erläutert werden.

2.3.1 J. L. Austin: Kondolieren als konduktiver Sprechakt

J. L. Austin (1962) teilt KONDOLIEREN im Rahmen der von ihm aufgestellten Sprechakttypologie in die Gruppe der *behabitives* (dt. Konduktive) ein. Diese stehen im Zusammenhang mit Einstellungen von SprecherInnen und deren sozialem Verhalten (Austin 1962, S. 151). Konduktive drücken Einstellungen, Emotionen oder Reaktionen in Bezug auf das Verhalten, Schicksal sowie Ansichten anderer Menschen aus. Kondolieren wird neben beklagen, bedauern, loben, gratulieren und beglückwünschen von Austin unter dem Aspekt Mitfühlen/Mitgefühl (*sympathy*) eingeordnet.

2.3.2 J. R. Searle: Kondolieren als expressiver Sprechakt

Searle (1979), angelehnt an Austin, unterteilt illokutionäre Akte in fünf Kategorien. KONDOLIEREN wird dabei der Sprechaktklasse Expressiva zugeordnet (1979, S. 15). Unterscheidendes Merkmal der Expressiva ist, dass sie „the psychological state specified in the sincerity condition about a state of affairs in the propositional content" (1979, S. 15) ausdrücken. Konkret bedeutet dies auf das Bekunden von Beileid bezogen, ausgedrückt in der klassischen Form

(1)   Mein herzliches Beileid.

(→ Hiermit spreche ich dir mein herzliches Beileid in Bezug auf den Tod von Person X aus.),

dass der Sprecher bzw. die Sprecherin sein/ihr Mitgefühl bezüglich des Todes einer dem/der Adressaten/Adressatin (sowie SprecherIn) bekannten Person X ausspricht. Das Mitleiden oder auch Mitfühlen ist in diesem Fall der zum Ausdruck gebrachte psychische Zustand, welcher sich auf die Proposition *Tod von Person X* bezieht. Die Anpassungsrichtung kann in dieser Sprechaktklasse unberücksichtigt bleiben, da weder die Welt sich den Worten anpassen soll, noch soll eine Übereinstimmung der Worte mit der Welt stattfinden – „[...] rather the truth of the expressed proposition is presupposed" (Searle 1979, S. 15). Im Vordergrund stehen die zur Proposition ausgedrückten Gefühle; der Ausdruck des psychischen Zustands dient nicht einem illokutionären Zweck, sondern stellt den eigentlichen Zweck dieses Sprechaktes dar.

Im Idealfall stimmt der in der Beileidsbekundung ausgedrückte emotionale
Zustand mit dem psychischen Zustand des Sprechers bzw. der Sprecherin übe-
rein, ist dies jedoch nicht der Fall, wird von einer defekten, aber dennoch ge-
lungenen Kondolenzbekundung gesprochen (vgl. Searle/Vanderveken 1985, S.
18). Dies bedeutet, dass der Sprechakt auch dann gelingen kann, selbst wenn der
Sprecher bzw. die Sprecherin nicht das von ihr vermittelte Mitgefühl empfindet.
In Bezug auf Searles (1969, S. 62f.) Regeltypen könnte KONDOLIEREN im
Rahmen der Sprechakttheorie folgendermaßen charakterisiert werden:

- Regel des propositionalen Gehalts: die in der Beileidsbekundung ausge-
  drückte Proposition bezieht sich auf ein vorangegangenes Todesereignis
  E, welches H betrifft
- Einleitungsregeln: S glaubt, dass das Bekunden von Beileid im Sinne von
  H ist
- Regel der Aufrichtigkeit: S empfindet Mitgefühl für H aufgrund von E
- Wesentliche Regel: KONDOLIEREN gilt aus Ausdruck des Mitgefühls von S
  für H in Bezug auf E.

2.3.3 K. Bach/R. Harnish: Kondolieren als Acknowledgements

Bach/Harnish (1979, S. 41) unterscheiden zwischen vier Kategorien kommunikativer illokutionärer Akte: Konstativa, Direktiva, Kommissiva und Acknowledgments. Acknowledgments (Bach/Harnish 1979, S. 51–55) stellen die zentralen Fälle von Austins *behabitives* dar. Sie drücken in erster Linie Gefühle aus,
welche den Hörer auf verschiedene Art betreffen können. Diese Gefühle und
ihr Zum-Ausdruck-Bringen sind dabei den jeweiligen Ereignissen angemessen.
KONDOLIEREN fällt in die Gruppe der Acknowledgments, da die Sprecherin bzw.
der Sprecher dem Adressaten bzw. der Adressatin gegenüber ihr Mitgefühl in
Bezug auf einen diesen/dieser betreffenden Unglücksfall äußert (Bach/Harnish
1979, S. 51).

Werden Acknowledgments jedoch oberflächlich (*perfunctory*) oder im
Rahmen eines offiziell-förmlichen, erwarteten Aktes (*formal*) ausgeführt, drücken diese die Intention des Sprechers/der Sprecherin aus, dass die getätigte
Äußerung den gesellschaftlichen Erwartungen, eben jene Gefühle auszudrücken, entspricht, sowie seine Überzeugung, dass diese Äußerung genau diese
Erwartung erfüllt (Bach/Harnish 1979, S. 41). Dabei steht demnach die Erfüllung
einer gesellschaftlichen Erwartung, ein dem Ereignis angemessenes Gefühl auszudrücken, im Vordergrund; ob die/der Sprecherin/Sprecher auch aufrichtig die
ausgedrückten Gefühle hegt, ist nicht relevant.

Die Aufgabe des/der Adressate/In im Falle einer oberflächlich oder formal
getätigten Beileidsbekundung besteht hierbei im besonderen Maße darin, zu

kooperieren (Bach/Harnish 1979, S. 53) – im besten Falle also die Intention der/ des Sprecherin/Sprechers, die gesellschaftliche Erwartung zu erfüllen, nicht in Frage zu stellen, sondern anzuerkennen. Oberflächliche Acknowledgments fallen damit für die Autoren in den Bereich der Höflichkeit, in welchem das Zusammenspiel von SprecherIn und AdressatIn ausschlaggebend für das Aufrechterhalten eines sozialen Gefüges ist, welches das Gelingen des Sprechaktes gewährleistet – auch ohne die Aufrichtigkeit von Gefühlen. Nicht die/der Sprecherin/Sprecher ist in diesem Fall unhöflich (trotz Unaufrichtigkeit), sondern das Gelingen der Höflichkeit hängt in hohem Maße von der Kooperativität des/ der Adressate/In ab. Würde dieser nach der Aufrichtigkeit der Gefühle der/des Sprecherin/Sprechers fragen, wäre dies „[...] an act of gross discourtesy and social disruptiveness" (Bach/Harnish 1979, S. 53). In diesem Zusammenhang weist Norrick (1978, S. 287) darauf hin, dass kondolieren zwar den „most ‚heartfelt' [...] expressive illocutionary act" darstellt, aber „these emotions are not necessary to their successful performance with certain social functions" (Norrick 1978, S. 287). Vielmehr steht die etablierte Funktion des Sprechaktes – angemessen auf einen Todesfall reagieren zu können – im Vordergrund.

2.3.4 Empirische Forschung

Die Anzahl empirischer Studien, welche das Bekunden von Beileid aus sprechakttheoretischer Perspektive untersuchen, ist gering. Dabei wird jedoch vor allem darauf hingewiesen, dass KONDOLIEREN einer der Sprechakte sei, welchem bisher nicht genügend Aufmerksamkeit entgegengebracht wurde (vgl. u. a. Loftollahi/Eslami-Rasekh 2011, S. 139; Janusheva/Neshkovska 2018, S. 86).

Etwa zwei Drittel der Studien, welche die Sprechakttheorie heranziehen, um das sprachliche Phänomen Kondolieren vor einem pragmalinguistischen Hintergrund einzuordnen und zu erklären, sind sprach- und kulturvergleichend (Englisch-Persisch: Lotfollahi/Eslami-Rasekh 2011; Morady Moghaddam 2012; Samavarchi/Allami 2012; Behnam et al. 2013), das andere Drittel betrachtet jeweils nur eine Sprache (Arabisch: Al-Shboul/Maros 2013; Yayha 2009, Mazedonisch: Janusheva/Neshkovska 2018, Englisch: Kuang 2018). Datengrundlagen sind u. a. im Rahmen von *Discourse Completion Tasks* elizitierte (Lotfollahi/ Eslami-Rasekh 2011; Janusheva/Neshkovska 2018; Samavarchi/Allami 2012) sowie erinnerte (Yahya 2009) Beileidsbekundungen, aber auch Film-Dialoge (Morady Mogghadam 2012), Facebook-Kommentare auf eine Todesnachricht (Al-Shboul/Maros 2013, Kuang 2017) sowie Beileidsbekundungen per SMS (Kuang 2018; Behnam et al. 2013). Ein Großteil der Studien entwickelt induktiv im Rahmen qualitativer Inhaltsanalysen Kategorien, mit dem Ziel, die untersuchten Beileidsbekundungen inhaltlich zu beschreiben. Da keine der Studien

Kondolenz-Tweets als Datengrundlage verwendet und kein (sprachlich oder religiös-kultureller) Vergleich mit den Kategorien, welche bisher für die Analyse der Beileidsbekundungen entwickelt worden sind, angestrebt ist, werden diese auch nicht weiter berücksichtigt.

Relevant für die die vorliegende Untersuchung ist jedoch, dass zwei Studien zwischen direktem und indirektem Beileid unterscheiden (Samavarchi/Allami 2012, S. 75f.; Behnam et al. 2013, S. 1683f.). Bei direktem Beileid liegt eine Verwendung des Ausdrucks Beileid (*condolences/sympathies*) vor. Indirektes Beileid wird u. a. durch die Verwendung von entschuldigenden, teilnahmsvollen und tröstenden Ausdrücken beschrieben. Die Studien zeigen, dass im Vergleich zum Persischen im Englischen eher indirekt als direkt kondoliert wird (Samavarchi/Allami 2012, S. 74; Benahm et al. 2013 S. 1683). Zu überprüfen gilt es, ob sich diese Unterscheidung auch in den Kondolenz-Tweets Trumps finden lässt.

3 Korpusgestützte Analysen

Die empirische Untersuchung gliedert sich in zwei Teile: die Analyse aller Kondolenz-Tweets, welche von Donald Trump verfasst wurden, und eine Analyse von Kommentaren zu einem Kondolenz-Tweet Trumps.

3.1 Analyse I – Kondolenz-Tweets

3.1.1 Korpus, Fragestellung, Analysemethode

Das Untersuchungsziel der folgenden Analyse bestand darin, die Frage zu beantworten, aus welchen Inhalten die Kondolenz-Tweets Trumps bestehen. Da das Bekunden von Beileid in einem Tweet nicht isoliert vermittelt wird, sondern in einer Reihe weiterer Inhalte eingebettet ist, müssen diese ebenfalls betrachtet werden. Hierbei werden sprechakttheoretische Begriffe und grundlegende Konzepte wie bspw. die Unterscheidung von expliziten und impliziten Sprechakten aber auch die Sprechaktklassifikation nach Searle (1979) zur Untersuchung herangezogen.

Im ersten Schritt wurden mit Hilfe der öffentlich zugänglichen Seite *trumptwitterarchive.com* alle Kondolenz-Tweets Trumps ausfindig gemacht und zur Analyse vorbereitet. Diese Seite ermöglicht es, die ca. 36.500 Tweets (Stand Januar 2019) nach verschiedenen Merkmalen zu untersuchen. Als Einstieg in die Suche nach den entsprechenden Tweets wirkten Kombinationen verschiedener Wortformen unter Beachtung der spezifischen Syntax der Abfragesprache. Ausgangspunkt stellte hier der Kondolenz-Tweet Trumps zum Tode John McCains dar. Ausgehend von der in diesem Tweet verwendeten Lexik entstand eine Liste mit Wortformen, mittels derer das vorliegende Korpus durchsucht und mit steigender Anzahl von Kondolenz-Tweets erweitert wurde (sie bestand aus u.a. folgenden Wortformen: *condolences, sympathies, pray, hearts, sad, terrible, attack, shooting, catastrophe, deepest, warmest, thoughts, victim*).

Ob es sich tatsächlich um einen Tweet handelte, in welchem Trump sein Beileid ausspricht, zeigte sich jedoch erst nach genauer Betrachtung der Trefferliste. Dabei ergab sich, dass nicht jeder Tweet, welcher z.b. *condolences* enthält, auch automatisch eine Beileidsbekundung darstellt. Trump spricht im folgenden Tweet nur über die Handlung Kondolieren, führt den Sprechakt jedoch mithilfe des Tweets nicht aus:

(2)   Spoke to President of Mexico to give condolences on terrible earthquake. Unable to reach for 3 days b/c of his cell phone reception at site.[3]

Grundlegende Bedingungen für die Aufnahme eines Tweets in die Belegliste waren (1) der Tod eines oder mehrerer Menschen und (2) der Ausdruck des/eines (Mit)-Gefühls Trumps in Bezug auf den Tod eines oder mehrerer Menschen an eine oder mehrere im Tweet genannte Person(en). Diese Bedingungen entsprechen der Regel des propositionalen Gehalts und der Aufrichtigkeitsbedingung im Rahmen der Gelingensbedingungen des Sprechaktes Kᴏɴᴅᴏʟɪᴇʀᴇɴ.

Am Ende der manuellen Betrachtung der Vorauswahl konnten 74 Kondolenz-Tweets in das Korpus für die qualitative Inhaltsanalyse aufgenommen werden. An nächster Stelle folgte eine Kategorisierung der 74 Tweets nach fünf verschiedene Todesursachen, welche sich induktiv aus dem Material ableiten lassen (natürlicher Tod, Naturkatastrophe, Amoklauf, Terror/Kriminalität und Unfall). Im Rahmen der darauf folgenden Inhaltsanalyse konnte untersucht werden, ob das Auftreten inhaltlicher Schwerpunkte in Abhängigkeit zur Todesursache stand. Um das Korpus inhaltlich zu analysieren, wurden induktiv aus dem Material im Rahmen einer strukturierenden qualitativen Inhaltsanalyse Kategorien abgeleitet (nach Mayring 1990, S. 85f.). Grundlage waren dabei lexikalisch-semantische Kriterien mit den Zielen einer inhaltlichen Strukturierung des Materials sowie alle im Tweet erwähnten Inhalte eindeutig einer Kategorie zuzuordnen. Für die Erstellung von Beleg-Frequenzen wurde das Korpusanalyseprogramm *AntConc* Version 3.5.7 für Windows verwendet.

Die qualitative Analyse ergab 13 inhaltliche Kategorien, aus denen sich die Kondolenz-Tweets zusammensetzen (Ausdruck des Beileids, Sprecherrolle, Hin-

---

3   https://twitter.com/realdonaldtrump/status/908409572943126528

terbliebene, Verstorbene, positive Zuschreibungen zu der/m Verstorbenen, Todesursache, Todesort, Ausdruck der Unterstützung, zukunftsweisender Inhalt,
Anerkennung der Helfenden vor Ort, Koordinierung der Arbeit sowie politischer Inhalt). Die ausschlaggebenden lexikalisch-semantischen Zuordnungs-
kriterien sind nachfolgend in den einzelnen Kategorien näher erläutert.

3.1.2 Ergebnisse

Um zu überprüfen, ob eine mögliche Abhängigkeit der Kategorien, aus denen
sich die Kondolenz-Tweets zusammensetzen, mit den Todesursachen besteht,
wurden die Kondolenz-Tweets in fünf Todesursachen (natürlicher Tod, Naturkatastrophe, Amoklauf, Terror/Kriminalität und Unfall) unterteilt. So kann in
der inhaltlichen Analyse überprüft werden, ob bspw. verschiedene Ausdrucksformen des Kondolierens häufiger im Zusammenhang mit bestimmten Todesursachen stehen. Die quantitative Verteilung der Tweets auf die verschiedenen
Todesursachen kann Abbildung (1) entnommen werden.

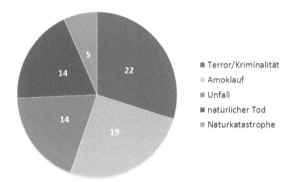

Abb. 1: Verteilung der Kondolenz-Tweets auf Todesursachen

Im Folgenden werden die 13 induktiv gewonnenen Kategorien unter Hinzunahme von Beispielen und Verteilung auf die Todesursachen erläutert.

–   Ausdruck des Beileids

Zur Aufnahme in diese Kategorie waren zum einen Ausdrücke ausschlaggebend,
welche klassischerweise für das Bekunden von Beileid verwendet werden, wie
bspw. die Substantive *condolences*[4] und *sympathies*[5] sowie die Phrase *thoughts*

---

4   https://dictionary.cambridge.org/dictionary/english/condolence
5   https://dictionary.cambridge.org/dictionary/english/sympathy?q=sympathies

and prayers, welche ebenfalls Ausdruck von Mitgefühl nach einem Todesereignis ist[6]. Ebenso waren Verben und Adjektive, welche die Funktion besitzen, die eigenen Gefühle zu verbalisieren, relevant für die Einteilung.

Der Ausdruck des Beileids erfolgt unter Bezug auf die Sprechakttheorie zum einen explizit perfomativ – unter Hinzunahme eines den Sprechakt bezeichnenden Ausdrucks wie *condolences* (31 Belege) oder *sympathies* (5 Belege), welcher in der Hälfte der Fälle von einem Adjektiv wie *warmest, deepest* oder *heartfelt* begleitet ist.

Bei implizitem Beileid erfolgt die Kondolenz indirekt. Insbesondere die Phrase *thoughts* oder *hearts and prayers* (insgesamt 45 Belege) wird eingesetzt, um das Mitgefühl und die emotionale Anteilnahme auszudrücken. Zum anderen werden Gefühle wie Bestürzung, Betroffenheit oder Vermissen als Folge des Todesereignisses durch Verben wie *mourn, grief, miss* und *saddened* (insgesamt 7 Belege), aber auch Adjektive bzw. Adverbien wie *sad, incomprehensible* oder *heartbreaking* (insgesamt 5 Belege) oder dem Substantiv *concern* (1 Beleg) deutlich gemacht. Beide Formen des Beileids treten in allen fünf Todeskategorien auf, explizit wird das Beileid jedoch weitaus häufiger, mit 71,4 %, bei Fällen des natürlichen Todes zum Ausdruck gebracht. In allen anderen Kategorien überwiegt das implizite Beileid. In 21 der 75 Tweets wird das Beileid explizit sowie implizit vermittelt, wobei keine Abhängigkeit zur Todesursache festgestellt werden konnte.

– Sprecherrolle

Die Tweets sind zum einen in der ersten Person Singular verfasst; der Verfasser kondoliert aus der Ich-Perspektive. Ebenso finden sich Tweets in der ersten Person Plural, hierbei inkludiert Trump sich und seine Frau (Melania Trump) oder aber Teile seines Regierungsstabes. Es treten jedoch auch Fälle auf, in denen die Sprecherrolle unmarkiert ist.

– Hinterbliebene

In sehr wenigen Fällen werden die Hinterbliebenen direkt und mit Namen angesprochen. Die häufigste direkte Anrede ist in der Kategorie natürlicher Tod zu finden; in sechs der 14 Tweets spricht der Verfasser die Hinterbliebenen direkt mit Namen an, drei davon sind durch das @-Symbol auf Twitter verlinkt. Auch in der Kategorie Terror/Kriminalität verlinkt der Verfasser vier Personen direkt und spricht sie somit an – es sind Staatschefs, welche ebenfalls einen Twitteraccount besitzen und deren Länder von einem Terrorangriff getroffen worden

---

6   https://idioms.thefreedictionary.com/thoughts+and+prayers

sind. In den Ereignissen mit mehreren Toten wird der/den Familie/n und Freunden der Opfer das Beileid ausgesprochen (*family of* (+ Namensnennung)), *friends of victim*/Namensnennung). Auch werden die Hinterbliebenen mit *everyone*/*victims involved*/*affected* adressiert. An einigen Stellen fällt auf, dass Trump auch den Opfern sein Beileid ausspricht und nicht nur den Hinterbliebenen:

(3)   My warmest condolences and sympathies to the victims and families of the terrible Las Vegas shooting. God bless you![7]

–   Verstorbene

Nicht immer werden die Verstorbenen sprachlich erwähnt. In den Fällen, in denen dies vorkommt, wird zum einen der Name der/des Verstorbenen genannt; dies ist auffallend oft in zwölf der 14 Tweets zu natürlichen Todesfällen der Fall. In den anderen Kategorien überwiegt vor allem die Bezeichnung *victim/s,* sofern es sich anbietet, wird auch die Berufsgruppe der Verstorbenen genannt: *police officers, marines, sailors.*

–   Positive Zuschreibung zu dem/der/den Verstorbenen

In einigen Fällen findet eine positive Zuschreibung zu den Verstorbenen statt. Dies geschieht in fünf der 14 Tweets in der Kategorie natürlicher Tod. Es handelt sich um positive Erinnerungen im Zusammenhang mit dem/der Verstorbenen oder aber lobende Hervorhebungen herausstechender Eigenschaften: *Ben Bradlee was truly one of the greats. What an amazing life he led.* In der Kategorie Naturkatastrophe werden die verstorbenen Feuerwehrmänner als *brave* bezeichnet, die im Busunfall getöteten Kinder als *beautiful.*

–   Todesursache

In der Kategorie natürlicher Tod wird die genaue Todesursache nicht benannt, umschrieben wird das Ereignis mit *passing of* oder *loss of* (unter stellenweiser Erwähnung des Todesalters) in fünf der 14 Tweets. In den übrigen Kategorien stellt es sich anders dar – die Todesursache wird in einem Großteil der Fälle konkret benannt. In den Kondolenz-Tweets zu Naturkatastrophen wird das Ereignis in vier von fünf Fällen erwähnt: *hurricane, flooding, earthquake, wildfire.* Ebenso stellt es sich in der Kategorie Unfall dar: *plane, bus, boat* oder *train crash, collision, accident* oder *tragedy.* In der Kategorie Amoklauf überwiegt der Ausdruck *shooting,* gefolgt von *tragedy* und *situation.* Als *terrorist* oder *terror*

---

7   https://twitter.com/realdonaldtrump/status/914810093874671617

attack, tragedy oder *bombing* werden die Todesursachen in der Kategorie Terror/ Kriminalität bezeichnet.

- Todesort

Der Todesort kommt in der Kategorie natürlicher Tod nicht zur Sprache. In den anderen Kategorien wird dieser jedoch fast immer erwähnt, meist vor oder nach der Nennung der Todesursache: *Arizona wildfire, train collision in South Carolina, shooting in Douglas County, terrorist attack in NYC.* Ebenso treten Fälle auf, in denen weder Todesursache noch -ort genannt werden, in diesen Tweets verwendet Trump abstrakte Bezeichnungen wie *tragedy, situation* oder *horrors*:

(4) Prayers and condolences to all of the families who are so thoroughly devastated by the horrors we are all watching take place in our country.[8]

Die LeserInnen müssen hierbei selbst in der Lage sein, die Tweets in Zusammenhang mit aktuellen Ereignissen zu bringen.

- Ausdruck von Unterstützung

Dieser Kategorie wurden die Inhalte zugeordnet, welche die Funktion besitzen, dem/r Angesprochenen eine Form des Beistandes oder Hilfe anzubieten. Es kann vor allem die Wendung *thoughts and prayers* hervorgehoben werden. Eine strikte Trennung von der Kategorie *Ausdruck des Beileids* ist anhand lexikalisch-semantischer Kriterien für diese Phrase schwer möglich, da die Wendung nicht nur implizit das Mitgefühl und die Anteilnahme vermittelt, sondern gleichzeitig Ausdruck psychischer Unterstützung ist. Waggoner (2016, S. 75) zeigt auf, dass es sich um ein spezifisch nordamerikanisches Phänomen handelt. Die Verwendung dieses Ausdrucks mit seiner sehr weit gefassten Bedeutung im Kontext von vor allem Amokläufen und Terrorangriffen wird seit einiger Zeit insbesondere im Netz kontrovers diskutiert[9]. Hierbei steht der Ersatz der Phrase für notwendige Handlungen, um gegen weitere Amokläufe vorzugehen, im Vordergrund[10]. Andere Ausdrücke mit unterstützender Funktion haben ebenfalls einen religiösen Hintergrund: *prayers of comfort and peace, may god be with you/them, god bless you/them, may X know eternal peace* (insg. 16 Belege). Nichtreligiöse Ausdrücke finden sich insgesamt seltener und gleichmäßig auf die To-

8   https://twitter.com/realdonaldtrump/status/751370918027489280
9   www.edition.cnn.com/2018/02/20/us/thoughts-and-prayers-florida-school-shooting-trnd/index.html
10   www.time.com/5016382/thoughts-and-prayers-mass-shootings-language/

desursachen verteilt in folgenden Formen: *best wishes, love, warmth, support, we stand with you, we are with you/your country is with you, warmest/best regards* (insg.10 Belege). Diese können teilweise als kommissive Sprechakte gedeutet werden.

– Zukunftsweisende Inhalte

Hierbei handelt es sich um Inhalte, die sich auf die Zukunft beziehen, erkennbar an der Verwendung des Verbs *be* im Futur I. Diese finden sich selten: Nur sechs konnten im Material ausgemacht werden. In der Kategorie Naturkatastrophe: *We will get through this and we will get through this together.* In der Kategorie Unfall: *These beautiful children will be remembered.* In der Kategorie Amoklauf als indirekte Aufforderungen in Form einer Frage: *When will this stop? When will we get tough smart & vigilant?* In der Kategorie Terror/Kriminalität lassen sich zwei zukunftsweisende Äußerungen in Form von kommissiven Sprechakten festmachen: *We will not allow the Taliban to win!* und *This madness must be stopped and I will stop it.*

– Anerkennung der Helfenden vor Ort

Inhalte dieser Kategorie finden sich nur in den Kategorien Unfall und Amoklauf. Ausschlaggebend für die Zuordnung war eine Form des Ausdrucks von Dankbarkeit bzw. des Sich-Erkenntlich-Zeigens für den Einsatz am Ereignisort. Der Verfasser spricht den vor Ort anwesenden Personen in Form expressiver Sprechakte seinen Dank, aber auch die Anerkennung für die von ihnen geleistete Arbeit aus. Dies wird an folgenden Beispielen sichtbar: *Thank you to our incredible First Responders for the work they've done!, my deepest gratitude to all of the amazing first responders.*

– Koordinierung der Arbeit

Hierbei handelt es sich um Inhalte, welche die Koordinierung der Arbeit am Ort des Geschehens kommentieren. Insbesondere Verben, die sich dem semantischen Feld der Arbeitskoordination zuordnen lassen, waren für die Zuordnung relevant. Diese treten in den Kategorien Unfall, Amoklauf und Terror/Kriminalität auf. Hier finden sich ausschließlich assertive Sprechakte: Zum einen wird das Sprechen über die eingeleiteten Schritte kommuniziert: *We are closely monitoring the situation and coordinating with local authorities,* zum anderen das Sprechen mit Betroffenen: *Just spoke to Governor Scott, Just spoke to @JustinTrudeau.* Auch wie Trump selbst in die Koordinierung der Arbeit eingebunden ist, wird in den Tweets thematisiert: *I was (just) briefed, monitoring the situation, just arrived [...] have been informed.*

– Allgemeine Bemerkungen

Im Material ließen sich nur zwei Äußerungen ausmachen, welche sich allgemein auf das Geschehen beziehen: *We also condemn the violent actions of the attacker and anyone who would provide him support* (Todesursache Terror/Kriminalität) und *No child teacher or anyone else should ever feel unsafe in an American school* (Todesursache Amoklauf).

3.2 Analyse II – Kommentare in Reaktion auf einen Kondolenz-Tweet

3.2.1 Korpus, Fragestellung und Analysemethode

Der zweite Teil der Analyse betrachtet den Kondolenz-Tweet Trumps zum Tod von John McCain vom 25. August 2018 und 75 in Reaktion auf diesen Tweet geschriebene Twitter-Kommentare.

Der im August 2018 verstorbene republikanische Senator John McCain war bereits 2015 vehementer Kritiker Donald Trumps. Er verurteilte vor allem dessen sexistische, rassistische und nationalistische Äußerungen im Kampf um die Wahl des Präsidentenamtes in den Jahren 2015/2016[11]. Donald Trump äußerte sich negativ bezüglich McCains Rolle als Kriegsveteran und sprach ihm öffentlich ab, ein Kriegsheld im Zuge seines Dienstes im Vietnamkrieg gewesen zu sein. Medial kritisch diskutiert wurden Donald Trumps Anordnung die Flagge des Weißen Hauses frühzeitig von Halbmast auf vollständige Beflaggung zu setzen sowie das Versenden eines Kondolenz-Tweets gegenüber der Würdigung McCains in einem offiziellen Schreiben vorzuziehen[12]:

(5)   My deepest sympathies and respect go out to the family of Senator John McCain. Our hearts and prayers are with you![13]

Im Folgenden bestand das Untersuchungsziel darin, festzustellen, wie sich die Reaktionen auf den Kondolenz-Tweet in Bezug auf die im Rahmen von Searles aufgestellten Regeltypen und somit die Gelingensbedingungen des Sprechaktes verhalten. Es ging um die Frage, inwiefern bezüglich der Kommentare von einem gelungenen und/oder akzeptablen Sprechakt gesprochen werden kann und welche Faktoren dabei eine Rolle spielen.

---

11   http://time.com/4993304/john-mccain-donald-trump-feud-remarks/
12   https://www.faz.net/aktuell/politik/ausland/donald-trump-untersagte-wuerdigung-von-john-mccain-15757475.html
13   https://twitter.com/realDonaldTrump/status/1033515425336885248

Hierfür wurden die 217 (von 90.000) auf Twitter öffentlich zugänglichen Kommentare als Reaktionen auf den Kondolenz-Tweet Trumps zum Tod John McCains untersucht, mit dem Ziel, diejenigen Kommentare ausfindig zu machen, die auf diesen inhaltlich Bezug nehmen. Da für reguläre Twitter-NutzerInnen nur 217 dieser 90.000 Kommentare einsehbar sind, werden folgend auch nur diese für die Analyse herangezogen. Vorbereitend wurden aus den 217 Kommentaren diejenigen gefiltert, welche sich mit der Proposition des Ausgangstweets auseinandersetzen, also auf dessen Inhalt Bezug nehmen. Im weiteren Vorgehen wurden diese zur groben Einteilung induktiv in zwei Kategorien eingeteilt: sich positiv bzw. negativ zur Proposition äußernde Kommentare. Diese Einteilung erfolgte nach lexikalisch-semantischen Kriterien. Insbesondere die Beileidsbekundung evaluierende Ausdrücke waren für die Einteilung ausschlaggebend. Es konnte dabei nicht ausgeschlossen werden, dass bspw. ironische Äußerungen der falschen Kategorie zugeordnet wurden. Um dies zu verhindern, wurden in Zweifelsfällen die Twitter-Accounts der Kommentierenden betrachtet, um auf die zustimmende oder ablehnende Haltung gegenüber Trumps Einstellung schließen zu können.

Andere Kommentare (bspw. metasprachliche Kommentare) wurden dementsprechend nicht weiter berücksichtigt. Es wurden ebenfalls nur Kommentare berücksichtigt, welche als Medium ausschließlich Text benutzten. Kommentare mit Memes oder Links sind nicht in die Analyse eingeflossen.

19 Kommentare setzten sich positiv und 56 Kommentare negativ mit dem Sprechakt auseinander. Die Anzahl der jeweiligen Kommentare kann im Rahmen dieser Arbeit nichts über eine statistische Verteilung der Zustimmung bzw. Ablehnung des Sprechaktes aussagen, da nicht alle 90.000 Kommentare untersucht wurden. Sie verfolgt allein das Ziel, die Reaktionen aus Sicht der Sprechakttheorie zu beschreiben und zu erörtern, welche Faktoren für die Reaktion auf einen Kondolenz-Tweet für das Gelingen oder Missglücken einer Beileidsbekundung aus Perspektive der Mit-Adressierten ausschlaggebend sein können.

3.2.2 Ergebnisse

Positive Kommentare

Die positiven Kommentare setzten sich zu einem Großteil aus expressiven und assertiven Sprechakten zusammen. Die Kommentare wurden induktiv in Auseinandersetzung mit dem Material kategorisiert in (1) positiv bewertend, (2) sich für den Sprechakt bedankend sowie (3) diesem zustimmend. Teilweise fand eine Überlappung der einzelnen Kommentare in Bezug auf die Einordnung der

Tweets statt, da z. B. gleichzeitig der Dank für den Kondolenz-Tweet ausgesprochen wurde und die Handlung positiv bewertet wurde.

Die positive Bewertung anhand evaluierender Ausdrücke überwog mit acht Vorkommnissen gegenüber den anderen und reichte von *President Trump, that was **very respectful** condolences you sent to the McCain family.* und *Thats a **nice gesture** President!* bis hin zu einem simplen **good.**

Das Danken der Kommentierenden für die Beileidsbekundung wurde explizit durch die Verwendung der Formel *thank you* (5 Belege) vollzogen, welche in den meisten Fällen für sich alleine stand oder zusätzlich deutlich machte, worauf sich der Dank bezieht: *Thank you for showing the #McCains respect and allowing them the resources, including Air Force Two, to have their week long #McCainMemorial.* An dieser Stelle wird deutlich, dass das Bekunden von Beileid als eine Form des Respektzollens verstanden wird und der Tweet für diese/n Adressate/In in der Lage ist, diese Handlung zu vollziehen.

Vier Kommentare stimmten der sprachlichen Handlung Trumps zu; zwei davon durch den Ausdruck *Amen*, wobei hierbei in einem Fall unterstützend *u did what u had to do* hinzugefügt wurde. Der Kommentar *I agree* könnte explizit zustimmender nicht sein. Ein weiterer Kommentar beschreibt zustimmend die Handlung Trumps: *President Trump representing our thoughts and sentiments.*

Unter den sich positiv zum Tweet äußernden Kommentaren finden sich zuletzt auch zwei direktive Sprechakte: *Stay the course Mr. President* und *give him the respect [but enough negative press about Pres Trump]*. Beide beziehen sich auf die Beileidsbekundung; der erste Kommentar bringt indirekt zum Ausdruck, dass Trump mit seinen Handlungen seinen eingeschlagenen Weg verfolgen soll und dies mit der Beileidsbekundung auch tut, der zweite hingegen fordert Trump direkt auf, McCain den nötigen Respekt entgegenzubringen. Möglicherweise ist dieser Kommentar auch als Bewertung des Tweets zu verstehen; Trump zeigt bereits mit diesem Tweet Respekt und diese Aufforderung ist wie eine unterstützende, nachgestellte Aufforderung der bereits durchgeführten Handlung zu interpretieren.

Negative Kommentare

Rückgreifend auf die in 2.3.2. dargestellten Regeltypen wurden die 56 Tweets dahingehend untersucht, ob sich ein Zusammenhang mit den Gelingensbedingungen des Sprechaktes Kᴏɴᴅᴏʟɪᴇʀᴇɴ herstellen lässt. So wurden die Inhalte der negativen Kommentare, geleitet durch die Gelingensbedingungen, dahingehend analysiert, ob sich z. B. eine explizite Infragestellung der Erfüllung der Aufrichtigkeitsbedingung aufzeigen lässt. Jene Kommentare wurden der Kategorie (1) explizite Anzweiflung und/oder Verneinung des Erfüllens der Gelingensbedingungen des Sprechaktes zugeordnet. Die Kommentare, die sich nicht eindeutig zuordnen ließen, wurden anhand lexikalisch-semantischer Kriterien weiterer Kategorien ((2) negative Reaktion in Bezug auf das Ausführen der Handlung, (3) Sprechen für die Hinterbliebenen und den Verstorbenen, (4) Bezug auf Handlungen oder Ereignisse in der Vergangenheit und Gegenwart), welche induktiv aus dem Material abgeleitet wurden, zugeordnet. Wie sich zeigte, besteht jedoch auch in diesen Kategorien, wenn auch implizit, ein Zusammenhang mit den Gelingensbedingungen des Sprechaktes.

Diese einzelnen Kategorien werden im Folgenden an ausgewählten Beispielen erläutert.

1. Explizite Anzweiflung und/oder Verneinung des Erfüllens der Gelingensbedingungen des Sprechaktes

Dieser Kategorie konnten mit 30 Belegen die meisten Kommentare zugeordnet werden. Sie beschreibt Tweets, welche u. a. teilweise explizit die Bedingungen anzweifeln oder sogar komplett verneinen, die gegeben sein müssen, damit der Tweet für die Rezipienten als ein gelungener Sprechakt gelten kann.

Beispielhaft können hierfür folgende Tweets angeführt werden:

(6)   What HEARTS AND PRAYERS ARE YOU TALKING ABOUT????[14]

(7)   Do you even know what those words mean? Sympathies and respect. Really! Your hearts are with them. Pleeaassseee. What heart?[15]

(8)   This isn't saying much since you have no heart, and I doubt you pray unless it's just to be seen.[16]

(9)   Do you have heart for real hahaha[17]

Stellt man den Zusammenhang zwischen den Gelingensbedingungen für den Sprechakt KONDOLIEREN und dem Inhalt der Kommentare her, wird deutlich, dass die Kommentare zum einen das Vorhandensein der normalen Ein- und Ausgabe-Bedingungen anzweifeln und damit dem Verfasser den Besitz u. a. sprachlicher Fähigkeiten absprechen: vom Unverständnis der Bedeutung der Begriffe wie Mitgefühl und Respekt sowie der Infragestellung des Besitzes eines Herzens, metaphorisch für die Fähigkeit Mitgefühl empfinden zu können. Zum anderen stellen sie aber auch in diesem Zusammenhang ganz deutlich die Erfüllung der Aufrichtigkeitsbedingung in Frage. Ebenso wird angezweifelt, ob der

---

14   https://twitter.com/elynk/status/1035667639509475330
15   https://twitter.com/kattidid420/status/1036050215957086209
16   https://twitter.com/BeeJayMauMau/status/1035941918658764804
17   https://twitter.com/dannym451/status/1037077806356815872

Verfasser tatsächlich für die Hinterbliebenen betet oder die Äußerung nur für die Aufrechterhaltung seines öffentlichen Bildes tätigt.

Sprachliche Besonderheiten, welche eingesetzt werden, sind u. a. die durchgehende Großschreibung und Buchstabeniterationen, welche Lautstärke und Intonation nachahmen sollen. Auch Soundwörter (*hahaha*) sind in der Lage, die Einstellung des/r Kommentierenden auszudrücken.

Die Kommentierenden drücken mit diesen Tweets zum einen ihre Zweifel an der psychischen Einstellung und somit emotionalen Aufrichtigkeit Trumps aus, was infolgedessen die Glaubwürdigkeit des Sprechaktes in Frage stellt. Der Tweet wirke zum anderen inhaltsleer und wird, so geht aus den Kommentaren hervor, als ein so-tun-als-ob aufgefasst – ein unaufrichtiger expressiver Sprechakt.

Weitere Kommentare dieser Kategorie sind solche, welche entweder den Inhalt des Tweets oder dessen Verfasser negativ bewerten, dabei auch, wenn auch weniger explizit, die Gelingensbedingungen, insbesondere die Bedingung der Aufrichtigkeit ansprechen. Fünf der Kommentare bewerten den Tweet explizit als Lüge (*yea, yea another lie*), Blödsinn (*I call BS, because you don't mean what you say*) oder aber Trump selbst als Lügner (*Liar!!!!!!*), andere kommentieren mit *fake, fake sympathies*. Auch der Gebrauch von Hashtags *#fake #phoney #staged #writtenbysomeonelse* lässt auf die Einschätzungen der Kommentierenden schließen. Der Tweet und somit der Sprechakt wird als bedeutungslos (*hollow*), unaufrichtig und zu spät (*too late and too insincere, a day late and a dollar short, too little too late*), Trump selbst als heuchlerisch (*disingenuous*) bewertet. Die Bewertungen des Tweets sind zwar oberflächlich, auf der wörtlichen Ebene, assertive Sprechakte, zeigen jedoch anhand der gewählten emotionalen Lexik deutlich, dass es sich primär um expressive Sprechakte – Ausdrücke des Missfallens – handelt.

2. Negative Reaktion in Bezug auf das Ausführen der Handlung

Insbesondere das negative Überraschtsein über das Ausführen des Sprechaktes wird von den Kommentierenden in dieser Kategorie ausgedrückt: *R U Kidding?, Really??? After what you said* [...], *Seriously? Oh please* und *oh, just stuff it* wurden hier ebenfalls zugeordnet, weisen sie doch die Ausführung der Handlung zurück bzw. fordern den Verfasser auf, sich nicht weiterhin zu äußern. Es könnte ein Zusammenhang mit der Einleitungsregel hergestellt werden, da implizit in Frage gestellt wird, ob er Sprechakt in der Form vom dem/r Kommentierenden gewünscht ist.

3. Sprechen für die Hinterbliebenen und den Verstorbenen

(10)   Oh my god they don't even want you to give respect coz u have no
        respect for no one.

In diesem Fall nimmt der/die Kommentierende die Perspektive der im Tweet von
Trump angesprochenen Hinterbliebenen ein (*the family of Senator John McCain*)
und behauptet, dass der vom Verfasser gezollte Respekt nicht erwünscht sei mit
der Begründung, dass Trump für niemanden Respekt aufbringen könne. Es besteht eine klare Überschneidung mit der ersten Kategorie, da auch hier die für den
Sprechakt grundlegende Fähigkeit Trumps, Respekt fühlen zu können, verneint
wird. Anders ist es in folgendem Kommentar, in welchem die Perspektive des
Verstorbenen eingenommen und für diesen gesprochen wird:

(11)   He doesn't want respect from a traitorous beta.

Auch hier wird auf das Respektzollen Bezug genommen. Dieses sei nicht gewollt
mit der Begründung, dass Trump ein Verräter sei (mit denkbarem Bezug auf die
zu dem Zeitpunkt diskutierte Zusammenarbeit von Trumps Wahlkampfteam
mit Russland im Zuge des Präsidentschaftswahl 2016). Die Kommentare stehen
in direktem Zusammenhang mit der Einleitungsbedingung (S glaubt, dass das
Bekunden von Beileid im Sinne von H ist), indem sie deren Erfüllung in Form
eines assertiven Sprechaktes verneinen.

4. Bezug auf Handlungen oder Ereignisse in der Vergangenheit und Gegenwart

Diese Kategorie fasst die 15 Kommentare zusammen, welche inhaltlich auf
vorangegangene oder parallel zum Sprechakt laufende Ereignisse oder Handlungen Bezug nehmen. Beispiele sind:

(12)   You NEVER respected McCain.[18]

(13)   But why did you said shit about him? AND WHY DID YOU NOT ANSWER
        QUESTIONS ABOUT JOHN MCAIN??!!!! >:([19]

(14)   We know you didn't mean a word of it, based on what you've said and done.
        Why must you insult the family, and the American people by pretending
        that you felt anything but jealousy for @SenJohnMcCain? #SHAMEFUL[20]

---

18   https://twitter.com/Don7La/status/1040628054207459328
19   http://twitter.com/GreenstarUS, 01.09.2018
20   https://twitter.com/JaneEllenSt/status/1036427895772794881

Die Beziehung zu den Gelingensbedingungen dieser Kommentare ist nicht so klar ersichtlich wie bei den anderen Kategorien. Behauptet wird jedoch, dass der Autor nie Respekt für den Verstorbenen besessen und sich auch nicht respektvoll ihm gegenüber verhalten habe. Suggeriert wird, dass dies deswegen auch jetzt nicht der Fall sein könne; das kann als Infragestellen der Aufrichtigkeit interpretiert werden. Ebenso stellen die Kommentierenden den Inhalt des Tweets mit den dazu parallel sichtbaren Handlungen des Verfassers her: *If so you would have made sure flags were at half mass when the veteran passed.* Ebenso hier: *Not even a flag on half mast for a senator who served his country much longer than you ever will.* Im weitesten Sinne kann auch hier vom Vorwurf der Unaufrichtigkeit gesprochen werden – die Handlungen Trumps stimmen nicht mit seinen Worten überein. Die Wahrhaftigkeit des Tweets wird gemessen an den Taten des Verfassers, welche, so die Kommentierenden, mit dem Inhalt des Sprechaktes übereinstimmen sollten.

4 Diskussion

Die korpusgestützte Analyse wurde mit dem übergeordneten Ziel durchgeführt, zu überprüfen, ob und inwieweit die Sprechakttheorie dazu geeignet ist, Sprechakte zu analysieren, welche unter Verwendung eines relativ jungen Kommunikationsmediums entstanden sind. Hierbei stand der Sprechakt KONDOLIEREN Donald Trumps auf Twitter im Zentrum, vor dem Hintergrund, dass das Bekunden von Beileid aus sprechakttheoretischer Perspektive nicht ausreichend berücksichtigt wurde.

Grundsätzlich kann die Frage nach der Anwendbarkeit der SAT in diesem Rahmen mit *ja* beantwortet werden. Die Analyse der Kondolenz-Tweets Trumps konnte zeigen, dass die durch die SAT bereitgestellten Begrifflichkeiten, vor allem für die Frage danach, wie das Beileid zum Ausdruck gebracht wird, anwendbar sind. So ließ sich z. B. die Unterscheidung zwischen expliziten und impliziten Sprechakten sehr gut auf die von Trump verwendeten Ausdrücke beziehen und es konnte gezeigt werden, dass das implizite Bekunden von Beileid überwiegt. Ebenso hilft die Sprechaktklassifizierung zur Beschreibung weiterer Sprechakte, welche in einem Kondolenz-Tweet ebenfalls vollzogen werden – neben dem expressiven Sprechakt KONDOLIEREN, konnten ebenfalls kommissive, assertive sowie direktive Sprechakte ausgemacht werden. Die Kondolenz-Tweets D. Trumps bestehen somit aus mehr als dem Bekunden von Beileid.

In Bezug auf die Anwendbarkeit der SAT konnte die Analyse der Kommentare auf Trumps Kondolenz-Tweet zum Tod John McCains verschiedene Aspekte deutlich machen. Es war insbesondere sehr gut möglich, die unter 2.3.2 angeführten Regeltypen und somit Gelingensbedingungen für den Sprechakt, vor allem in den negativen Kommentaren, aufzuzeigen. Kommentierende kritisierten genau jene Aspekte an Trumps sprachlichem Handeln, welche durch die Einleitungs- und Aufrichtigkeitsbedingung, aber auch die normalen Ein- und Ausgabebedingungen erwartet werden. Der Bezug auf diese Gelingensbedingungen ist nicht in jedem Kommentar gleichermaßen ersichtlich und es könnte argumentiert werden, dass viel Interpretationsarbeit geleistet werden muss, um von den Inhalten auf diese schließen zu können. Dennoch bietet die SAT das geeignete theoretische Grundgerüst für die Frage danach, ob (und wenn ja, warum) der Sprechakt als gelungen oder misslungen beschrieben werden kann. Auch die positiven Kommentare konnten mit Hilfe der SAT beschrieben werden, stellen sie doch jeweils eigene Sprechakte dar. Der Bezug zu den Gelingensbedingungen wird jedoch erst an den negativen Kommentaren ersichtlich, da hier die Erwartungen an einen gelungenen Sprechakt seitens einiger Kommentierender offensichtlich nicht erfüllt wurden. Die offensichtliche Nicht-Erfüllung wird von den Kommentierenden verbalisiert.

Der Sprechakt kann mit Hilfe der SAT in Bezug auf die Kommentierenden, welche die Aufrichtigkeit D. Trumps in Frage stellen, als defekt beschrieben werden. Dies ist vor dem Hintergrund der eingangs skizzierten theoretischen Annahmen von Bach/Harnish (1979) bemerkenswert, da die Aufrichtigkeit bei oberflächlichen und formalen Sprechakten keine Rolle spielen sollte – die Adressaten erkennen vielmehr die Intention des/der Sprechers/Sprecherin mit dem Vollzug des Sprechaktes eine gesellschaftliche Erwartung zu erfüllen. Ihre Aufgabe sei dabei zu kooperieren, alles andere wäre ein Akt der Unhöflichkeit. Fälle der Unkooperativität sind in diesem Modell nicht vorgesehen. Die Rolle von Twitter als Kommunikationsmedium kann an dieser Stelle als eine Ursache für diese Lücke gesehen werden. Die Möglichkeit des verbalen Kritisierens einer sprachlichen Handlung unter dem schützenden Mantel der Anonymität kann als unhöfliche und unkooperative, aber auch ehrliche Reaktionen begünstigend aufgefasst werden. Sender und Adressaten stehen sich nicht direkt gegenüber, Reaktionsschwellen werden dadurch herabgesetzt. Die Annahme der bedingungslosen Kooperation der mitadressierten Twitter-NutzerInnen kann somit widerlegt werden. Vielmehr wurde deutlich, dass Twitter es seinen Usern ermöglicht, auf eine Weise auf Sprechakte zu reagieren, die so in den SAT-Darstellungen von Bach/Harnish (1979) nicht mitbedacht wurden.

Unbeantwortet bleibt an dieser Stelle die Frage, warum in den negativen Kommentaren die Aufrichtigkeit eingeklagt wird. Möglich wäre, dass die Annahme, nach der Mitgefühl selbst nicht vonnöten ist, sondern nur allein dessen Ausdruck genügt, die kommunikative Wirklichkeit nicht adäquat abbildet. Der

Aufrichtigkeit des Sprechers bzw. der Sprecherin scheint eine weitaus grundlegendere Funktion beim Vollzug des Sprechaktes zuzukommen, als von Searle/ Vanderveken (1985) und Bach/Harnish (1979) angenommen wurde. Die Kommentare, welche die fehlende Aufrichtigkeit negativ bewerten, deuten darauf hin, dass die psychische Einstellung des/der Sprechers/Sprecherin für die primär Adressierten und Mitadressierten zumindest abgeglichen wird mit dem vom Kondolierenden Ausgedrückten. Insbesondere die von Bach/Harnish (1979) aufgestellte Annahme, dass es für den Vollzug eines formalen Sprechaktes irrelevant sei, ob der/die Sprecher/Sprecherin die ausgedrückten Gefühle tatsächlich empfindet, scheint, zumindest für Twitter, falsifiziert. Sollte sie weiterhin gelten, so müssten Konsistenzbedingungen zwischen (1) dem Ausdruck von Beileid und (2) anderen Äußerungs- und Verhaltensweisen erfüllt sein bzw. sollten einander nicht widersprechen. Wie sich diese beschreiben lassen, könnte in weiterführenden Studien untersucht werden.

Ein weiterer Aspekt, welcher im Rahmen dieser Studie nicht diskutiert werden konnte, ist, inwiefern die Eigenschaft Twitters, einen Tweet auf 280 Zeichen zu beschränken, auf dessen Inhalte Einfluss nimmt. Dies könnte am ehesten eine größere Vergleichsstudie mit Kondolenz-Tweets anderer Twitter-Nutzer zeigen.

5 Fazit

Die vorliegende Studie konnte zeigen, dass die SAT für die Analyse von Kondolenz-Tweets sowie in Reaktion auf diese verfassten Kommentare zum einen anwendbar und zum anderen geeignet ist. Das Wissen über den Sprechakt KONDOLIEREN konnte zum einen in Bezug auf die Unterscheidung von impliziten und expliziten Beileidsbekundungen erweitert werden. Zum anderen zeigte sich, dass die Gelingensbedingungen für das Bekunden von Beileid im Rahmen der von Searle aufgestellten Regeltypen in den Kommentaren zu einem Kondolenz-Tweet nachweisbar sind. Obwohl der Sprechakt KONDOLIEREN in keiner Darstellung der SAT ausgeführt wurde, kann sie mit den bereitgestellten Begrifflichkeiten und Zusammenhängen adäquat erklären, weshalb das Bekunden von Beileid misslingt bzw. defekt ist. Diese bisher bestehende Lücke in den Ausführungen zum Sprechakt konnte zwar nicht gänzlich geschlossen, aber zumindest verkleinert werden.

Literatur

Al-Shboul, Yasser/Maros, Marlyna (2013): Condolences strategies by Jordanians to an obituary status update on Facebook. In: GEMA Online Journal of Language Studies 13 (3), 151–162.

Ahmadian, Sara/Azarshahi, Sara/Paulhus, Delroy L. (2017): Explaining Donald Trump via communication style: Grandiosity,informality, and dynamism. In: Personality and Individual Differences 107, 49–53.

Austin, John L. (1962): How to do things with Words. Cambridge: Harvard University Press.

Bach, Kent/Harnish, Robert M. (1979): Linguistic communication and Speech Acts. Cambridge/London: The MIT Press.

Behnam, Biook/Hamed, Leila Ali Akbari/Asli, Fatemeh Goharkhani (2013): An investigation of giving condolences in English an Persian via short messages. In: Procedia – Social and Behavioral Sciences 70, 1679–1685.

Del Campo Martinez, Nuria (2012): A constructional approach to condolences. In: Journal of English Studies 10 (1), 7–24.

Elwood, Kate (2004): I am sorry: A cross cultural analysis of expression of condolence. In: The Cultural Review, Waseda Commerical Studies Association, Bulletin of Universities and Institutes 24, 101–126.

Finkbeiner, Rita (2015): Einführung in die Pragmatik. Darmstadt: WBG.

Grieve, Jack/Clark, Isobelle (2017): Stylistic variation in the @realDonaldTrump Twitter account and the stylistic typicality of the pled tweet. Online unter: http://rpubs.com/jwgrieve/338803.

Imad, Shaimaa (2013): Condolences in English. In: Journal of Kerbala University 11 (4), 1–10.

Janusheva, Violeta/Neshkovska, Silvana (2018): Semantic formulas for expressing condolences in the Macedonian language: An intercultural study. In: European Journal of Literature, Language and Linguistic Studies 2 (2), 85–103.

Kongo, Edward/Gyasi, William Kodom (2015): Expressing grief through messages of condolences: A genre analysis. In. African Journal of Applied Research 2 (2), 61–71.

Kuang, Ching Hei (2017): Features of language in Facebook condolence messages. In: International Journal of English Research 3 (5), 22–30.

Kuang, Ching Hei (2018): Ethnic variations in Malaysian SMS condolences. In: International Journal of Linguistics, Literature and Translation 1 (2), 59–79.

Kühn, Peter (1995): Mehrfachadressierung. Untersuchungen zur adressatenspezifischen Polyvalenz sprachlichen Handelns. Tübingen: Niemeyer.

Liedtke, Frank (2016): Moderne Pragmatik. Grundbegriffe und Methoden. Tübingen: Narr Francke Attempto.

Liedtke, Frank/Tuchen, Astrid (2018): Handbuch Pragmatik. Stuttgart: Metzler.

Loftollahi, Bahareh/Eslami-Rasekh, Abbass (2011): Speech act of condolences in Persian and English: A cross cultural study. In: Studies in Literature and Language 3 (3), 139–145.

Mayring, Philipp (1990): Einführung in die qualitative Sozialforschung. Eine Anleitung zu qualitativem Denken. München: Psychologie Verlags Union.

Morady Mogghadam, Mostafa (2012): Discourse structures of condolence speech act. In: Journal of English Language, Teaching and Learning 10, 105–125.

Müller, Karsten/Schwarz, Carlo (2018): Making america hate again? Twitter and hate crime under Trump. Online unter: https://papers.ssrn.com/sol3/papers.cfm?abstract_id=3149103.

Norrick, Neil (1978): Expressive illocutionary acts. In: Journal of Pragmatics 2, 277–291.

Ott, Brian L. (2017): The age of Twitter: Donald J. Trump and the politics of debasment. In: Critical Studies in Media Communication 34 (1), 59–68.

Ott, Brian L./Dickinson, Greg (2019): The Twitter presidency. London: Routledge.

Samavarchi, Laila/Allami, Hamid (2012): Giving condolences by Persian EFL learners: A contrastive sociopragmatic study. In: International Journal of English Linguistics 2 (1), 71–87.

Searle, John R. (1979): Expression and meaning. Studies in the theory of speech acts. Cambridge: Cambridge University Press.

Searle, John R. (1969): Speech acts. An essay in the philosophy of language. Cambridge: Cambridge University Press.

Searle, John R./Vanderveken, Daniel (1985): Foundations of illocutionary logic. Cambridge: Cambridge University Press.

Sörries, Reiner (2012): Herzliches Beileid. Darmstadt: Primus.

Stolee, Galen/Caton, Steve (2018): Twitter, Trump, and the base: A shift to a new form of presidential talk? In: Signs and Society 6 (1), 147–165.

Waggoner, Kimberlee G. (2016): What can state talk tell us about punitiveness? A comparison of responses to political mass shootings in the United States and Norway. Dissertation, Sociology/Criminal Justice, Old Dominion University. Online unter: https://digitalcommons.odu.edu/cgi/viewcontent.cgi?article=1009&;context=sociology_criminaljustice_etds.

Williams, Tracy Rundstrom (2006): Linguistic politeness in expressing condolences: A case study. In: RASK: International Journal of Languages and Linguistics 23, 45–62.

Yahya, Ebaa (2009): A study of condolence in Iraqi Arabic with reference to English. In: Adab Al-Rafidayn 57, 47–70.

Verzeichnis der Autorinnen und Autoren

Joschka Briese
Europa-Universität Flensburg
Seminar für Germanistik
Auf dem Campus 1
24943 Flensburg
Joschka.Briese@uni-flensburg.de

Lars Bülow
Universität Salzburg
Fachbereich Germanistik
Erzabt Klotz Straße 1
A-5020 Salzburg
lars.buelow@sbg.ac.at

Rita Finkbeiner
Heinrich-Heine-Universität Düsseldorf
Institut für Germanistik
Geb. 24.53, Raum U1.96
Universitätsstr. 1
40225 Düsseldorf
finkbeiner@phil.hhu.de

Hans-Martin Gärtner
Hungarian Academy of Sciences
Research Institute for Linguistics
Benczur utca 33
1068 Budapest
Hungary
gaertner@nytud.hu

Daniel Gutzmann
Institut für deutsche Sprache und Literatur I
Universität zu Köln
Albertus-Magnus-Platz
50923 Köln
mail@danielgutzmann.com

Leonard Kohl
Universität Leipzig
Institut für Germanistik
Beethovenstraße 15
04107 Leipzig
leonard.kohl@uni-leipzig.de

Frank Liedtke
Marschallstrasse 41
40477 Düsseldorf
liedtke@uni-leipzig.de

Konstanze Marx
Universität Greifswald
Institut für deutsche Philologie
Rubenowstraße 3
17489 Greifswald
konstanze.marx@uni-greifswald.de

Simon Meier
Technische Universität Dresden
Institut für Germanistik
01062 Dresden
simon.meier-vieracker@tu-dresden.de

Robert Mroczynski
Universität Leipzig
Institut für Germanistik
Beethovenstraße 15
04107 Leipzig
robert.mroczynski@uni-leipzig.de

Pawel Sickinger
Rheinische Friedrich-Wilhelms-Universität Bonn
Institut für Anglistik, Amerikanistik und Keltologie
Regina-Pacis-Weg 5
53113 Bonn
pawel.sickinger@uni-bonn.de

Sven Staffeldt
Germanistische Sprachwissenschaft
Luisenstraße 2
06108 Halle (Saale)
sven.staffeldt@germanistik.uni-halle.de

Markus Steinbach
Georg-August-Universität Göttingen
Seminar für Deutsche Philologie
Käte-Hamburger-Weg 3
37073 Göttingen
markus.steinbach@phil.uni-goettingen.de

Andreas Trotzke
Universität Konstanz
Fachbereich Linguistik
Universitätsstraße 10
78457 Konstanz
andreas.trotzke@uni-konstanz.de

Astrid Tuchen
Universität Leipzig
Institut für Germanistik
Beethovenstraße 15
04107 Leipzig
astrid.tuchen@uni-leipzig.de

Katharina Turgay
Universität Landau
Institut für Germanistik
76829 Landau
Katharina Turgay <turgay@uni-landau.de>

Tilo Weber
Technická univerzita v Liberci
Fakulta prírodovedne-humanitní a pedagogická
Katedra nemeckého jazyka
Komenského 314/2
460 01 Liberec 1
Tschechische Republik
tilo.weber@tul.cz

Studien zur Pragmatik

herausgegeben von Eva Eckkrammer, Claus Ehrhardt, Anita Fetzer, Frank Liedtke, Konstanze Marx und Jörg Meibauer

Pragmatik, das Studium der Sprachverwendung in all ihren Facetten, hat sich zu einer allgemein anerkannten sprachwissenschaftlichen Disziplin entwickelt. Sie hat viele Fragestellungen benachbarter Disziplinen wie der Semantik oder der Syntax in sich aufgenommen und unter neuem Vorzeichen vorangetrieben. Dabei bezieht sie den Spracherwerb und Sprachwandel mit ein und reflektiert die Bezüge zu anderen Wissenschaften, zum Beispiel der Philosophie, Psychologie und Soziologie. Eine Folge dieser Entwicklung ist eine starke Ausdifferenzierung der Pragmatik in unterschiedliche Forschungsstränge und Teilparadigmen. Von der experimentellen bis zur formalen Pragmatik, von der Gesprächsforschung bis zur Textanalyse, von der Soziopragmatik bis zur pragmatischen Syntax erstreckt sich das Feld der pragmatischen Untersuchungsansätze. Die Studien zur Pragmatik bieten zum ersten Mal im deutschsprachigen Raum ein Forum für qualitativ hochwertige Arbeiten zur Pragmatik in ihrer ganzen Breite. Sie sind theoretisch offen für die verschiedenen Strömungen dieser Disziplin und besonders geeignet für solche theoretisch und empirisch begründete Untersuchungen, die die pragmatische Diskussion weiter vorantreiben. Die Bände der Reihe werden einem Peer-Review Verfahren unterzogen.

Bisher sind erschienen:

1
Detmer Wulf
Pragmatische Bedingungen der Topikalität
Zur Identifizierbarkeit von Satztopiks im Deutschen
2019, 260 Seiten
€[D] 88,–
ISBN 978-3-8233-8260-7

2
Eva-Maria Graf, Claudio Scarvaglieri, Thomas Spranz-Fogasy (Hrsg.)
Pragmatik der Veränderung
Problem- und lösungsorientierte Kommunikation in helfenden Berufen
2019, 306 Seiten
€[D] 88,–
ISBN 978-3-8233-8259-1

3
Simon Meier, Lars Bülow, Frank Liedtke, Konstanze Marx. Robert Mroczynski (Hrsg.)
50 Jahre Speech Acts
Bilanz und Perspektiven
2019, 322 Seiten
€[D] 88,–
ISBN 978-3-8233-8347-5